喜楽研の DVD つき授業シリーズ

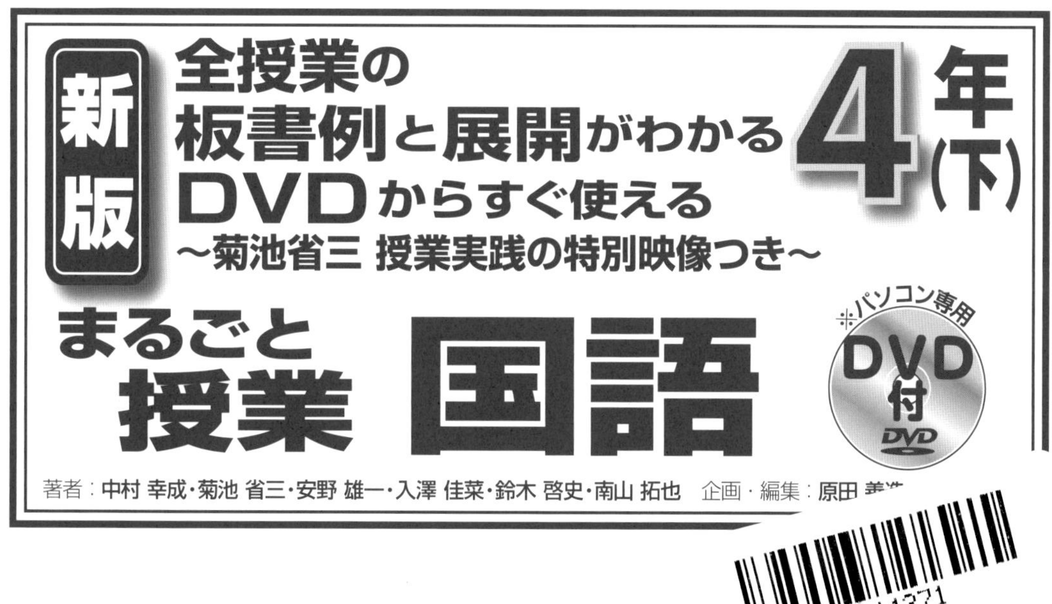
新版
全授業の
板書例と展開がわかる
DVDからすぐ使える
~菊池省三 授業実践の特別映像つき~
4年(下)
まるごと授業 国語
※パソコン専用
DVD付
著者:中村 幸成・菊池 省三・安野 雄一・入澤 佳菜・鈴木 啓史・南山 拓也 企画・編集:原田 善造
JN044271

わかる喜び学ぶ楽しさを創造する教育研究所 略称 **喜 楽 研**

はじめに

教育現場の厳しさは，増していくばかりです。多様な子どもや保護者への対応や様々な課題が求められ，教師の中心的活動であるはずの授業の準備に注ぐことができる時間は，とても十分とはいえません。

このような状況の中で，授業の進め方や方法についても，制限が加えられつつあるという現状があります。制限の中で与えられた手立てが，目の前の子どもたちと指導する教師に合っていればよいのですが，残念ながらそうとばかりはいえないようです。

そんなときは，派手さは無くても，きちんと基礎をおさえ，着実に子どもに達成感を味わわせることができる授業ができれば，まずは十分です。そんな授業を作るには，以下の２つの視点が必要です。

１つ目は，子どもに伝えたいことを明確に持つことです。

音読を例に取れば，「初期の段階なので子どもたちに自分がどの程度の読みができるのかを自覚させる」のか，「最終的な段階なので指導した読み方の技術を生かして，登場人物の心情を思い浮かべながら読む」のかといったことです。

２つ目は，子どもがどんな状態にあるのかを具体的に把握するということです。

どうしても音読に集中できない子がいた場合，指で本文をなぞらせることが有効かもしれません。また，隣の子と交代しながら読ませれば楽しんで取り組むかもしれません。

こういった手立ても，指導者の観察，判断があってこそ，出てくるものです。

幸い，前版の「まるごと授業　国語」は，多くの先生方に受け入れていただくことができました。指導要領の改訂に伴い，この「まるごと授業　国語」を新たに作り直すことになりました。もちろん，好評であった前版のメインの方針は残しつつ，改善できる部分はできる限りの手を加えています。

前回同様，執筆メンバーと編集担当で何度も打ち合わせをくり返し，方針についての確認や改善部分についての共通理解を図りました。また，それぞれの原稿についても，お互い読み合い，検討したことも同じです。

新版では，授業展開の中のイラストの位置をより分かりやすい部分に変えたり，「主体的・対話的で深い学び」についての解説文をつけたりといった変更を行っています。

その結果，前版以上に，分かりやすく，日々の実践に役立つ本になったと思います。

この本が，過酷な教育現場に向かい合っている方々の実践に生かされることを心から願ってやみません。

本書の特色

全ての単元・全ての授業の指導の流れが分かる

学習する全単元・全授業の進め方が掲載されています。学級での日々の授業や参観日の授業，研究授業や指導計画作成等の参考にしていただけます。

本書の各単元の授業案の時数は，ほぼ教科書の配当時数にしてあります。

主体的・対話的な学びを深める授業ができる

各単元のはじめのページや，各授業案のページに，『主体的・対話的な深い学び』の欄を設けています。また，展開例の4コマの小見出しに，「読む」「音読する」「書く」「対話する」「発表する」「交流する」「振り返る」等を掲載し，児童の活動内容が一目で具体的に分かるように工夫しています。

1時間の展開例や板書例を見開き2ページで説明

どのような発問や指示をすればよいか具体例が掲載されています。先生方の発問や指示の参考にして下さい。

実際の板書をイメージしやすいように，2色刷りで見やすく工夫しています。また，板書例だけでは細かい指導の流れが分かりにくいので，詳しく展開例を掲載しています。

DVDに菊池省三 授業実践の特別映像を収録

菊池省三の「対話・話し合いのある授業」についての解説付き授業映像を収録しています。映像による解説は分かりやすく，日々の授業実践のヒントにしていただけます。また，特別映像に寄せて，解説文を巻頭ページに掲載しています。

DVD利用で，楽しい授業，きれいな板書づくりができる

授業で活用できる黒板掲示用イラストや児童用ワークシート見本を，単元内容に応じて収録しています。カードやイラストは黒板上での操作がしやすく，楽しい授業，きれいな板書づくりに役立ちます。

4年下（目次）

本書の使い方

◆板書例について

時間ごとに，教材名，本時のめあてを掲載しました。実際の板書に近づけるよう，特に目立たせたいところは，赤字で示したり，赤のアンダーラインを引いたりしています。DVDに収録されているカード等を利用すると，手軽に，きれいな板書ができあがります。

◆授業の展開について

①1時間の授業の中身を3コマ~4コマの場面に切り分け，およその授業内容を表示しています。

②展開例の小見出しで，「読む」「書く」「対話する」「発表する」「振り返る」等，具体的な児童の活動内容を表しています。

③本文中の「　」表示は，教師の発問です。

④本文中の　・　表示は，教師の発問に対する児童の反応等です。

⑤「　」や　・　がない文は，教師への指示や留意点などが書かれています。

⑥□の中に，教師や児童の顔イラスト，吹き出し，授業風景イラスト等を使って，授業の進め方をイメージしやすいように工夫しています。

ウナギのなぞを追って

第 3 時 (3/8)

本時の目標

本文が３つのまとまりで書かれていること（構成）に気づき，「初め」の部分から話題提示の内容を読み取ることができる。

授業のポイント

「初め」で，話題が提示される。ウナギの生態，調査の目的，場所，経過など，読む上で基本になることが書かれている。それらをどの児童にもつかませておきたい。

本時の評価

本文が３つのまとまりで書かれていること（構成）に気づき，「初め」の部分から話題提示の内容を読み取っている。

板書例

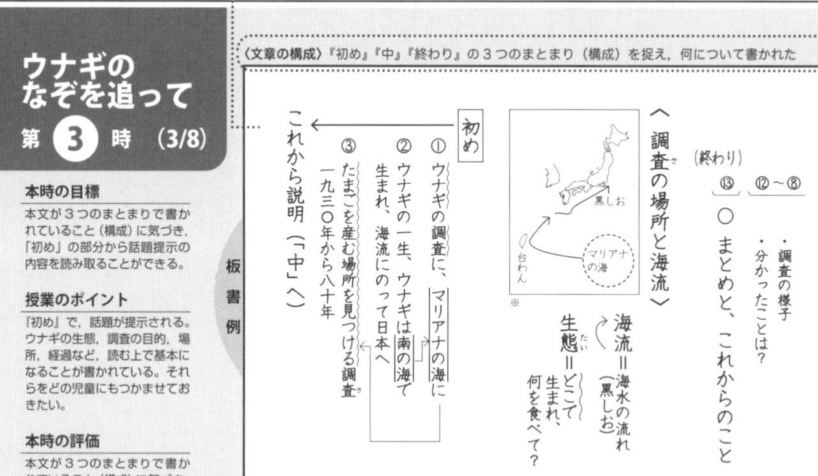

〈文章の構成〉『初め』『中』『終わり』の３つのまとまり（構成）を捉え，何について書かれた
（終わり）
⑬ ○ まとめと、これからのこと
⑫～⑧ ・調査の様子 ・分かったことは？
〈調査の場所と海流〉
黒しお
マリアナの海
台わん
海流＝海水の流れ（黒しお）
生態＝どこで生まれ、何を食べて？
初め
① ウナギの調査に、マリアナの海に
② ウナギの一生、ウナギは南の海で生まれ、海流にのって日本へ
③ たまごを産む場所を見つける調査 一九三〇年から八十年
これから説明（「中」へ）

※図は略図でよい。または，地図を貼る。

1 音読する つかむ 音読し，組み立て（構成）を考え，３つのまとまりに分けよう。

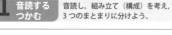

今日は，お話の組み立てを調べましょう。まず全文を音読して，①から⑬までの段落を，いくつかのまとまりに分けてみましょう。
『ウナギは，日本各地の川や池にすんでいます。』だから，②段落はウナギのこと…かな。

ここでも音読を重視し，まず全文の１人読みや斉読を入れる。

「まとまりは，いくつありましたか。」

・１行空きのところが切れ目なので，３つです。

・１つ目のまとまりは，①②③段落です。２つ目は，④～⑫段落まで。３つ目は⑬段落です。２つ目は長いので，④～⑦と，⑧～⑫の２つに分けてもいいです。

「大きく３つのまとまりで書かれていますね。１つ目のまとまりが『初め』，２つ目は『中』で話の中心，３つ目が『終わり』です。」

2 読む 対話する 『初め』の部分を読み，話題を話し合おう。

『初め』には何が書かれているのか，読んでみましょう。（音読）どんなことが分かりましたか。
なぜ，（語り手が）マリアナの海に来ているのかが，分かりました。
ウナギが卵を産む場所を調べるために，ここに来ています。

・この調査は，1930年頃から始められてきました。

・ウナギはマリアナで卵を産むことも分かりました。

・ウナギが海で卵を産むなんて，初めて知りました。

「『初め』を読むと，『ウナギのなぞ』とは何か，何の話が始まるのかが分かりますね。」

「そして，『中』で，そのなぞを調べた様子がくわしく書かれているのです。」

既習の「組み立て（構成）」の基本として，『初め』話題の提示，『中』説明，『終わり』まとめ，と振り返る。

200

◆スキルアップ一行文について

時間ごとに，授業準備や授業を進めるときのちょっとしたコツを掲載しています。

◆「主体的・対話的で深い学び」欄について

この授業で，「主体的・対話的で深い学び」として考えられる活動内容や留意点について掲載しています。

文章なのか，『初め』の部分から，その『話題』を読み取ります。

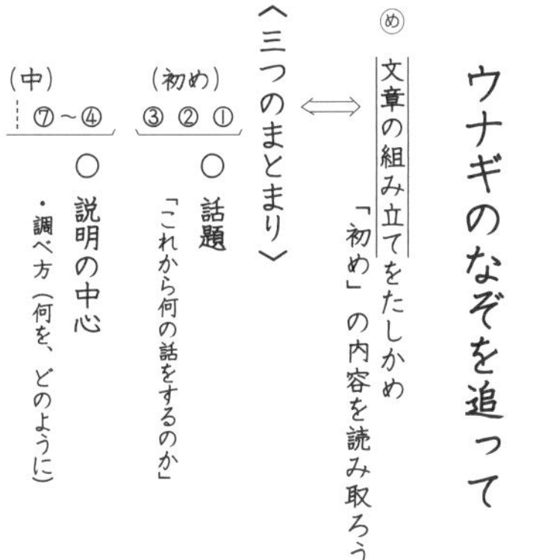

ウナギのなぞを追って
㋱ 文章の組み立てをたしかめ
「初め」の内容を読み取ろう
〈三つのまとまり〉 ⟺
（初め）③②①
○ 話題
「これから何の話をするのか」
（中）⑦～④
○ 説明の中心
・調べ方（何を，どのように）

主体的・対話的で深い学び

・調査研究の場所については，「マリアナの海」「真南に二千キロメートル」などと書かれている。しかし，４年生の児童は，この言葉からだけでは，南海のイメージはもちにくい。だから，マリアナの海の写真や地図が添えられている。船体の「白」も，南の海の「群青色」も，写真と併せて読み取るようにさせる。

・ノンフィクションでは，ふつう図や写真とつき合わせながら文章を読みすすめる。それが読み方でもある。また，これらの写真などを見て対話することも，楽しい活動になる。

準備物

・（黒板掲示用）教科書 P88 の地図（図１）の拡大版

・白地図（児童数）
（児童用ワークシート見本 DVD 収録【4下_15_01，4下_15_02】）
※２種あるので，どちらかを選ぶとよい。

・地図帳（海流の図が出ているページをプリントしてもよい）

◆準備物について

1時間の授業で使用する準備物が書かれています。準備物の一部は，DVD の中に収録されています。準備物の数や量は，児童の人数やグループ数などでも異なってきますので，確認して準備してください。

◆本書付録 DVD について

（DVD の取り扱いについては，本書 P8，9に掲載しています）

DVD マークが付いている資料は，付録 DVD にデータ収録しています。授業のためのワークシート見本，黒板掲示用イラスト，板書作りに役立つカード，画像等があります。

3 調べる　地図を使って，調査の場所やウナギがやってくる道筋を確かめよう。

『初め』を読んで，分からない言葉やことがらはありましたか。
『海流に流され…』の,『海流』って何だろう。
『ウナギの生態』の『生態』の意味が分からないね。

『海流』『生態』は概念語なので，教師が説明する。
また，これから読んでいくのに必要な知識（児童は未習で知らない）を，白地図も使いながら確かめる。

「では，分かりやすくするために，白地図に地名（国名）や海流を書き込んでみましょう。」（白地図を配布）

主な国名，地名，赤道，方位を書き込ませる。方位（特に東西）は，児童はあやふや。『生態』とは，主に，くらしの場と食べること，繁殖のことと考えてよい。

「ウナギがどのように海流に流されて，日本にやってくるのか，道すじを，地図でたどってみましょう。」

4 読み取る 対話する　『初め』に書いてあったことをまとめよう。

「『初め』の①②③には，それぞれ何のことが書かれていたのか，もう一度読んで振り返りましょう。」

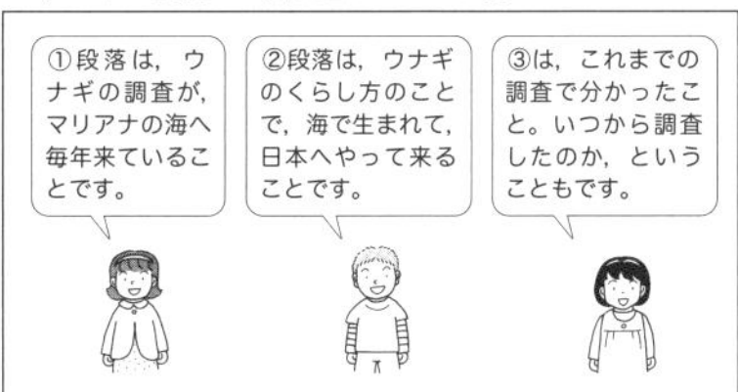

①段落は，ウナギの調査が，マリアナの海へ毎年来ていることです。
②段落は，ウナギのくらし方のことで，海で生まれて，日本へやって来ることです。
③は，これまでの調査で分かったこと。いつから調査したのか，ということもです。

発言をもとに簡単にまとめて，『初め』の部分を音読する。

「『ウナギのなぞ』は，結局どうなったのか，『終わり（⑬段落）』を読んでみましょう。結末です。」（音読）
・『ほぼ明らかになった』と書いてあります。
・『初め』の『なぞ』が，とけた，ということです。

「89 ページの写真も見てみましょう。何でしょうか。」

「群青色」も写真で確かめるなど，調査船と調査の様子を話し合う。

ウナギのなぞを追って　201

◆赤のアンダーラインについて

本時の展開でとくに大切な発問や留意点にアンダーラインを引いています。

付録 DVD-ROM について

DVD の利用で，楽しい授業・わかる授業ができます。きれいな板書づくりや授業準備に，とても役立ちます。

◆ DVD-ROM の内容について

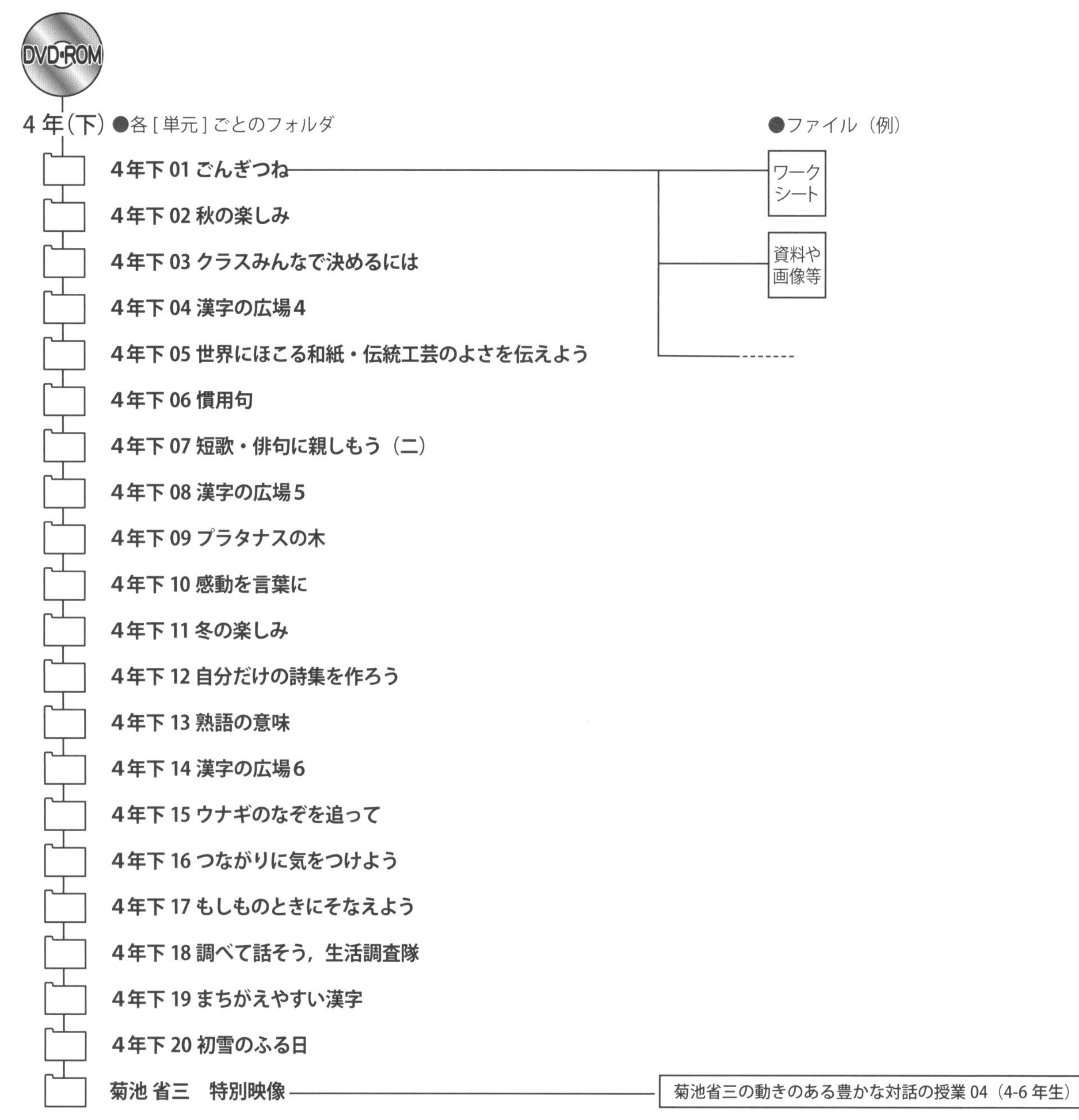

DVD-ROM
4 年（下）●各［単元］ごとのフォルダ
●ファイル（例）
4年下 01 ごんぎつね
ワークシート
資料や画像等
4年下 02 秋の楽しみ
4年下 03 クラスみんなで決めるには
4年下 04 漢字の広場4
4年下 05 世界にほこる和紙・伝統工芸のよさを伝えよう
4年下 06 慣用句
4年下 07 短歌・俳句に親しもう（二）
4年下 08 漢字の広場5
4年下 09 プラタナスの木
4年下 10 感動を言葉に
4年下 11 冬の楽しみ
4年下 12 自分だけの詩集を作ろう
4年下 13 熟語の意味
4年下 14 漢字の広場6
4年下 15 ウナギのなぞを追って
4年下 16 つながりに気をつけよう
4年下 17 もしものときにそなえよう
4年下 18 調べて話そう，生活調査隊
4年下 19 まちがえやすい漢字
4年下 20 初雪のふる日
菊池 省三　特別映像
菊池省三の動きのある豊かな対話の授業 04（4-6 年生）

◆使用上のご注意

このDVD-ROMはパソコン専用となっております。DVDプレイヤーでの再生はできません。
DVDプレイヤーで再生した場合，DVDプレイヤー及び，DVD-ROMが破損するおそれがあります。
※OS以外に，ファイルを再生できるアプリケーションが必要となります。
PDFファイルはAdobe AcrobatおよびAdobe Reader5.0以降で開くことができます。

【その他】

この DVD-ROM に収録されている動画の中で，各単元フォルダ内の動画には，音声は含まれておりません。
プロジェクターやTVモニターで投影する場合は，各機器および使用しているパソコンの説明書を参照してください。

◆動作環境　Windows

【CPU】　Intel®Celeron®M プロセッサ 360J1.40GHz 以上推奨
【空メモリ】　256MB 以上（512MB 以上推奨）
【ディスプレイ】　解像度 640 × 480，256 色以上の表示が可能なこと
【OS】　Microsoft windows XP 以上
【ドライブ】　DVD-ROM ドライブ

上記のハードウエア，OS，ソフト名などは，各メーカーの商標，または登録商標です。

※ファイルや画像を開く際に時間がかかる原因の多くは，コンピュータのメモリ不足が考えられます。
詳しくは，お使いのコンピュータの取扱説明書をご覧ください。

◆複製，転載，再販売について

本書およびDVD-ROM収録データは著作権法によって守られています。

個人で使用する以外は無断で複製することは禁じられています。

第三者に譲渡・販売・頒布(インターネット等を通じた提供も含む)することや，貸与及び再使用することなど，営利目的に使用することはできません。

本書付属DVD-ROMのご使用により生じた損害，障害，被害，その他いかなる事態について著者及び弊社は一切の責任を負いません。

ご不明な場合は小社までお問い合わせください。

◆お問い合わせについて

本書付録DVD-ROM内のプログラムについてのお問い合わせは，メール，FAXでのみ受け付けております。

メール:kirakuken@yahoo.co.jp

FAX:075-213-7706

紛失・破損されたDVD-ROMや電話でのサポートは行っておりませんので何卒ご了承ください。

アプリケーションソフトの操作方法については各ソフトウェアの販売元にお問い合せください。小社ではお応えいたしかねます。

【発行元】
株式会社喜楽研（わかる喜び学ぶ楽しさを創造する教育研究所：略称）
〒604-0827 京都市中京区高倉通二条下ル瓦町 543-1　TEL:075-213-7701　FAX:075-213-7706

対話・話し合いのある授業に，一歩踏み出そう

菊池　省三

教育の世界は，「多忙」「ブラック」と言われています。不祥事も後を絶ちません。

しかし，多くの先生方は，子どもたちと毎日向き合い，その中で輝いています。やりがいや生きがいを感じながら，がんばっています。

このことは，全国の学校を訪問して，私が強く感じていることです。

先日，関西のある中学校に行きました。明るい笑顔あふれる素敵な学校でした。

3年生と授業をした後に，「気持ちのいい中学生ですね。いい学校ですね」

と話した私に，校長先生は，

「私は，子どもたちに支えられています。子どもたちから元気をもらっているのです。我々教師は，子どもたちと支え合っている，そんな感じでしょうか」

と話されました。なるほどと思いました。

四国のある小学校で，授業参観後に，

「とてもいい学級でしたね。どうして，あんないい学級が育つのだろうか」

ということが，参観された先生方の話題になりました。担任の先生は，

「あの子たち，とてもかわいいんです。かわいくて仕方ないんです」

と，幸せそうな笑顔で何度も何度も話されていました。

教師は，子どもたちと一緒に生きているのです。担任した1年間は，少なくとも教室で一緒に生きているのです。

このことは，とても尊いことだと思います。「お互いに人として，共に生きている」……こう思えることが，教師としての生きがいであり，最高の喜びだと思います。

私自身の体験です。数年前の出来事です。30年近く前に担任した教え子から，素敵なプレゼントをもらいました。ライターになっている彼から，「恩師」である私の本を書いてもらったのです。たった1年間しか担任していない彼からの，思いがけないプレゼントでした。

教師という仕事は，仮にどんなに辛いことがあっても，最後には「幸せ」が待っているものだと実感しています。

私は，「対話・話し合い」の指導を重視し，大切にしてきました。

ここでは，その中から6つの取り組みについて説明します。

1.　価値語の指導

荒れた学校に勤務していた20数年前のことです。私の教室に参観者が増え始めたころです。ある先生が，

「菊池先生のよく使う言葉をまとめてみました。菊池語録です」

と，私が子どもたちによく話す言葉の一覧を見せてくれました。

子どもたちを言葉で正す，ということを意識せざるを得なかった私は，どちらかといえば父性的な言葉を使っていました。

・私，します。
・やる気のある人だけでします。
・心の芯をビシッとしなさい。
・何のために小学生をしているのですか。
・さぼる人の2倍働くのです。
・恥ずかしいと言って何もしない。
　それを恥ずかしいというんです。

といった言葉です。

一人でいる力を
高めよう!!

このような言葉を，私だけではなく子どもたちも使うようになりました。

価値語の誕生です。

全国の学校，学級を訪れると，価値語に出合うことが多くなりました。その学校，学級独自の価値語も増えています。子どもたちの素敵な姿の写真とともに，価値語が書かれている「価値語モデルのシャワー」も一般的になりつつあります。

言葉が生まれ育つ教室が，全国に広がっているのです。

教師になったころに出合った言葉があります。大村はま先生の「ことばが育つとこころが育つ　人が育つ　教育そのものである」というお言葉です。忘れてはいけない言葉です。

「言葉で人間を育てる」という菊池実践の根幹にあたる指導が，この価値語の指導です。

2. スピーチ指導

私は，スピーチ指導からコミュニケーション教育に入りました。自己紹介もできない６年生に出会ったことがきっかけです。

お師匠さんでもある桑田泰助先生から，

「スピーチができない子どもたちと出会ったんだから，１年かけてスピーチができる子どもに育てなさい。走って痛くなった足は，走ってでしか治せない。挑戦しなさい」

という言葉をいただいたことを，30年近くたった今でも思い出します。

私が，スピーチという言葉を平仮名と漢字で表すとしたら，

『人前で，ひとまとまりの話を，筋道を立てて話すこと』

とします。

そして，スピーチ力を次のような公式で表しています。

『スピーチ力＝（内容＋声＋表情・態度）×思いやり』

このように考えると，スピーチ力は，やり方を一度教えたからすぐに伸びるという単純なものではないと言えます。たくさんの

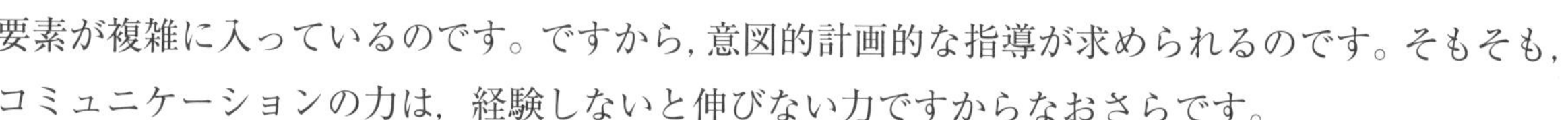

要素が複雑に入っているのです。ですから，意図的計画的な指導が求められるのです。そもそも，コミュニケーションの力は，経験しないと伸びない力ですからなおさらです。

私が，スピーチ指導で大切にしていることは，「失敗感を与えない」ということです。学年が上がるにつれて，表現したがらない子どもが増えるのは，過去に「失敗」した経験があるからです。ですから，

「ちょうどよい声で聞きやすかったですよ。安心して聞ける声ですね」

「話すときの表情が柔らかくて素敵でした。聞き手に優しいですね」

などと，内容面ばかりの評価ではなく，非言語の部分にも目を向け，プラスの評価を繰り返すことが重要です。適切な指導を継続すれば必ず伸びます。

3. コミュニケーションゲーム

私が教職に就いた昭和50年代は，コミュニケーションという言葉は，教育界の中ではほとんど聞くことがありませんでした。「話し言葉教育」とか「独話指導」といったものでした。

平成になり，「音声言語指導」と呼ばれるようになりましたが，その多くの実践は音読や朗読の指導でした。

そのような時代から，私はコミュニケーションの指導に力を入れようとしていました。しかし，そのための教材や先行実践はあまりありませんでした。私は，多くの書店を回り，「会議の仕方」「スピーチ事例集」といった一般ビジネス書を買いあさりました。指導のポイントを探すためです。

しかし，教室で実践しましたが，大人向けのそれらをストレートに指導しても，小学生には上手くいきませんでした。楽しい活動を行いながら，その中で子どもたち自らが気づき発見していくことが指導のポイントだと気がついていきました。子どもたちが喜ぶように，活動をゲーム化させる中で，コミュニケーションの力は育っていくことに気づいたのです。

例えば，対決型の音声言語コミュニケーションでは，

・問答ゲーム（根拠を整理して話す）
・友だち紹介質問ゲーム（質問への抵抗感をなくす）
・でもでもボクシング（反対意見のポイントを知る）

といった，対話の基本となるゲームです。朝の会や帰りの会，ちょっとした隙間時間に行いました。コミュニケーション量が，「圧倒的」に増えました。

ゆるやかな勝ち負けのあるコミュニケーションゲームを，子どもたちは大変喜びます。教室の雰囲気がガラリと変わり，笑顔があふれます。

4.　ほめ言葉のシャワー

菊池実践の代名詞ともいわれている実践です。30年近く前から行っている実践です。

2012年にNHK「プロフェッショナル仕事の流儀」で取り上げていただいたことをきっかけに，全国の多くの教室で行われているようです。

「本年度は，全校で取り組んでいます」

「教室の雰囲気が温かいものに変わりました」

「取り組み始めて５年が過ぎました」

といった，うれしい言葉も多く耳にします。

また，実際に訪れた教室で，ほめ言葉のシャワーを見せていただく機会もたくさんあります。どの教室も笑顔があふれていて，参観させていただく私も幸せな気持ちになります。

最近では，「ほめ言葉のシャワーのレベルアップ」の授業をお願いされることが増えました。

下の写真がその授業の板書です。内容面，声の面，表情や態度面のポイントを子どもたちと考え出し合って，挑戦したい項目を自分で決め，子どもたち自らがレベルを上げていくという授業です。

どんな指導も同じですが，ほめ言葉のシャワーも子どもたちのいいところを取り上げ，なぜいいのかを価値づけて，子どもたちと一緒にそれらを喜び合うことが大切です。

どの子も主人公になれ，自信と安心感が広がり，絆の強い学級を生み出すほめ言葉のシャワーが，もっと多くの教室で行われることを願っています。

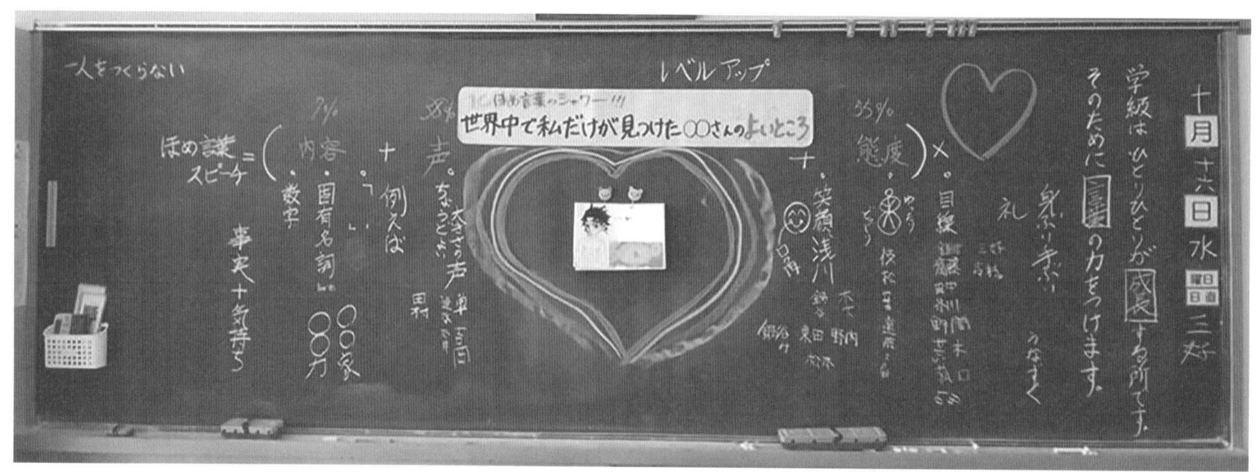
一人をつくらない
レベルアップ
世界中で私だけが見つけた○○さんのよいところ
ほめ言葉スピーチ＝（内容＋声＋態度）×
学級はひとりひとりが成長する所です。
そのために言葉の力をつけます。
十月十六日水
三好

5.　対話のある授業

菊池実践の授業の主流は，対話のある授業です。具体的には，

・自由な立ち歩きのある少人数の話し合いが行われ
・黒板が子どもたちにも開放され
・教師が子どもたちの視界から消えていく

授業です。教師主導の一斉指導と対極にある，子ども主体の授業です。

私は，対話の態度目標を次の３つだと考えています。

① しゃべる
② 質問する
③ 説明する

それぞれの技術指導は当然ですが，私が重視しているのは，学級づくり的な視点です。以下のような価値語を示しながら指導します。

「あたたかいほめ合いが34人でできる学級
「聞き合える話し合いが34人でできる学級

例えば，

・自分から立ち歩く
・一人をつくらない
・男子女子関係なく
・質問は思いやり
・笑顔でキャッチボール
・人と論を区別する

などです。

対話のある授業は，学級づくりと同時進行で行うべきだと考えているからです。技術指導だけでは，豊かな対話は生まれません。形式的で冷たい活動で終わってしまうのです。

学級づくりの視点を取り入れることで，子どもたちの対話の質は飛躍的に高まります。話す言葉や声，表情，態度が，相手を思いやったものになっていきます。聞き手も温かい態度で受け止めることが「普通」になってきます。教室全体も学び合う雰囲気になってきます。学び合う教室になるのです。

正解だけを求める授業ではなく，新たな気づきや発見を大事にする対話のある授業は，学級づくりと連動して創り上げることが大切です。

6. ディベート指導

私の学級の話し合いは，ディベート的でした。

私は，スピーチ指導から子どもたちの実態に合わせて，ディベート指導に軸を移してきました。その理由は，ディベートには安定したルールがあり，それを経験させることで，対話や話し合いに必要な態度や技術の指導がしやすいからです。

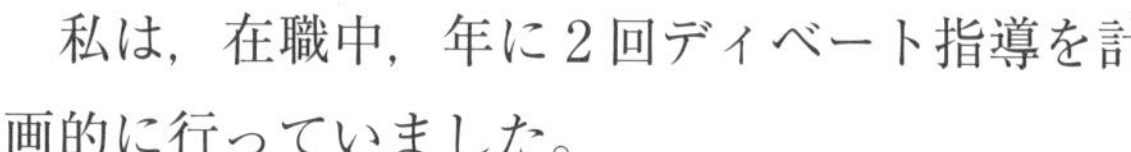

私は，在職中，年に2回ディベート指導を計画的に行っていました。

1回目は，ディベートを体験することに重きを置いていました。1つ1つのルールの価値を，学級づくりの視点とからめて指導しました。

例えば，「根拠のない発言は暴言であり，丁寧な根拠を作ることで主張にしなさい」「相手の意見を聞かなければ，確かな反論はできません。傾聴することが大事です」「ディベートは，意見をつぶし合うのではなく，質問や反論をし合うことで，お互いの意見を成長させ合うのです。思いやりのゲームです」といったことです。これらは，全て学級づくりでもあります。

2回目のディベートでは，対話の基礎である「話す」「質問する」「説明する（反論し合う）」ということの，技術的な指導を中心に行いました。

例えば，「根拠を丁寧に作ります。三角ロジックを意識します」「連続質問ができるように。論理はエンドレスです」「反論は，きちんと相手の意見を引用します。根拠を丁寧に述べます」といった指導を，具体的な議論をふまえて行います。

このような指導を行うことで，噛み合った議論の仕方や，その楽しさを子どもたちは知ります。そして，「意見はどこかにあるのではなく，自分（たち）で作るもの」「よりよい意見は，議論を通して生み出すことができる」ということも理解していきます。知識を覚えることが中心だった今までの学びとは，180度違うこれからの時代に必要な学びを体験することになります。個と集団が育ち，学びの「社会化」が促されます。

ディベートの持つ教育観は，これからの時代を生きる子どもたちにとって，とても重要だと考えています。

【4年生の授業】

4年生は，一人一人の違いを出し合い認め合う場面が中心の授業です。

そもそも教室にはいろんな子どもがいます。一人一人違います。ということは，教室はその一人一人の違いをお互いが出し合って，それらを認め合うところであるべきです。そして，みんなで高まっていく，成長し合っていく，そういうところであるべきです。教室は，そのような場であると私は思っています。

本DVDでは，授業の最後に振り返りをさせることによって，教室にはいろんな友達が集まっているということの意味や価値を子どもたちにも理解させようとしています。

器
アイデア

対話・話し合いの場面では，自由な立ち歩きのある交流活動を取り入れ，「ひとりひとりちがっていい」ということを確認した上で，

・1人をつくらない。
・男子・女子，関係なく行う。
・笑顔で楽しむ。

このようなポイントを押さえ，一人一人が違うからこそ，さまざまなアイデアが生まれるということを体験させ，そういった学び合いのよさを子どもたちに伝えようとしています。

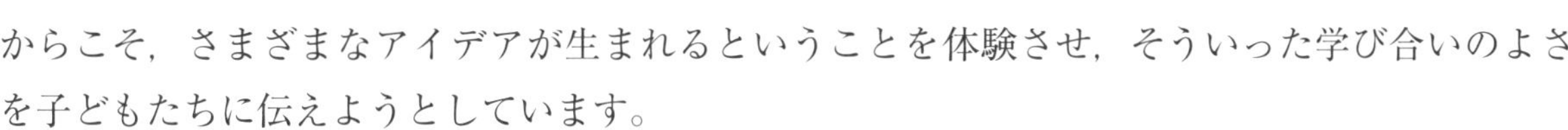

授業の最後には，「2分の1成人式」を迎える子どもたちに，「今の自分，これからの自分，いろんな人がいるからこそお互いが成長し合うことができる」といったことの意味を考えさせています。

このような価値ある学びを生み出す鍵となるのが，コミュニケーションであり，対話・話し合いであると思います。授業をとおして，「意味ある対話・話し合いを教室の中に広げてほしい」といった思いを子どもたちに伝えています。

自分たちの生活を豊かなものにするために，対話・話し合いを大切にしようとする子どもを育てたいものです。

【5年生の授業】

5年生は,「学級マスコットづくり」という活動を通して,共同的な学びを笑顔で楽しんでいる授業です。

この授業は,「グループ→全体」という展開で進めています。

最初のマスコット作りは,グループです。

まず,各自が自分の好きな目をA3用紙にそれぞれが描いて,時計回りにその紙をグループ内で回していき,鼻,口と順々に,回ってきたマスコットの原型にそれらの体の部位を描いていくといった学習の流れになります。

嫌でも,前の友達の作品を受けて,自分の絵を描いていくわけですから,そこには自然と笑顔があふれ,楽しい会話も生まれ,温かい共同的な学びが成立し始めます。予想外の展開を子どもたちは楽しみます。

その後,各班で一つ代表作品を話し合って選ばせます。そして,その作品の名前をみんなで話し合いを通して考えさせます。つまり,少人数の話し合いを二回仕組んでいます。楽しさの中にも対話のある学びを成立させています。

次は,各グループの全体での発表です。各グループの代表者が,全体の前で選んだマスコットを発表するのです。

このような楽しい活動を伴った学びであっても,全体の場では自分を表現することが苦手な子どももいます。そこで,「私,します」といった価値語を子どもたちに植林します。自分から取り組む,自分たちで取り組む,そういった主体的な学びを大切にしているからです。

対話・話し合いは,自然発生的にはなかなか生まれません。教師の意図的な仕掛けによって,子どもたちは自ら対話・話し合いに向かっていくのです。このような指導を行うことも,教師の大切な役割だと思っています。これからの授業では,教師はファシリテーターとしての役割が求められているのです。

【6年生の授業】

6年生は，ディベート的な対立のある対話・話し合いの授業です。

授業は，文学作品の読解です。『主人公のクルルの気持ちが，がらりと変わったところはどこか』という問いで，対話・話し合いを行っています。主人公の気持ちが変わったクライマックスの場面を子どもたちに考えさせている授業です。

この教師からの問いで，子どもたちの考えは分裂します。だから，対話･話し合いがそこで生まれます。友達と意見が違うということで，お互いの考えをきちんと理解し合う必要が出てきます。そのままでは，意見が噛み合わず，対話・話し合いが成立しないからです。そこで，子どもたちの中に質問という活動が生まれます。そして，お互いの考えが分かったら，次は反論という授業展開になります。

このような，自分の立場を決め，相手の意見を理解し，違いを反論し合う（説明し合う）という活動を行うことによって，お互いが理解を深めていく学びが成立すると考えています。この授業では，そういった学習の展開をめざしました。

本DVDのような授業を繰り返すことによって，「違いを恐れることなく意見の違いを出し合い，そしてお互いが納得し合う」といった深い学び合いに，子どもたちは自ら近づいていこうとします。

対話・話し合いの面白さや楽しさは，このようなお互いの対立する意見を戦わせるところにあると思います。相手の意見を否定するのではなく，相手の考えのよさを知り，一緒に深め合っていく学びです。

今，主体的・対話的で深い学びということがさかんに言われています。新たな気づきや発見を求めていくこのような授業が，今後ますます大切になっていくのではないかと思っています。

まるごと授業 国語 4年(下)

ごんぎつね

全授業時間 12 時間

◉ 指導目標 ◉

・文章を読んで感じたことや考えたことを共有し，一人一人の感じ方などに違いがあることに気づくことができる。
・登場人物の気持ちの変化や性格，情景について，場面の移り変わりと結びつけて具体的に想像することができる。
・文章を読んで理解したことに基づいて，感想や考えをもつことができる。
・様子や行動，気持ちや性格を表す語句の量を増やし，語彙を豊かにすることができる。

◉ 指導にあたって ◉

①　教材について

「ごんぎつね」は，「手ぶくろを買いに」や「おじいさんのランプ」などとともに，多くの子どもに読み継がれてきた新美南吉の童話です。話は，小ぎつね「ごん」の登場する，子ども向けの童話として書かれています。しかし，そこには人と人とのつながりの１つの姿と，思いが通じ合うことの難しさ，分かり合えない悲しさが描かれています。そこに，大人が読んでも心に響くものがあり，読む者にいろいろな思いをもたせたり，考えさせたりする物語です。それだけに，児童も，兵十に心を寄せていく健気なごんの姿に共感し，その気持ちを推し量ったり，いろんな思いをもったりします。

そこで，ここでは「気持ちの変化を読み，考えたことを話し合おう」というめあてで，ごんの行動や様子，また情景からも，その人物像と心情とを読み取っていきます。また，最後の場面では，児童は，撃たれたごんだけでなく，兵十の衝撃や悔い，つらさにも目を向けます。それは，兵十が「火縄銃をばたりと取り落とし…」という叙述からも読み取れます。このように，人物の心情は，叙述をもとに読んでいくことが，読み取りの基本となります。その点，文から離れた想像だけの「気持ちの読み」にならないように気をつけます。その上で，「自分はこう読んだ」というごんの人物像や，ごんや兵十に対する思いを書き，友達とも話し合って，見方を広げ深めるようにします。

（読みすすめる上で，留意したいこと）

物語には，それを語る語り手がいます。「ごんぎつね」は，大体ごん側の視点で語られていきます。魚を捕る兵十も，麦をとぐ兵十も，ごんから見ての兵十です。ですから，読むときも，ごんの目には，そのときどきの兵十はどう見えたのかを読んでいきます。その上で，そのときの心情を考えさせます。児童も，いたずら好きだがさびしいごん，兵十に気づいてほしいと，栗を運ぶごんの姿に，自分の気持ちを重ねて読むでしょう。ただ，6場面の一部分は，兵十の視点で語られています。ここは，兵十の目に映ったものは何なのかを，文から読み取ります。兵十の気持ちが大きく変わる場面です。

ごんは，いたずらをきっかけにして，次第に兵十に近づいていくようになります。川で魚を捕る兵十を見ているごんから，お念仏の帰り，兵十の影法師を踏むくらいまで近づくごん。このような2人の近づき具合も，叙述をもとにイメージできるとよいでしょう。距離の近づきは，ごんの気持ちの近づきでもあるようです。

また，ごんが兵十に近づくきっかけとなったのは，ウナギを盗ったことへの後悔からそのつぐないをしようと思ったことです。しかし，よく読むと，それはごんの思いこみにすぎないことが分かります。「うなぎを盗ったせいで」，「兵十は，おっかあにうなぎを食べさせることができなかった。」というのは，確かな事実ではなく，ごんが穴の中で想像したことです。むしろ，そう考えたごんの思いや人柄に目を向けさせることが，読む上では大切になります。また，情景の描写も，この物語の大きな魅力です。

②　主体的・対話的で深い学びのために

まとめとして，ごんと兵十の関わりを通して，自分が考えたことを書き，話し合います。これは，みんなで学んだことをもとに，今度は自分の考えたことを文章にして，表現する活動になります。いわば，入力に対しての出力にあたる主体的な活動です。また，同じ物語を読んでも，くらしや経験が違えば，思うこと考えることにも違いが出てきます。友達の感想とも読み比べる対話的な学びを通して，考えることは人それぞれで，自分と同じではないことも分かります。その上で，物語の主題にも，迫らせます。

ごんは，兵十に撃たれることになります。児童は，「ごんがかわいそう」そして，「兵十もかわいそう」と言います。この場面を読んだある児童は，「時間が止まったよう…」と言いました。児童なりに，人と人との関わりの難しさ，通じ合えない悲しさを感じたのでしょう。それを，共通する思いとして，みんなで認め合います。

◉ 評価規準 ◉

知識及び技能	様子や行動，気持ちや性格を表す語句の量を増やし，語彙を豊かにしている。
思考力，判断力，表現力等	・「読むこと」において，登場人物の気持ちの変化や性格，情景について，場面の写り移り変わりと結びつけて具体的に想像している。 ・「読むこと」において，文章を読んで理解したことに基づいて，感想や考えをもっている。 ・「読むこと」において，文章を読んで感じたことや考えたことを共有し，一人一人の感じ方などに違いがあることに気づいている。
主体的に学習に取り組む態度	学習の見通しを持って，読んで考えたことを話し合い，一人一人の感じ方などに違いがあることに積極的に気づこうとしている。

◉ 学習指導計画　全 12 時間 ◉

次	時	学習活動	指導上の留意点
1	1	・教科書 P1 の詩「はばたき」を読む。「国語の学習を見わたそう」を見て，学習の見通しをもつ。 ・「ごんぎつね」の範読を聞き，学習のめあてを確かめる。	・これから何を学習するのか，目次も眺め，これからの学びに期待感をもたせる。 ・めあては「気持ちの変化を読み，考えたことを話し合おう」とする。
	2	・「ごんぎつね」全文を音読し，初めの感想を書いて発表する。それを聞き合う。	・単元の初めなので音読の時間をとる。 ・多様な感想を聞き合い，認め合う。
2	3	・1 の場面の前半を読み，場面の設定を捉えるとともに，ごんとはどんなきつねなのかを，文をもとに話し合う。	・昔の，田舎の農村が，物語の舞台になっていることを，文から読み取らせる。 ・『情景』についても，説明を加える。
	4	・1 の場面の後半を読み，兵十の捕った魚を逃がすといういたずらをするごんの様子を読み，ごんの気持ちを考える。	・深く考えない思いつきのいたずらであることに気づかせ，ごんの気持ちを考えさせる。表にもまとめていくようにする。
	5	・2 の場面を読み，兵十のおっかあが亡くなったことを知り，いたずらを悔いるごんの姿を読み取る。	・情景からも気持ちを想像させる。 ・おっかあの死と，いたずらを結びつけるごんの姿と思いについて考えさせる。
	6	・3 の場面を読み，「おれと同じひとりぼっちの兵十」を見て，「つぐない」をしようとするごんの姿を読み取る。	・「おれと同じ…」と思い，「つぐない」をしたいと思うようになったごんの気持ちを，文から想像させる。
	7	・4，5 の場面を読み，加助と兵十の話を聞き，「(分かってくれなくて) つまらないな」と思うごんの姿と気持ちを読み取る。	・秋の月夜，自分に関わる話を聞きたいと思い，兵十のあとをつけ，すぐそばまで近づくごんの行動と気持ちに気づかせる。
	8	・6 の場面を読み，ごんを撃ってしまった兵十のしたことと，気持ちを読み取る。	・兵十の思いと目線を追い，兵十の気持ちの大きな変化を捉えさせる。
3	9	・ごんと兵十の気持ちの変化を表に書きまとめ，そこから分かることを話し合う。	・ごんの気持ちが兵十に近づいているのに対し，兵十の気持ちは変わっていないことに気づかせる。
	10 11	・ごんや兵十，場面のできごとについて考えたことを書きまとめ，グループで話し合う。	・「何について」考えたのかというテーマのもとに書き，グループでも話し合わせる。
	12	・学習のまとめをする。 ・発展的な言語活動を行う。	・言語活動としては，「新美南吉の作品を読む」「読み聞かせ」「情景の視写」「ブックトーク」などが考えられる。

収録（画像，カード，イラスト，児童用ワークシート見本）※本書 P 48，49 にも掲載しています。

西町

ごんぎつね

第 1 時 (1/12)

〈本時の活動内容〉下巻で学習することを見渡し，『ごんぎつね』の範読を聞きます。そして，学習の

本時の目標

「ごんぎつね」を読み，「気持ちの変化を読み，考えたことを話し合おう」というめあてを捉えることができる。

授業のポイント

物語との初対面，出会いになる。児童の表情を見て，間もとりながら，範読で物語の世界に入らせる。そのための朗読も高めておきたい。

本時の評価

「ごんぎつね」を読み，「気持ちの変化を読み，考えたことを話し合おう」というめあてを捉えている。

板書例

「ごんぎつね」　新美（にいみ）南吉（なんきち）

◇聞いてみて　読んでみて
・ごんはかわいそう
・どうしてさいごに死んでしまう？

※児童の発言を板書する。

〈学習のめあて〉
気持ちの変化を読み、考えたことを話し合おう

・気持ちを表す言葉
・情景のえがかれ方
に気をつけて

ごん
兵十
気持ちの変化を考えよう

1 読む　「はばたき」の詩を読もう。

「4 年下の本（教科書）に入ります。下巻の名前は？」
・「はばたき」です。

表紙の次（とびら）にも，「はばたき」の詩が出ています。まず，先生が読みます。どんな景色が目に浮かぶのか，想像してください。『白鳥のやってきた空から，ふわりふわりと……　』

初雪かなあ，
でも，冷たくない
感じ…。
ふわふわ
した雪が
降っている。

「今度は，自分で読んでみましょう。詩の景色を思い浮かべながら音読しましょう。」

各自音読した後，数名に指名して音読を聞き合う。

「思ったこと，感じたことを話してください。」
・白鳥が来て，雪も降り始めたなあという冬の始めの様子を思い浮かべました。
・とても優しそうで，温かい雪のように思えました。

2 見渡す 対話する　教科書 P4-8 を見て学習を見渡し，『下巻』の学習について話し合おう。

「次のページから，『国語の学びを見わたそう』として，こんなことを，こんなふうに学んでいきますよ…ということが書かれています。見てみましょう。」
・「話す・聞く」「書く」「読む」の勉強があるね。
・『伝統工芸…』って何だろう。読んでみたい。
・『ウナギのなぞ…』は，なんだか面白そう。

学習を見渡し，しばらく話し合い，興味を持たせる。

『読む』の『物語・詩』では，何を勉強しますか。
『ごんぎつね』と『プラタナスの木』です。
『自分だけの詩集を作ろう』『初雪のふる日』もあります。
どんなお話か，読んでみたいな。

・『情景』という言葉も出ています。何だろう？
「この『情景』とは何かについても勉強します。」

めあてを確かめます。

ごんぎつね

㋱ 学習の見通しをもとう

「はばたき」とびらの詩

（冬の初め）白鳥のやって来た空から
ふわりふわりと…
㊣雪 ではなく
＝小さな羽では？

◇ 四下「はばたき」の学びを見わたそう

・目次
・学習すること

主体的・対話的で深い学び

・９月の新学期，児童の楽しみの１つは，友達や先生に会えること，そして，もう１つは新しい教科書をもらえることがある。そして，その日のうちに読んでしまう児童はけっこう多い。特に，国語は多くの児童が読み，続いて図工や社会，理科などだろう。算数は，ほとんど読まれないようだが…。このように，児童はすでに主体的に学ぼうとしている。新しい教科書を開く本時，この期待感をもとに対話も交えながら，まずは「下巻の国語も楽しみ」という気持ちにさせたい。

準備物

・（あれば）指導書付録の朗読 CD
※範読の代わりに聞かせることもできる。

3 聞く 読む　『ごんぎつね』の範読を聞こう。

「初めに出ているのは，何ですか。11ページを開けましょう。」
・『ごんぎつね』という物語です。面白そう。
・『ごん』というのは，小ぎつねの名前みたいです。
・書いた人は，新美南吉という人です。
すでに読んでいる児童もいるだろう。

では，どんなお話なのか，ごんはどんなきつねなのか，また，何が起こるのか，読んでみましょう。
はじめは，先生が読みます。
『…これは，わたしが小さいときに，…』

ゆっくり目に読み，読めない漢字や難語句には印をさせる。

「聞いてみて，読んでみて，どうでしたか。」
・ごんって，いいきつねなのに…。何だかかわいそう。
・うーん，どうして最後に，死んでしまうのかなあ。

4 めあて つかむ　めあてを捉え，それについて話し合おう。

「『ごんぎつね』，このお話いいな，と思った人は手を挙げましょう。」（ほとんどの児童が手を挙げる）
「では，『ごんぎつね』で，どんなことを学習していくのかを確かめます。教科書 30 ページを開けましょう。」

『見通しをもとう』と，書かれています。これから学習することです。最初の３行を読んでみましょう。

『気持ちの変化を読み，考えたことを話し合おう』
気持ちを表す言葉や，情景のえがかれ方に…。

「読んでいくとき，気をつけることは何ですか。」
・『気持ちの変化』を読むことかなと，思います。

「『ごんぎつね』に，気持ちの変化はありましたか。」
・ごんは，兵十に栗を持っていくようになりました。
・最後に，兵十の気持ちも変わりました。
「そうです。こんな思ったことを話し合うのです。」

ごんぎつね

第 2 時 (2/12)

本時の目標

『ごんぎつね』を読み，心に残ったことを中心に，初めの感想を書くことができる。

授業のポイント

初めの感想だが，人物や場所，時代や季節などおよその場面設定は話し合っておいた方がよい。
展開 1，2 の活動は，効率よく進め，書く時間を確保する。

本時の評価

『ごんぎつね』を読み，心に残ったことを中心に，初めの感想を書くことができている。

〈本時の活動内容〉まずは，音読を通して正しく読めることを目指します。そして，初めの感想を

板書例

〈いつ・どこ〉茂平おじいさんから聞いた話
昔の村、いなか、お城、火なわじゅう
ある秋、ひがん花、くり、まつたけ

〈人物〉
ごん（小ぎつね）、兵十、ほか

◇感想を発表しよう

〈ごん〉
・いたずらずき… だけど
・小学生？ 中学生？
一生けんめい
やさしい？
さびしい？
※

〈心にのこったこと・場面〉
・最後の場面 … どうして？
ごんは悪くないのに
・くりをとどけ続けるやさしいごん
・兵十に気づいてほしかった
・どうして「つぐない」を？
※

※児童の発言を板書する。

1 音読する

正しく読めるよう，『ごんぎつね』を音読しよう。

「『ごんぎつね』の話，みなさん，どう思いましたか。読んで心に残ることもあったでしょう。」
・いいお話，でもかわいそうな話でした。

「主な（登場）人物を挙げるとすれば，だれでしょう。」
・小ぎつねのごん，それから兵十です。他にも…。

今日は，まず正しく読めるように，『ごんぎつね』をみんなで読んでみましょう。そのあと，自分でも読んでみましょう。

ごんぎつね，新美南吉。
これは，わたしが小さいときに…

斉読，そして 1 人読みをさせ，まず漢字や言葉が正しく読めるかどうかを確かめさせる。正しい音読は学習の出発点になる。1 人読みさせているときには，机間巡視で児童の読みぶりを確かめる。

言葉については，今後の読みの中で取り上げていく。

2 めあて つかむ

「初めの感想を書く」というめあてを捉えよう。

「今日は，この『ごんぎつね』を読んで，『わたしは，こんなこと，こんなところが心に残った…』などと，心をひかれたことを書いて，話し合ってみましょう。初めの感想を書くのです。」

書く前に，少し話し合ってみましょう。読んでみて，みなさんは，このごんをどんなきつね（人物）だと思いましたか。
こんな子，いるなあと思いました。いたずらするけど，悪い子でない子です。
年は，ぼくらくらい？それとも中学生くらいかな。

およその場面設定（いつ，どこ，季節）も共有していく。

「場所は，どんなところでしょうか。時代は？」
・田舎です。昔の村みたい，お城や火縄銃もあった頃。
・挿し絵を見ても，兵十の姿や家が，昔ふうです。

書きます。

ごんぎつね　新美　南吉

(め) 読んで、心にのこったことを書いて話し合おう

◇ 全文を正しく読み通そう
（漢字・言葉）

◇ はじめの感想を書こう
・心にのこったこと・ところ
・ごんはどんなきつねか？
・考えてみたいこと
（例）「○○のごんを見て、……と思いました。」

主体的・対話的で深い学び

・主体的な学習を進めるためにも，まずは読めなくてはならない。何度か読んでいると，新しい発見も出てくる。「ひとりぼっちの小ぎつね」という言葉にも改めて目を留めるようになる。「音読はお家で…」も大切だが，やはり学校でみんなと読むことを通して，「みんなで学ぶ」という主体的な意識も高まる。
・初めの感想には，読み違えや不十分さもよくある。しかし，対話を通して，友達は，何に，どこに目を向けているのかを知り合うことを大切にして，どんな感想も認め合うようにする。

準備物

・ 感想用ワークシート，または原稿用紙（児童数）
（児童用ワークシート見本 DVD 収録【4下_01_01】）
※感想はノートに書かせてもよい。

3 書く　初めの感想を書こう。

「季節はいつでしょうか。また，どこで分かりますか。」
・秋です。彼岸花が咲いていたから9月頃かな。
・ごんは，栗やまつたけを届けているから，秋です。

それでは，もう一度読んで（今度は黙読），心に残ったところに印（行頭に○印など）をしておき，<u>それも参考にして，初めの感想を書きましょう。</u>特に，心に残ったごんや兵十の様子，場面を中心にして書くといいですね。

「ごんや兵十のことだけでなく，<u>いいなと思った文章や書き方（情景）</u>にも目を向けてみましょう。」

ここで書く時間を十分とり，個別に見て回り，助言援助する。

「『わたしは，○○のごんを見て…（思ったこと）と，思いました。』のような形で書いてもいいですね。」

4 交流する　書いた感想を発表し，聞き合おう。

「何人か，書けた人に読んでもらいましょう。」

書きにくい児童には，友達の書いた感想も参考にさせる。

「それでは，初めの感想を発表しましょう。」

心に残ったこと，場面はありましたか。

やっぱり，最後の場面。ごんが撃たれるところです。「何で？ どうして？」と思ってしまいました。

栗を届ける一生懸命なごん，いいな，えらいなと思いました。

「兵十のあほ，何で撃ったんや」と言いたいです。

・ごんは，さびしかったのかな。ごんが，栗やまつたけを届けているのに，兵十がちっとも気づかないのを見て，「早く気づいてあげて」と思いました。
・ごんが兵十のあとをつけるところがいいなと思った。

「何に」「どこに」心をひかれたのか，板書でまとめていく。

ごんぎつね

第3時（3/12）

本時の目標

1の前半の場面を読み，「ひとりぼっちの小ぎつね」ごんのくらしと，いたずら好きな小ぎつねであることを読み取ることができる。

授業のポイント

どんなところ（農村）での，いつ頃（かなり昔）の話なのか，文をもとに話し合っておく。これが，物語の世界，背景を感じながら読んでいく助けになる。

本時の評価

1の前半の場面を読み，「ひとりぼっちの小ぎつね」ごんのくらしと，いたずら好きな小ぎつねであることを読み取っている。

〈読取の範囲〉1の場面の前半（教科書P12～P13L7）を読み，時代や場所など場面設定（物語の世界）を

板書例

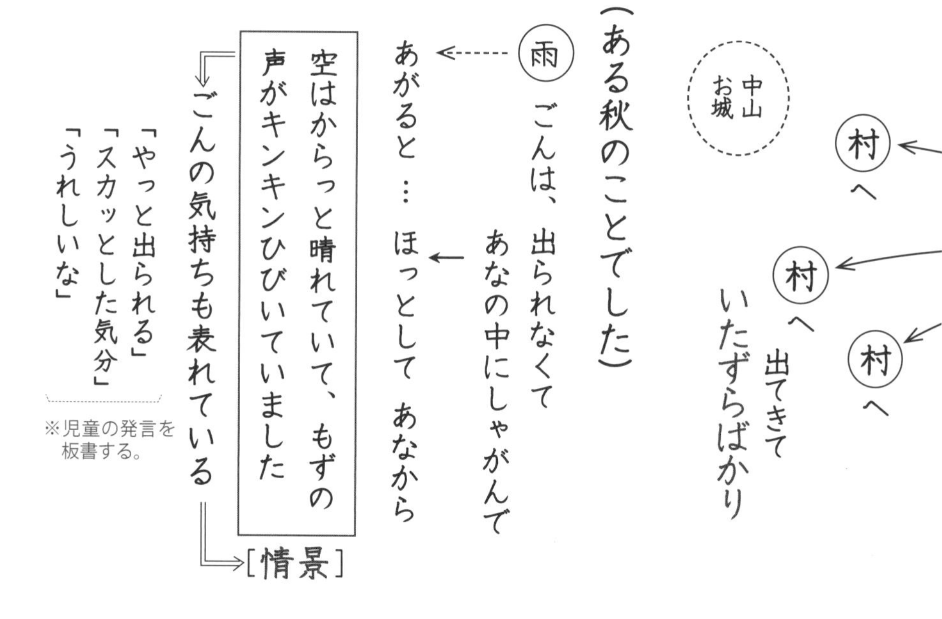

村へ
村へ
村へ
出てきて
いたずらばかり
中山
お城
（ある秋のことでした）
雨
ごんは、出られなくて
あなの中にしゃがんで
あがると … ほっとして あなから
空はからっと晴れていて、もずの
声がキンキンひびいていました
ごんの気持ちも表れている
「やっと出られる」
「スカッとした気分」
「うれしいな」
※児童の発言を板書する。
[情景]

1 めあて 音読する

めあてを聞き，1の場面を音読しよう。

「初めの感想では，ごんや兵十に対していろいろな感想が出ました。今日は初めの1の場面を読み，ごんはどんなきつねなのかを考えましょう。」

1の場面を，みんなで音読しましょう。（斉読）
今度は，1人で読んでもらいましょう。
読みたい人は，手を挙げてください。
はい！
はい！
はい！

「では，段落ごとに交代して読んでもらいましょう。段落で交代です。初めは，中山さん読んでください。」

・これは，わたしが小さいときに，村の茂平というおじいさんから…。

段落ごとに交代して音読させる。緊張もするが，その緊張が学びにおいても大切であり，家での練習にもつながる。そして，単元を通して，どの児童も一度はみんなの前で，1人で読むという機会を与え，体験させるようにする。

2 読む 対話する

「いつ」「どこ」「だれ」という場面設定を話し合い，確かめよう。

「まず，13ページ1行目まで読みましょう。ここに，お話の場所（舞台）と，いつの話か，ごんとはどんなきつねなのかが書かれています。読んでそれが分かるところに線を引きましょう。」（各自が読む）

場面設定（時代＝いつ，場所＝どこ）を捉えさせる。

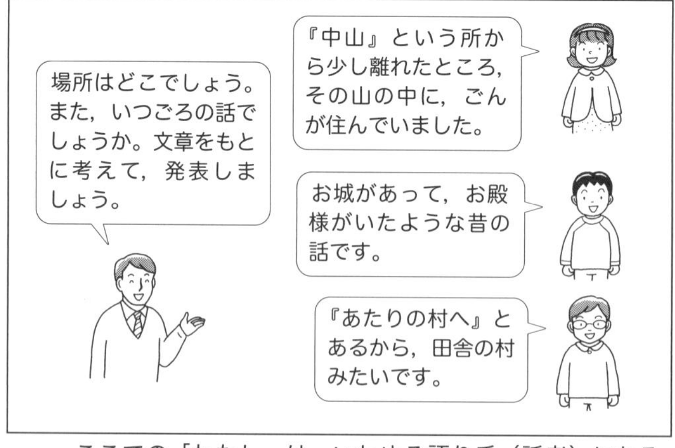

場所はどこでしょう。また，いつごろの話でしょうか。文章をもとに考えて，発表しましょう。
『中山』という所から少し離れたところ，その山の中に，ごんが住んでいました。
お城があって，お殿様がいたような昔の話です。
『あたりの村へ』とあるから，田舎の村みたいです。

ここでの「わたし」は，いわゆる語り手（話者）になる。新美南吉が，この「わたし」に「ごんぎつね」の話を語らせている。板書で，図でも示して，農村のイメージをもたせる。

シダなど，実物や画像があれば見せて説明する。

確かめ，ごんとはどんな小ぎつねなのかを，文章から読み取ります。

ごんぎつね

㋱ ごんとは、どんな小ぎつねか文章から考えよう

これは、わたしが小さいときに…（いつ）

→「ごんぎつね」の話

（いつ）… 小さなお城、おとの様がおられたころ

ごん

山の中であなをほって

ひとりぼっちの小ぎつね

主体的・対話的で深い学び

・みんなで話し合うためにも，場面の設定は初めに確かめ合う。時代や季節，農村か町かなど，これからの対話の土台になることを共有しておく。そこがあいまいだと対話も進まない。その上で，ごんの人物像を読んでいく。ここでは「ひとりぼっち」と「いたずらをよくする」ということになる。この２点も，みんなで共有しておくことになる。その上で，それをつないで「さびしいから，いたずらをする」「気をひきたい」などと考える児童もいる。そこは，主体的で個々それぞれの読みになる。

準備物

・ 参考画像『しだ』 DVD 収録【4下_01_02】
・（できれば）実物のシダ，菜種がら，唐辛子

3 対話する　ごんとは，どんな小ぎつねなのか話し合おう。

では，ごんとは，どんなきつねでしょうか。書かれている文章から考えましょう。

ひとりぼっちの小ぎつねです。さびしそう。お母さんや兄弟，友達もいないみたい。

森の中に穴を掘って住んでいます。

あたりの村へ出てきて，いたずらばかりするきつねです。「火をつけたり」って，相当悪いことです。

「ひとりぼっちの小ぎつね，でも，いたずら大好き，それがごんのようですね。」

「では，13ページ２行目『ある秋のことでした』から７行目までを読んで，分かることを発表しましょう。」

・雨の間，ごんはずっと穴の中にしゃがんでいました。
・３日もじっとしているのは，いらいらしていたかもしれません。
・『ほっとして』だから，晴れてごんはうれしかった。

4 書く 対話する　情景を確かめ，ごんについて思ったことを書いて話し合おう。

「『空は，からっと…』の文を読んでみましょう。ごんはどんな気持ちになったと，思いますか。」

・からっと晴れて，やっと外へ出られるなあと思った。
・もずもキンキン，スカッとした気分になります。

「そのような気持ちになったでしょうね。このように，ごんの気分も表すように書いてある様子を，『情景』というのです。」

「情景」を具体的に説明し，教科書P30も読む。「情景」の意味は，これからも文をもとに具体的に教える。

ごんは，どのような小ぎつねなのかが分かってきました。このごんを見て，思ったことを書いて話し合いましょう。ごんの気持ちも想像してみましょう。

『ひとりぼっち』というのが，なんとなくかわいそう。きっと，さびしいだろうなと思いました。
いたずらばかりで，村の人には嫌われていたと思います。

「もう一度，１の場面を音読して振り返りましょう。」

ごんぎつね

第 4 時 (4/12)

本時の目標

1 の場面の後半を読み，兵十の捕った魚を逃がすといういたずらをしたごんの様子を読み，そのときの気持ちを想像することができる。

授業のポイント

小川，兵十，それを見ているごん，それらの位置関係を文に即してイメージさせたい。そのため，板書を活用する。
難しい言葉は，説明でも補う。

本時の評価

1 の場面の後半を読み，兵十の捕った魚を逃がすといういたずらをしたごんの様子を読み，気持ちを想像している。

〈読取の範囲〉1 場面の後半（教科書 P13L8 ～ P17L3），「いたずらばかり」のごんの，具体的な姿が語られて

板書例

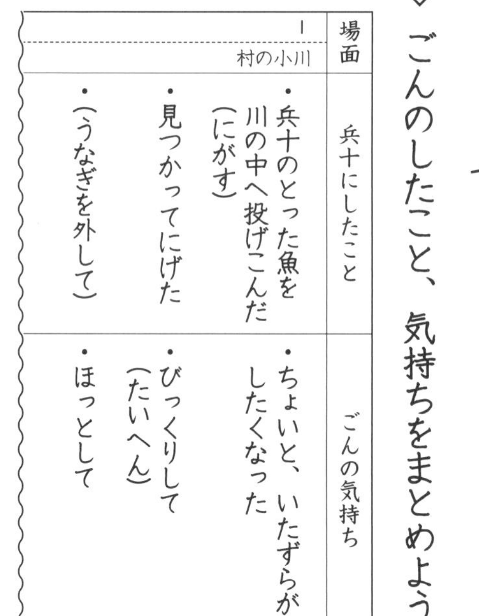
兵十が
いなく
なると
魚
魚をあみより
下手の川の中へ
ぼんぼんと…
いたずら

◇ごんのしたこと、気持ちをまとめよう

場面	兵十にしたこと	ごんの気持ち
1 村の小川	・兵十のとった魚を川の中へ投げこんだ（にがす）	・ちょいと、いたずらがしたくなった
	・見つかってにげた	・びっくりして（たいへん）
	・（うなぎを外して）	・ほっとして

◇ごんのしたことを見て

・ふと思いついて
・かるい気持ちで
⇔ 兵十は「ぬすっとぎつねめ」
・魚がほしいのではなくて、いたずらがしたい

※児童の発表を板書する。

1 めあて 読む　1 の場面を読み，ごんが小川のそばへ行った様子を読もう。

「これまでの学習で，ごんは，どんなきつねだと，書いてありましたか。」
・ひとりぼっちの，いたずら好きな小ぎつねでした。
「今日は，1 の場面の後半を読みます。ごんはいたずらをするのでしょうか。ごんのしたことや様子を読み，気持ちも考えましょう。」
「まず，1 の場面を音読し，振り返りましょう。」（斉読）

「『ある秋のことでした。』から，読みましょう。」

雨が上がって，ごんは，どこへ行きましたか。またそこで，何を見ましたか。
村の小川の堤へ行きました。
川の中で，網で魚を捕っている人を見つけて，その様子を見に行きました。

「初めから，小川に行くつもりだったのでしょうか。」
・いいえ，退屈だったしどこかへ行きたかったのかな。

2 読む 対話する　ごんが見た兵十の様子を読み，話し合おう。

「では，15 ページまで読んで，ごんに見えた兵十の様子が書かれているところに，線を引きましょう。」

「ごんには，初めから兵十だと分かりましたか。」
・『川の中に人が…』から，遠くからは分からなかった。
「『そうっと歩きよって』兵十だと分かりましたね。」

では，ごんが見た兵十の様子や姿を，文をもとに，発表しましょう。
ぼろぼろの黒い着物をまくし上げて…，魚を捕るはりきり網を，ゆすぶっていました。
網に入ったうなぎやきすを，びくに入れました。
川から上がって，びくを置いて川上の方へ行った。

「ごんはどれくらい離れたところから，兵十を見ていたのでしょうか。教室の端くらいでしょうか。」
・顔に付いた『はぎの葉』が分かるくらいだから…。

位置関係や魚取りの様子は，説明も交え板書で表していく。

います。ごんのしたことを読み，そのときの気持ちを考えます。

ごんぎつね

㋱ ーの場面（後半）を読み、ごんのしたことと気持ちを考えよう

（雨があがって）

（川上）

はりきりあみ

村の小川のつつみ

ごん※ じっとのぞいて

「兵十だな」

びく

兵十 ※

※名札を貼付する。児童に貼らせてもよい。

主体的・対話的で深い学び

・単元の目標は「気持ちの変化を読み，…」となっている。しかし，うれしいとか悲しいという言葉では，ごんの気持ちは書かれていない。だから，「ほっとして…」や「ふと見ると」，また，「ちょいと，いたずらがしたくなったのです」などの叙述から，ごんの気持ちを推し量り，想像させるようにする。

・この読みは，「このようなごんを，ぼく，わたしはどう見たのか」ということになり，自分の主体的な考えも含まれる。それが，対話を通してごんの人物像を描いていくことになる。

準備物

・参考画像『すすき』『はぎ』『びく』
DVD 収録【4下_01_03～4下_01_05】

・（黒板掲示用）ごん と 兵十 の名札　DVD 収録【4下_01_06】
※動かせるように裏に磁石シートを貼っておく。

・ごんが兵十にしたことと，ごんの気持ちをまとめるワークシート
（児童用ワークシート見本　DVD 収録【4下_01_07】）
※児童に表から作らせてもよい。

3 書く　ごんのしたことと，気持ちを考えて，表に書き入れよう。

「『兵十がいなくなると，…』そこで，ごんは何をしたのか，そして，どうなったのか，1の場面を最後まで（P17 L3）まで読みましょう。」

これから，ごんが兵十にしたことを文から確かめ，そのときのごんの気持ちを考えて，まとめていきます。表にすると，ごんの気持ちの変わりようも分かりやすくなります。

「ごんが兵十にしたこと」と「そのときのごんの気持ち」を書いていくんだね。

教科書 P30『ノートの例』でまとめ方を見て確かめる。

「では，まず表を書いて，1の場面でごんがしたことと，気持ちを考えて書き入れましょう。」

ワークシートでもよいが，表から作らせた方がよい。また，書く前に，それが分かる文に線を引かせてもよい。

「どんないたずらなのかも，書けるといいですね。」

4 対話する　ごんのしたことと，考えた気持ちを話し合おう。

「表に書き入れる文は，そのまま写すのではなく，短い文に書き換えましょう。」（個別に指導もする）

「書いた表は，友達とも見せ合いましょう。」

ごんは，どんなことをしたのですか。
びくのそばへ，かけつけました。
兵十が，せっかく捕った魚を，びくからつかみ出して川へ投げ込みました。逃がしたんだ。
うなぎだけは首に巻き付いたので，そのまま逃げた。

「このときのごん気持ちを，想像してみましょう。初めから，いたずらをしようと思っていたのかな？」

・『ちょいといたずらがしたくなった…』とあるので，ふと思いついた，と思います。軽い気持ちかなあ。

・魚をねらっていたのでもないし，いたずらです。

「このようなごんをどう思いましたか。」（書かせて発表）

・すばしこいなあと思った。でも悪気はないかも…。

最後に1の場面を音読して振り返る。

ごんぎつね

第 5 時 (5/12)

本時の目標

2の場面を読み，兵十にいたずらをしたことを悔やむごんの姿を読み取り，その気持ちを想像することができる。

授業のポイント

主に，ごんから見た物事が描かれている。どこで何を見ているのか，ごんの目線に沿って読むことが気持ちを想像することになる。

本時の評価

2の場面を読み，兵十にいたずらをしたことを悔やむごんの姿を読み取り，ごんの気持ちを想像している。

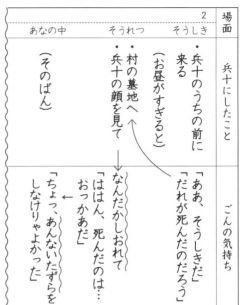

〈読取の範囲〉2場面を読みます。兵十のおっかあが亡くなったことを知ったごん。その晩，兵十の

板書例

「ははん、死んだのは… おっかあだ」

◇ごんのしたこと、気持ちをまとめよう

場面	兵十にしたこと	ごんの気持ち
2 そうしき	・兵十のうちの前に来る （お昼がすぎると）	「ああ、そうしきだ」 「だれが死んだのだろう」
そうれつ	・村の墓地へ ・兵十の顔を見て	なんだかしおれて 「ははん、死んだのは…おっかあだ」
あなの中	（そのばん）	「ちょっ、あんないたずらをしなけりゃよかった」

◇ごんのしたこと、気持ちを見て

・前はいたずらを何とも思っていなかった

←（あなの中で）気持ちの変化

・「あんないたずらをしなきゃよかった」

※児童の発言を板書する。

1 振り返る めあて

2の場面のごんのしたことを読みその気持ちを考えよう。

「ごんとは，どんな小ぎつねなのか，どんないたずらをするのか，1の場面で分かってきました。反対に，兵十は，ごんのことをどう思っているのでしょうか。」

・ごんは軽い気持ちでも，兵十にはにくいやつです。

「今日は2の場面から，ごんは何を見て，どんなことをするのかを読み，気持ちも考えましょう。」

「2の場面を音読しましょう。」（斉読，指名読みなど）

「『十日ほどたって』というのは，いつから，十日ほどたったのですか。」

・ごんが兵十にいたずらをしてから，十日ほどです。

2の場面で，ごんが見たもの，知ったことは何ですか。
兵十の家での葬式です。
葬列と，元気のない兵十の顔を見た。
兵十のおっかあが，死んだことを知りました。

2 書く

ごんがしたことと，気持ちを考えて表に書こう。

表に書くのは，まだ2回目なので，まず少し全体で話し合っておき，それも参考に表にまとめさせる。また，2の場面を，それぞれ『十日ほどたって』『お昼が過ぎると』『そのばん，ごんは』からの，3つに分けて書かせるとよい。

では，1の場面でも，やったように，ごんがしたことと，そのときのごんの気持ちを想像して，表に書き込んでいきましょう。まず，それが分かるところに線を引きましょう。

兵十の家で葬式がある様子を見て…，「だれが死んだんだろう。」と考えている。

兵十との関わりでの，したことや，情景に目を向けさせる。なお，2の場面では，「　」は会話文ではなく，ごんの心の中でのつぶやきだと気づかせておく。

「書けたら，友達と見せ合いましょう。書き加えてもいいですよ。」（参考で何人かに読ませてもよい）

うなぎを盗ったことを悔いるごんの姿を読み取ります。

ごんぎつね

㋱ 2の場面を読み、ごんのしたことと気持ちの変化について考えよう

〈ごんが見たもの・知ったこと〉

・兵十の家でのそうしき

（お昼がすぎると）

・そうれつで

兵十※ しおれた顔

ごん※ のび上がって 六地蔵のかげで

※名札を貼付する。

主体的・対話的で深い学び

・一昔前，昭和までの，農村での葬式の様子がよく分かる。彼岸花の咲く野道を進む白い着物を着た兵十たち，それをそっと見るごん。色や音も映画のように描写されている。このような情景や描き方について，思ったことを自由に述べ合う（対話する）のも，間接ながら，物語を通しての体験といえる。

・また，「このようなごんを，どう見るか」についても話し合い，「ごん」の見方をふくらませる。2場面でも，小学生のような好奇心いっぱいの，ごんの1面を捉えることができる。

準備物

・参考画像『彼岸花』『六地蔵』 DVD 収録【4下_01_08～4下_01_12】

・参考イラスト『かみしも』 DVD 収録【4下_01_13】

・（黒板貼付用）ごん と 兵十 の名札（第4時で使用したもの）

3 対話する 表に書いたことをもとに，葬列を見るごんの様子を話し合おう。

「『十日ほどたって』今，ごんはどこにいますか。」

・村に出てきて，弥助，新兵衛のうちの近くから…。

・兵十のうちの前にも来ています。

そこで，ごんが見たもの，知ったことは何ですか。また，そのときのごんの気持ちはどうでしょうか。
兵十のことが，気になるみたいです。
家の様子から，葬式だと考えています。兵十の家の『だれかが死んだのだろう』と思っています。

「『お昼が過ぎると』から読みましょう。」（斉読）

「ごんは，どこへ行きましたか。何を見ていますか。」

・今度は墓地へ行っています。気になるみたいです。

・葬列の，兵十の様子を見ています。

「ごんの気持ちが，分かるところはないでしょうか。」

・兵十の顔が，『今日はなんだかしおれていました。』のところです。兵十のことが気になるみたい。

4 対話する 書く いたずらしたことを悔いるごんの姿を読み，思うことを書こう。

「『そのばん…』ごんは，どこで何をしていますか。」

・穴の中で考えています。『ちょっ，あんないたずらをしなけりゃよかった』と思っています。反省かな。

「これ（うなぎの一件）は，本当のことでしょうか。」

・いいえ，ごんが穴の中で考えたことです。

「『　』のごんが考えたことをもう一度読みましょう。」

ここまで読んで，ごんの気持ちに変化はあったでしょうか。あるとすればどんな変化でしょうか。
兵十やおっかあを「かわいそう」と思うようになってきている感じがするね。
前は，いたずらを何とも思っていなかったけど，今は，あのいたずらをしなきゃよかったと思っている。

「このようなごんを見て思ったことを書きましょう。」

話し合いを通して，ごんの気持ちが変化していること，いたずらぎつねだけではないことに，気づかせたい。

ごんぎつね

第 6 時 (6/12)

〈読取の範囲〉3の場面を読み，母を亡くしてひとりぼっちになった兵十の様子が気になるごん，

本時の目標

3の場面を読み，兵十の様子を見ているごん，「つぐない」をしようとしているごんの姿や気持ちを読み取ることができる。

授業のポイント

児童からは，ごんの行動や気持ちについて，他にも多様な見方，考えが出る場面。『ひとりぼっちの兵十』『つぐない』をキーワードにして話し合う。

本時の評価

3の場面を読み，兵十の様子を見ているごん，「つぐない」をしようとしているごんの姿や気持ちを読み取っている。

板書例

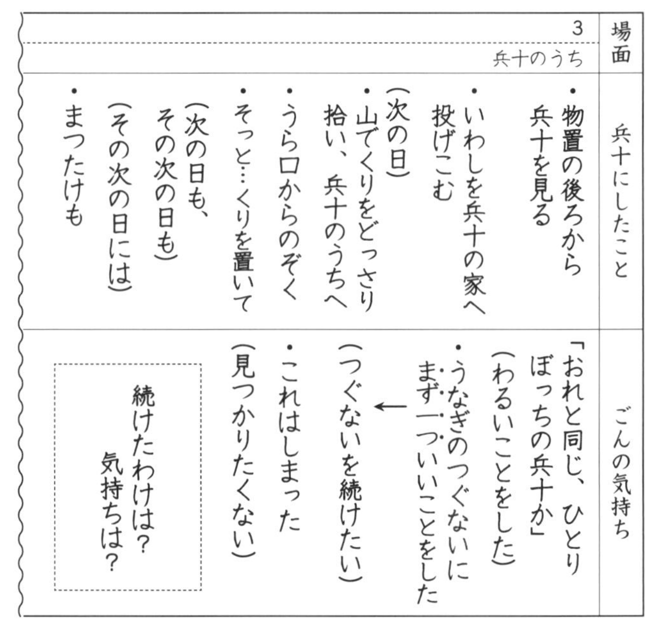

場面
兵十にしたこと
ごんの気持ち
3
兵十のうち
・物置の後ろから兵十を見る
・いわしを兵十の家へ投げこむ
(次の日)
・山でくりをどっさり拾い、兵十のうちへ
・うら口からのぞく
・そっと…くりを置いて
(次の日も、その次の日も)
(その次の日には)
・まつたけも
「おれと同じ、ひとりぼっちの兵十か」
(わるいことをした)
・うなぎのつぐないにまず一つ、いいことをした
(つぐないを続けたい)
・これはしまった
(見つかりたくない)
続けたわけは？気持ちは？

◇ごんの様子や気持ちを見て

・兵十も「おれと同じ」、気持ちが分かる
・何かを兵十にしてあげたいと思うように
・持っていくことがうれしそう

※児童の発言を板書する。

1 読む めあて 音読し，ごんの（気持ちの）変化を読むというめあてを捉えよう。

「2の場面で，それまでのごんと比べて，気持ちの変化はあったのでしょうか。」

・はい，いたずらを悔やんでいるみたいでした。

「今日は3の場面を読み，ごんのしたことや気持ちを考えます。気持ちに変化はあるのでしょうか。」

「3の場面を音読しましょう。」（斉読，指名読みなど）

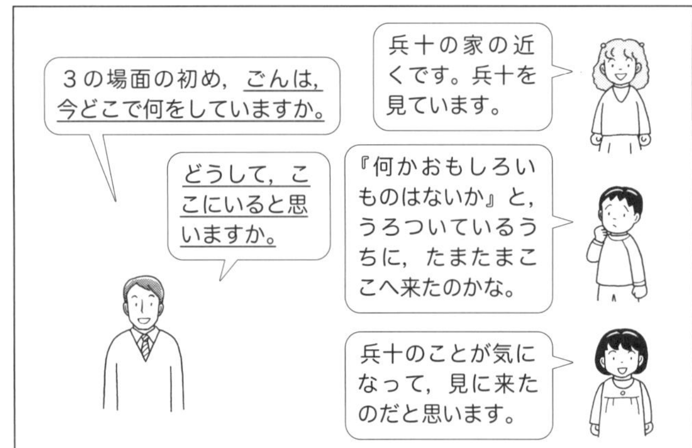

3の場面の初め，ごんは，今どこで何をしていますか。
兵十の家の近くです。兵十を見ています。
どうして，ここにいると思いますか。
『何かおもしろいものはないか』と，うろついているうちに，たまたまここへ来たのかな。
兵十のことが気になって，見に来たのだと思います。

結論は出なくてよい。なぜ来たのか，理由ははっきりとは書かれていないが，「物置の後ろから…」などの表現から，兵十に関心を持っている様子が，話し合えるとよい。

2 読む 書く ごんのしたこと，ごんの気持ちを考えて表に書こう。

「では，これまでのように『ごんのしたこと』，そして，『ごんの気もち』を考えて，表に書きましょう。」

「まず，もう一度読み直して，『ここは，ごんの気持ちが分かる』というところに○印をつけましょう。」

見て回り，児童が印をつけたところを見ておく。また，表に書き込む内容については，個別に援助する。

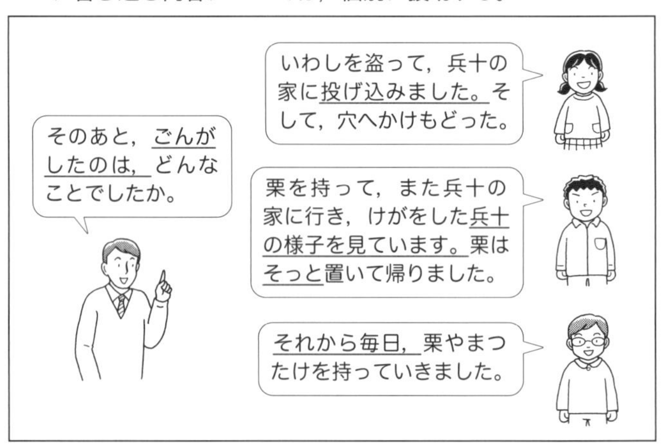

そのあと，ごんがしたのは，どんなことでしたか。
いわしを盗って，兵十の家に投げ込みました。そして，穴へかけもどった。
栗を持って，また兵十の家に行き，けがをした兵十の様子を見ています。栗はそっと置いて帰りました。
それから毎日，栗やまつたけを持っていきました。

発言に応じて，それぞれの箇所を音読させるとよい。

(『そのすき間に』からも，ごんのすばしっこさが読み取れる)

「つぐない」をしようと考えるごんの姿と気持ちを読み取ります。

ごんぎつね

㋱ 3の場面を読み、ごんのしたことと気持ちを考えよう

〈ごんは、どこで何を？〉

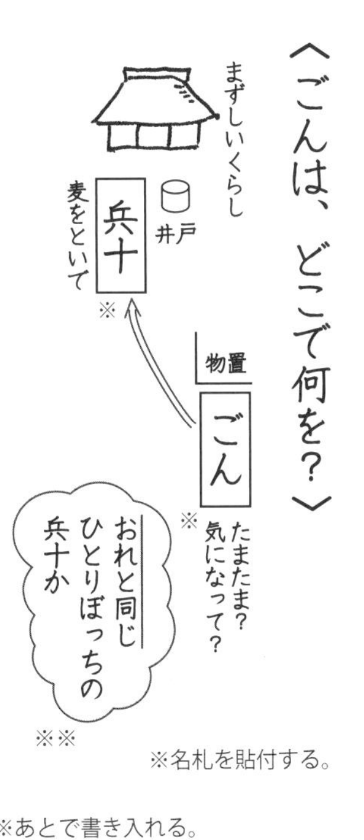

まずしいくらし
井戸
兵十
麦をといで
※
物置
ごん
※
たまたま？
気になって？
おれと同じ
ひとりぼっちの
兵十か
※※

◇ ごんのしたこと、気持ちをまとめよう

※名札を貼付する。

※※あとで書き入れる。

主体的・対話的で深い学び

・2の場面もそうだが，この物語はその場の情景が目の前に浮かぶような書き方になっている。だから，時間にもよるが，ごんのしたこと，気持ちを追うだけでなく，「どのように書かれているか」にも目を向けさせたい。本時では，一瞬のすきを見て，とっさに思いついたのだろう，いわしをつかみ投げ込むごん。文章から，いたずら好きですばしっこい，ごんぎつねらしさが生き生きと伝わってくる。このような叙述についても対話を通して感想を語り合えると，人物像がより鮮明になってくる。

準備物

・（黒板貼付用）ごん と 兵十 の名札（第４時から使用のもの）

・国語辞典（各自）
　※「つぐない」の意味を調べさせる。

3 対話する　ごんの気持ちが読み取れるところと，その気持ちについて話し合おう。

「いわしを投げ込んだのは，前から考えていたことでしょうか。それとも…?」

- いいえ，いわし売りを見て，急に思いついたと思う。
- でも，兵十に何かしてあげたい…というのは，思っていたみたいです。だから，やってしまった。

「ごんが，いわしを投げ込んだこと（したこと）にも，ごんの気持ちが出ているようです。」

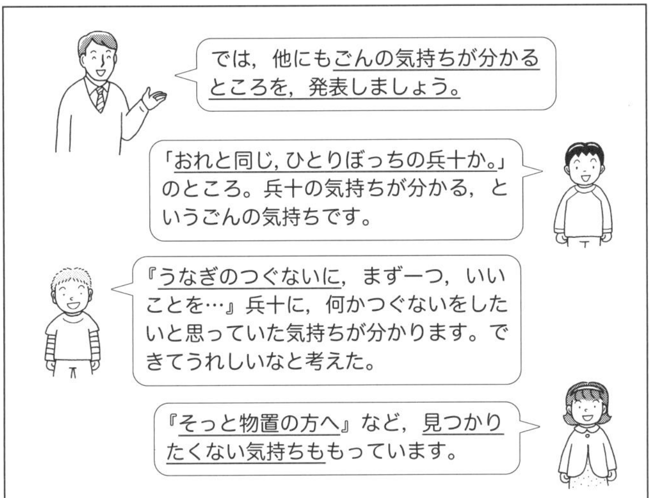

では，他にもごんの気持ちが分かるところを，発表しましょう。
「おれと同じ，ひとりぼっちの兵十か。」のところ。兵十の気持ちが分かる，というごんの気持ちです。
『うなぎのつぐないに，まず一つ，いいことを…』兵十に，何かつぐないをしたいと思っていた気持ちが分かります。できてうれしいなと考えた。
『そっと物置の方へ』など，見つかりたくない気持ちももっています。

4 対話する 書く　「つぐない」という言葉から，ごんの気持ちを考え話し合おう。

「『つぐない』という言葉が出てきました。そこをもう一度読みましょう。」（音読し，意味も辞典で調べる）

「ここでは，ごんは何をすることが『うなぎのつぐない』だと思っているのでしょうか。」

- うなぎを盗った埋め合わせに，何か兵十が喜ぶことをしてあげることが，つぐないだと思った。
- いわしを投げ込み，栗を持っていくことだと考えた。

３の場面で，ごんの気持ちに変化はあったでしょうか。あるとすれば，どんな気持ちになったことでしょうか。
『いたずらをしなきゃよかった』だけでなく，なにか兵十に（つぐないを）したいと思うようになった。
『ひとりぼっちの兵十か』と，自分と同じようだと，思うようになってきています。同情かなあ…。

「こんなごんを見て，思ったことを書きましょう。」

「ごんをどう見たのか」を話し合い，最後に音読で振り返る。

ごんぎつね

第 7 時 (7/12)

本時の目標

4と5の場面を読み，兵十がごんの「つぐない」に気づいていないことを知って，引き合わないなと思ったごんの姿を読み取ることができる。

授業のポイント

会話文が多い場面。まず，兵十と加助，どちらの言葉なのか，印をさせるなど，確かめておく。「お念仏」については説明する。

本時の評価

4と5の場面を読み，兵十がごんの「つぐない」に気づいていないことを知り，引き合わないなと思ったごんの姿，気持ちを読み取っている。

〈読取の範囲〉4と5の場面を読み，自分の「つぐない」が兵十には伝わっていないことを知る。

板書例

◇ごんのしたこと、気持ちをまとめよう

場面	兵十にしたこと	ごんの気持ち
4 （吉べえの家へ行く）道	・（ぶらぶら遊びに） ・二人の話を聞く ・後をつけていく ・井戸のそばに…（待つ）	（二人の話を聞きたい）
5 （吉べえの家からの）帰り道	・二人についていく かげぼうしをふみふみ ・二人の話を聞く 「神様が…」「そうかなあ」	・二人の話を聞こうと（近くで聞きたい） 「へえ、こいつはつまらないな」「おれは引き合わないなあ」

◇ごんの様子や気持ちを見て

・「つまらないな」↑分かる
・そっと気づかれないように持っていっている
でも
気づいてほしい気持ちも（少しは）

※児童の発言を板書する。

1 めあて 振り返る　めあてを捉え，3の場面の栗を届け続けるごんを振り返ろう。

「今日は，4と5の場面から，ごんのしたことを読み，ごんの気持ちを想像していきましょう。」
「その前に，3の場面の終わりを振り返っておきましょう。『次の日も』（P23 L6）から読みましょう。」（音読）

「ごんは，何をしていますか。」
・毎日，兵十に栗を届けています。
・4日目には，まつたけも持っていっています。
・たぶん，このあとも毎日持っていったと思います。

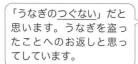

それは，どんな気持ちからしていると思いますか。

「うなぎのつぐない」だと思います。うなぎを盗ったことへのお返しと思ってしています。

「おれと同じひとりぼっちの兵十」を見て，何かをしてあげたくなった気持ちもあるように思います。

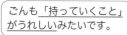

ごんも「持っていくこと」がうれしいみたいです。

「つぐないの気持ちだけではないかも知れませんね。」

2 読む 書く　4の場面を読み，ごんのしたことと，気持ちを考えて表に書こう。

「続きの4と5の場面を読みましょう。」（音読）
「4の場面をもう一度読み，まず，いつ，どこで，何をしたのかを確かめましょう。」
・秋の，月夜，ごんはぶらぶら出かけています。
・道で，お念仏に行く途中の兵十と加助を見ました。
教師は，板書でも示していく。

「会話文の，兵十の言葉には，印をつけましょう。」

「では，そこでごんがしたことと気持ちを考えて，表に書きましょう。気持ちが分かる文には，○印をつけておきましょう。」

ごんがしたことは，何でしょう。また，ごんの気持ちも考えてみましょう。

兵十と加助の話を，かくれて聞いています。

ごんが持っていっている栗の話なので，後をつけて，聞きたかったと思います。

井戸のそばで，しゃがんでいます。

ごんの様子を読み取ります。

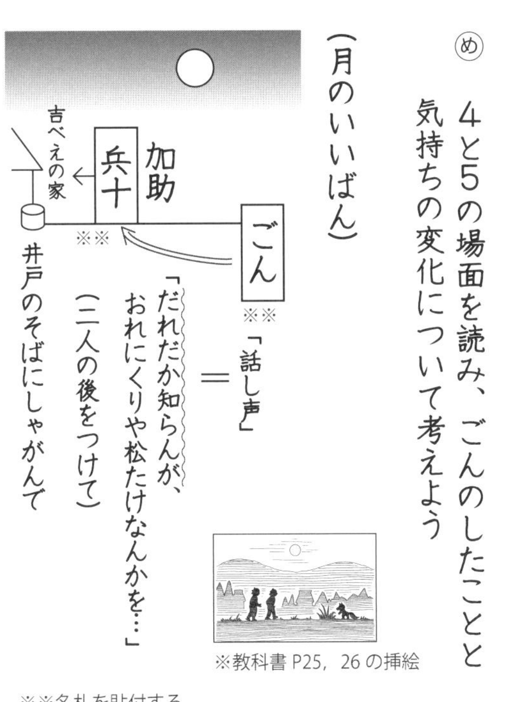

ごんぎつね
め
4と5の場面を読み、ごんのしたことと気持ちの変化について考えよう
(月のいいばん)
吉べえの家
加助
兵十
※※
ごん
※※
「話し声」
＝
「だれだか知らんが、おれにくりや松たけなんかを…」
(二人の後をつけて)
井戸のそばにしゃがんで
※教科書 P25，26 の挿絵
※※名札を貼付する。

主体的・対話的で深い学び

・ごんと兵十の間が近づいていく場面。文に即して，児童の発言，対話を交えその場面をイメージさせる。板書でも名札などを動かして，ごんの動きを見えるようにすると，ごんの関心の強さや気持ちも捉えやすくなる。

・もともと，ごんは，兵十に気づかれないように栗を持っていっていることも考えさせたい。だから，最後の「つまらないなあ」「引き合わないなあ」をどう読むか，額面どおりに読むだけでなく，対話を通していろんな考えが出されるとよいだろう。

準備物

・(黒板貼付用) ごん と 兵十 の名札 (第 4 時から使用のもの)

・教科書 P25，26 の挿絵の拡大コピー，または，黒板掲示用イラスト DVD 収録【4 下 _01_14】

3 読む 対話する　5 の場面を読み，ごんのしたことと，気持ちを考えて書こう。

「ごんが，2 人の後をつけていったのは？」

・兵十は，栗を持っていっている自分のことに気づいているのかどうか，話を聞きたかった？

「5 の場面を読んで，印と続きを表に書きましょう。」

ごんの気持ちが分かるところと，ごんの気持ちを考えて発表しましょう。
また，2 人の後をついて行っています。『話を聞こうと思って』ついていきました。
お念仏が終わるまで，井戸のそばでしゃがんでいました。兵十を待っていたと思います。

「ごんは，『栗の話』を聞きたかったのですね。ごんは，兵十からどれくらいのところにいますか。」

・かげぼうしを踏むくらいだから，すぐそばです。

・兵十の近く，大胆です。よほど聞きたかったのかな。

板書でも 3 人の位置を確かめる。児童に示させてもよい。

4 読む 対話する　文をもとに，ごんの気持ちを想像しよう。

「帰り道，兵十と加助の話を聞いたごんには，どんなことが分かりましたか。」

・加助は，栗は神様が恵んでくれたと考えていること。

・兵十も『そうかなあ』『うん』と思っていること。

・ごんが持っていっていることに全然気づいていない。

自分のしていることに気づいていないことを知ったごんの気持ちを，考えてみましょう。
『そっと』置いてきているけれど，少しは気づいてほしい気持ちもあったと思います。
『へえ，こいつはつまらないな。』また，『おれは，引き合わないなあ。』と思っています。

「このようなごんを見て，どう思ったのか，書いて話し合いましょう。」

・気づかれないように，でも気づいてほしいという気持ちもあった。

・でも，このことで，ごんはやめない気がします。

ごんぎつね

第 8 時 (8/12)

本時の目標

6の場面を読み，ごんを撃ってしまった兵十の，「しまった」という思いと姿とを読み取ることができる。

授業のポイント

6の場面は，おもに兵十の視点で書かれている。そして，全ては最後の鉄砲を取り落とす姿に絞られていく。本場面は，兵十の気持ちが中心になる。

本時の評価

6の場面を読み，ごんを撃ってしまった兵十の，「しまった」という思いと姿とを文から読み取っている。

〈読取の範囲〉 最後の6の場面，ごんが兵十に撃たれるところを読み取ります。この場面は，おもに

板書例

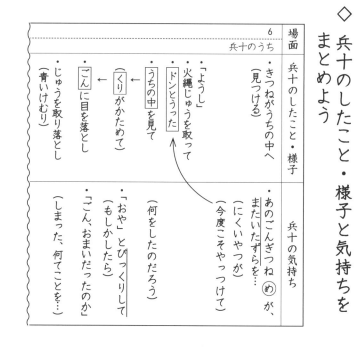

◇兵十のしたこと・様子と気持ちをまとめよう

場面	兵十のしたこと・様子	兵十の気持ち
6 兵十のうち	・きつねがうちの中へ （見つける） ・「ようし」 火縄じゅうを取って ・ドンとうった うちの中を見て →（くりがかためて） →ごんに目を落とし ・じゅうを取り落とし （青いけむり）	・あのごんぎつねめが， またいたずらを… （にくいやつが） （今度こそやっつけて） （何をしたのだろう） ・「おや」とびっくりして （もしかしたら） ・「ごん，おまいだったのか」 （しまった，何てことを…）

◇兵十の様子を見て … 想像（そうぞう）してみよう

・何でうってしまったのだろう（こうかい）

・なぜ，ごんは，おれにくりを？（ぎもん）

※児童の発言を板書する。

1 音読 めあて　6の場面は兵十を中心に読むことと，おもな出来事を話し合おう。

「6の場面を音読しましょう。」（斉読，指名読みなど）

「ここは，兵十とごん，おもにどちらのしたことが書かれていますか。」

・ごんのことも少し書いてあるけれど，兵十のしたことを中心にして書かれていると思います。

「そうですね。だから，この場面はおもに兵十のしたことや気持ちを考えて読んでいきましょう。」

ここで，大きな出来事が起こります。それは，何でしたか。
兵十が，ごんを撃ってしまいました。せっかく，栗を届けに来たのに…。
ごんが兵十に鉄砲で撃たれてしまいました。

「どうしてこんなことになったのか，6の場面の初めから読み返してみましょう。」（1人読み）

2 読む 対話する　ごんの行動と気持ちを考え，話し合おう。

「初めの2行を読みましょう。」

・『その明くる日も，ごんは，くりを持って…』

「『その明くる日』とは，何があった明くる日ですか。」

・兵十と加助の話を聞いて，『こいつはつまらないな』と思った明くる日です。

「5の場面の最後4行を読みましょう。」（音読）

・それなのに，ごんは，また持って行っています。

分かってもらえなくても，『兵十に何かしてやりたい』気持ちは変わっていません。
このときの，ごんの気持ちを考えてみましょう。
『つまらないな』と少し思ったけれど，兵十の家に行くことが，学校に行くことみたいになっていた。
いつか気づいてくれるかも，と思っていたのかな。

「いつもの気持ちで，その日『も』，兵十の家に入ったごん。『そのとき』，何があったのですか。」

・兵十がふと顔を上げました。ごんは見つかりました。

兵十のしたことと，思い（気持ち）を読んでいきます。

ごんぎつね

㋱ 6の場面を読み、兵十のしたことと気持ちについて考えよう

5 「つまらないな」「引き合わないなあ」
←でも

6 その明くる日㋲、ごんは、くりを持って

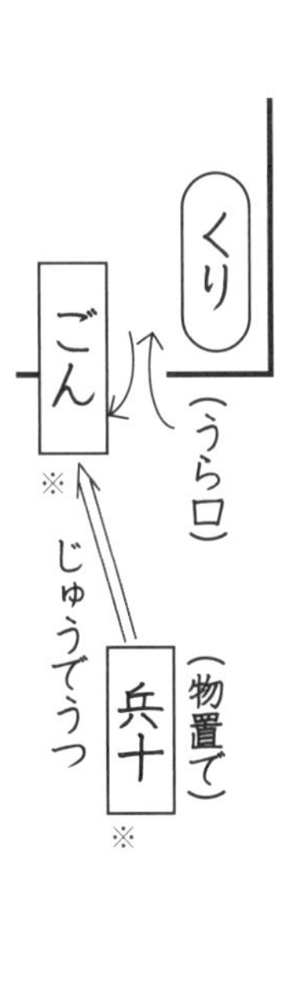

くり
（うら口）
ごん
※
じゅうでうつ
（物置で）
兵十
※

※名札を貼付する。

主体的・対話的で深い学び

・この場面は，おもに兵十の側からの視点で語られている。だから，兵十は何を見てどう思ったのかを文から捉え，兵十の気持ちの変化を，対話を通して読み取らせる。

・そのため，兵十とごんの位置関係もイメージできるとよい。しかし，この時代の農家の様子は，文からだけでは想像できにくい。板書も使い，簡単な図でも示すと状況が捉えやすくなる。なお，この物語は，うなぎのいたずらから，ほんの「ひと秋」の出来事だったことにも気づかせたい。

準備物

・参考画像『火縄銃』 DVD 収録【4下_01_15】
・（黒板貼付用）ごん と 兵十 の名札（第4時から使用のもの）
・兵十のしたこと・様子と，兵十の気持ちをまとめるワークシート（児童用ワークシート見本 DVD 収録【4下_01_16】）
※児童に表から作らせてもよい。

3 書く 対話する　6の場面（P28）で，ごんを撃つまでの兵十の気持ちを，文から考えよう。

「ごんと兵十の位置をかいてみましょう。」（板書参照）
「では，兵十の気持ちの分かるところに○印をして，ここでは，兵十のしたことと，そのときの気持ちとを考えて，表に書きましょう。」

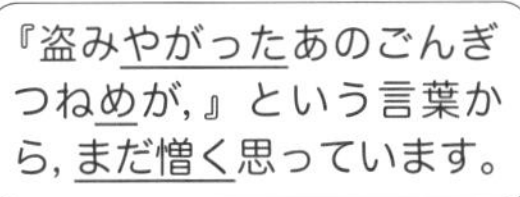

兵十の気持ちが分かるところ，まず28ページから考えてみましょう。また，どんな気持ちでしょう。
『盗みやがったあのごんぎつねめが，』という言葉から，まだ憎く思っています。
『また，いたずらをしに来たな。』と，今でも，悪者のように思っています。
『ようし』という言葉からも，今度こそやっつけようと考えていた。

ごんに対する兵十の見方は，その後のことは知らず，うなぎの一件のときのまま，変わっていないことを話し合う。

「そして，戸口を出ようとするごんを兵十は…?」
・『ドンとうちました。』撃たなくてもいいのに…。

4 対話する　最後の場面（P29）の栗を見たときの兵十の気持ちを考え，話し合おう。

「そこで，兵十がしたことを，発表しましょう。」
・ごんの方へ，『かけよってきました。』
・うちの中を見て…そのとき，土間の栗を見ました。
・「おや」とびっくりして，ごんを見て話しかけた。

兵十の気持ちが，大きく変わったのは，どのときでしょうか。またそのときの気持ちは？
『ごん，おまいだったのか，…』と確かめたとき「大変なことをした」と，ぼうぜんとなったと思います。
栗を見て，「おや」とびっくりしたとき，『もしかしたら』と思って，ごんを見ました。

「そして『火縄銃を取り落とし』た兵十や，『青いけむり』を見てどう思いましたか，書いてみましょう。」
・兵十は，「しまった」「何で撃ってしまったのか」と思ったり，「何で気づかなかったのか」と思ったり…。

児童の思い，発言を聞き合い，再度音読して振り返る。

ごんぎつね

第 9 時 (9/12)

本時の目標

物語全体を読み直し，ごんと兵十の気持ち（の変化）を表にまとめ，違いを捉え直すことができる。

授業のポイント

書き出したことから，ごんに対して兵十の気持ちは，ずっと変わっていないことを話し合わせたい。これは，物語の主題にも関わっている。

本時の評価

物語全体を読み直し，ごんと兵十の気持ち（の変化）を表にまとめ，その違いを捉え直すことができている。

〈本時の活動内容〉初めから読み返し，２人の気持ちの分かる言葉や文（一部）を表に書き出し，

板書例

◇場面ごとに書き出そう

	1	2	3	5 4	6
兵十→ごん	・「ぬすっとぎつねめ」	（変わっていない）			・あのごんぎつねめ ⇐（変化） ・「ごん、おまいだったのか」
ごん→兵十	・ちょいと、いたずらがしたくなった	・「ちょっ、あんないたずらをしなけりゃよかった」	・「おれと同じ、ひとりぼっちの兵十か」 ・うなぎのつぐないに、一ついいことをした	・「つまらないな」 ・「引き合わないなあ」	・目をつぶったまま、うなずきました

◇ごん、兵十の気持ちの変化をくらべよう

・ごんは、兵十に近づいていっている
⟷
・兵十は、ずっと変わらないまま最後に大きく変わる

※

1 めあて 音読する　教科書 P31 の『ふかめよう』に沿って，全文を読み返そう。

「6 の場面を読んで，どう思いましたか。」

・撃たれたごんも，撃った兵十もかわいそうでした。
・2 人ともそんなに悪くないのに，どうしてこんなことになったのかなと思いました。
・『青い煙が，まだ筒口から細く出て…』のところは，一瞬，凍りついたような気がしました。

それでは，P31 の『ふかめよう』の 2 つ目（●），『ごんと兵十の気持ちには，どのような変化が』あったのかを考えます。何に気をつけて考えればよいのですか。

ごんが兵十について，思ったり考えたりしたこと。

兵十がごんのことを表すときに使った言葉。

「まず，初めから全文を音読して振り返りましょう。」

2 つの観点で初めから読み返し，確かめさせる。

・ごんが兵十に対して思ったことと，兵十がごんについて思っていること，これが違うみたい…。

2 対話する 書く　2 人の気持ちが分かるところを表に書き出そう。

「2 人の気持ちが出ている言葉や，したこと，思ったことを，場面ごとの表に書いてみましょう。（表を板書して）こうすると，2 人の気持ちが比べられます。」

1 の場面で，兵十はごんに対してどう思っているのかが，分かる文は，どこでしょう？
『うわあ，ぬすっとぎつねめ。』です。『め』と，怒っています。
ごんが，思っていることが分かるのは，どこでしょう。
『ちょいと，いたずらが…』のところ。
1
兵十→ごん
・「ぬすっとぎつねめ」
ごん→兵十
・ちょいと、いたずらがしたくなった

まず，1 の場面を例にして話し合い，書く内容と，短い文や言葉で書くという書き方を分からせる。

「2 の場面からあとの場面についても表に書きましょう。気持ちが分からないところは，空けておきます。」

書くのには時間がかかる。見つけにくい児童に対しては，「この言葉はどうかな」などと，個別に援助する。

２人の気持ちの変化とその違いを考えます。

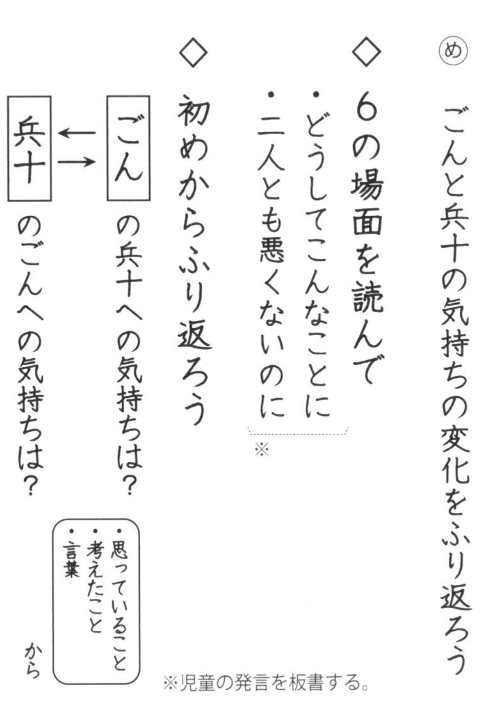

ごんぎつね
㋱ ごんと兵十の気持ちの変化をふり返ろう
◇ 6の場面を読んで
・どうしてこんなことに
・二人とも悪くないのに
※
◇ 初めからふり返ろう
ごん の兵十への気持ちは？
←
→
兵十 のごんへの気持ちは？
・思っていること
・考えたこと
・言葉
から
※児童の発言を板書する。

主体的・対話的で深い学び

・もう一度読み返し，気持ちが出ているところを書き出す，という活動をする。そのために，本時はそのことを念頭に置いて，ていねいに読むことになる。友達との対話ではないが，文章，語り手との対話であり，児童が問いかけながら読む，主体的な読みになる。

・そして，書き出したことから読み取れることを，友達との対話を通して確かめていく。そこから，最後の場面への伏線となる，気持ちの変化の違いに気づかせていきたい。

準備物

・（黒板貼付用）ごん と 兵十 の名札（第４時から使用のもの）

・ワークシート「ごんと兵十の気持ちの変化」（児童数）
（児童用ワークシート DVD 収録【4下_01_17】）
※ワークシートではなく，ノートで簡単に作らせてもよい。

3 対話する 各場面での２人の気持ちについて考えたことを発表しよう。

「では発表しましょう。まず２の場面では？」

・『あんないたずらをしなけりゃよかった』のところ。

・兵十の気持ちは書かれていません。

では，３の場面では，どうですか。
『おれと同じ，ひとりぼっちの兵十か』の言葉です。
『うなぎのつぐないに，…いいことをした』もです。
兵十のごんへの気持ちは，書いてありません。

各場面から分かる気持ちを，みんなで確かめていく。

「兵十の，ごんへの気持ちがはっきり分かるのは，どの場面のどの言葉ですか。」

・５の場面では『そうかなあ』と言っているだけです。

・分かるのは，６の場面の『あのごんぎつねめが，またいたずらをしにきたな』と『ようし』です。

・そして『ごん，おまいだったのか，…』の言葉です。

4 交流する 表を見て，２人の気持ちを比べ，分かることを話し合おう。

「この表から，どんなことが分かりますか。まず，ごんの気持ちはどうですか。」

・ごんは，場面ごとにだんだん兵十のことを気にかけるようになって，気持ちも近づいています。

ごんは気持ちが少しずつ変化してきたのですね。では，兵十がごんに対する気持ちは？
兵十は６の場面の初めまで，１の場面のままごんを憎む気持ちです。
その後のごんの気持ちに気づいていません。

「兵十が，ごんの変化に気がついたのは，いつでしょう。」

・ごんを撃ってしまったあとです。

「ここに，『どうしてこんなことに』という，最後の悲しい場面になったもともありそうです。」

「次の時間は，自分の考えをまとめていきましょう。」

ごんぎつね

第10,11時（10, 11/12）

本時の目標

「ごんぎつね」を読んで考えたことをもとに，物語や人物についての自分の考えを書き，話し合うことができる。

授業のポイント

グループでの話し合いの意義は，まずみんなが自分の考えを発表し，聞き合うところにある。友達の考えに「そうか」「なる
ほど」と思えるとよい。

本時の評価

「ごんぎつね」を読んで考えたことをもとに，物語や人物についての自分の考えを書き，話し合うことができている。

〈本時の活動内容〉「ごんぎつね」を読んできて考えたことを，「何について」（テーマ）を明らかに

板書例

○どんな人物か
○心にのこったところ

＋

「自分はどう考えたのか」文をもとに

（第11時）

㋱ 考えたことを発表しよう

◇話し合ってみよう

4人で

・文章をもとに，発表
・自分の考えとくらべて聞く

（進め方）☆しかい役を決めて

1.「○○さん，発表してください」
2. 質問
3. 聞いた感想
（同じところ・ちがうところ）

※小黒板などに書いておき，掲示する。

◇全体で発表しよう

1 めあて 対話する（第10時）

めあてを捉え，書いてみたいことを話し合おう。

「これまで読んできて，このようなごんや兵十を見て，また最後の場面を見て，いろいろと思うこと，考えたことがあったのではないでしょうか。」

「教科書31ページ『まとめよう』を読みましょう。（音読）このように，今日は『…物語や人物について，考えたこと（思ったこと）を書いてまとめ』ます。」

「書いてみたいと思うこと（書くテーマ）を，ノートも見て考えてみましょう。」

しばらく時間をとり，各自で考えさせる。

書きたいことを，話し合ってみましょう。

やはり，最後の場面です。どうして，こんな悲しいことになったのか，考えて書きたいです。

ごんが「つぐない」を続けた気持ち，わけです。いたずらの反省だけではないように思います。

最後に，兵十は，ごんが栗を持ってきた理由は分かったのかなと思いました。

2 書く

書きたいこと（テーマ）を考え，考えたことを書こう。

「31ページ下『テーマの例』も見ましょう。」（音読）
・わたしも，ごんはどんな人物なのかが気になりました。いたずら好きだけではない，まじめなごん…。

では，書いてみましょう。

わたしは，最後の場面が心に残りました。撃たれたごんがとてもかわいそうでした。でも，兵十はもっと悲しく，ずっと後悔したと思います。「とり返しがつかない」という言葉を聞いたことがあります。兵十もそんな気持ちだったと…。また，「あのごんが，なぜおれに栗を…」ということも，ずっと考え続けたと思います。…

『テーマ』という言葉は難しい。「心に残った場面や，できごとと，自分はどう思ったのか」「○○なごんを見て」「○○な兵十を見て」「最後の場面を見て」考えたこと，という呼びかけをしてもよい。「なぜ，…なのか」という問い方（テーマ）は，難しいこともある。また，文をもとにして書くよう助言する。

書いた文章は集め，次時に向けて目を通しておく。

して書きまとめ，グループで話し合います。

（第10時）

ごんぎつね

㋱ 物語や人物について考えたこと、思ったことを書いてまとめよう

◇ 書きたいこと（書くテーマ）を考えよう

・最後の場面
・ごん … 「つぐない」を続けた
・兵十 … ごんをうってしまった

※児童の発表を板書する

◇ 自分の考えを書いてまとめよう

主体的・対話的で深い学び

・「なぜ…」という問いをすることがある。例えば,「『引き合わないな』と思った明くる日も，栗を届けたのはなぜか」などである。しかし，それは文章には書かれていないし，たとえごんに聞いてもよく分からないことだろう。だから，ここは「明くる日も栗を持っていったごんを，（あなたは）どう思うか」という主体的な問いで書かせるのもよい。文脈からも自分の考えが確かめられ，対話を通して，互いの考えが交流できる。国語に限らず，「なぜ…」は使いやすいが，別の問い方も考えたい。

準備物

・司会役が参考にする進行表（小黒板か，紙に書いて貼る）
（例）発表 → 質問 → 感想（同じところ・違うところ）→ 次の児童の発表

（第11時）

3 対話する　物語や人物について考えたことを，書いた文章をもとに話し合おう。

「みなさん，ごんのこと，兵十のこと，2人の思いの違いなど，いろんなことを考えて書いていましたね。今日は，書いたものを読み合って，友達の考えを知り合います。」

教科書 P31『ひろげよう』，P31 下4と話し方の例も読み，話し合いの観点や注意点を確かめる。

では，同じようなことについて書いた人どうしが読み合えるように，グループを作って読み合います。発表者の考えと自分の考えを比べて聞くようにしましょう。

ぼくが司会をするね。最初に○○さん発表してください。
じゃあ，読みます。わたしは，最後の場面が…。

4名前後のグループになり，司会役も決めさせる。進行表は，小黒板などに書いて掲示しておく。司会役は，ここでは「次は○○さん，読んでください」「聞いてどうでしたか」くらいの進行でよしとする。

4 交流する まとめる　全体でも話し合おう。学習のまとめをしよう。

「グループから1人読んでもらい，みんなで聞きましょう。」

全体で聞く場も作る。司会役の指名でもよい。みんなに聞かせたい「感想文」を，教師が読ませるのもよい。

「自分の考えと比べて，どうでしたか。」（軽く話し合う）

「今度は，どんなことを話し合ったのか，そのことを，グループから伝えてもらいましょう。」

まず，1グループでの話し合いを聞きましょう。

…ごんの「つぐない」のことを話し合いました。ごんは，いつ「つぐない」をしようと思ったのか，3つの考えが出ました。1つは「おっかあが死んだこと」を知ったとき，2つ目は，「おれと同じひとりぼっちの兵十か」と思ったとき，3つ目は，「いわしを見たとき」に思いついた…
NOTE

「今の発言やグループでの話し合いを聞いて，思ったことを書いて発表しましょう。」

書くのは簡単でよい。交流し，教師からもまとめる。

ごんぎつね

第 12 時（12/12）

本時の目標

学習を振り返り，できたことを確かめ，まとめをすることができる。
新見南吉の，他の作品を知る。

授業のポイント

まとめは，くどくならないようにする。また，児童は案外できたことを見逃している。教師からも児童のがんばりやできたことを伝え，励ますのがまとめと考える。

本時の評価

学習を振り返り，できたことを確かめ，学習のまとめをするとともに，新美南吉の作品に親しむことができている。

〈本時の活動内容〉学習を振り返り，目標にも照らしながら，まとめとして学んでよかったこと，

板書例

◇「学習のめあて」について
気持ちの変化を読み、考えたことを話し合おう
← できたことは
○ごんと兵十の気持ちを考えた（変化も）
・言葉から
・したことから
・情景から
○考えたことを書いて、話し合えた
○友達の考えたことを知り合えた

※

◇読んでみよう
新美南吉　多くの童話（今も）
「手ぶくろを買いに」
「木の祭り」
「がちょうのたん生日」
「でんでんむしのかなしみ」ほか

1 まとめ 対話する　「ふりかえろう」も参考にして学習のまとめをしよう。

「『ごんぎつね』の学習を振り返ります。教科書 31 ページ『ふりかえろう』も読んで，できたこと，よかったことを話し合いましょう。」
「この物語を読んで，どう思いましたか。」
・とてもよかったです。ずっと覚えていると思います。
「いいお話だったということですね。」

どこがよかったですか。覚えているところは？
兵十の『ごん，おまいだったのか。』の言葉。驚きが分かります。
ごんが，兵十を見て，『おれと同じひとりぼっちの兵十か』と思うところ。ごんの気持ちが表れています。

・月夜の道を，ごんが兵十のあとをつけいていくところも，ごんの気持ちがよく分かりました。
・お葬式の野道の場面も，心に残りました。

「文や言葉，情景から気持ちが考えられたのですね。」

2 まとめる　単元のめあてについて話し合おう。新美南吉と，書いた童話を知ろう。

「32 ページの『たいせつ』も読みましょう。『気持ちを想像する』大切さが書いてありますね。」

めあては，何だったでしょう。思い出しましょう。
そこから考えたことを書いて話し合いました。
『気持ちの変化を読み，考えたことを話し合おう』でした。ごんと兵十の気持ちが分かるところを書き出して，変化を比べることができました。

「まとめ」は，もともと「目標」「めあて」に照らして，それが達成できたかを検討する。ここでは，このめあてを踏まえてできたこと，よかったことを児童に対話させる。教師からも，大人の目で「何ができたか」を語り，気づかせる。

「32 ページに作者，新見南吉のことと，童話が紹介されています。読んでみましょう。」（読み聞かせてもよい）
・読んだ本もあるよ。他のも読んでみたいな。

できたことを話し合って確かめます。

ごんぎつね

(め) 学習をふり返り、まとめをしよう

◇「ごんぎつね」を読んで
・心にのこった、いいお話
・最後の場面
「ごん、おまいだったのか」
↓ ごんの気持ちが通じた
・読んでよかった
※

※児童の発言を板書する。

主体的・対話的で深い学び

・ある作品を読み，そこから同じ作者の作品を読むようになった，ということは多くの人が経験している。「読みたい」と思う本，それは，児童が読んで，まずは「おもしろいな」と思えること，そして，「人間の一面」が描かれていることが１つの条件になるだろう。その点，新見南吉の童話は，小学生に読ませたいものが多い。この「ごんぎつね」をきっかけにして，他の作品にも目を向けさせ，ぜひ読書という発展的で主体的な学びに向かわせたい。

準備物

・「広げる①」をするなら，視写の用紙（ノート大・薄い罫線）
※後で掲示板に貼れるように。

・新美南吉の本　何冊か（図書室等で借りておく）

3 広げる① 視写する　いいなと思った情景描写の部分を視写しよう。

「広げる」発展的な学習をクラスに応じて選び，取りあげてもよい。１つは視写，もう１つは読書のすすめ。

「先生は，『ごんぎつね』を読んで，『いいな』と思った文章があります。『雨があがると，…。空はからっと晴れて，もずの声がキンキンひびいていました。』のところです。退屈だったごんの気持ちも分かります。このような文を『情景』といいました。」

みなさんもこのように，気持ちや場面の様子が分かり，いいなと思った文がありましたか。

２の場面の『いいお天気で，遠く向こうには，…。墓地には，ひがん花が，赤いきれのように…』です。

４の場面の『月のいい晩でした。ごんは，ぶらぶらと…』

「このようなところを選んで，ていねいに書き写してみましょう。ひと言，思ったことも書いておきましょう。簡単な絵を書き加えてもいいですね。」

4 広げる② 読む　発展的な読書に向けて読書，読み聞かせなどをしよう。

児童を読書に向かわせるきっかけとしても，新美南吉の童話を使って，次のような活動が考えられる。

○「てぶくろを買いに」など，読みやすい本を準備し，「読書タイム」を設ける。読み終われば児童どうしで交換させる。
○ 教師（または司書）が読み聞かせをする。読み聞かせは，よい物語なら，高学年の児童でも喜んで聞く。
他にも，最近は読書への誘いとして，図書館などでブックトークが行われているところもある。

【ブックトーク】
全文の「読み聞かせ」ではなく，ある部分を読むなどして，「この本，おもしろいよ。読んでみよう」という呼びかけが目的になる。図書館でも行われている。テーマを設け，それに関わるいくつかの本を見せながら，紹介することが多い。担任や司書さんがやるのもよい。

クラスの実態に合わせて，ふさわしい読書活動をする。

収録（画像，カード，イラスト，児童用ワークシート見本） ※画像は，本書 P 25 にも掲載しています。

兵十

ごん

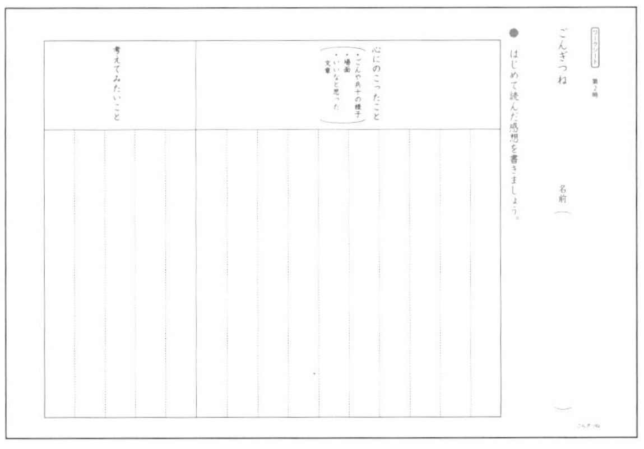

ワークシート　第2時

ごんぎつね　名前（　　　）

● はじめて読んだ感想を書きましょう。

心にのこったこと（・ごんや兵十の様子　・場面　・いいなと思った文章）

考えてみたいこと

ワークシート　第4・5・6・7時

ごんぎつね　名前（　　　）

● 「ごん」が「兵十」にしたことと、そのときの「ごん」の気持ちをまとめましょう。

場面	「ごん」が「兵十」にしたこと	そのときの「ごん」の気持ち

ワークシート　第8時

ごんぎつね　名前（　　　）

● 6の場面で、「兵十」のしたこと・様子と、そのときの「兵十」の気持ちをまとめましょう。

場面	「兵十」のしたこと・様子	そのときの「兵十」の気持ち

ワークシート　第9時

ごんぎつね　名前（　　　）

● 「ごん」と「兵十」の気持ちの変化をまとめましょう。

場面	「兵十」→「ごん」に対して	「ごん」→「兵十」に対して

季節の言葉

秋の楽しみ

全授業時間２時間

◎ 指導目標 ◎

・言葉には，性質や役割による語句のまとまりがあることを理解し，語彙を豊かにすることができる。
・経験したことや想像したことなどから書くことを選び，伝えたいことを明確にすることができる。

◎ 指導にあたって ◎

① 教材について

「季節の言葉」のテーマは，４年では「伝統的な行事」です。春や夏にも節句や七夕など，その折々の季節の行事とそれに関わる言葉を取り上げてきています。

本単元では「秋の楽しみ」として，９月から 11 月に行われる秋の行事と言葉を知り合います。教科書で取り上げられている行事は，月見，七五三，もみじがりです。また，それに関わって，中秋の名月，いも名月，秋の七草，山よそおう…などの言葉と，秋の情景を詠んだ短歌が紹介されています。これらの言葉を窓口にして，行事とかかわる秋の言葉をみんなで知り合い，語彙を広げます。また，「月見」という言葉を知ることによって，秋の月を見て楽しんだ人々の気持ちや思いにもふれることができます。

秋は実りと収穫の季節です。秋の取り入れを喜び，感謝する秋の祭りは，今も多くの地方で行われています。郷土の文化に触れるきっかけにもできるでしょう。そして，このような秋の行事での体験を，手紙を書く活動につなぎます。

「芋名月」や「山装う」「紅葉狩り」などの言葉は，今や大人にとっても，日常使うことのない意味不明の言葉になっています。２つの短歌の意味，内容も４年生には難しいものです。だからといって，ただ短歌を音読して終わり…ではなく，その内容も教えてやりたいものです。それは，児童も短歌の意味を知りたいと思っているからです。

② 主体的・対話的で深い学びのために

語彙を豊かにする上で大切なことは，経験や事実と結びつけて言葉を知っていくことです。秋の七草などもできるだけ実物を持ち込みます。見つけにくくなった植物もありますが，キキョウやクズなどは児童も見たことがあるはずです。また，秋祭りでは「子ども神輿 (みこし)」を引いた児童もいるでしょう。いつ，どこで…などと実体験を交流 (対話) すると，言葉を知るだけでなく児童どうしもつないでくれます。それが主体的な言葉の捉え方です。一方,「紅葉狩り」など児童が知らない言葉は,「こんなことなのですよ」と教師が対話を通して具体的に伝えることも，深い学びとなります。

◎ 評価規準 ◎

知識 及び 技能	言葉には性質や役割による語句のまとまりがあることを理解し，語彙を豊かにしている。
思考力，判断力，表現力等	「書くこと」において，経験したことや想像したことなどから書くことを選び，伝えたいことを明確にしている。
主体的に学習に取り組む態度	積極的に語彙を豊かにし，学習課題に沿って行事の楽しさを伝える手紙を書こうとしている。

◎ 学習指導計画　全 2 時間 ◎

次	時	学習活動	指導上の留意点
1	1	・「めあて」を知り，秋の行事について，どんなものがあるか話し合う。 ・教科書 P34，35 を見て，『月見』『七五三』『紅葉狩り』といった秋の行事とそれに関係する言葉を見つけ，それについて話し合う。	・テーマは「秋の行事とそれに関わる言葉」。 ・行事について，児童の体験や知っていることを引き出すようにする。 ・秋の七草は，ススキやクズなど実物や画像を持ち込み，見せるようにしたい。
	2	・教科書 P34「たまくしげ…」と P35「ちはやぶる…」の 2 つの短歌を音読し，その意味内容を聞く。 ・秋の行事について話し合い，書きたい知らせたい行事や自然について手紙を書く。 ・手紙を友達と読み合い，感想を交流する。	・短歌の内容は児童には難しい。歌の内容，大意は，教師がうまく解説する。 ・だれに出すのか，どの児童も手紙を書く相手が決まっているように配慮する。また，出す相手を意識して書かせる。

DVD **収録（画像，黒板掲示用イラスト）**※本書 P56，57 に掲載しています。

秋の楽しみ

第 1 時 (1/2)

〈秋の七草〉「おみなえし」「ふじばかま」は，今や実物の採取はほぼ不可能ですが，「くず」「はぎ」

本時の目標

秋の行事やそれに関わる言葉を知り，集めることができる。

授業のポイント

行事では，実体験の交流を大切にし，児童どうしをつなぐ。また，秋の七草などは実物を持ち込み，児童と自然とをつなぐ。言葉の裏には事実を伴わせる。

本時の評価

秋の行事やそれに関わる言葉を知り，集めたり交流したりすることができている。

板書例

〈昔からの行事と言葉〉

九月　お月見 …（月見だんご いも・くり、すすき）
・中秋の名月　・いも名月（十五夜）
・後（のち）の月　・豆名月　・くり名月（十三夜）

十月　もみじがり（山に入り）
・色づく　・山よそおう

十一月　・紅葉 ・黄葉 ＞を見て楽しむ
七五三（十五日）…（神社におまいり 子どもの成長をいわう）
・ちとせあめ

◇すきな 気に入った 行事は？ → 手紙に

※教科書 P34，35 の挿絵を掲示する。

1 対話する めあて　秋の行事について話し合い，学習のめあてを知り合おう。

「9 月，10 月，11 月は，季節でいうと秋です。では，『秋』というと，どんな行事が思い浮かびますか。」

・学校では，運動会です。遠足も楽しみです。
・学習発表会もあります。他にもありそう。
・10 月には秋祭りもあります。おみこしも出ます。

秋は，行事の多い季節です。秋祭りのように，昔から行われてきた行事もあります。そして，『おみこし』は，秋祭りに関わる言葉ですね。この学習では，こんな秋にある行事や，それに関係した言葉を集めるのです。

祭りには『太鼓台』とかも出るから，いっぱいありそう…。

「そして，最後に『秋祭り』のような楽しい行事のことを誰かに知らせる手紙も書くのです。」

「教科書に，その手紙の例も出ていますよ。」

教科書 P34 の手紙の文例を読む。

2 読む 対話する　教科書に出ている 3 つの行事について体験などを話し合おう。

「『秋の行事』として，教科書にはどんな行事や言葉が出ているのか，見てみましょう。まず，行事が 3 つ出ていますね」。

・『お月見』『もみじがり』『七五三』です。

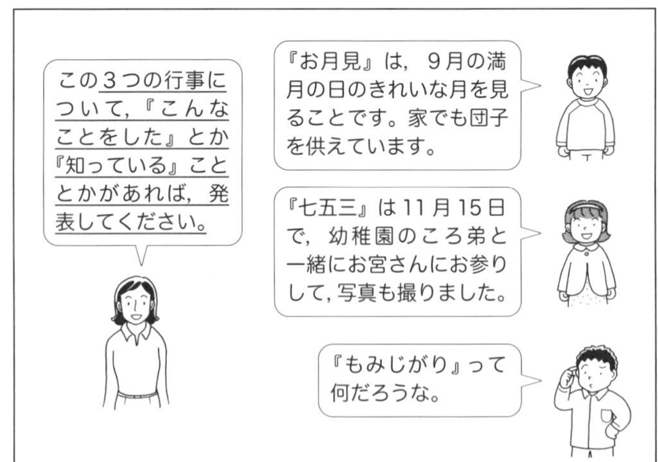
この 3 つの行事について，『こんなことをした』とか『知っている』ことがあれば，発表してください。
『お月見』は，9 月の満月の日のきれいな月を見ることです。家でも団子を供えています。
『七五三』は 11 月 15 日で，幼稚園のころ弟と一緒にお宮さんにお参りして，写真も撮りました。
『もみじがり』って何だろうな。

七五三など，3 つの行事の意味や形については，教師が説明で補う。『もみじがり』などは，何をすることなのかを伝える。

「すすき」などいくつかは，できれば実物を用意しましょう。

季節の言葉
秋の楽しみ

ⓜ 秋の行事とそれに関係する言葉を集めよう

秋
九月 ＝ 長月（ながつき）
十月 ＝ 神無月（かんなづき）
十一月 ＝ 霜月（しもつき）

秋の七草
はぎ　くず　すすき
おみなえし
ききょう　なでしこ
ふじばかま

秋の行事 ＝ 秋の楽しみ
（学校では）運動会、遠足、〇〇発表会
（おうちでは）山王神社の秋祭り

主体的・対話的で深い学び

・新しい言葉が生まれる一方で，使われなくなる言葉もある。くらしの変化に伴い，言葉も時代とともに変わっていく。『紅葉狩り』という言葉を使わなくなったのは，今の時代，山に分け入る『紅葉狩り』は，もうしなくなったからだろう。また，「後の月」などの言葉も，月をもとにした旧暦の時代には使われたが，旧暦を離れた現在ではほぼ使われなくなっている。
・その一方で，児童も興味をもって聞く言葉もある。児童にどんな言葉を伝え残していくのか，検討がいるだろう。

準備物

・『秋の七草』のいくつか，イチョウやモミジの葉など（できれば実物を用意。なければ絵や画像でもよい）
・画像（秋の七草，カエデ，イチョウ，紅葉など）DVD 収録【4下_02_01~4下_02_11】
・教科書 P34，35 の挿絵の拡大コピー，または，黒板掲示用イラスト DVD 収録【4下_02_12】

3 読む 対話する　秋の七草について教科書で調べよう。

「（ススキを見せて）これは，秋の植物で，桂川の土手で見つけたものです。名前は知っていますか。」
・ススキです。秋に『穂』が出てきれいです。

そう，これは『ススキ』です。秋になって，穂が出ていますね。これは，秋の代表的な花，『秋の七草』の１つなのです。他の秋の七草を知っていますか。

春の七草もあったね。秋は何だろうな。
『きく(菊)』かも知れないね。

「秋の七草は，教科書 34 ページにも出ていますよ。」
・『はぎ』『すすき(尾花)』『くず』『なでしこ』『ききょう』『おみなえし』『ふじばかま』（音読する）
・クズとハギは，学校の近くでも見ました。

「昔からこの７つを『秋の七草』とよんできました。そして，ススキは『お月見』のときに飾って供える草なのです。お月見の行事とも関係していますね。」

4 読む 対話する　3 つの行事に関わる言葉を，教科書で調べ，話し合おう。

「『すすき』のように，行事に関係している言葉も見てみましょう。まず『お月見』では，どうでしょう。」
・『中秋の名月』『いも名月』『後の月』『豆名月』『くり名月』，みな難しいな。『月見だんご』は分かるけど…。

旧暦も関わる『○○名月』などの言葉は，教師が説明する。

『七五三』や，『もみじがり』に関わる言葉には，どんな言葉がありますか。

『七五三』では，『ちとせあめ』です。わたしも，八幡神社でいただきました。

『もみじがり』では，『紅葉』と『黄葉』があります。赤くなるのがモミジで，黄色はイチョウかな…？

「『山よそおう』とは，色づいた秋の山のことです。」
「最後に，昔の月の呼び名を見てみましょう。」
・9 月は『長月』，10 月は『神無月』，11 月は『霜月』。

「秋の行事の言葉を，ノートに書き写しましょう。」

秋の楽しみ

第 2 時 (2/2)

本時の目標

秋祭りなど，秋の行事を題材にして，その楽しさを伝える手紙を書くことができる。

授業のポイント

手紙は「〇〇さんに」「こんなことを教えてあげたい」という相手と目的とを意識して書くようにさせる。また，その児童らしい「捉え」が書けるよう援助する。

本時の評価

秋祭りなど，秋の行事を題材にしてその楽しさを伝える手紙を書いている。

板書例

〈短歌〉言葉の意味を教師が説明した上で，秋のどのような情景を詠んだものなのか豊かに想像

（川がもみじて　赤い色に　水をそめるとは）　在原　業平

◇ 楽しい秋の行事のようすを知らせる手紙を書こう

どんなことを
・秋まつり
・お月見
・しぜん　など

だれに
○ 遠くにいる人
・おじいちゃん
・しんせき
・友だち

〈書き方〉

お元気ですか。十五日から秋祭りが・・・・・・・・・・・・・・、ぜひ見に来てください。
十月二日
木村〇〇〇
おじいちゃんへ

始めの言葉
知らせたいこと（中心）
日づけ
自分の名前（下へ）
相手の名前（上へ）

◇ 書いた手紙を読み合おう　聞き合おう

※教科書 P34 の手紙の例を掲示する。

1 読む　秋の景色を詠んだ短歌を読もう。

「秋の行事やそれに関係した言葉を集めてきましたが，秋の景色をよんだ短歌もあります。」

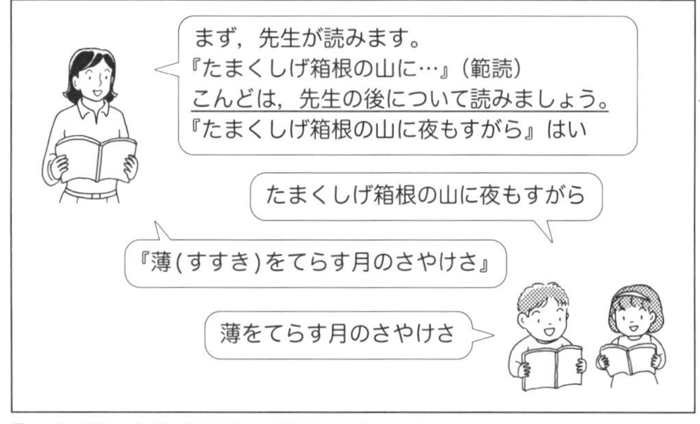

まず，先生が読みます。
『たまくしげ箱根の山に…』（範読）
こんどは，先生の後について読みましょう。
『たまくしげ箱根の山に夜もすがら』はい
たまくしげ箱根の山に夜もすがら
『薄(すすき)をてらす月のさやけさ』
薄をてらす月のさやけさ

「こんどは全体を通して読みましょう。」

1 人，グループ，全体など多様な読み方で音読する。

「いつ，どこでのどんな様子や景色を歌っているのでしょうか。」

「たまくしげ」など言葉の意味は教師が説明する。

「次の短歌も読みましょう。『ちはやぶる…』はい。」

同様に児童が続いて音読。内容は児童には難しい。教師が解説して聞かせ，再び音読する。

2 めあて 対話する　手紙を書くというめあてを知り，書きたい行事について話し合おう。

「秋の行事について，言葉を集めてきました。今日はこの言葉を使って，秋の行事を知らせる手紙を書きます。」

教科書にあった行事の他に，書きたい，知らせたい行事はありますか。

神社の秋祭りです。あちこちの村から 10 台くらいのおみこしがお宮に集まってきて，かけ声をかけて持ち上げるところがすごいです。

八幡神社の『ほうぜ祭り』のことです。山車（だし）も出るし，子どもも乗ります。

「行事のことで書きにくければ，自分が見つけた秋の景色や草花など自然のことでもいいですよ。」

「手紙を出す相手は，教科書の例ではおじいちゃんです。遠くにいる人なら，他の人でもいいし，転校した鈴木さんに出すのもいいですね。」

手紙を送る相手を決める。

させたいところです。

秋の楽しみ

㋱ 秋の行事のことを知らせる手紙を書こう

〈秋のけしきをうたった短歌〉

たまくしげ箱根(はこね)の山に夜(よ)もすがら
すすきをてらす月のさやけさ
斎藤 茂吉

（すすきをてらしている月が清くすんでいることだ）

ちはやぶる神代(かみよ)も聞かず竜田川(たつたがわ)
から紅(くれない)に水くくるとは

主体的・対話的で深い学び

・手紙も対話の１つである。手紙で大切なのは，やはり何を伝えたいのかが書けていることである。つまり，自分が主体となって「あの人に，こんなことを知らせたい」という思いで書いた手紙が，気持ちの伝わる手紙になる。秋祭りでも，祭りの「解説」ではなく，自分の目で捉えた事実を書くことが，相手の心にも響く。もう１つ大切なのは，手紙には伝えたい特定の相手がいることである。その点，内容とともに「だれに」出すのかという「相手」が，手紙では重要な要素になる。

準備物

・（黒板掲示用）教科書 P34 の「手紙の例」の拡大版
・手紙を書く用紙（下書き用と清書用）
・（あれば）参考画像 （月見や七五三の様子，地域の秋祭り，など）

3 読む 調べる　教科書の例で，手紙の書き方や形（形式）を調べよう。

「書き始める前に，手紙の書き方を，教科書の例で確かめておきましょう。」

手紙の『お元気ですか』は，始めの言葉，あいさつです。その次には，何のことを書いていますか。

あいさつの次に書いているのは，秋祭りのことです。これが中心で，手紙で知らせたいことです。お祭りがある日にちも書いています。

だし（山車）が出ることも書いています。

「その他に，書いてあることは何ですか。」
・十月二日という日付と，自分の名前です。
・最後に『おじいちゃんへ』という相手の名前です。

手紙の形式については，板書で整理して示す。はがきでもよい。内容も例のように一般的でなく，その児童だけの捉えや思いが書けていた方が，気持ちも伝わる。また，手紙を出す相手がいない児童がないように教師が目配りしておく。

4 書く 読み合う　手紙を書き，書いた手紙を友達と読み合おう。

「では，この形で手紙を書きましょう。まず下書きです。見たこと，したことをどんどん書きましょう。」

見て回り，個別に指導する。

「書けたら読み返して，直しましょう。そして，出す手紙を丁寧な字で書き上げましょう。清書です。」

書けたら，グループで交換して読み合いましょう。感想も言ってあげましょう。

吉井さんも　ぼくと同じ秋祭りのことを書いているね。ぼくはおみこしに乗ったことを書いたけれど，吉井さんは子どもみこしを引いたことが楽しかったみたい…。

何人かに，前でも読ませてみんなで聞き合う。

「友達の手紙を読んだ感想を発表しましょう。」
・みんなの楽しかったことは何か，よく分かりました。

簡単に感想を交流する。書いた手紙は，切手も貼って実際に出すようにする。

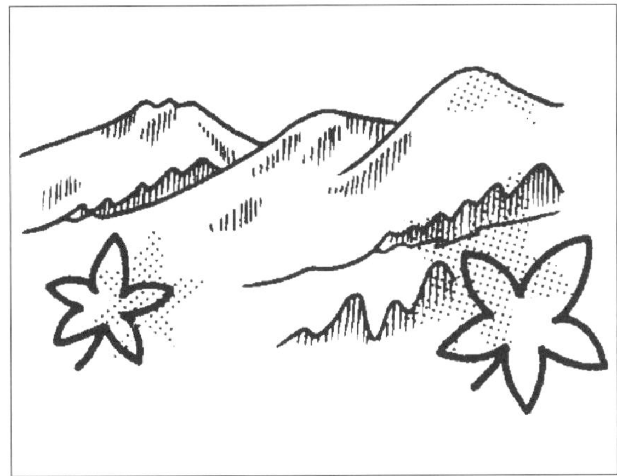

クラスみんなで決めるには

全授業時間８時間

◉ 指導目標 ◉

・目的や進め方を意識して，司会などの役割を果たしながら話し合い，互いの意見の相違点や共通点に着目し，考えを整理してまとめることができる。
・目的を意識して，日常生活の中から話題を決め，集めた題材を比較したり分類したりして，伝え合うために必要な事柄を選び，考えを整理することができる。
・比較や分類のしかた，必要な語句などの書き留め方を理解し使うことができる。

◉ 指導にあたって ◉

① 教材について

司会や記録係などの役割に応じたよりよい話し合いの進め方について考え，実際に，クラスで議題を設定し，多数が納得できる結論を目指して話し合いをします。

普段の学校生活を送っている中での課題を取り上げ，解決が可能なものを議題とすることで，児童の思考はアクティブになります。本単元において取り上げる議題は，多面的・多角的に見て考えられるものがよいでしょう。例えば，給食当番の運営や清掃活動，学級レクリエーション，学校行事等が挙げられます。本単元の学習を通して，一面的に対象を見るのではなく，様々な視点から対象を見つめ，考えていく経験を児童にさせることに重点を置きたいところです。

② 主体的・対話的で深い学びのために

児童にとって身近で解決可能な課題を議題として取り上げ，実際の学校生活にいかすことができるようにすることで，児童の意欲は高まるでしょう。意欲が高い状態で，話し合い，聞き合うことをベースとした学習を展開できれば，話し合いの意義や進め方等について，より深く思考することができるでしょう。本単元での学びは，国語科だけでなく他教科・領域の学習や普段の生活等にもつながる，非常に重要なものと言えます。

◉ 評価規準 ◉

知識及び技能	比較や分類の仕方，必要な語句等の書き留め方を理解し，使っている。
思考力，判断力，表現力等	・「話すこと・聞くこと」において，目的を意識して，日常生活の中から話題を決め，集めた題材を比較したり分類したりして，伝え合うために必要な事柄を選んでいる。 ・「話すこと・聞くこと」において，目的や進め方を意識し，司会等の役割を果たしながら話し合い，互いの意見の相違点や共通点に着目して，考えをまとめている。
主体的に学習に取り組む態度	学習の見通しをもって，進んで司会などの役割を果たしながら話し合い，考えをまとめようとしている。

◉ 学習指導計画　全 8 時間 ◉

次	時	学習活動	指導上の留意点
1	1	・これまでの，学校生活全体を通しての話し合い場面を振り返る。 ・注意点を確認し，学習計画を立てる。	・これまでの話し合い活動での経験を想起させ，国語学習での話し合いについて，既習事項を確認する。
	2	・題材を集め，取り上げる議題を決める。 ・話し合う際の役割を確認し，分担する。	・学校生活と関連付け，必要度の高いものを議題として選ばせる。 ・役割ごとに注意点を確認する。
2	3	・話し合いの例から，注意点について考える。 ・役割に応じた注意点や意見のまとめ方などについて考える。	・話し合いの例を音声や文章で確認し，役割ごとの留意点について話し合わせる。
	4	・目的を意識し，役割ごとに話し合い，話し合い活動の準備をする。	・それぞれの役割を意識して，準備を進めさせる。
3	5	・よりよい話し合いになるよう，進行に沿って話し合う。 ・話し合い活動を振り返り，それぞれの役割や発言について成果と課題を話し合う。	・目的意識をもって話し合わせる。 ・最大多数の児童が納得できる話し合いになるよう，意識させる。 ・振り返る視点を明確にしておく。
	6	・再度，話し合う議題について考え，決定する。 ・役割ごとに話し合いの準備をする。	・話し合いを振り返ったことをもとに，改善点を意識ながら，それぞれの役割に応じた準備をさせる。
	7	・前回の話し合いの振り返りをもとに，別の議題で，役割を変えて話し合う。 ・話し合い活動を振り返る。	・見つかった課題について改善し，よりよい話し合いになるよう，取り組ませる。
	8	・単元全体での学びや自己の成長を振り返る。 ・本単元での学びを今後の学びや生活にどのようにいかせるか考える。	・単元全体を通した学びや自己の成長を中心に振り返らせる。 ・自己を肯定的に捉えられるように意識づける。

DVD 収録（児童用ワークシート見本） ※本書 P67，69「準備物」欄に掲載しています。

クラスみんなで決めるには

第 1 時 (1/8)

本時の目標

それぞれの役割をイメージし，よりよい進め方で話し合うことに意欲を高めることができる。

授業のポイント

これまでの学校生活全体を通して，どのような話し合い場面があったか，そのときの様子や思いなどについて，経験をもとに想起できるようにする。

本時の評価

それぞれの役割をイメージし，よりよい進め方で話し合うことに意欲を高めている。

板書例

〈想起〉これまでの学校生活全体を通して，どのような話し合い場面があったか広く想起できると

〈学習のめあて〉

役わりをいしきしながら話し合おう

必要な役わり

・司会　・時間　・記録　・提案者　など

学習の進め方

① 題材を集める → 議題を一つ決める

② 役わりを決める

③ 話し合いのじゅんび

④ クラス全体での話し合い（二回したい！※）（同じ話？別の話？※）

⑤ ふり返り

⑥ 学習全体のふり返り（・成長　・いかせるように※）

☆ みんながなっとくできるように話し合う

※児童の発言を板書する。

1 想起する

これまでの学校生活で，どんなことを話し合ったことがあるかな。

「これまでの学校生活で，友達と話し合うことはありましたか。」

・遊びで何をするかをいつも話し合っているよ。

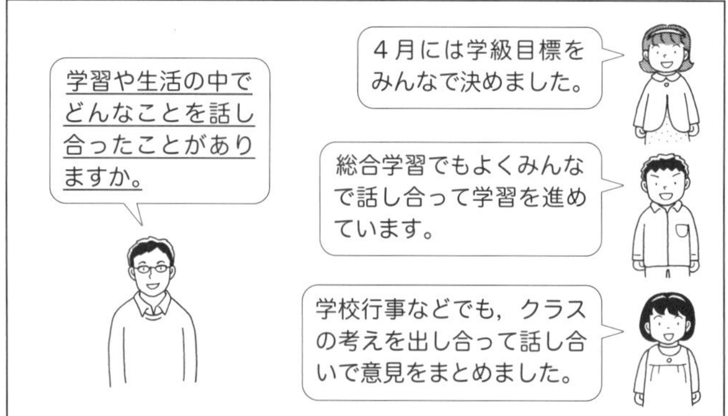
学習や生活の中でどんなことを話し合ったことがありますか。
4月には学級目標をみんなで決めました。
総合学習でもよくみんなで話し合って学習を進めています。
学校行事などでも，クラスの考えを出し合って話し合いで意見をまとめました。

「では，話し合いでどんなことに気をつけましたか。」

・多数決で決めるときも，みんなが納得できるように話し合ったりしました。

児童に広く聞くようにし，これまでの話し合いの場面を想起できるようにする。

2 対話する 決める

話し合いに必要な役割はどんなものだろう。

「今回は，クラスで話し合い活動をします。単元のめあては『役割を意識しながら話し合おう』です。話し合いをするときにはどんな役割がいると思いますか。班で話し合って考えましょう。」

話し合いを進める人がいるよね。２人ぐらいかな。３人でもいいね。
役割を意識して話し合いをすると，納得のいく話し合いになりそうだね。
提案する人もいるよね。その提案についてみんなで考えていきたいね。
司会は多すぎてもいけないよね。あとは記録係や時間係もいるかな。

役割を設定しない場合とする場合の話し合いの質について，比較して考えるのもよい。

「どんな役割が考えられましたか。」

・司会者はぜったいに必要です。

・他に，記録係，時間係もいるといいです。

・提案する人もいるといい，という意見が出ました。

よいでしょう。

クラスみんなで決めるには

㋱ 単元のめあてを知り、学習の進め方をたしかめよう

話し合ったこと

・学級会
・お楽しみ会
・学級目ひょう
・みんな遊び
・そう合学習
・学校行事
など
※

主体的・対話的で深い学び

・まず，班や学級での対話を通して，学校生活全体でこれまでに話し合いをしてきた経験を想起させたい。その時点までに様々な場面で話し合いの機会がもたれてきたことや，その中で上手くいったことや困ったことが思い出されるだろう。
・最終的に，本単元で学んだことを今後の学校生活にいかすところまで想定して，児童のニーズに応じた学習計画を立てるようにする。そうすれば，目的意識をもって学習に取り組む姿につながるだろう。

準備物

3 対話する つかむ　話し合い活動の計画を立てよう。

「では，よりよい話し合いの進め方について考え，みんなで，話し合い活動の計画を立てていきましょう。」

まず，何について話し合うか決めないと，話し合えません。
発言力が強い人の意見に引っ張られないように，役割が必要だと思います。
もし１時間で話し合いが終わらなかったら，２時間続けて話し合いたいな。終われば別の議題で２回目をしたい。
話し合い活動を学習したら，これからの学習にいかせるようにしたいね。

「みんなの意見をふまえて，今回の話し合い学習は，次のように進めていきます。」

学習の進め方（①題材を集めて，議題を決める，②役割を決める，③話し合いの準備，④クラス全体での話し合い，⑤話し合い活動の振り返り，⑥学習全体の振り返り）を板書で確かめ合う。

児童の考えをできる限りいかし，よりよい計画に修正していくようにするとよい。

4 振り返る 交流する　学習したことを振り返り，これからの学びについて考えよう。

「今日の学習を振り返ります。これからの学びや学習計画について考え，どんな学習にしたいか，思ったことをノートに書きましょう。」

振り返って考えたことや思ったことを書かせる。

「では，書いたことを交流しましょう。」

計画も分かったし，話し合いをするのが楽しみだな。どんなことを話し合いたいか考えておくといいね。
役割のメンバーも決めていかないといけないね。
みんなが納得するような話し合いになるようにしたいな。でも，難しそうだよ。
役割が大切そうだと思ったよ。みんなで意見を出し合って，いい話し合いにしたいな。

班や学級全体で，振り返ったことを共有する。

「次の時間は，話し合いの議題を決めます。クラスでどんなことを話し合うとよいか考えておくといいですね。」

クラスみんなで決めるには

第2時 (2/8)

本時の目標

目的意識をもち，対話を通して，学校生活全体の中から，自分達にとって必要感のある題材を選び，議題を決めることができる。

授業のポイント

児童の対話を通して，題材として想定できるものをできるだけ多く出し合い，その中から最も話し合う必要があると考えられるものを選ぶようにする。

本時の評価

目的意識をもち，対話を通して，学校生活全体の中から，自分達にとって必要感のある題材を選び，議題を決めている。

〈選択・判断〉そのときの自分達にとって，最も必要度の高い題材や役割を選ぶことができるように

板書例

4班
※班で話し合ったこと

5班
※班で話し合ったこと

6班
※班で話し合ったこと

※各班で話し合ったことをまとめたホワイトボードを掲示する。

議題　クラスのお楽しみ会について

役わり
・司会係　…　○○さん、○○さん
・時間係　…　○○さん、○○さん
・記録係　…　○○さん、○○さん、○○さん
　　　　　　（黒　板）（黒　板）（ノート）
・提案係　…　○○さん、○○さん
・参加者　…　司会、時間、記録者以外、全員

1 めあて つかむ　議題と役割分担を決める，というめあてを確かめよう。

「今日は，話し合う議題と役割を決めていきます。まず，議題はどのように，どんなものを選べばよいか話し合いましょう。」

議題を決めるのが難しそう。班で考えたらどうかな。
それぞれの役割もしっかり決めて，上手く話し合いを進めたいね。
今，話し合う必要があることについて話し合いたいな。お楽しみ会や学校行事とかはすぐにでも話し合いたいな。
まずは班でいっぱい話し合いたいことを集めようよ。

クラスの実態によっては，題材の決め方を，児童に決めさせるようにしてもよい。

「（みんなの意見から）まず，班で話し合って題材をたくさん集めます。その題材の中からクラス全体で議題を1つ選びましょう。それから，役割を分担します。」

本時の見通しをもたせる。

2 対話する 出し合う　話し合う題材を集め，議題を1つに決めよう。

「まずは，班で話し合って，話し合う題材をたくさん集めましょう。出てきたものはホワイトボードに整理するようにしましょう。」

次の休み時間の遊びを何にするか決めたらどうかな。
他の班から出てきている意見も聞いてみたいね。
今，話し合う必要があるのはどんなことだろう。学校行事のことかな。
それよりも，2週間後にする予定のお楽しみ会のことを考えたらどうかな。まだ何も話し合っていないよね。

「では，それぞれの班から出てきた題材の中から，今のこのクラスにとって話し合う必要があるものを1つ選んで，議題を決めましょう。」
・1班では，「お楽しみ会」という案が出ました。
・2班では，「総合学習」で調べたいことについて…。

発言力の強い児童の意見に引っ張られないよう配慮し，話し合うのによりよい議題を1つ決める。

しましょう。

クラスみんなで決めるには

㋱ 議題を一つに決め、役わりを決めよう

◇ 題材を集めよう

☆ 今の自分たちにとって必要なこと

1班
○クラスのお楽しみ会
（理由）
前回のお楽しみ会は、じゅんび不足で…

2班
○総合学習で調べたいこと
（理由）
……

3班
○スクールフェスティバルのきかく
（理由）
……

主体的・対話的で深い学び

・教師自身が，発言力の強い児童の意見に引っ張られずに話を進める姿を児童に見せ，できる限り多くの人が納得できるように，折り合いをつけて話し合うことの大切さに気づけるようにすることが重要である。
・題材を集め，議題を決める過程を通して，話し合いの難しさなどに気づくことができるようにすると，「話し合い活動」の進め方や考え方について思考を広げ，深めるきっかけとなる。

準備物

・ホワイトボード（班の数），マーカー

3 対話する 決める　話し合うときの，役割分担を決めよう。

「いろいろな案が出ましたが，議題は『クラスのお楽しみ会』に決まりました。次に，話し合うときの役割を決めていきましょう。司会・時間・記録・提案の係を班で１人ずつ決めましょう。」

ぼくは提案係をしたいけれど，他にもしたい人はいるかな。
私は司会をするよ。話し合いが上手くいくようにしたいな。
じゃあ私も提案係をしたかったけれど，次のときにしてもいい？今回は他の係をするよ。
○○さんはどの係がしたい？ぼくは記録係をしたいけれど，どうかな。話し合って決めようよ。

「係ごとに集まって，学級全体での係の代表を決めましょう。」

班や係ごとに，それぞれが納得のいくように，役割を決められるようにする。決まった各係の名前を板書し，司会，時間，記録者以外は，全員が話し合いの参加者という役割を担うことも確かめ合う。

4 振り返る　学習したことを振り返り，これからの学びについて考えよう。

「今日の学習を振り返り，これからの学びについて考え，ノートに書きましょう。」

話し合うときの議題と役割を決められたね。
話し合い活動をどのように進めたらよいか考えておきたいね。
したい役割が友達と重なったときは，話し合って決めることができたよ。
それぞれの役割で大切なことは何かな。係ごとに集まって話し合った方がいいよね。

それぞれがノートに書いた振り返りを出し合い，班や全体で交流させる。

また，題材を集めるときに書いた各班のホワイトボードは，児童の目に触れやすいところに掲示したり置いておいたりしておく。（後に，２回目の話し合いの議題を決めるときの参考になる）

クラスみんなで決めるには

第 3 時 (3/8)

本時の目標

話し合いの例をもとに，対話を通して，話し合うときの注意点や意見のまとめ方について考えることができる。

授業のポイント

役割ごとに集まってそれぞれ注意点や意見のまとめ方などについて話し合い，班に持ち帰って話し合ったことを共有するなど，場の工夫をする。

本時の評価

話し合いの例をもとに，進んで対話し，話し合うときの注意点や意見のまとめ方について考えている。

板書例

〈場の設定〉話し合いや役割において大切な考え方を捉えられるように，場の設定を組み合わせる

〈参加者として〉
・指名されてから → 考え・理由
・初めに、前の人の意見を受けての発言かどうか
・しつもんし合う → 意見のちがい
・さんせいか反対か、はっきり

役わりごとに気をつけること

〈司会係〉
・意見を平等に聞く
・意見を整理しながら聞く
・指名して意見を聞く
・

〈記録係〉
・黒板とノートに整理しながらまとめる
・表などで分かりやすくまとめる

〈時間係〉
・進行計画どおりに進んでいるか
・

〈提案係〉
・指名されてから発言する
・考えとその理由を言う

※※各係で話し合ったことをまとめたホワイトボードを掲示する。

係で話し合ったことを，自分の班（はん）で共有

※

1 つかむ　話し合うときに大切なことはどんなことか考えよう。

これまで，話し合いが上手くいかなかったこと，困ったことはありませんでしたか。そのときはどんな様子でしたか。

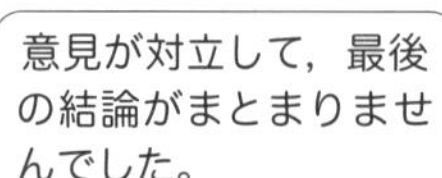

お互いに自分の思いだけで意見をぶつけ合っていて，話が進まなかったことがあります。

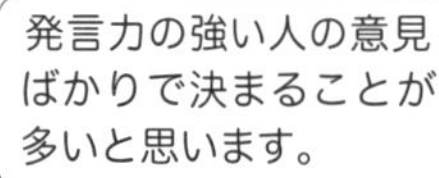

意見が対立して，最後の結論がまとまりませんでした。

発言力の強い人の意見ばかりで決まることが多いと思います。

「では，話し合うときに気をつけるとよいこと，大切なことはどんなことだと思いますか。」

・発言力の強さに関係なく，意見の内容をよく考えることが大事です。
・相手の気持ちも大切にしないと，話し合いは上手くいかないと思います。

失敗した経験も踏まえて，話し合うときに大切なことを想起させる。

2 対話する 読む（聞く）　話し合いの例を読んで（聞いて），大切なことを考えよう。

「話し合いで気をつけるとよいことを考えながら，教科書の話し合いの例を読んでみましょう。」

教科書 P38 - 40 の話し合いの例を読んだり，指導書付録 CD の音声を聴いたりして，考えさせる。また，P38 - 40 下に記載の注意点や記録例（黒板に記録する例，記録係が表で整理した例）なども確かめ合う。

「では，班で，話し合いのときに気をつけるとよいこと，大切だと思うことを話し合いましょう。」

司会は，ところどころで，そこまでに出た意見をまとめると，みんなが考えを整理しやすいと思う。
意見があまり出ないときは，時間を区切って班で相談する時間を取るといいんだね。
意見が違うときには質問し合って，よい方を選んでいくといいよね。
参加者は，司会の人に当てられてから自分の考えを発言するといいね。

班で話し合って考えたことを，学級全体でも共有する。

など工夫しましょう。

クラスみんなで決めるには

㋱ それぞれの役わりをいしきして、話し合うときに気をつけるとよいことを話し合おう

話し合いで大切なこと

・役わり… 役目、仕事をはたす
・議題にそって話し合う → 目的をいしき
・発言する人の意見をしっかりときく
・話を整理しながら進める
・できるだけみんながなっとくできるように

※

※児童の発言を板書する。

主体的・対話的で深い学び

・班や学級全体で対話する場や，係ごとに分かれての対話する場を，上手く組み合わせることで，話し合い活動の際の注意点などについて深く思考することができる。
・それぞれ班や係ごとに話し合ったことを全体に共有化しながら進めることで，話し合い活動の大まかなイメージをもちながら学習を進めることができる。

準備物

・ホワイトボード
・（あれば）指導書付録 CD

3 対話する 整理する　役割ごとに集まって，話し合いのときに気をつけることを考えよう。

「では，司会，記録，時間，提案の係，それぞれの役割で大切なことはどんなことでしょうか。役割ごとに話し合うときに気をつけるとよいことを，それぞれの立場で考えましょう。」

各班で決めた，司会，記録，時間，提案の各係どうしで集まって話し合わせる。

司会係の話し合い

そのときまでの話を整理しながら，上手く進めていきたいね。
司会係として，みんなが納得できる話し合いにしたいね。みんなの意見を平等に聞きたいね。
一斉にみんなが話すと大変だから，指名した人だけが話していくようにしよう。
話し合いが脱線しそうになったら，話を戻すようにしようね。

「では，自分の班に戻って，各係で話し合ったことを，自分の班の人に伝えましょう。」

各班で意見を共有し，一人ひとりが話し合いの進め方について，様々な視点から見られるようにする。

4 対話する 振り返る　参加者としての役割も考えよう。学習したことを振り返えろう。

では，参加者としての役割で，気をつけることも考え，まとめましょう。

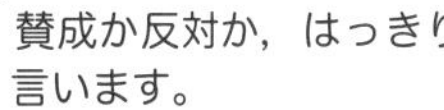
賛成か反対か，はっきり言います。

指名されてから答えます。勝手に発言してはダメです。
考えと一緒に理由も言います。前の人と同じ意見を受けての発言かどうかも最初に言う。

「今日の学習を振り返り，これからの学びについて考えましょう。」

・役割ごとに気をつけることを見つけることができた。
・それぞれの役割どうしで話し合って，時間配分などを決めておくのも大切そうです。
・自分の役割のことだけ考えていては，話し合いは上手くいかないと思う。協力して準備したい。

各役割で話し合ったことを整理したホワイトボードは，児童の目に触れやすいところに掲示したり置いておいたりするとよい。

クラスみんなで決めるには

第  時　(4/8)

本時の目標

目的や役割を意識して，進んで意見を発言したり聞いたりし，学級での話し合い活動の準備を進めることができる。

授業のポイント

目的意識，役割意識をもって，それぞれの役割ごとに話し合えるように支援する。前時に引き続き，役割ごとに話し合った成果を各班や全体で共有していく。

本時の評価

目的や役割を意識して，進んで意見を発言したり聞いたりし，学級での話し合い活動の準備を進めている。

〈場の設定〉 係で集まって話し合いの準備を進めます。係どうしで自由に協力し合うことができる

板書例

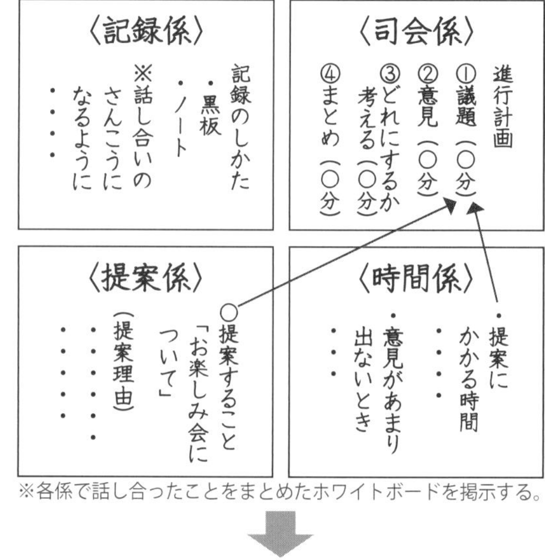
〈司会係〉
進行計画
①議題（〇分）
②意見（〇分）
③どれにするか考える（〇分）
④まとめ（〇分）
〈記録係〉
記録のしかた
・黒板
・ノート
※話し合いのさんこうになるように
・・・・
〈時間係〉
・提案にかかる時間
・・・・
・意見があまり出ないとき
・・・
〈提案係〉
〇提案すること「お楽しみ会について」
（提案理由）
・・・・・
・・・・・

※各係で話し合ったことをまとめたホワイトボードを掲示する。

係で話し合ったことを，自分の班（はん）で共有

よりよい話し合いにするために

・時間（進行計画）を定める
・意見が出ないとき→相談して考える時間をとる
・いろんな立場の人の意見を出し合う
・意見がぶつかったとき？
　→たがいにしつもんし合う

※児童の発言を板書する。

1 振り返る つかむ　役割ごとに集まって話し合ったことを振り返り，準備の必要性を感じよう。

「前回の学習で，役割ごとに考えた話し合いのときに気をつけるとよいことを考えましたね。」

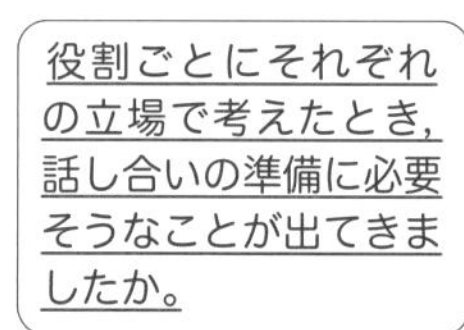
役割ごとにそれぞれの立場で考えたとき，話し合いの準備に必要そうなことが出てきましたか。

時間係では，時間を意識して話し合いを進めるといいと考えました。

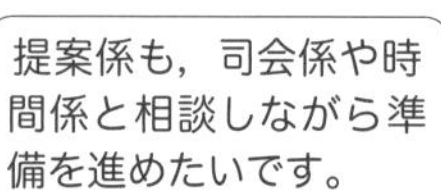
提案係も，司会係や時間係と相談しながら準備を進めたいです。

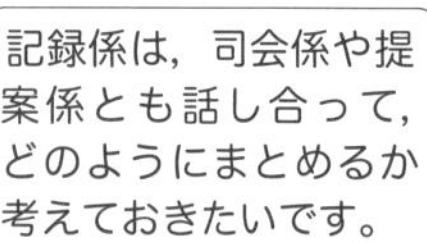
記録係は，司会係や提案係とも話し合って，どのようにまとめるか考えておきたいです。

前時に各役割で集まって話し合ったことを振り返り，話し合いをする前の準備として必要なことがなかったか確かめ合う。

それぞれの役割において気をつけること，準備しておくべきことを確かめ合い，話し合い活動の進め方について考えさせる。

2 対話する 準備する　役割ごとに集まって，話し合いの準備をしよう。

「では，また，役割ごとに集まって，話し合いの準備をしましょう。それぞれの役割で必要があれば，他の役割の友達と相談し合って準備を進めるようにしましょう。」

提案係と時間係と一緒に，話し合う時間を相談しておかないといけないね。
どんな提案があるのか聞いておかないといけないね。
時間係と一緒に，1つの提案にどれぐらいの時間をとれるか確認しておこう。
（司会係）
じゃ，司会係とも打ち合わせをしておかないといけないよね。
（提案係）

役割間で，必要に応じて，連携して準備を進められるようにしておくとよい。

空間づくりをするとよいでしょう。

クラスみんなで決めるには

㋱ 役わりごとに集まって、話し合い活動のじゅんびをしよう

◇話し合い活動のじゅんびをしよう

係で話し合ったこと

主体的・対話的で深い学び

・それぞれの役割ごとに話し合い，準備したことを，班や学級全体に共有化し，さらに内容を議論することで，話し合い活動の意義や進め方について思考を深めることにつながるだろう。
・係どうしで連携して準備を進められる場の設定をすることで，様々な事象のつながりによって話し合いが成り立つことを感じながら，活動を進めることができる。

準備物

・意見を整理する記録シート（児童用ワークシート見本 DVD 収録【4下_03_01】）
・記録ファイル（A4サイズ）
※以後，全ての話し合い活動で使用できる。
・ホワイトボード

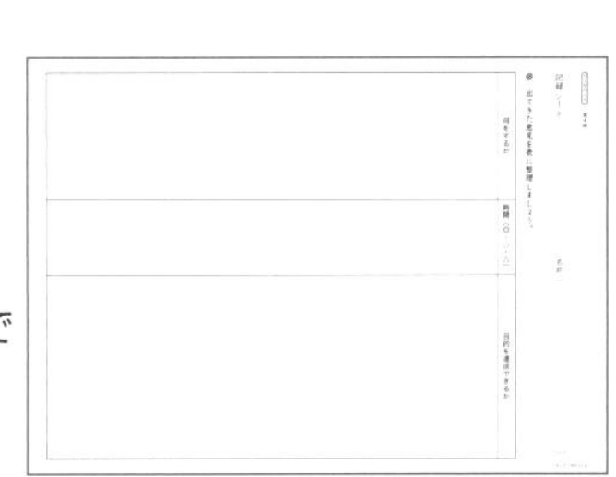

3 対話する 共有する

役割ごとに話し合って準備したことを班や学級全体で共有しよう。

「各班に戻って，役割ごとに話し合って準備したことを伝え合いましょう。」

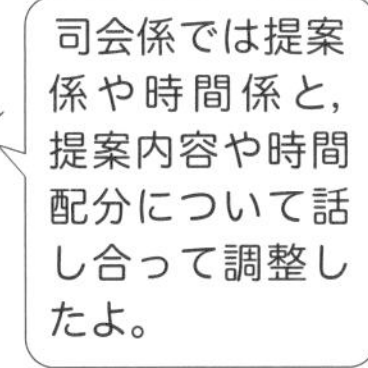
話が脱線すると，時間が足りなくなりそうだから注意しないとね。
提案することを決めて，司会係や時間係と話し合ったよ。
記録係は黒板とノートに分けて話をまとめて，話し合いの参考になるようにしようと考えているよ。
司会係では提案係や時間係と，提案内容や時間配分について話し合って調整したよ。

役割ごとに話し合ったことを班で共有した後，学級全体でも共有する。

係どうしでつながりがある場合は，板書を線でつなぐなど視覚的につながりが見えるようにするとよい。

「では，全体で『よりよい話し合いにするために』大事だと思うことを確かめておきましょう。」

・進行計画は，みんな知っておいた方がいい。
・意見が出ないときは，少し相談して考える時間をとって，できるだけたくさん意見を集めるといい。

4 まとめ 振り返る

学習したことを振り返り，これからの学びについて考えよう。

「役割ごとに話し合いの準備について考え，話し合いについてしっかり準備もできましたね。」

「次の時間はいよいよ話し合いです。今日の学習を振り返り，これからの学びについて考えましょう。」

役割ごとに協力して準備を進められたね。
みんなが納得できる話し合いになるようにしたいね。
役割ごとに協力して準備を進められたね。
役割と目的を意識して，議題にそった話し合いになるようにしたいね。

班で話し合ったことを全体でも共有する。

各役割で話し合ったことを整理したホワイトボードは，児童の目に触れやすいところに掲示したり置いておいたりするとよい。

クラスみんなで決めるには

第 5 時 (5/8)

本時の目標

目的や役割を意識して，議題に沿って折り合いをつけて話し合い，話し合い活動の成果と課題，解決について考えることができる。

授業のポイント

基本的に教師は活動全体を見守る姿勢で，児童が話し合い活動の全てを運営・進行できるようにする。必要に応じた最小限の支援を行うようにするとよい。

本時の評価

目的や役割を意識して，議題に沿って折り合いをつけて話し合い，話し合い活動の成果と課題，解決について考えている。

〈見守る〉児童の力で役割を果たしながら話し合いが行われるよう，教師は見守るように

板書例

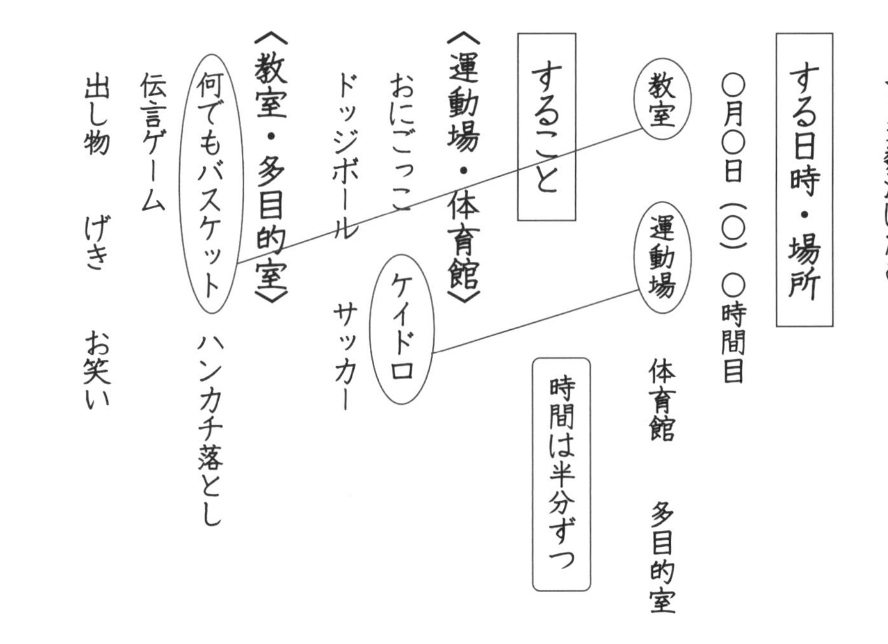

☆ 多数決はだめ？
する日時・場所
○月○日（○）○時間目
運動場
体育館
教室
多目的室
時間は半分ずつ
すること
〈運動場・体育館〉
ケイドロ
おにごっこ
サッカー
ドッジボール
〈教室・多目的室〉
何でもバスケット
ハンカチ落とし
伝言ゲーム
出し物 げき お笑い

※記録係の児童が話し合いを整理しながら板書する。

1 つかむ 役割や目的を意識して話し合いをすることを確かめよう。

「今日は，すべて自分たちで，お楽しみ会について話し合います。どんな話し合いにしたいですか。」

できるだけみんなの意見をいかして，納得できる話し合いにしたいね。
みんなが楽しめるお楽しみ会になるように，計画を立てていきたいね。
役割と話し合う目的を意識して，話を進めていきたいね。
議題に沿ってしっかりと話し合いたいね。時間が限られているから，時間もちゃんと意識したいね。

役割や目的を意識して話し合うことを強調して伝えるようにする。

「話し合いで気をつけたいことが出し合えましたね。では，司会係の進行で，自分たちの力で話し合いましょう。それぞれの役割で協力して話し合いを進めていきましょうね。」

2 対話する 考える 司会係の進行で，お楽しみ会の計画について話し合おう。

・（司会）これから話し合いを始めます。まずは，今日の議題を提案した人に，議題と提案理由について話してもらいます。○○さん，お願いします。
・（提案）はい，次のクラスのお楽しみ会の計画を…。
・（司会）では，お楽しみ会で何をするかを決めます。まず，どんなことをしたいか意見を出し合います。次にどうやって決めるかを考え，その決め方にそって話し合います。では，意見のある人は，手を挙げてください。

お楽しみ会の日まで，時間があまりないので，準備に時間がかからないものがいいと思います。

「みんなが楽しめる」ことを意識して決めていきたい。

ボール遊びは苦手な子もいるから，ケイドロや鬼ごっこなどはどうですか。

雨が降ったときのことを考えたら，室内で遊ぶことも考えておくといいと思います。

・多数決ではなく，話し合いで決めていきたいです。

司会係の進行で，板書は記録係の児童に整理させる。

しましょう。

クラスみんなで決めるには

ⓜ 役わりや目的をいしきして話し合おう

議題 お楽しみ会について

決め方
・じゅんびに時間がかからない
・一時間をみんなが楽しめる
・外と中でするものを一つずつ
・休み時間にあまりしないこと

主体的・対話的で深い学び

・児童自身の手で話し合い活動を運営・進行し，教師は必要最小限の支援のみを行うようにする。児童は，話し合い活動の難しさを感じながら話し合いを進め，解決策を模索していくことになる。
・折り合いをつけて話し合うことの困難さに直面し，そのことを振り返り，改善を図ることを通して，話し合い活動の意義や在り方について，より思考を深めることができるだろう。
・教師は基本的に全体の様子を見守る姿勢で，発言力の強い児童の意見に引っ張られてしまう場合など，必要な場合のみ支援する。

準備物

・話し合いの記録シート
（児童用ワークシート見本
DVD 収録【4 下 _03_02】）
・記録ファイル（A4 サイズ）

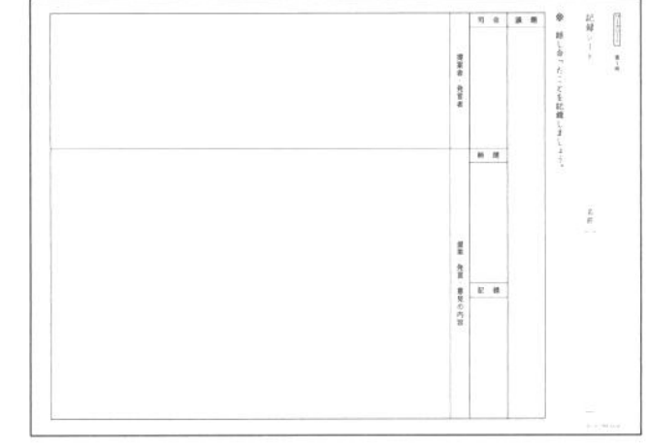

3 対話する 振り返る　話し合い活動の成果と課題について話し合って考えよう。

・（司会）それでは，まとめます。お楽しみ会では，『ケイドロ』と『何でもバスケット』の２つを行うということでいいですか。いいと思う人は，手を挙げてください。（挙手を確認して）では，この２つを行うことに決まりました。

「みんなで次のクラス会の計画を立てられましたね。」

「今回の話し合いの成果と課題について班で話し合い，課題があればどのように解決したらよいか考えましょう。」

「みんなが楽しめる」をキーワードにみんなで話し合えたね。
多数決で決めるにしても，少ない意見の人の考えもちゃんと聞いて進めることが大切だよね。
自分の考えを伝えたくて，手を挙げずに発言するときが何度かあったよ。そのときは大変だったよね。
それは，司会の人に当てられた人だけが話すようにすると解決できそうだね。

班で話し合って考えた後，学級全体でも共有して考えを深めるようにする。

4 見通す 決める　振り返ったことをいかして，次の話し合いについて考えよう。

「課題が見つかって，どのように解決するとよいか話し合えましたね。では，もう一度話し合いの場をつくりたいと思いますが，どのようなことを話し合いたいですか。」

今回の話し合いでお楽しみ会のことはまとまったから，他の議題がいいな。
この前，それぞれの班で題材を集めた中から議題を選んだらどうかな。
３班が話していた，スクールフェスティバルの企画について話し合うのはどうかな。
それ，いいね。１ヶ月後にあるし，それまでに準備も進めないといけないもんね。

班で話し合って考えた後，学級全体でも共有して議題を１つに決める方向で話し合う。

本時の話し合いがまとまっていない場合は，次時は，その続きから話し合い活動を行ってもよい。

クラスみんなで決めるには
第6時 (6/8)

本時の目標
学校生活の中で自分たちにとって必要感のある題材を選び，議題を決め，話し合い活動の準備を進めることができる。

授業のポイント
前時の話し合い活動を振り返ったことをもとに，課題を改善できるように意識づけて，係どうしがつながりながら，対話を通して準備を進められるようにする。

本時の評価
学校生活の中で自分たちにとって必要感のある題材を選び，議題を決め，話し合い活動の準備を進めている。

〈場の設定〉 係どうしで自由に協力し合うことができる場にすると，話し合い活動の意義や進め方に

板書例

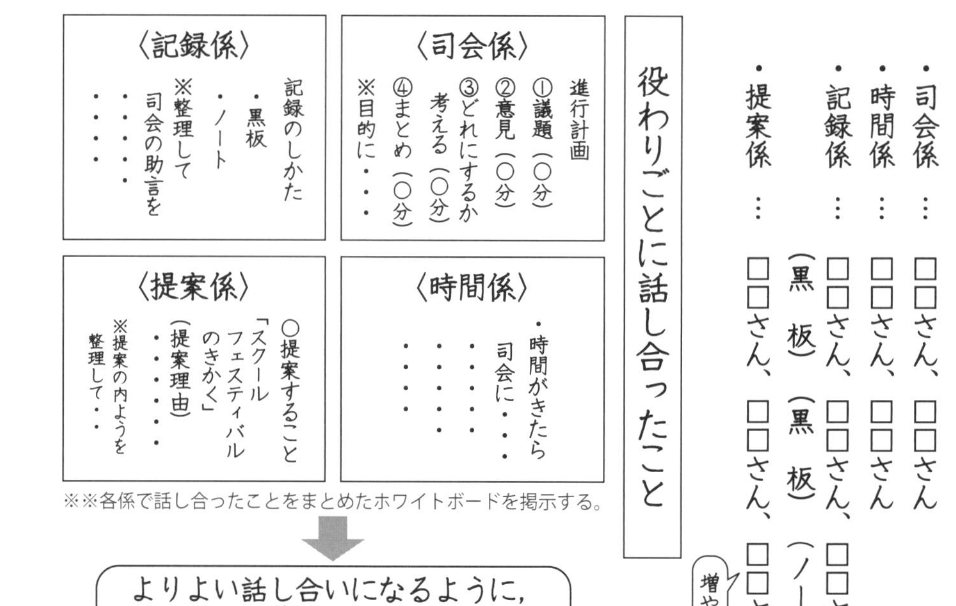

・司会係…□□さん、□□さん
・時間係…□□さん、□□さん
・記録係…□□さん、□□さん、□□さん、□□さん
（黒板）（黒板）（ノート）
・提案係…□□さん、□□さん、□□さん
増やす
※
役わりごとに話し合ったこと
〈司会係〉
進行計画
①議題（〇分）
②意見（〇分）
③どれにするか考える（〇分）
④まとめ（〇分）
※目的に・・・
〈記録係〉
記録のしかた
・黒板
・ノート
※整理して司会の助言を
・・・・
・・・・
〈時間係〉
・時間がきたら司会に・・・
・・・・
・・・・
〈提案係〉
〇提案すること
「スクールフェスティバルのきかく」
（提案理由）・・・・
※提案の内ようを整理して・・・
※※各係で話し合ったことをまとめたホワイトボードを掲示する。
よりよい話し合いになるように，班で共有

1 つかむ 対話する　次の話し合いの議題を確認しよう。

「この前の話し合い活動で考えてきたことをいかして，もう一度別の議題で話し合い活動をします。まずは議題を何にするかみんなで決めましょう。」

前に各班で出し合った題材の中から選んだらどうかと，班で話し合っていたよ。
スクールフェスティバルが1ヶ月後にあるから，することを決めるといいと思います。
役割や時間，準備するものなどを決めておかないといけないね。
今から話し合って準備をしていかないと，間に合わないよね。

前時の各班での話し合いをもとに，全体で議題を決める。

「『スクールフェスティバルの企画』で，議題が決まりました。では，役割を決めていきましょう。班で，前回とは違った役割に当たるように決めましょう。」

前時で議題が決まっている場合は，役割を決めるところから始めるようにする。

2 対話する 準備する　役割ごとに集まって，話し合いの準備をしよう。

「では，役割ごとに集まって，学級全体での係の代表を決めてから，話し合いの準備をしましょう。それぞれの役割で必要があれば，他の役割の友達と相談し合って準備を進めるようにしましょう。」

司会係の話し合い
記録係と，話の整理の仕方を確認しておきたいね。
どんな提案があるのかも，提案係の人に聞いておかないとね。
前回の話し合いでの成果と課題をいかして進めよう。
この前は話が長引いてしまったから，時間係としっかり打ち合わせをした方がいいよ。

学級全体での話し合い活動の役割（司会・時間・記録・提案）の代表者は，前回，代表になっていなかった児童を優先して選ぶようにする。

役割ごとの代表の人数を調整してもよい。

ついて思考が深まるでしょう。

クラスみんなで決めるには

め　二つ目の議題を決めて、
話し合いのじゅんびをしよう

議題　スクールフェスティバルに向けて
（一ヶ月後）
・何をするか　・時間　・じゅんび
・役わり

役わり

☆一回目の話し合いをいかすように

※

※児童の発言を板書する。

主体的・対話的で深い学び

・話し合い活動を一度経験し，成果と課題，その解決について見出したことをいかして，再度，別の議題で話し合い活動を行うようにする。これにより，話し合い活動の意義や進め方について，より思考を深めることができる。
・役割分担のメンバーを変えて，再度，話し合い活動を行うことで，様々な役割や視点から，他者と話し合うときにどんなことが大切なのか広く深く考えることができる。

準備物

・第２時で各班が「議題案」を書いたホワイトボード
・第４時で各係で話し合ったことを書いたホワイトボード
・意見を整理する記録シート（第４時使用と同じもの）

3 対話する 共有する　役割ごとに話し合って準備したことを班や学級全体で共有しよう。

「各班に戻って，役割ごとに話し合って準備したことを伝え合いましょう。前回の話し合い活動の成果と課題をいかして，考えを深められるようにしましょう。」

司会係は，目的に沿って話し合いが進むように打ち合わせをしたよ。
提案係は，提案する内容を整理して，話し合いやすいように工夫したよ。
時間係は，時間がきたら，司会の人に伝えるようにしようと話し合ったよ。
記録係は，話を黒板やノートに整理して，司会の人に助言できるようにしようと打ち合わせしたよ。

それぞれの役割で話し合いの準備をしたことを班で共有した後，学級全体でも共有するようにする。

係どうしでつながりがある場合は，板書を線でつなぐなどして視覚的につながりが見えるように工夫する。

4 振り返る　学習したことを振り返り，これからの学びについて考えよう。

「今日の学習を振り返り，これからの学びについて考えましょう。」

前回の話し合い活動の振り返りをいかして，準備を進められたよ。

前よりも上手く話し合いを進められるようにしたいね。

スクールフェスティバルの企画について話し合えるように，家でも考えてくるようにしよう。

それぞれの役割で協力して，話し合い活動を進められるように打ち合わせをしたよ。

各役割で話し合ったことを整理したホワイトボードは，児童の目に触れやすいところに掲示したり置いておいたりするとよい。

クラスみんなで決めるには
第7時 (7/8)

本時の目標
話し合い活動の成果と課題の振り返りをいかし，目的や役割を意識して，議題に沿って折り合いをつけて話し合うことができる。

授業のポイント
前回の話し合い活動とは役割分担を変えて，再度，別の議題で話し合い活動を行う。そうすると児童自身が様々な役割・視点から活動を経験できる。

本時の評価
話し合い活動の成果と課題の振り返りをいかし，目的や役割を意識して，議題に沿って折り合いをつけて話し合っている。

〈見守る〉児童自身の力で役割を果たしながら話し合いが行われるよう，教師は前回からの成長に

板書例

・安全かどうか
・ふだんはしない
・たてわりはんで回る
・一年生も楽しめる
☆少ない意見もきく

出し物
五分以内
・いろんな学年の子が楽しめる
・ゲーム
・学習発表

・コイン落とし
・クイズ
・伝言ゲーム
・おばけやしき

ルール
たてわりはんの六人中何人がカップにコインを入れられるか

じゅんび
・コイン 18こ
・水そう 3こ
・カップ 9～12こ

※記録係の児童が話し合いを整理しながら板書する。

1 対話する つかむ　2回目の話し合い前に，留意点を確かめよう。

「今日は，スクールフェスティバルについて話し合います。すべて自分たちで進める，2回目の話し合いです。どんな話し合いにしたいですか。」
・やっぱり，前回の話し合い活動をいかして，よりよい話し合いにしたいです。

では，よりよい話し合いにするためにどんなところに気をつけるとよいでしょう。

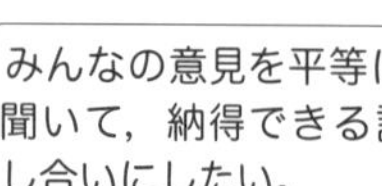
前回は時間配分が上手くいかなかったので，特に時間を意識します。

みんなの意見を平等に聞いて，納得できる話し合いにしたい。

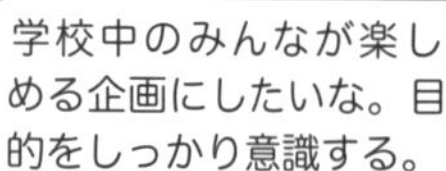
学校中のみんなが楽しめる企画にしたいな。目的をしっかり意識する。

前回の話し合い活動から見えてきた成果と課題をいかすように意識づけをする。また，役割や目的を意識して，話し合うことをあらためて確かめ合うとよい。

「では，司会係の進行で話し合います。それぞれの役割で協力して話し合いを進めていきましょう。」

2 対話する 考える　司会係の進行で，スクールフェスティバルについて話し合おう。

・(司会) これから話し合いを始めます。まずは，今日の議題と提案理由について話してもらいます。○○さん，お願いします。
・(提案) はい，スクールフェスティバルの計画について話し合うことを提案します。□月□日にある…

提案者に議題と提案理由を紹介してもらう。

・(司会) では，スクールフェスティバルでどんなことをしたいか話し合います。…意見をお願いします。

学習発表もいいけれど，低学年もいるから，みんなが楽しめるゲームがいいと思います。
コイン落としなら短時間で楽しめると思います。
賛成です。ルールも決めて…。準備も含めて計画するのはどうですか。
1～6年生までのみんなが楽しめないと成功にはならないと思うから，そのために…。

司会係の進行で，板書は記録係の児童に整理させる。教師は基本的に様子を見守り，必要に応じて支援する。

着目しながら見守るようにしましょう。

クラスみんなで決めるには

ⓜ 役わりをいしきして、二つ目の議題について話し合おう

議題

スクールフェスティバルに向けて

○ 日時・場所 … □月□日

①九時～ ②十時～ （四十五分間）

決め方

・時間がかからなくて楽しめる

主体的・対話的で深い学び

・前回の話し合い活動を通して見えてきた成果と課題，その解決について考えたことを生かして，再度，話し合い活動を行う。実際に対話を重ねる中で，他者との関わりについて思考を深めることができる。

・学校行事などを取り上げる場合，総合学習などと関連付けて，話し合い活動や準備の時間を確保する。話し合ったことから準備，実践までを，児童が自分達の手で進めていくことが可能となり，学びの必然性が連鎖する中で，学び続けることができる。

準備物

・話し合いの記録シート（第５時使用と同じもの）

3 振り返る 対話する　話し合い活動の成果と課題について話し合って考えよう。

・（司会）それでは，まとめます。スクールフェスティバルでは，１年～６年までが楽しめるように『コイン落とし』のゲームをすることに決まりました。ゲームのルールと準備については，…です。いいと思う人は手を挙げてください。（挙手を確認）決まりました。

「スクールフェスティバルの計画を決められましたね。」

「今回の話し合いについて，前回の話し合い活動と比べてどうだったか，班で話し合って考えましょう。」

前回よりも，みんなが目的や役割を意識して話し合えたように感じたよ。
１～６年生までのみんなが楽しめる企画を考えられたよね。
まだ準備のことについて細かく話し合えていないから，総合の時間に話し合いたいね。
少しケンカになってしまったところは，これからの課題だと思う。

全体でも，２回目の成果や課題について話し合う。時間に応じて，柔軟に取り扱うとよい。

4 振り返る　学習したことを振り返り，これからの学びについて考えよう。

「今日は，２回目の話し合い活動をしました。２回目はどうだったか，１回目よりどんなところがうまくいったのか，または，もう少しこうすればよかったな，ということが，みんなで考えられましたね。」

「今日の学習を振り返り，これからの学びについて考えましょう。」

時間が足りなくて話し合えなかったことは，総合の学習などで話し合ってもいいよね。
１回目よりうまくできたことと，２回目もできなかったことを，しっかり振り返っておこう。
２回話し合い活動をしたけど，もう１回やれば，もっと上手くできそう。
これからの学習にいかせるようにしたいね。

振り返りは，残った時間に応じて，柔軟に取り扱う。

学校行事について取り扱う場合，総合学習との関連も意識して，時間数を調整するようにする。

「次の時間は，話し合い活動全体を振り返ります。」

クラスみんなで決めるには

第 8 時 (8/8)

本時の目標

話し合い活動や単元全体の振り返りを通して，学習したことや自己の成長を捉え，これからの生活にいかすことができる。

授業のポイント

各時間の振り返りをいかして単元全体での学習を振り返り，自己の学びを肯定的に捉えられるよう支援する。本単元の学びを諸活動でいかせるようにしたい。

本時の評価

話し合い活動や単元全体の振り返りを通して，学習したことや自己の成長を捉え，これからの生活にいかそうとしている。

〈つながり〉本単元での学びがどのように自己の成長につながったかイメージできると，今後の

板書例

4班
※振り返って まとめたこと

5班
※振り返って まとめたこと

6班
※振り返って まとめたこと

※各班のホワイトボードを掲示する。

単元全体を通した成長

・役わりを意しきして話し合えた
〇司会・記録・時間
〇提案・参加者
・発言の仕方に気をつけられた
・たくさんの人の意見が出るように工夫できた
・自分の立場を明らかにして発言できた

※児童の発言を板書する。

話し合いで何か決めるときには、目的や役わりをいしきして話し合うとよい

1 振り返る つかむ　これまで２回，話し合い活動をしたことを振り返ろう。

「これまで，２回の話し合い活動をしてきましたね。議題は何でしたか。」
- １回目はクラスのお楽しみ会についてです。
- ２回目は，スクールフェスティバルの出し物を考えました。

２回にわたって話し合いをしてみて，どうでしたか。
みんなのことを考えて話し合い活動に参加して発言できたよ。
ケンカもあったけれど，みんなで協力して話し合えたよ。
話し合って，楽しい企画を考えることができた。

これまでの話し合い活動のことを想起させ，振り返ったことを簡単に出し合わせる。

2 対話する 振り返る　準備や話し合い活動の成果と課題についてグループで話し合おう。

「準備も含めて，話し合い活動で成長できたことや，あまり上手くできなかったことがありました。それらのことが，どうすればこれからの学習や生活にいかせるか，班で話し合って考えましょう。」

１回目のことをいかして，２回目の話し合い活動では，目的意識をもって話し合いができるようになったと思う。

係どうしで協力して，よりよい話し合いになるように取り組めたね。

自分の意見を押し通そうとしてケンカになりそうなときがあったので修正したいな。

黒板や記録ノートに話し合ったことをしっかりまとめられたよ。

- 役割や目的を忘れずに意識して，話し合いに参加することができました。

班で話し合って振り返ったことをまとめたホワイトボードを黒板に掲示し，クラス全体でも共有する。

教科書 P41「ふりかえろう」の３つの視点で振り返らせてもよい。

生活にも学んだことがいかされていくでしょう。

クラスみんなで決めるには

Ⓜ 単元を通した自分の学びをふり返ろう

話し合い活動のふり返り

1班
・二回目のことをいかして、目的いしきをもって話し合いてきた

2班
・係どうして協力してできた

3班
・意見を通そうとして、ケンカになりそうなときがあった

主体的・対話的で深い学び

・各時間の振り返りは，児童一人ひとりの，自分の思考や行動を客観的に把握し認識する，いわゆる「メタ認知」能力を育んで行く上で重要である。その振り返りをいかし，単元全体の学びを顧みる学習を通して，自己の学びや育んだ力について自己評価することで，本単元での学びの意義が高まるのである。
・本単元の学びを通した自己の成長について捉えることで，次の単元以降の学びや話し合い活動への意欲も高まるだろう。

準備物

・ホワイトボード

3 交流する 振り返る　単元全体を通した自分たちの成長を振り返ろう。

「単元全体のめあては『役割を意識しながら話し合う』でした。話し合いの中で役割を通して学んだこと，自分たちの成長できたところを，振り返りましょう。」

「まず，司会グループ（司会・記録・時計係）の役割についてはどうでしたか。」
・司会係として，たくさんの人の意見を聞けるように工夫することができました。
・司会に役立つよう，黒板を整理して記録できました。

提案者や参加者としては，どうでしたか。
賛成か反対か，自分の立場をはっきりとさせて，みんなと話し合うことができるようになってきたと思います。
冷静に，みんなに伝わるように自分の考えを伝えられるようになりました。

主に自分たちが成長できた面に目を向けて振り返り，自己肯定感・自尊心が高まるようにしたい。

4 振り返る　学習したことを振り返り，これからの学びについて考えよう。

「今日の学習を振り返り，これからの学びや生活について考えましょう。」

普段の生活でも友達と話し合う場面があるから，この経験をいかしたい。

国語の学習だけでなく，社会科のディベートなどともつなげて考えられそうです。

高学年になったら委員会活動でもいかせると思います。

今後の学習や生活全般において，この単元で学んだことをどのようにいかせるかをイメージできるようにする。

「これからも話し合いの場面がたくさんあると思います。ここで学習したことをいかして，話し合いの目的や役割を意識して話し合えるといいですね。」

漢字の広場 4

全授業時間 2 時間

◉ 指導目標 ◉

・第 3 学年までに配当されている漢字を書き，文や文章の中で使うことができる。
・間違いを正したり，相手や目的を意識した表現になっているかを確かめたりして，文や文章を整えることができる。

◉ 指導にあたって ◉

① 教材について

前学年の配当漢字を，与えられた条件で使うことで漢字の力をつけようとするものです。この「漢字の広場 4」では，ある日の学校の様子を表した絵をもとに「想像したことも加えた文章を作る」という条件で漢字学習をします。ただの漢字の反復練習や小テストではなく，それらの漢字を使った文作りを通して，文の中で漢字を使いこなす学習活動に広げます。

挿絵と言葉を手掛かりに想像して，文章を作る活動です。場面の絵から想像を膨らませ，どの児童にも書きやすい内容になっています。これまでに学習した漢字を思い出し，楽しく漢字の復習ができる教材となっています。

② 主体的・対話的で深い学びのために

この学習では，「学校の様子を見て，どこで，どんなことが行われているか想像したことも加えて，文章を作る」という条件のもと，絵に合った文章を書きます。文作りの前に，「絵からどのようなお話が想像できますか」と問いかけ，絵に対して気づいたことを出し合って交流し，その気づきを共有します。お話を想像する活動を確保することで，どのようなことが書けそうかイメージを広げることができるでしょう。

また，文作りをした後，それぞれが作った文を，ペアやグループ，またはクラス全体で交流します。友達の作った文章を知り合うことで，言葉や文作りにより興味・関心をもつことができるようになるでしょう。

◎ 評価規準 ◎

知識及び技能	第3学年までに配当されている漢字を書き，文や文章の中で使っている。
思考力，判断力，表現力等	「書くこと」において，間違いを正したり，相手や目的を意識した表現になっているかを確かめたりして，文や文章を整えている。
主体的に学習に取り組む態度	進んで第3学年までに配当されている漢字を書き，学習課題に沿って文を書こうとしている。

◎ 学習指導計画　全2時間 ◎

次	時	学習活動	指導上の留意点
1	1	・教科書P42の絵を見て，3年生までに習った漢字の読み方を確認する。 ・絵を見て，それぞれの場面を確かめ，学校の様子を想像する。 ・3年生までに習った漢字を書く。	・声に出してこれまでに学習した漢字を正しく読めるかどうかをチェックする。間違えたり，正しく読み書きができなかったりした漢字は，繰り返し練習させる。
	2	・絵を見て，学校の様子を想像し，3年生までに習った漢字を使って文章を書く。 ・書いたものを読み返し，間違いを直すなどして推敲する。 ・漢字や送り仮名，句読点等が正しく使えているかを確かめ，間違いを直す。 ・書いたものを友達と読み合い，正しく漢字が使われているか確かめ合う。 ・学習を振り返る。	・挿絵から自由に想像を膨らませ，学校の様子を想像したことも加えて詳しく文章で書くようにさせる。 ・出来上がった文章を読み合い，互いのよいところを交流させる。

DVD **収録（漢字カード，イラスト）**※本書P82，83に掲載しています。

漢字の広場４

第  時 （1/2）

本時の目標

第３学年で学習した漢字を使って，絵に合った文章を書くことができる。

授業のポイント

ペアやグループの人と，挿絵からどのようなお話が想像できるかを話し合い，イメージを十分膨らませる。

本時の評価

今までの学習をいかして，進んで第３学年に配当されている漢字を使って文を考えようとしている。

〈漢字カード〉まず，イラストの上に漢字カードを貼り，読み方を確かめます。それぞれの場面を想像する

板書例

○学校はどんな様子かな

どこで	どんなことを
図書室	・本をさがす ・本を読む ・本をかりる
教室	・算数の面積の問題
保健室	・鼻血の手当て ・歯がいたい子の手当て
多目的室	・昔遊びを地いきの人に教えてもらう
体育館	・屋根のしゅう理の仕事
校庭	・五十メートル走
学年園（花だん）	・係でどの花をしょうかいするか相談している

※児童の発表を，分かりやすく表にまとめる。

1 読む 確かめる　３年生の漢字を声に出して読もう。

「３年生までで習った漢字が出ています。読み方を覚えていますか。声に出してペアで確かめましょう。」

３年生までで覚えられなかった児童，一度覚えたつもりで忘れてしまった児童もいるだろう。

読みの段階から，丁寧に取り組んでいくようにする。

まず，ぼくから読むよ。「せかいちず」「しんわ」「つかう」…。じゃあ，次は山根さんの番だよ。
はい。「きりつ」「しめい」…「はなぢ」「は」「かんそう」…。間違えずに読めたね。

ペアでテンポよく読み方を確認していく。クラスの実態によっては，教師が板書で１つずつ漢字（言葉）を指して確認していってもよい。

意味が分からない言葉は，教師が説明するか辞書で調べさせる。

2 出し合う 対話する　場面ごとに絵を見て，見つけたことを出し合おう。

この絵から，学校のどこで，どんなことをしているのか，見つけたことを整理していきましょう。

図書室で子どもたちが本を読んだり，借りたりしているよ。
保健室で鼻血が出た男の子が手当てをしてもらっているね。

教科書の絵から学校の様子がどのようなものか，どんなお話ができるのかなどをペアやグループで話し合わせる。

文章を書くための素材を見つける活動となる。学校のどこで，どのようなことをしているのか，詳しく見ていかせる。

「絵を見て，見つけたことを発表してください。」
・教室で，算数の面積の問題を考えています。
・保健室で鼻血の手当てをされている子がいます。

分かりやすく板書で表にまとめていく。

中でカードの言葉をキーワードとして考えさせるとよいでしょう。

め

漢字の広場４

三年生までに習った漢字を正しく読み、学校の様子の絵からいろいろ想像してみよう

※イラストの上に漢字カードを貼る。

主体的・対話的で深い学び

・なじみ深い学校の様子を表す挿絵から，児童も楽しく想像を膨らませることができるだろう。また，絵から見つけたことや想像したことを友達と交流することで，よりイメージを広げることができる。本時で出し合ったことを，次時の文章作りにつなげたい。

準備物

・漢字カード　DVD 収録【4 下 _04_01】
・教科書 P42 の挿絵の拡大版（黒板掲示用イラスト　DVD 収録【4 下 _04_02】）
・国語辞典，漢字辞典

3 想像する 対話する　学校の様子の絵から想像したことを話し合おう。

「言葉と絵から想像できる学校の様子のお話を詳しく考えましょう。だれか，言える人はいますか。」

・はい！「教室で，長方形の横の長さが２倍になったときの面積の問題について考えています。」
・絵を見ると，確かにそんな問題がかいてあるね。

みんなも，言葉と絵から学校の様子を想像してお話を考えてみましょう。どのようなお話が考えられますか。

校庭では，先生が笛を吹いてスタートの合図をしているよ。次の人が構えているね。

校庭では，女の子が軽い植木ばちを，男の子が重いじょうろを持っているよ。

絵から見つけたことに，想像したことを加えてお話を作らせる。次時で文章を書くための活動となる。

詳しく見ている児童の意見を広め，絵から想像できるいろいろなことをできるだけたくさん出し合わせる。

4 書く 確かめる　漢字を正しく書こう。間違えやすい漢字を確かめよう。

「3 年生で習った漢字を正しくノートに書きましょう。次の時間に，この漢字を使って文を作ります。正しく書けるように練習しましょう。」

教科書 P42 に出てきた漢字をノートに練習させる。

丁寧に漢字を書くことができるようになりたいな。数が多いけど，丁寧に書こう。

面積の「積」を「績」と間違えないようにしよう。軽いも「転」と間違いやすいから気をつけよう。

ノートに早く書き終わった児童には，空いているところに繰り返し練習をさせたり，国語辞典や漢字辞典を活用してその漢字を使った別の言葉や熟語を書いたりさせるとよい。

漢字の広場４

第 2 時 (2/2)

本時の目標

３年生で学習した漢字を使って，学校の様子を説明する文章を書くことができる。

授業のポイント

挿絵から膨らませたイメージをもとに文章を書かせる。書く時間をできるだけ取って，漢字の定着を図る。

本時の評価

今までの学習をいかして，進んで第３学年に配当されている漢字を使って文を書こうとしている。

〈漢字カードの使い方〉 まず，イラストの上に漢字カードを貼っておきます。児童が使用したカードを

板書例

（例）図書館で、女の子が、童話と神話の本をさがしています。

◇学校の様子をくわしく説明する文章を書こう

図書室

・男の子が、先週かりた物語の本を図書委員に返す手続きをしてもらっています。

教室

・算数の時間に、面積の問題を勉強しています。たての長さが同じとき、横の長さが２倍になると面積が何倍になるか考えています。

保健室

・男の子が休み時間に友達とぶつかってしまいました。保健室に行き、先生に鼻血の手当てをしてもらっています。

※児童の作った文を板書する。

1 めあて つかむ　教科書の例文を声に出して読み，課題を確かめよう。

「42 ページの例文を声に出して読んでみましょう。」

・図書館で，女の子が，童話と神話の本をさがしています。

何人かに音読させ，本時の学習課題を共有する。

「前の時間はこの学校の絵を見て，どこで，どんなことが行われているのか，いろいろ想像しましたね。今日は，その想像したことも加えて文章に書きましょう。」

どこで，どんなことが行われているか，前の時間に想像したことを思い出しましょう。

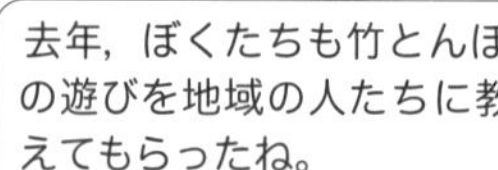

地域のおじいさんが竹とんぼの実物を手に持って，昔の遊びを紹介しています。
去年，ぼくたちも竹とんぼの遊びを地域の人たちに教えてもらったね。

絵にどのようなものが出てくるか，どんな話ができるのかなど前時に想像したことを出し合わせ，それぞれが文章を書くための準備活動とする。

2 書く　学校の様子を説明する文章を書こう。

「出てきている漢字や言葉を使って，学校の様子を説明する文章を書きましょう。」

学校のどこで，誰がどんなことをしているのかを詳しく見て，想像したことも含めた文章にしましょう。

面積の問題で，先生が指名をしたら，男の子が起立して発表しました。
体育館の屋根が雨もりしているから，大工さんが修理の仕事をしています。

絵や言葉を手掛かりに想像を膨らませて考えた文章を書かせる。文を書く時間はできるだけ確保したい。

文作りが苦手な児童には，絵の中の１つの場面や，だれか１人を決めて，文を考えさせる。また，友達に尋ねたり，アドバイスをもらったりしてもよいことにする。

「書けたら読み返して，漢字や送り仮名，句読点が正しく使えているか，主語や述語など文章に間違いがないか見直しましょう。間違いがあれば書き直しましょう。」

移動させると，使用していない残りの漢字がすぐに分かります。

ⓜめ

漢字の広場4

どこで、どんなことをしているかを想像したことも加えて、文章に書こう

童話
神話
世界地図
図書委員
返す
使う
問題
倍
面積
指名
起立
仕事
昭和
感想
鼻血
体育館
遊び
実物
笛
重い
軽い
火
係
校庭
相談

※イラストの上に漢字カードを貼る。

主体的・対話的で深い学び

・文作りをした後，それぞれが作った文を，ペアやグループ，またはクラス全体で交流する。友達の作った文章を知り合うことで，言葉や文作りにより興味・関心をもつことができるようになるだろう。

準備物

・漢字カード（第１時で使用したもの）

・黒板掲示用イラスト（第１時で使用したもの）

※それぞれの場面ごとに挿絵を切り離せるようにしておくとよい。

3 交流する　書いた文章を交流しよう。

「出来上がった文章を友達と発表し合いましょう。友達の作った文章のよいところを見つけながら読みましょう。」

女の子と男の子が係の仕事をしています。どの植物をしょうかいするのか，相談して決めています。
原田くん，とてもいい文が書けたね。ノートにメモさせてね。
絵から想像できているね。この花は何だろうね。

作った文章をペアやグループの人と読み合って，「どこで」「だれが」「どんなことを」しているかが分かりやすく書けているか，漢字が正しく使えているかを確認し合う。

交流する時間が足りない場合，グループの中でノートを回して読み合う，全体の場で書いた文章を発表させるなど，交流方法は状況に合わせて使い分けるとよい。

4 書き直す 振り返る　交流で気づいたことを書き直そう。学習を振り返ろう。

友達と交流して，間違いに気づいたところを書き直しましょう。また，使えていなかった漢字も書き加えておきましょう。

竹とんぼの場面で「感想」の言葉を使った文も付け加えておこう。「男の子はおじいさんに，話を聞いた感想を伝えています。」

「学習を振り返って，書いた文章を友達と交流した感想を発表しましょう。」

・自分が書いた文の中で，まだ習った漢字が使えていなかったところを教えてもらってよかったです。

・○○さんの文章は，算数の授業の場面をとても分かりやすく，とてもうまく書かれていました。

グループで読み合った文章の中で，よいと思った文章を発表し合ってもよい。

鼻血
感想
相談
笛
歯
使
返

昭和
仕事
校庭
次
昔
倍
軽

起立
指名
実物
係
秒
横
重

面積
問題
軽い
体育館

返す
使う
重い
図書委員

童話
神話
遊び
世界地図

世界にほこる和紙／伝統工芸のよさを伝えよう
〔じょうほう〕百科事典での調べ方

全授業時間 16 時間

◉ 指導目標 ◉

・事典の使い方を理解し，使うことができる。
・自分の考えとそれを支える理由や事例との関係を明確にして，書き表し方を工夫することができる。
・目的を意識して，中心となる語や文を見つけて要約することができる。
・幅広く読書に親しみ，読書が，必要な知識や情報を得る上で役立つことに気づくことができる。

◉ 指導にあたって ◉

①　教材について

『伝統工芸』という大きな枠でくくられていますが，学びとして見ると，３つの学習内容があります。つまり，３つのことを関連づけて学ぶ，複合的な単元と言えます。

その１つは，『世界にほこる和紙』という説明的文章を読むことです。筆者の言いたいこと（要旨）を捉えるとともに，文章を決められた字数に要約する学習です。

２つ目は，『じょうほう（情報）』の学びとして，『百科事典での調べ方』の理解です。「確かな情報」を入手する手段として，百科事典は今も信頼できる情報源だからです。

３つ目は，『伝統工芸のよさを伝えよう』をテーマとして，紹介したい伝統工芸を１つ選び，そのよさを伝えるリーフレットを作る学習です。伝統工芸について調べるとともに，構成，レイアウトも考える総合的な表現活動になるでしょう。

そして，このリーフレット作りでは，『世界にほこる和紙』での説明のしかたや，百科事典の活用法など，学んだことを使ってすすめることができます。もちろん，これらの学習を通して，『伝統工芸』そのものに目を向けることも大切にします。

②　主体的・対話的で深い学びのために

『世界にほこる和紙』では，和紙のどこが『世界に誇る』ところなのか，筆者の考えを，その根拠とともに読み取っていきます。また，説明の仕方や文章の構成にも着目させます。文章の要約では，まず筆者の言いたいことを正しく読み取ることと，「字数にあわせて」が基本になります。つまり，「自分は，何が要旨だと考え，どう短く言い換えるのか」という主体的な表現活動が「要約」です。その上で，「事例は省く」「カギになる言葉を見つけて使う」など，要約のやり方（技術・手法）も，具体的に教えます。

『リーフレット作り』は，テーマ選びから調べ活動，書く，表現…全てが主体的な活動といえます。ただ，その土台にあってほしいのが，伝統工芸そのものへの興味関心です。それが「知りたい」という主体性や，友達との対話的な学びを支えるからです。

◉ 評価規準 ◉

知識及び技能	・事典の使い方を理解し，使っている。 ・幅広く読書に親しみ，読書が必要な知識や情報を得ることに役立つことに気づいている。
思考力，判断力，表現力等	・「書くこと」において，自分の考えとそれを支える理由や事例との関係を明確にして，書き表し方を工夫している。 ・「読むこと」において，目的を意識して，中心となる語や文を見つけて要約している。
主体的に学習に取り組む態度	・進んで中心となる語や文を見つけて要約したり，自分の考えとそれを支える理由や事例との関係の書き表し方を工夫したりしようとし，学習の見通しをもって，調べて分かったことなどをまとめて書こうとしている。

◉ 学習指導計画　全 16 時間 ◉

◇ 2 次，3 次の学習は，以下のようなものです。
2 次 （読む）『世界にほこる和紙』を読む。また，『じょうほう』として『百科事典での調べ方』を理解する。
3 次 （書く）『伝統工芸のよさを伝えよう』という目標で，何かの伝統工芸を調べ，紹介するリーフレットを作る。

次	時	学習活動	指導上の留意点
1	1	・伝統工芸（品）とはどんなものなのかを知り，単元のめあてを捉える。	・めあては「読む」では要約すること，「書く」では調べたことを書くこと，とする。
		※ここで，伝統工芸に関わる本を読んでおくことを呼びかけておき，第 6 時での要約の学習に使う。	
2	2	・『世界にほこる和紙』を読み，『初め』『中』『終わり』の組み立てを捉える。	・『和紙』について，筆者の考えと，その説明が書かれた部分を読み分けさせる。
	3	・『中』を，前半と後半の 2 つのまとまりに分け，それぞれの内容を読み取る。	・前半は和紙のよさ，後半は気持ちを表すために和紙を使うことが書かれている。
	4	・『中』を読み，何の説明のために，どのような例が使われているのかを読み取る。	・前半と後半での筆者の考えと，そのそれぞれの例をつなげて考えさせる。
	5	・『世界にほこる和紙』の要旨を考え，200 字以内の文章に要約し，友達と読み合う。	・3 つのまとまりの，中心となる語や文を書き出させ，それをもとに要約させる。
	6	・『伝統工芸』に関わる本の中から 1 つ選び，そのよさを中心に要約し，読み合う。	・その伝統工芸を知らない人にも伝わるよう前時で学んだ要約のやり方をいかす。
	7	・『百科事典での調べ方』を読み，実際に百科事典を使いながら使い方を調べる。	・百科事典の記事内容を読み，そのよさにも気づかせながら，引き方を指導する。
3	8	・『伝統工芸のよさを伝える』として，リーフレットを作るというめあてを捉える。 ・リーフレットにする題材を選ぶ。	・『伝統工芸』を材料に，今度は『調べたことを書こう』という書く学習に入る。 ・地域の伝統工芸などから選ばせる。
	9 10	・リーフレットの題材に選んだ伝統工芸について，事典や本，資料などで調べる。	・『その伝統工芸（品）のよさを伝える』という目的を頭に置いて，調べさせる。
	11 12	・調べたことをもとに，リーフレットの中心となる文章の『組み立て』を考える。	・『初め』『中』『終わり』の組み立てを考え，それぞれの内容を，表に整理させる。
	13 14	・『組み立て』の表をもとにして下書きし，文章は推敲し，友達とも読み合う。 ・リーフレットの中心となる文章を書く。	・『初め』はお知らせ,『中』が説明と例,『終わり』はまとめ，という役割を考え，書いたものを友達とも見せ合わせる。
	15 16	・表紙と裏表紙に書くことを考え，リーフレットを完成させる。 ・リーフレットを読み合い，交流する。 ・学習を振り返り，まとめをする。	・表紙の役割から，『何の伝統工芸なのか』が分かるよう，図と文字を工夫させる。 ・内容とともに書き方についても交流し，よいところを見つけ合わせる。

DVD **収録（画像，児童用ワークシート見本）**※本書 P108，109 に掲載しています。

世界にほこる和紙，ほか

第 1 時（1/16）

本時の目標

日本には，数々の伝統工芸（品）があることに気づき，これから学習する内容と，学習の流れ（計画）を捉えることができる。

授業のポイント

これからの学習の土台として，まずは『伝統工芸』品に興味関心をもたせたい。それには，いくつかの実物を前に話し合うとよい。

本時の評価

日本には，数々の伝統工芸（品）があることに気づき，これから学習する内容と，学習の流れを捉えている。

〈並行読書〉本時で，伝統工芸に関わる本を読んでおくことを呼びかけておきます。第6時での

板書例

（この地域では）
・西じんおり　清水焼 ※

〈学習のめあて〉
中心となる語や文を見つけて要約し，（読む）
調べたことを書こう（書く）
→伝統工芸についてリーフレットにする

〈学習の進め方〉
①「世界にほこる和紙」を読む（要約）
和紙のどんなところ
②百科事典での調べ方
③「伝統工芸のよさを伝えよう」
リーフレットを作る

◇伝統工芸のことが書かれた本を読もう！

※児童の発言を板書する。

1 つかむ　伝統工芸（品）とは，どんな物なのか，見ながら話し合おう。

「（輪島塗などの漆器を見せながら）これは何でしょう。きれいですね。」※他の工芸品でもよい。

・お椀です。でも赤く塗ってあります。『漆塗り』かな。

「そう，これは『輪島塗』という漆塗りのお椀です。『漆器』といって，漆の木からとれる木の汁を，木のお椀に何回も塗り重ねて作られています。」

何百年も前から，ずっと作られてきたもので，今も1つ1つ，人の手で塗っては乾かしして作られています。このように昔から変わらないやり方で，ずっと作られてきた物を『伝統工芸（品）』といいます。言ってみましょう。

『伝統工芸（品）』

・社会科でも，習いました。
・このような漆器，うちにもありました。

「（和紙など他の品も見せて）こんなものも，伝統工芸（品）なのです。」

2 対話する　地域の伝統工芸品について，話し合い，関心をもとう。

「このような伝統工芸（品）が，ほかにも，教科書43ページに出ています。見てみましょう。」

・箱根の『寄せ木細工』は，お土産に買いました。
・紙や焼き物なら，家にもありそうな気がするね。

『伝統工芸』について，知っていることを話し合う。

私たちの住む町や県にも，このような伝統工芸（品）といえるものは，ないでしょうか。
うーん，人の手で，昔から続いている伝統の物…何だろうな。
『西陣織』って，聞いたことがあります。
『清水（きよみず）焼』という瀬戸物もあります。

実物を用意しておき，見せると興味や関心も高まる。

「（1つを見せながら）これは，どのように作られているのでしょう。また，どんなよいところがあるのでしょう。知りたいですね。」

まずは，伝統工芸への興味をもたせる。

要約の学習に使います。

世界にほこる和紙
伝統工芸のよさを伝えよう

Ⓜ 学習課題と学習の進め方をとらえよう

〈伝統工芸（でんとうこうげい）とは？〉

◎ 昔からあまり変わらない材料、やり方でずっと作られてきたもの

・しっき（うるしぬり）
・寄木細工
・紙
・焼きもの

おもに人の手で

主体的・対話的で深い学び

・主体的な学びのもとになるのは，まずは『伝統工芸（品）』に対する興味，関心だろう。伝統工芸品は，くらしの中でも長く使われてきた物が多く，それだけにそのもの特有の使いよさや美しさをもっている。

・だから，説明よりも，児童にも分かりやすい伝統工芸品を具体的に提示する方が，直観で理解できる。その地方のものなら，より身近に感じるだろう。そして，この伝統工芸に関わって，３つの学習内容があることを，ここで伝える。

準備物

・いくつかの伝統工芸品。
　※できれば『和紙』も含める。地域の伝統工芸品も１つは見せたい。
・参考画像（各地の伝統工芸品）
　DVD 収録【４下_05_01 ～４下_05_10】
・（時間があれば）地図帳　※各地の伝統工芸，伝統産業を調べる。
・百科事典，伝統工芸の本を何冊か（教科書 P51 参照）

3 めあて　教科書を読み，めあてを捉えよう。

「このような伝統工芸に関わる勉強をします。どんなことを学ぶのか，詳しく見ていきましょう。」

「まず，43 ページを見ましょう。何を学習するのか，『題』が書いてあります。読みましょう。１つ目は？」

・『世界にほこる和紙』です。読むのかな？
・２つ目は，じょうほう『百科事典での調べ方』です。
・そして，３つ目『伝統工芸のよさを伝えよう』です。

「この３つのことを学習します。」

１つ目は，『読む』勉強。２つ目は，『調べ方』を知る，３つ目は，『書く』学習です。めあて（P43）を読みましょう。２つあります。

読むは，『中心となる語や文を見つけて要約し，』

書くは，『調べたことを書こう』です。伝統工芸について，調べて書くのかな？

これから学習する３つの内容と，めあてを伝える。

4 対話する 見通す　学習の順序（学習計画）を大まかに捉えよう。

「では，学習の順序を確かめましょう。」

「50 ページを見ましょう。伝統工芸（品）の１つに『和紙』があります。初めに，この和紙について書かれた『世界にほこる和紙』という文章を読むのです。」

次に，52，53 ページを見ましょう。今度は『伝統工芸のよさを伝えよう』ということで，伝統工芸の１つを調べて，それをリーフレットにまとめる，という学習をします。

どんな伝統工芸のことを，調べようかな。

この○○県のもので調べたいな。

「そのために，『百科事典での調べ方』も学びます。」

百科事典を見せ，３つの学習内容と順序を板書で示す。

「ですから，書くために，伝統工芸のことが書かれた本を，今から探して読んでいくのです。」

本も見せ（教科書 P51 で紹介している本など），呼びかけと，選択の指導もする。

世界にほこる和紙

第 2 時（2/16）

本時の目標

全文を読み通し，全体を『初め』『中』『終わり』の３つのまとまりに分け，文章の組み立てを捉えることができる。

授業のポイント

『和紙』についても興味関心を引き出したい。そのため実物も見せ，和紙のイメージをもたせる。
組み立てを考えるのに時間をとることを考えて，時間配分する。

本時の評価

全文を読み通し，全体を『初め』『中』『終わり』の３つのまとまりに分け，組み立てを捉えることができている。

〈実物の持ち込み〉「和紙」を使ったさまざまな実物の品を持ち込んで示し，児童の興味関心を高め

板書例

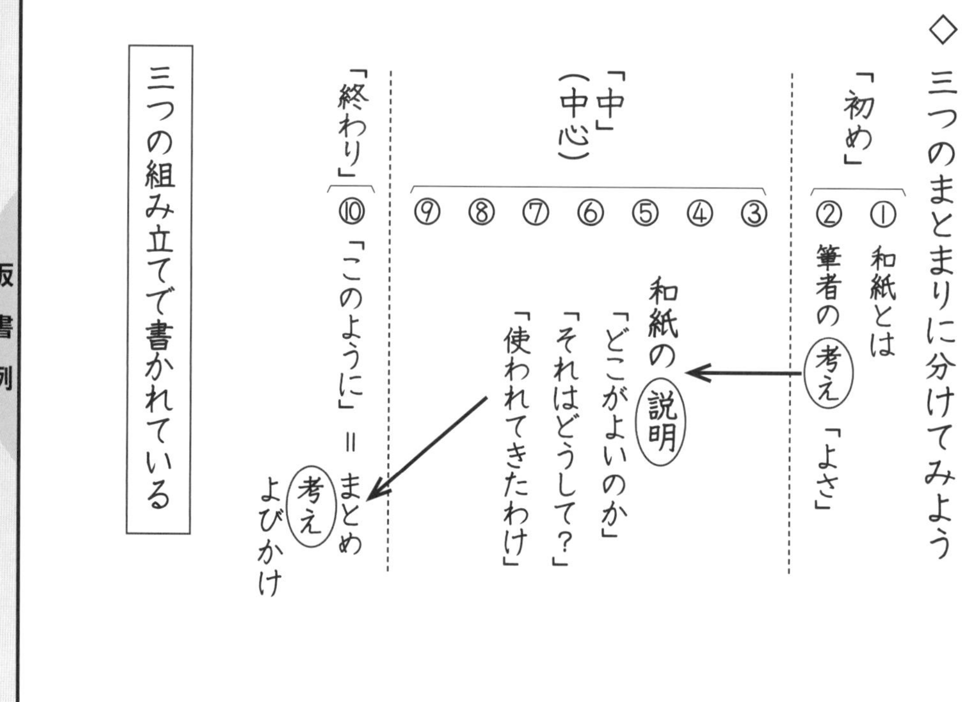
◇三つのまとまりに分けてみよう
「初め」 ① 和紙とは
② 筆者の考え 「よさ」
「中」（中心） ③ ④ ⑤ ⑥ ⑦ ⑧ ⑨
和紙の説明
「どこがよいのか」
「それはどうして？」
「使われてきたわけ」
「終わり」 ⑩ 「このように」＝まとめ
考え
よびかけ
三つの組み立てで書かれている

1 題名を読む　題名の『和紙』『世界にほこる』について話し合おう。

「『伝統工芸（品）についての，学習の初めは『世界にほこる和紙』を読むことです。『和紙』って知っていますか。（実物を見せて）これが和紙の１つです。」
・お習字に使う紙かな。ノートの紙とは違います。

友情

『和紙』の『和』とは何でしょう。よく使う言葉です。

『和太鼓』『和服』『和食』『和室』…『和』とは，『日本の…』ということだと思います。
だから『和紙』とは『日本の紙』のことだと思います。日本で作られる紙かな。

「では，この『世界にほこる和紙』には，どんなことが書かれていると思いますか。『ほこる』とは，どんな意味か分かりますね。」
・『自慢できる』『いい』という意味だと思います。
・和紙のどんなところが，『これは，いいぞ』と誇れるのか，どこがよいのかが書いてありそうです。

2 読む　全文を読み通し，初めて知ったことなどを話し合おう。

「筆者は増田勝彦さん。和紙のどこがいいと言っているのか，文章を読み通しましょう。『初めて知る』ことも出てくるでしょう。書きとめておきましょう。」

音読する。漢字の読みを確かめ，少し書く時間をとる。

和紙が，ユネスコの文化遺産になっていることは初めて知りました。何だかうれしいです。

読んで，和紙について，初めて知ったこと，思ったことを発表しましょう。

和紙がふつうの紙（洋紙）より破れにくく，千年以上も長持ちすることが分かりました。

・うちの家の障子も和紙かな。探してみたいです。
・紙は，みんな同じと思っていました。和紙とか洋紙とか紙にも種類があることを，初めて知りました。

ここで，いろいろな和紙を見せると，関心も高まる。

ましょう。そこから，主体的に教材文を読むことにつなぎます。

世界にほこる㊗和紙　増田　勝彦

=自まんできる　日本の=

㋱　全文を読み通し、およその内ようと組み立てをたしかめよう

〈初めて知ったこと・思ったこと〉

和紙

・ユネスコの無形文化いさん
・洋紙にくらべてやぶれにくく長もち（千年）
・今も作られている

※児童の発言を板書する。

主体的・対話的で深い学び

・４年生の児童は，和紙という言葉があることにも，その実物にもほとんど目を向けていなかっただろう。『和紙』という言葉を知り，さらに実物に触れることによって関心が高まる。
・国語に限らず，授業では「ものを持ち込む」ということが言われる。ここでも「ものの効果」は大きい。ただ，持ち込みすぎると，本来のめあてとは外れた「もの倒れ」になることもある。和紙について，調べたい，知りたいという主体的な気持ちにさせることを本筋にして，読むことにつないでいくようにする。

準備物

・（できるだけ）いくつかの和紙（高級書道用紙，半紙　障子紙など）
　※和紙製の葉書や便せんもある。また，「土佐和紙」「美濃和紙」「吉野紙」など，産地名のついた和紙も多い。

3 めあて 読む　『内容と組み立てを確かめる』というめあてについて話し合おう。

「今日は，この『世界にほこる和紙』のおよその内容と，文章の組み立てを確かめましょう。」

「では，もう一度みんなで音読し，読みを確かめます。まず，段落に番号をつけていきましょう。」

教師も一緒に斉読し，段落ごとに番号をつけさせる。

・全部で①から⑩まで，10の段落がありました。

「では，教科書50ページの『とらえよう』を読みましょう。」

・（みんなで）『文章全体の組み立てについて考えましょう。』

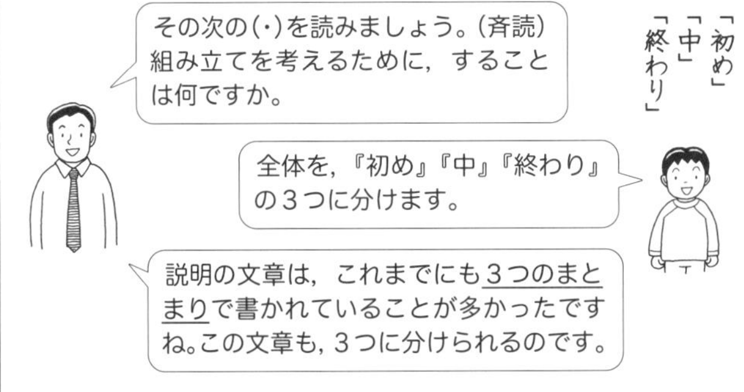
その次の(・)を読みましょう。(斉読)組み立てを考えるために，することは何ですか。
全体を，『初め』『中』『終わり』の３つに分けます。
説明の文章は，これまでにも３つのまとまりで書かれていることが多かったですね。この文章も，３つに分けられるのです。
「初め」「中」「終わり」

「どこで３つに分けられるのか，考えてみましょう。」

１人読みで，３部する分け方をしばらく考えさせる。

4 読む 対話する　「初め」「中」「終わり」の３つの組み立てを確かめ合おう。

「分けるところは見つけられましたか？…ヒント。筆者の考えが書かれているところと，詳しい説明が書かれているところはどこかを考えて，分けてみましょう。」

隣どうしの２人で相談時間をとるのもよい。

私はこう分けた…ということを発表しましょう。まず，『初め』はどこまででしょうか。

『初め』は，①と②段落です。『和紙にはよさがある』という『考え』が書かれているからです。

③段落から⑨段落までが『中』で，『和紙のどこがよいのか』，使われてきたわけが詳しく書いてあります。

『終わり』は最後の⑩段落で，また『考え』だと思います。

・⑩段落は，『このように…』だから，まとめです。

『中』が分かりにくい児童がいる。一方，『初め』と『終わり』が筆者の考えだということは，比較的分かりやすい。これをもとに考えさせ，３つの組み立てに気づかせるのもよい。

世界にほこる和紙

第３時（3/16）

本時の目標

『初め』の筆者の考えをもとに，『中』を２つのまとまりに分け，そのそれぞれの内容を読み取ることができる。

授業のポイント

『中』（③④⑤⑥⑦⑧⑨段落）を内容によって２つに分けるには，まず，②の段落を振り返らせ，筆者が何を述べたいのか（和紙のよさ・気持ちを表す）を確かめる。

本時の評価

『初め』の筆者の考えをもとに，『中』を２つのまとまりに分け，そのそれぞれの内容を読み取っている。

〈説明文の組み立て〉「初め」の筆者の考えをもとにして，「中」に書かれている２つの事例と

板書例

二つのこと

（前半）

③④⑤⑥ まず、和紙のよさについて

二つのとくちょうと（やぶれにくく 長もちする）そのわけ

（後半）

⑦⑧⑨ もう一つ、… 以外の理由

自分の気持ちを表す方法の一つとして（和紙を美しいと感じ 和紙を選んで使ってきた）

○ 分からない言葉

・せんい

・洋紙（ノート、コピー紙、新聞紙 など）

↔

・和紙（毛筆用、しょうじ、和紙はがき など）

◇ 筆者が言いたかったことをまとめよう

1 読む 『初め』を読み，筆者の言いたいことは何かを考えよう。

「前の時間に，『初め』『中』『終わり』という組み立てだと分かりました。初めから読んで，3つの部分を確かめましょう。」（音読し，まず読めることを確認）

「『初め』には筆者の考えが書かれています。もう一度読んで，大事だと思うところに線を引きましょう。」

「②段落が『初め』でした。筆者の考えが分かる文を選ぶとすれば，どれでしょう。」

①の『日本には素晴らしい技術によって作られた和紙も（が）ある。』ということです。

②では，『より多くの人に和紙のよさを知ってもらい使ってほしい』とあります。

②の『和紙には…よさがあり，和紙を使うことは気持ちを表す方法の一つ』というところかな。

『初め』をまとめるのは４年生には難しい。教師の援助がいる。

2 読む 対話する 『中』を読み，内容を考えて２つのまとまりに分けてみよう。

「筆者は２つのことを言いたい，と考えていますね。」

- １つは，和紙には洋紙にはないよさがあること。
- もう１つは，和紙を使うことは，自分の気持ちを表す方法の１つだということです。どんなことかな。

「この２つが，次の『中』で説明されているのです。」

「では『中（③～⑨段落）』を読みましょう。そして，この２つのことを考えて『中』を２つに分けてみましょう。」

分け方を考えさせる。隣どうしで相談させてもよい。

では，どのように２つに分けたのか，発表しましょう。そのように分けた理由も言えるといいですね。

③段落の初めに『まず，和紙のよさについて…』と書いてあるので，『和紙のよさ』が書いてあるところを考えると，③④⑤⑥までが１つのまとまりです。

そして⑦段落の初めに『もう一つ…理由が…』とあるので，⑦⑧⑨が１つのまとまりのようです。

理由を読み取らせます。

世界にほこる和紙

め 「中」に書かれていることを二つのまとまりに分けて読みとろう

〈「初め」に書かれていること〉
・和紙には洋紙にはないよさがある
・和紙を使うことは、自分の気持ちを表す方法の一つ
筆者の考え

〈「中」に書かれていること〉

主体的・対話的で深い学び

・筆者の考えを伝える説明文は，伝えるための効果的な形，組み立て（構成）のもとに書かれている。ここでも，内容だけでなくこのような構成にも目を向けさせる。つまり，『何が』とともに，『どう』書かれているかをここで考えさせる。『中』は，『初め』の筆者の考えや話題にしたいことを受け，事例も入れて説明する中心となる。ここでは，２つのことが書かれているが，それは，児童の対話を通して気づかせることができるだろう。そのために②段落に着目することを，教師が教える。

準備物

・書道用や祝儀袋などの和紙（小さく切ったもの）
　※裂いて繊維を見せる。

3 読む 対話する　『中』を，前半と後半に分けて読み，２つの内容を確かめよう。

「では，『中』に書いてある内容を考えて，読み直してみましょう。前半（③④⑤⑥段落）は，和紙のよさのことでしたね。」（内容を意識させて，再度読ませる）
・前半は，和紙のよさのことが書いてあります。よさは，破れにくく長持ちするという２つのことです。
・そのわけや，正倉院の文書のことも書いてあります。

今度は，『中』の後半（⑦⑧⑨段落）を読んで，書いてある内容を確かめましょう。

⑦段落は，日本に和紙を作る所が多いわけが書いてあります。気持ちを表すために使ってきたと…。
⑧や⑨も，気持ちを表すために和紙を使っていることが書いてあります。

「『気持ちを表す』ってどういうことか分かりますか。」
・『いいな』と思って使うことかな，と思います。

この『気持ちを表す』は，次時でも取り上げる。

4 まとめ　『中』で筆者が言いたかったことを書いてまとめよう。

「ところで，分からない言葉はありませんでしたか。」
・『せんい（繊維）』って，何かなと思いました。
・『洋紙』とは何かなと思いました。同じ紙でも和紙とは違うのかな。

『せんい』と，和紙に対する『洋紙』については，読み取りのカギにもなるので説明する。『せんい』は，『すじ』のこと。和紙を引き裂かせ，破れ目に出る『繊維』を見せるとよい。『洋紙』は，ノート用紙などを例として原料，製法にも触れる。

では，今日読んだ『中』で，『筆者が言いたかったことは，こんなことだ』と書いてみましょう。大事だと思った文を，見つけて書くといいですね。

和紙のよいところは，破れにくいことと，長持ちすることです。

書いたことを発表させ，交流する。

「読んで思ったことも話し合ってみましょう。」

世界にほこる和紙

第 4 時（4/16）

〈『中』の読取〉文章全体の組み立てのうち,『中』の段落を中心に読みます。それぞれの段落に,「問いかけ」「説明

本時の目標

『中』を中心に読み,『何の説明のために』『どのような例が』使われているのかを読み取ることができる。

授業のポイント

説明文では，事例が書かれている段落や文がある。それに気づかせるとともに,『何のための』事例なのかを考えさせる。また,『風合い』などの言葉は説明する。

本時の評価

『中』を中心に読み,『何の説明のために』『どのような例が』使われているのかを読み取っている。

板書例

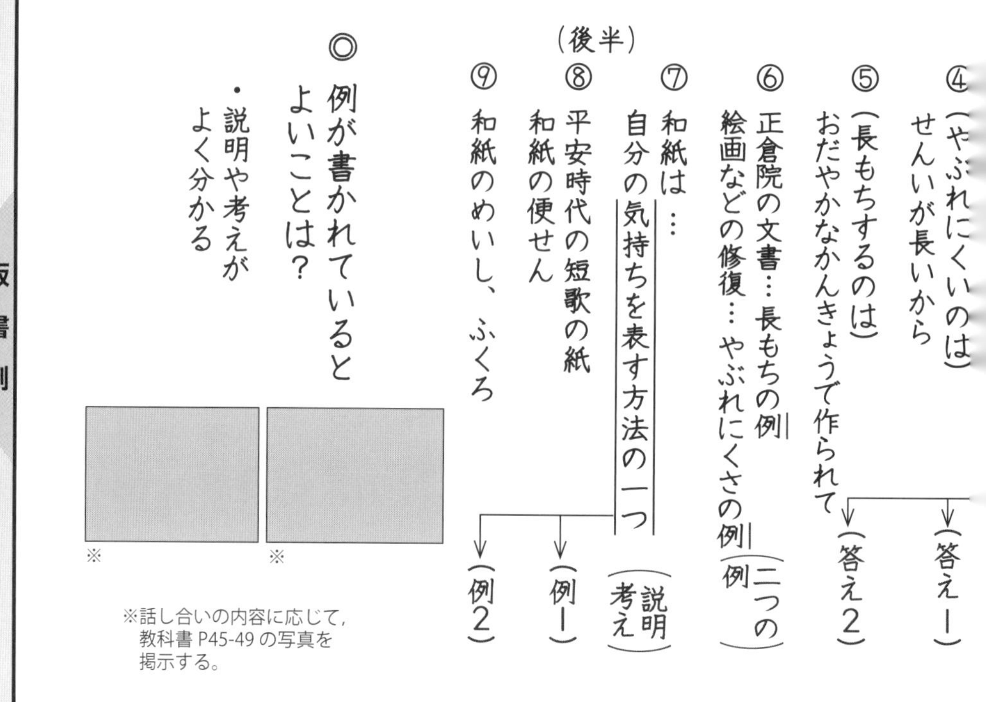
④（やぶれにくいのは）
せんいが長いから
（答え1）
⑤（長もちするのは）
おだやかなかんきょうで作られて
（答え2）
⑥正倉院の文書…長もちの例
絵画などの修復…やぶれにくさの例
（二つの例）
（後半）
⑦和紙は…
自分の気持ちを表す方法の一つ
（説明 考え）
⑧平安時代の短歌の紙
和紙の便せん
（例1）
⑨和紙のめいし、ふくろ
（例2）
◎例が書かれていると
よいことは？
・説明や考えが
よく分かる
※
※
※話し合いの内容に応じて，教科書 P45-49 の写真を掲示する。

1 めあて 書く

めあてを捉え，「説明」と「例」とを読み分けよう。

「今日は,『中』の部分を詳しく読みます。『中』は２つのまとまりで書かれていました。前半は…。」

前半，後半の部分を段落番号で確かめ直す。

みなさんは,『中』の部分で,『例（事例）』が書かれていたことに気づきましたか。あったとすれば，どんなことが『例』だと思いましたか。

⑤段落の，正倉院に残る 1300 年前の文書のことは，例だと思います。
⑧段落の平安時代の和歌を書いた紙も例です。

「今日は『中』を読み，何を説明するためにどんな例が書かれているのかを考えて読みます。」

「まず，前半（③④⑤⑥段落）を読みましょう。和紙の『何を説明するために』『どのような例を』の２つにまとめて，ノートに書きましょう。」

各自で音読。教科書 P50 下１のノート例を確かめ，書かせる。書いた後，隣と相談させてもよい。

2 読む 対話する

何の段落なのか，段落の役割を考え『中』の前半を読もう。

「『中』の前半を音読しましょう。段落には,『問いかけ』,『説明』,『例（事例）』などの役割があります。③④⑤⑥の段落はこのどれなのかを考えましょう。」

各段落の上に『問』などの印をさせて，読ませる。

まず，③段落は，どんな段落ですか。
『和紙には…という二つの特徴があります。』と,「説明」している段落です。
最後に,『このような違いは，何によって生まれるのでしょうか。』と「問いかけ」ています。
③は,「説明」「問いかけ」の２つだと思います。

「そうです。③段落は，和紙のよさとは何かを説明し，その上で問いかけている段落なのです。」

「では，この問いに答えているのは，どこでしょう。」

- ④段落です。破れにくいのは『繊維が長いから』。
- ⑤段落もです。『穏やかな環境で作られ…』と，２つ目の特徴『長持ち』のわけが書いてあります。

事例」など，どのような役割が割り振られているのか確かめます。

世界にほこる和紙

㋱「中」を読み、説明と例とを読み分けよう

「何を説明するために」
「どんな例が」 ＞表にまとめる

◇段落の役わりを考えよう

（前半）
③和紙には、二つのとくちょう （説明）
1 やぶれにくい
2 長もちする
「何によって生まれるのでしょうか」（問いかけ）

主体的・対話的で深い学び

・説明的文章では，それぞれの文や段落には，『役割』が割り振られているとも言える。だから，説明文の読み方として，内容だけでなくこの段落の役割は何か，ということも考えさせる。『ここは，問いかけの段落だな』，『ここは，その例を出して分かりやすくしている』『ここは，まとめ』などと考えられると，説明文の読み方は，一段深い読み方，深い学びとなる。説明されている内容だけでなく，『説明のしかた』『段落の役割』についても，対話を通して着目させたい。

準備物

・（黒板掲示用）教科書 P45－49 の写真の拡大版

3 読む 書く　『中』の前半の「説明」と「例」について確かめ，『中』の後半も読もう。

「これ（④⑤段落）が『説明』の段落ですね。『破れにくいわけ』と『長持ちするわけ』が書かれています。」

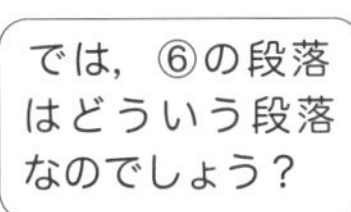
では，⑥の段落はどういう段落なのでしょう？

④⑤で書かれた『破れにくく，長持ち』ということの「例」だと思います。正倉院の文書が今も残っていることを，例にしています。

博物館での修復にも使われている話も破れにくく長持ちすることの例です。

「そうです。⑥段落は『和紙のよさ』の例ですね。写真も出ています。見てみましょう。」

「『中』の後半（⑦⑧⑨段落）でも，『何を説明するために』と『例』とを，ノートにまとめましょう。」

・⑦は『和紙の風合いを美しいと感じ…自分の気持ちを表す方法』として使ってきたという「説明」です。

『中』の後半を読み，前半と同様にまとめさせる。

4 読む まとめ　『中』の後半の例について話し合い，何の説明の例なのかを考えよう。

では，その『気持ちを表す』ことについて，どういう例が，どこに，書いてありましたか。

⑧段落に，平安時代の短歌が美しい和紙に書かれているのも，ふつうの紙に書くより気持ちが表せる，という例だと思います。
⑨段落の，名刺や袋にきれいな和紙を使うというのも，気持ちを表す例です。

・⑦段落の和紙を作るところが 200 カ所もあるというのも，（気持ちを大切にしてきた）1 つの例です。

「このように『例』が多く使われていました。例があると，どんなよいこと（効果）があるのでしょう。」

・正倉院の文書の例があると，和紙が強く長持ちすることがよく分かります，すごいなと思います。

⑨段落を読み，『まとめ』の段落であることを話し合い，時間に応じて，『中』『終わり』を音読する。

世界にほこる和紙

第5時（5/16）

〈時間の配分〉学習内容の量に照らして，時間的に厳しい場合が考えられます。児童の様子に

本時の目標

文章から中心となる語や文を書き出し，それをもとに200字以内の文章に要約することができる。

授業のポイント

『語や文を書き出す』『要約する』『読み合う』の3つを1時間で行うのは，4年生にはかなり難しい。児童の様子を見て，2時間扱いにすることも考える。

本時の評価

文章から中心となる語や文を書き出し，それをもとに200字以内の文章に要約している。

板書例

	・和紙には洋紙にないよさ ・自分の気持ちを表す方法の一つ
「中」 （前半） ③～⑥	・やぶれにくく ・長もちするという二つのとくちょう ・和紙は長いせんいで ・作り方も （例）
（後半） ⑦～⑨	・今も和紙を作っている所 ・自分の気持ちを表す方法の一つ （例）
「終わり」 ⑩	・世界にほこる和紙を，生活の中で使ってみませんか

◇二百字以内で要約しよう
・例は，はぶくか短く
・中心となる語や文を使って

◇読み合おう
・上手なところ
・よいところ

1 めあてつかむ　めあてから，200字以内の文に『要約』することを捉えよう。

「『世界にほこる和紙』を読んできて，和紙について何か思うことは出てきましたか。」
・こんなに長持ちするなんて，すごいなと思いました。
・和紙はいい，今も使われているし使いたいな。
「今日は，この説明文を『こんな話です』と短くまとめる勉強をします。『要約』と言います。」

「50ページ『ふかめよう』の2つ目の●を読みましょう。」
・(みんなで)『文章全体を要約しましょう。』

することが（・）で2つ書いてあります。要約するためにすることは，何ですか。
まとまりごとに，中心となる語や文を確かめることです。
それを使って，200字以内に要約することです。

「要約とは，『短く，言い換える』ことです。200字とは…これです。」
原稿用紙を見せ，到達点（目安）を示す。

2 書く　中心となる語や文を表にして書き出そう。

「初めにすることは，『初め』『中』『終わり』のまとまりごとに，中心となる（大事だと思う）語や文を見つけて書き出すことです。これを『要約』で使うのです。」

「やり方を，50ページ下2で見てみましょう。『中心となる語や文』として，どんな言葉が書いてありますか。」
・『和紙』『洋紙』という語（言葉）です。
・『より多くの人に和紙のよさを…』筆者の考えです。

では，まずノートにこの表と語や文を写して，続きを書いていきましょう。考えて選びましょう。

『初め』の②では，『和紙には洋紙にはないよさがあり…』は，筆者の考えだから大事だね。
『中』では，和紙は『破れにくく』『長もち』が特徴だから，中心になる言葉だな。

見て回り，線を引かせるなど個別の指導も行う。

「何回も出てくる言葉も，大切だと言えそうですね。」

合わせて，２時間扱いにしてもよいでしょう。

世界にほこる和紙

㋱ 要約しよう

◇ 二百字以内で要約するために短く言いかえよう

☆ まとまりごとに中心となる語や文を書き出す

まとまり	中心となる語や文
「初め」①②	・和紙 ・用紙 ・より多くの人に和紙のよさを知ってもらい、使ってほしい

主体的・対話的で深い学び

・要約では，まず読む力が試される。文章全体を頭に入れて，筆者の言いたいことの中心（要旨）を，つかまなければならない。それをふまえて，省くところ，残すところ，短く言い換えるところを主体的に判断して文章にする。だから，難しい。

・そのため，教科書でも『中心となる語や文』を，まず確かめさせている。それでも残す語や文はつい多くなり，200字を超えることがある。要約の上達には，慣れも必要。友達との対話的な読み合いも通して，徐々に学ばせていく。

準備物

・原稿用紙（200字・または400字）※書き直しもあり得るので，１人に複数枚分を用意しておく。

・ワークシート
（児童用ワークシート見本  収録【4下_05_11】）

3 書く 要約する　表に書いた語や文をもとにして要約し文章に書こう。

「岡田さんは，『中』で『自分の気持ちを表す方法…』という文を書き出していますよ。また，吉井さんは…」

児童の文も取り上げて紹介し，参考にさせてもよい。

「グループ（またはペア）でも，どの言葉や文を書き出したのか，話し合ってみましょう。」

書き出したのはどんな言葉，文なのか，少し発表してもらいましょう。
『和紙のよさ』とそのわけを書いた言葉や文です。『洋紙に比べて』『せんいが長い』という語などです。
意見や考えが書いてあるところも大事です。
例のところは，省きました。

「筆者の考えと，和紙のよさ，使ってきた気持ち，それが書かれているところが中心のようですね。」

「では，表からさらに大事だと思う言葉を選び，それをつないで，要約した文章を書きましょう。」

要約では，事例は基本的に省くか，ごく短くする。

4 書く 読み合う　書いた要約を読み合い，交流しよう。

「200字以内で書けましたか。」

どうしても長くなる。書き直しになることもある。

「それでは，書けた要約を読み合い，よいところを伝え合いましょう。」

日本の和紙には，洋紙にはないよさがあります。和紙はやぶれにくく長もちするという２つのとくちょうがあり，それは，洋紙に比べて和紙はせんいが長く，作るときも高い温度にすることもなく薬品もあまり使わないからです。また，和紙は今も作られ使われています。それは，私たちが和紙を美しいと感じ，気持ちを表す方法の１つとして，選んで使ってきたからです。この世界にほこる和紙を，生活の中で使ってほしいと思っています。

【要約した文章の一例】※常体でもよい。

・佐藤さんは，『和紙のよさ』『とくちょう』を２つ，きちんと入れているところが，いいなと思います。

「次は，読んだ伝統工芸の本を要約します。」

次時に，読んだ本を持ってくるよう伝えておく。

世界にほこる和紙／百科事典での調べ方

第 6,7 時（6,7/16）

本時の目標

伝統工芸に関わる本の中から，伝統工芸のよさを中心にして，要約することができる。
百科事典での調べ方が分かる。

授業のポイント

要約は，『よさを伝える』を要約の柱とし，前時に学んだやり方を思い起こさせる。
百科事典は実際に引かせる。

本時の評価

伝統工芸に関わる本の中から，伝統工芸のよさを中心にして，要約している。
百科事典での調べ方が分かり調べている。

〈準備物〉第６時は，第１時に読むことを呼びかけておいた『伝統工芸のことが書かれた本』をもとに

板書例

(2) よさが分かる言葉や文を書き出す
←をもとにして
(3) 二百字以内で要約する
◇ 要約した文章を友達と読み合おう

（第７時）
め 百科事典での調べ方
百科事典の使い方を知り，使ってみよう
◎「わし（和紙）」を調べると
・原料
・作り方
・れきし
・使いみち など
書かれている

※※

〈使い方・調べ方〉
① どの巻（かん）かをさがす（背（せ）・さくいん）
② 五十音順でさがす（柱・つめ）

※※教科書 P52 下の拡大版を掲示する。

（第６時）
1 めあてつかむ　『伝統工芸』の本をもとに，要約するというめあてを捉えよう。

「１時間目に『伝統工芸について書かれた本』を読むよう伝えました。どんな伝統工芸がありましたか。」
・石川県の『輪島塗』です。仏壇もありました。
・滋賀県の『信楽（しがらき）焼』。焼き物は他にも…。

今日は，それらの中から伝統工芸を１つ選んで，そのよさが書かれているところを中心に，内容を要約して書き，友達と伝え合います。まず，書く伝統工芸を決めましょう。

『漆塗り』って面白そう。家にもあったな…。

要約する伝統工芸を選ぶところから始めると，時間的にも厳しくなる。前もって予告し，書く伝統工芸を絞らせておくのもよい。

また，全員が本を準備するのが難しいこともある。その場合，教師がいくつかの伝統工芸の説明的文章をプリントしておき，そこから選ばせるのも１つの方法だろう。

2 書く対話する　本の文章をもとに，要約した文章を書き，読み合おう。

「『世界にほこる和紙』では，丈夫さと長もちという２つのよさが，中心の１つでした。ここでも，その伝統工芸のよさを見つけ出して，要約するのです。」

前の学習も思い出して，よさが分かる言葉や文を，まず本から書き出してみましょう。
『若狭塗（わかさぬり）』のよさは，お箸にも使われていて『貝の模様が美しい』こと，そして『丈夫さ』かな…。
箱根の『寄せ木細工』は，何より模様が…。

・何度も出てくる言葉が，大切だったな。

「語や文が書き出せたら，その言葉や文も使って，要約した文章にしましょう。字数は，前と同じ 200 字以内です。その伝統工芸を知らない人にも，そのよさが分かるように要約して書きましょう。」

原稿用紙に書かせる。書けたら，グループや全体で読み合い，よいところを伝え合う。

要約します。本の準備（またはそれに代わるもの）が必要です。

（第６時）

㋱ ほかの伝統工芸の本を読んで伝統工芸のよさを中心に要約しよう

世界にほこる和紙

(1) 本の中から伝統工芸を一つ選ぶ

〈読んだ伝統工芸〉
・わじまぬり
・しがらき焼
・わかさぬり
・よせ木細工
・京うちわ

※児童の発言を板書する。

主体的・対話的で深い学び

・百科事典は読み物でもある。大まかな知識を得ることができ，主体的な学びをサポートしてくれる。「リーフレット作り」でも，まずは百科事典にあたるようにするなど，機会を見つけて活用させたい。便利なだけでなく，文章が正確で内容に信頼がおけるところに価値がある。ただ，児童向けのものでも難しい言葉が出てくることがある。しかし，それにこだわらず，およそのことが分かればよしとする。ここで，使い方を学ぶことは，発展的で深い学びにもつながっていく。

準備物

（第６時）
・第１時で読むことを呼びかけておいた『伝統工芸の本』
・原稿用紙（児童数）

（第７時）
・百科事典（図書室で授業を行ってもよい）
・百科事典のあるページを画像として映せると効果的。
・（黒板掲示用）教科書 P52 下の拡大版

（第７時）

3 めあて つかむ　百科事典を知り，何が書かれているのかを見て，話し合おう。

「前の時間は，友達の要約文を読み合って，いろいろな伝統工芸のよさを知り合うことができました。」

「『輪島塗』のことを書いた人もいましたが，『輪島塗』なら，伝統工芸の本だけでなく，（事典を見せて）この『百科事典』というものを使って調べることもできるのです。今日は，この百科事典の使い方，調べ方を学習します。」

教科書 52 ページ下に『和紙』のページとその説明が出ています。（範読）
和紙について，どんなことが書かれていますか。

和紙は『わがみ』ともいう。
原料も分かります。作り方は『手すき』で，その作り方は，中国から伝わったこと（歴史）も…。

「こういう事がらが載っているので『事典』なのです。」

教科書 P52 下の文字は小さい。拡大したプリントを配布してもよい。

4 調べる　『百科事典での調べ方』を知り，実際に使ってみよう。

「（教科書 P52 下を）読んでみて，どうでしたか。」

・文章が長く，『和紙』のいろんなことが分かります。

「だから，１冊ではなく，たいていこのように（見せながら）何冊にも分けてあります（分冊）。」

「それでは，どう使うのか，52 ページの『百科事典での調べ方』を読んで，使えるようになりましょう。」

知りたい事がらを調べるには，まずどの巻を調べればよいのかを知ることです。これが①の『見出し語が載っている巻をさがす』です。それには？

方法は２つ，『索引の巻』か，『背』を見ます。
巻が分かれば，②のようにそのページを探します。五十音順です。『柱』や『つめ』も手がかりにします。

・五十音順だから，引き方は国語辞典と同じです。

「では，１冊ずつ分けてグループに配ります。何か，伝統工芸の１つなど，実際に調べてみましょう。」

実際に何か調べ，使い方を確かめる。

伝統工芸のよさを伝えよう

第8時（8/16）

本時の目標

伝統工芸を紹介する「リーフレットを作る」というめあてを捉え，その題材を選ぶことができる。

授業のポイント

何かの実物のリーフレットも見せ，教科書のひな形についても話し合う。まずは，こういうものを作るというイメージをもたせ，ゴールを示す。

本時の評価

伝統工芸に関わる「リーフレットを作る」というめあてを捉え，その題材を選んでいる。

〈題材の選定〉 各児童が自由に伝統工芸を選び，ばらばらに調べ，リーフレットを作ることは現実的にはかなり難しい

板書例

〈リーフレットのつくりと内よう〉

☆ 二つ折りの案内・お知らせ

1	2	3	4
表紙	説明	（中心）	うら表紙

（4ページ分）

◎ 調べる伝統工芸を選ぶ ※

・〇〇ぬり
・〇〇焼
・〇〇おり
・〇〇和紙
など

※※児童の発言を板書する。

※教師が決める場合もある。

〈学習の進め方〉

1 調べたい伝統工芸を決める
2 くわしく調べて整理する（百科事典、本、資料で）
3 組み立てと資料の使い方を考える
4 説明する文章を書く（仕上げ）
5 リーフレットを読み合う

1 対話する　これまでの学習を振り返り，伝統工芸（品）について話し合おう。

「これまで『世界にほこる和紙』を読み，また，伝統工芸について書かれた本も読んできました。」

「和紙にもいろんな和紙がありましたね。読んだ伝統工芸には，どのようなものがありましたか。」
・『会津塗』『輪島塗』などの漆塗りがありました。
・『清水焼』『信楽焼』など，焼き物もです。

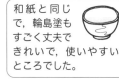

これらの伝統工芸（品）のことを知って，どう思いましたか。『いいな』と思ったところはどんなところでしょうか。
和紙と同じで，輪島塗もすごく丈夫できれいで，使いやすいところでした。
若狭塗のお箸も同じで，美しくて長持ちするところでした。

「美しさ，丈夫さは共通するようです。また，機械ではなく人の手で作られていることも特徴ですね。」

2 めあてつかむ　「伝統工芸に関わるリーフレットを作る」というめあてを捉えよう。

「このような伝統工芸（品）のよさを，みんなに知らせたいと思います。そのために，このような『リーフレット』を作ります。」（一般のリーフレットを見せる）
・ええっ，できるの？　むずかしそう…。
・面白そう，作ってみたい。でもできるかなあ。

「みなさんなら，できます。」（ここでは断言する）

教科書53ページ初めの3行を読みましょう。（斉読）めあてとすることが書いてあります。何でしょうか。
『伝統工芸のよさについて調べ，…リーフレットにまとめ，友達に知らせましょう。』です。
リーフレットというのは，伝統工芸のよいところを知らせるためのもの，みたいです。

「リーフレットのつくりと，中身を見てみましょう。53ページにその形が載っています。」
・2つ折りの，表紙，裏表紙を入れて4ページ。
・中身は2ページです。

でしょう。できるだけ地域のものから選ばせ，題材を絞らせるとよいでしょう。

伝統工芸のよさを伝えよう

㋱ 学習課題を知り、学習の進め方をたしかめよう

伝統工芸のよさ

◎人の手で作られる

・美しさ、使いやすさ
・じょうぶさ（長もち）

→「使いたい」

〈学習のめあて〉

伝統工芸のよさを伝えるために
リーフレットにまとめよう

主体的・対話的で深い学び

・ただ，「リーフレットを作りましょう」ではなく，何のためのリーフレットなのか，その目的をきちんと児童に伝える。そうでないと，児童の主体的な活動にはなりにくい。そのためにも，取りあげる伝統工芸は，可能なら地域のものから選ばせたい。なければ，都道府県に広げると必ず見つかる。調べる活動にも児童の思いが入り，改めて地域を見直すきっかけにもなる。たとえ多くの児童が同じ伝統工芸を選んでも，そこには必ず主体性や個性は出てくる。かえって，対話も成立しやすくなる。

準備物

・観光案内など，既製のリーフレット（見せてイメージをもたせる）なければ用紙を２つ折りにして，リーフレットの形を見せる。
・（黒板掲示用）教科書 P53 のリーフレットのイラストの拡大版

3 読む 対話する　リーフレットのつくりと中身を見て，学習の流れを捉えよう。

「リーフレットの中身，2，3ページ目はどんなものか，教科書 56，57 ページを見てみましょう。これができあがりです。」（ゴールを示し，イメージさせる）
・『博多織』のことを，写真と文章で説明しています。
「写真の代わりに，絵（イラスト）でもいいですね。」

いきなりこのような写真や文章はできませんね。初めにすることは何なのか，『学習の進め方』（P53）を，見てみましょう。
初めにすることは，1『調べたい伝統工芸を決める』ことです。
次は，2『くわしく調べて，整理する。』です。

・中心は，4『調べたことを文章にする』ところです。
・最後の5は，『リーフレットを読み合う』。

「この流れで学習を進めます。ですから，今日はさっそく1の『伝統工芸を決める』に入ります。」

4 考える　リーフレットにしたい伝統工芸を選ぼう。

「リーフレットにする伝統工芸を選ぶために，教科書 53 ページ1の３行を読みましょう。選び方のヒントになりそうです。」
・私たちの町や県にも伝統工芸がありそうです。
・社会科でも『丹後ちりめん』のことを習いました。

地域，本から，社会科との関連を考えさせる。

考えてみましょう。相談してもいいですよ。
私たちのまちには『清水焼』があるなあ。
『竹でつくる』という本にあった『竹かご』は？
古山さんの要約した『若狭塗』も面白そう。
おばあちゃんのいる奈良の『奈良筆』がいいかな。

「決まった人は，次は『調べる』に入ります。何を使って調べるのかを，考えておきましょう。」

「調べやすさ」も選ぶ要素。また，決まらない児童には，教師が「これがいいよ」などと援助し，次時までには決めさせておく。

伝統工芸のよさを伝えよう

第9,10時（9,10/16）

本時の目標

リーフレットにする伝統工芸について調べ，分かったことを整理することができる。

授業のポイント

展開３の調べる活動が中心になる。そのため，展開１，２の活動は動機づけなので簡単にすませる。
本時までの本や資料の準備が，本時の活動を左右する。

本時の評価

リーフレットにする伝統工芸について調べ，分かったことを整理している。

板書例

〈本や資料〉本時までの本や資料の準備が，本時の調べる活動を左右します。少なくとも，教師から提示

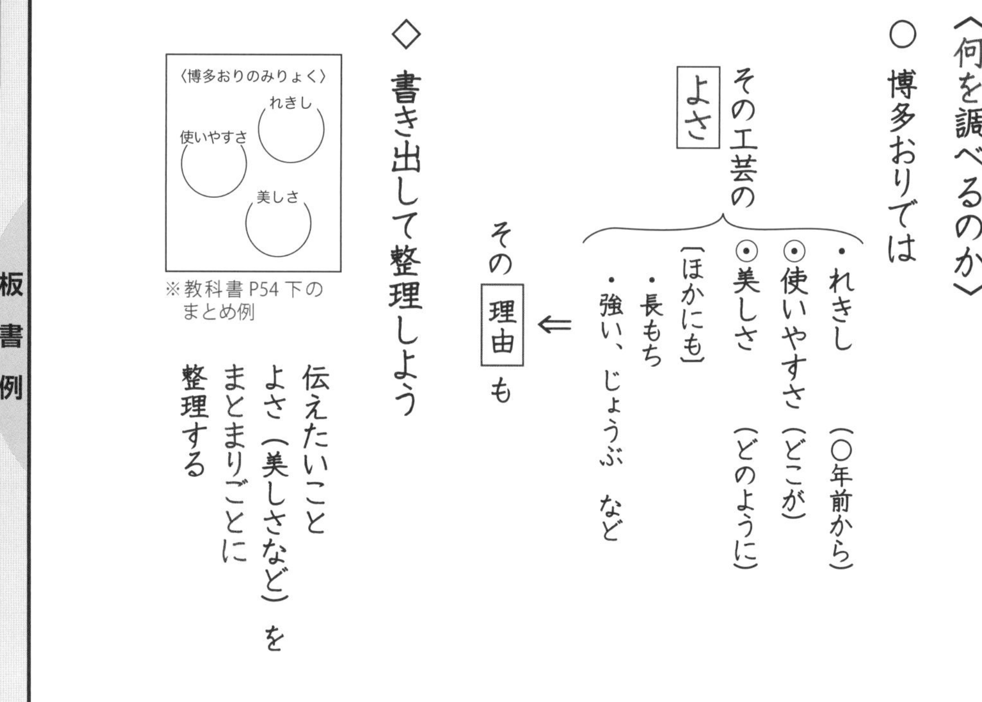
〈何を調べるのか〉
○ 博多おりでは
・れきし　（○年前から）
⊙使いやすさ（どこが）
⊙美しさ（どのように）
〔ほかにも〕
・長もち
・強い、じょうぶ　など
その工芸の よさ
その 理由 も
◇ 書き出して整理しよう
伝えたいこと
よさ（美しさなど）を
まとまりごとに
整理する
〈博多おりのみりょく〉
れきし
使いやすさ
美しさ
※教科書P54下のまとめ例

1 交流する めあて　選んだ伝統工芸は何か，出し合って知り合おう。

「今日は，それぞれ選んだ伝統工芸について調べる時間です。その前に，みなさんがどんな伝統工芸を選んだのか，知り合っておきましょう。」

本時までに，書く伝統工芸を全員が決めていなければならない。指導援助して決めさせておく。できるだけ実物も持ち込みたい。調べるための，資料や本もできるだけ準備させておく。

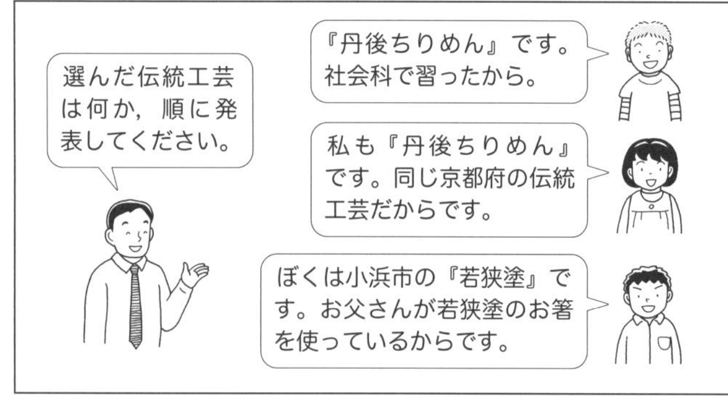
選んだ伝統工芸は何か，順に発表してください。
『丹後ちりめん』です。社会科で習ったから。
私も『丹後ちりめん』です。同じ京都府の伝統工芸だからです。
ぼくは小浜市の『若狭塗』です。お父さんが若狭塗のお箸を使っているからです。

・私と同じ『西陣織』の人とは，一緒に調べたいな。

全員が発表し，お互いに何をリーフレットにするのかを知り合うのもよい。同じ伝統工芸品なら協力もできる。

2 読む 対話する　教科書を読み，調べ方について話し合おう。

「調べ方について，教科書 54 ページ[2]『くわしく調べて整理しよう』を読みましょう。何を使えば調べられるのかも書いてあります。」

- どんな伝統工芸なのかは，本や百科事典で調べます。
- 詳しく調べるには，その伝統工芸のことを書いた本やパンフレットを使うとよさそう。

調べたことをまとめている例も出ていますね。例では博多おりの何について調べていますか。
『使いやすさ』と『美しさ』です。『歴史』も調べています。
「使いやすさ」と「美しさ」に赤い○がついています。リーフレットはこの２つのことだけ書いています。

・使いやすさも美しさも，博多おりの『よさ』だと思います。よさを中心に調べています。

「そうです。よさを伝えるリーフレットです。どこがよさなのか，それを詳しく調べてみましょう。」

した題材については，必要な本や資料をそろえておきましょう。

伝統工芸のよさを伝えよう

(め) 選んだ伝統工芸について調べ、分かったことを書き出して整理しよう

〈調べ方〉—その伝統工芸について—

○「どんなものなのか」
・大まかに知る
・関係すること
→ 何を使って
・百科事典
・伝統工芸の本
・地図帳

○「ここはどうなっているの」
くわしく調べる → パンフレットなど

主体的・対話的で深い学び

・題材を決め，調べる活動に入る。調べること自体が主体的な学びとなる。その際，あれもこれもではなく，『何を』という目的をもたせる。ここでは『その伝統工芸品のよさ』が目的の１つになる。伝統工芸には，歴史や作り方など４年生には難しいところもあり，省くところがあってもよいことを伝えておく。なお，実物は最大の資料になる。実感を文章にもつなげたい。

・また，同じ伝統工芸を選んだ者どうしが対話し，話し合いながら進めると，抜けていることに気づくことができる。

準備物

・百科事典，伝統工芸の本，地図帳など，調べるために必要なもの
※図書室で授業を行うのもよい。

・パンフレット

・（黒板掲示用）教科書 P54 下「よさについてまとめた例」の拡大版

3 調べる 百科事典など，資料を使って調べよう。

「整理するときは，ただ『美しい』だけでなく，どこが，どうして美しいのか，『その伝統工芸（品）らしい美しさ』を書いておきましょう。『使いやすさ』や『丈夫さ』でも，使いやすい理由，丈夫な理由も書いておくと，後で文章にしやすいのです。」

まず百科事典で『丹後ちりめん』のことを，調べてみよう。

『丹後』って，京都府のどこだろう。先生に聞いてみよう。地図帳に載っているかな。

『ちりめん』って，表面にでこぼこがある絹織物で，着物にする布みたい…。

・パンフレットももらったから，それを見ると作り方や，よいところも分かりそう。

まずは，本や百科事典などにあたらせる。その上で，インターネットということであれば，教師がその是非を判断する。

【伝統工芸の題材を選ぶために　】

教科書では，各自がリーフレットにする伝統工芸を選ぶことになっている。もとにするのは，以下のようなものになる。

○ これまで読んできた伝統工芸に関わる本から
○ 友達がまとめた伝統工芸についての要約から
○ 社会科で取りあげられた，地域の伝統産業から
○ その他（そのものが家にある，詳しい人がいるなど）

ただ，児童は「何がよいのか」が，分からない場合が多い。また，その後の『調べやすさ』を見通しているわけでもない。「何でもいいよ」では，後で困ることも生じる。だから，教師の目でも見て，児童の興味，調べる価値，調べやすさ，実物や資料の入手しやすさも考えた助言のもとに，選ばせたい。

また，各自が決めると，伝統工芸の題材は何通りにもなる。資料の準備，助言と，個別の指導もその数だけ必要になる。調べ活動は個別が基本になるが，やはり児童任せにはできない。

以上のことから，児童の興味や資料の手に入れやすさも考えると，地域の伝統工芸，あるいは児童に分かりやすいものをいくつか絞って，教師から提示するのもよいやり方といえる。同じ題材の者どうし，協力して進めることもできるだろう。

伝統工芸のよさを伝えよう

第11,12時（11,12/16）

本時の目標

リーフレットの中心となる文章を，『初め』『中』『終わり』の組み立てで考え，表にまとめることができる。

授業のポイント

展開４の，構成を考えて表に書く活動が中心になる。時間もかかる。展開１，２，３の学習は効率よく進める。
『…和紙』で学習した『組み立て』を思い起こさせる。

本時の評価

リーフレットの中心となる文章を，『初め』『中』『終わり』の組み立てで考え，表にまとめている。

〈本時の活動〉教科書で，組み立て例とリーフレットの文章例とを結び付けて読み，自分の書く

板書例

段落		書いてあること
初め	1	博多おりとは？ ・どのようなもの ・どこで
中	2	みりょく①「使いやすさ」 ・どのように、その理由 ・使いみち＝帯（例）
中	3	みりょく②「美しさ」←どんな ・おり方 ・もようの美しさ（例も）
終わり	4	「このように」＝まとめて言うと

◎くふうは？
・大きな見出し「使いやすさと美しさ」
・写真で分かりやすく

◇「組み立て」と書くことを表にしてみよう
・初め
・中
・終わり
の三つに分けて

※教科書 P55 下の「組み立て例」

1 めあて　リーフレットの文章の組み立てなどを考えることを話し合おう。

「前の時間は，伝統工芸について，そのよさなどを調べることができました。」

「（リーフレットを見せながら）今日は，それをもとにして，このリーフレットのいちばん大事なところ，（中を開いて）この中身（２，３ページ）の文章と，そこに載せる絵や写真を考えます。」

では，どうすればうまく書けるのか，54，55ページ の③『組み立てと資料の使い方を考えよう』を読みましょう。（音読）考えることは何でしょうか。

『どんな組み立てにするか』です。組み立てってどうするのかな。

『写真や絵をどのように使うか』を考えます。

「組み立ての例が，55ページ下にも出ています。このような表を今日作るのです。」

伝統工芸品の実物があれば準備させておくとよい。

2 読む 対話する　教科書の例文を読み，組み立てを考えよう。

「まず，リーフレットの２，３ページには，実際にどんなことを，どのように書いているのか，教科書56，57ページの文章を読んでみましょう。段落が４つありますね。」（音読）

「初めの１段落目に書いていることは何でしょう。」
・博多おりとは，どういうものかを説明しています。
・『博多おりの魅力を紹介します。』と…『初め』です。

次の２，３，４の段落では，どんなことを書いていますか。

２段落目は，「使いやすさ」について，なぜ使いやすいのか説明しています。

３段落目は，「美しさ」のことです。どんな美しさなのか，そのわけも書いています。

・２，３段落は『中』で魅力の説明だと思います。
・４段落目の『このように…』は，まとめの言葉です。
・『世界にほこる和紙』の書き方（組み立て）と同じだね。

文章の組み立てや資料の使い方を考え，表に書きまとめます。

伝統工芸のよさを伝えよう

㋱ 説明する文章の組み立てを考え表に整理しよう

◇ 二ページ目、三ページ目の中心の文章の「組み立て」を考えよう

・どんな「組み立て」にするか

・資料「何を」「どこに」

◇ 「博多おり」の例から考えよう

◎ 組み立ては？

主体的・対話的で深い学び

・人に知らせる文章を書く前には，「組み立て」を考える段階があることを分からせる。そこで，『世界にほこる和紙』で学んだ『初め』『中』『終わり』の組み立てを使う。それは，『どのように書けばよいのか』という書き方を，実際に使うことによって確かなものにすることになる。

・つまり，思いついたことを，次から次へと書いていくのではなく，まず大きな話題を書き，細部へと書き進める。これは，思考を論理的なものにしていく深い学びにつながる。

準備物

・見せるためのリーフレット
・（各自）前時に，本や資料からまとめたもの，及び，関連資料
・（黒板掲示用）教科書 P55 下「組み立て例」の拡大版
・ワークシート
（児童用ワークシート見本 DVD 収録【4 下 _05_12】）
※教科書 P55「組み立ての例」の表をノートに書かせてもよい。

3 対話する　見出しなど，知らせるためのリーフレットらしさについて話し合おう。

「そうです。文章は短いけれど，組み立ては『世界にほこる和紙』のように『初め（何のことを）』『中（説明の中心）』『終わり（まとめ）』の形になっているのです。みなさんもまねしましょう。」

「『中』で，魅力（よさ）はいくつ説明していましたか。」
・「使いやすさ」「美しさ」の２つです。その例も…。

このほかに，リーフレットを見て気がついたことはありませんか。
『幾何学模様』も，写真で，ぱっと分かります。
はじめに『博多おり－使いやすさと美しさ』という題(見出し)が大きく書いてあって目に入ります。

「このような分かりやすいリーフレットは，いきなり書いてもできませんね。書く前に作るのが，教科書 55 ページのような『組み立て』の表（構想メモ例）なのです。本文を，表と比べてみましょう。」

4 書く まとめる　文章の組み立てを考え，表にまとめよう。

「では『組み立ての例』も見ながら，自分の伝統工芸に合わせた『組み立て』を表にまとめましょう。」
「『初め』『中』『終わり』の３つに分けて，そこに書きたいことを，書き出していきましょう。」

『初め』には，何を紹介するのか，どんなものなのか，書いておこう。産地も…。
『若狭塗』のよさ(魅力)は，強さと美しさの２つかな。そのわけも書こう。
『京うちわ』のよさは，美しい絵柄だね。写真もあるといいな。それもアップで…。

「写真や絵を入れるとしたら，どこにどんなものを入れるとよいかも考えましょう。」

「できたら，友達と見せ合いましょう。抜けたところが見つかるかも知れませんよ。」

できた「組み立て」の表は集め，次時までに目を通しておく。

伝統工芸のよさを伝えよう

第13,14時（13,14/16）

〈写真の準備〉リーフレットで使用したい写真を，次時までに個別に準備することが難しいような場合は，切り抜いて使えるパンフ

本時の目標

考えた『組み立て』をもとに，リーフレットの中心の文章を，下書きと推敲を通して仕上げることができる。

授業のポイント

『組み立て』の表が，しっかりできていれば文章化もしやすい。事前に，教師が目を通し，赤ペンを入れておくのもよい。仕上げの時間を確保する。

本時の評価

考えた『組み立て』をもとにして，リーフレットの中心の文章を，下書きと推敲を通して仕上げている。

板書例

① 下書き
・四百字
・「初め」→「中」→「終わり」
・よさが伝わるように

② 読み返す（すいこう）
・文字のまちがいは？
・分かりにくい文は？
・けすところ、たすところは？

③ 友達と読み合う　→　意見をもらう

④（本番）ていねいに書こう
☆ 読みやすい字で（大きさも）

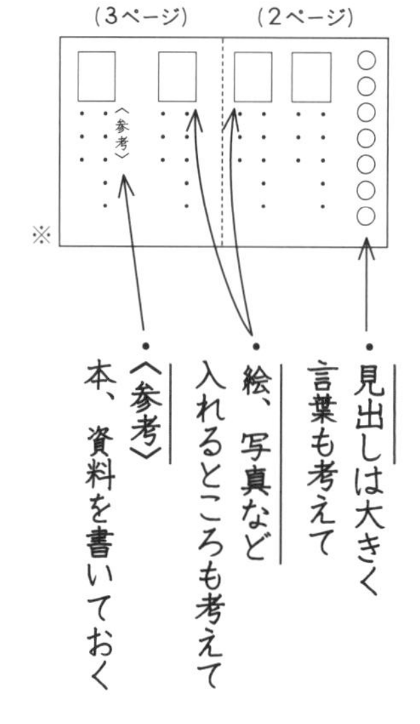

（3ページ）
（2ページ）
〈参考〉
※
・見出しは大きく
言葉も考えて
・絵、写真など
入れるところも考えて
・〈参考〉
本、資料を書いておく

※教科書 P56,57「リーフレット例」を掲示する。

1 めあて つかむ　『組み立て』をもとに，まず下書きをすることを捉えよう。

「前の時間は『初め』『中』『終わり』の『組み立て』を考えました。それをもとにして，今日から説明する文章を書いていきます。」

「まず，下書きをします。文章は教科書の『博多おり』くらいの文字数にします。大体 400 字です。」

教科書 55 ページ4『説明する文章を書こう』を読んで，書くときに気をつけることを確かめておきましょう。」（音読）
よさなどの例や理由も書いておきます。ただ「美しい」だけでは，分からないから…。
参考にした本やパンフの名前も書いておきます。

「このように，何かを見て書いたときには，何を見たのかをきちんと書いておくのが決まりなのです。」

出典を示すことも，リーフレット例で確かめ伝えておく。

2 書く　『組み立て』をもとに文章の下書きを書こう。

「書くとき，だれに見てもらう（読んでもらう）リーフレットなのかを考えてもいいですね。」

・友達みんな。でも，もう知っている人もいるけどね。
・お家の人です。若狭塗のお箸は使っているけど，この若狭塗が伝統工芸だとか，どこがいいとかは，あまり知らないと思うから。

「読む人を想像して，どう書けば分かってもらえるのかを，考えて書くのもいいことですよ。」

では，『初め』から書き始めましょう。
『初め』は，どんなものかを簡単に知らせるまとまりだから，材料も書いておこう。
どこで作られているのか，産地も分かった方がいいな。京都市の…。
『うるし』って，分かるかなあ…。

見て回り，誤りや書き落としに気づかせる。

レット（カラーコピー等）を準備するか，簡単にイラストを描かせるようにします。

伝統工芸のよさを伝えよう

㋱ リーフレットの中心の文章を書きあげよう

◇リーフレットの中心を書こう
（二ページ目、三ページ目）

「組み立て」の表
←もとにして
文章にする（理由、例も）

初め→中→終わり
400字

☆こんな人に 知ってほしいな
（〇〇さんに）読んでほしいな）と
思いうかべて

主体的・対話的で深い学び

・ふつうのレポートなら，「この伝統工芸を選んだのは…」のように動機も書かれるところである。ただ，これはリーフレットであり，字数の制限もあってそこは省いている。一方，4年生なら，その伝統工芸に対するその児童なりの主体的な思いが感じられる1文があってもよい。また，それは評価したい。例えば「この和紙を，手で触ってみると…」のような触感の表現は，その児童独自の言葉であり，『伝える』ことの本質にも通じる。読んだ人もそこに何かを感じ，それが対話にもなるだろう。

準備物

・前時に作った『組み立て』の表（各自）
・原稿用紙，またはマス目の用紙（400字を規準とする）
・リーフレット用の用紙
・（黒板掲示用）教科書P56，57「リーフレット例」の拡大版

3 書く 読み直す　下書きの文章を書き上げ，書いた文章を推敲しよう。

「『初め』はうまく書けていますよ。これから『何のこと』を説明するのかがよく書けています。山崎さん，読んでみてください。」（何人かに読ませてもよい）

「『中』が中心です。『終わり』も書きましょう。」

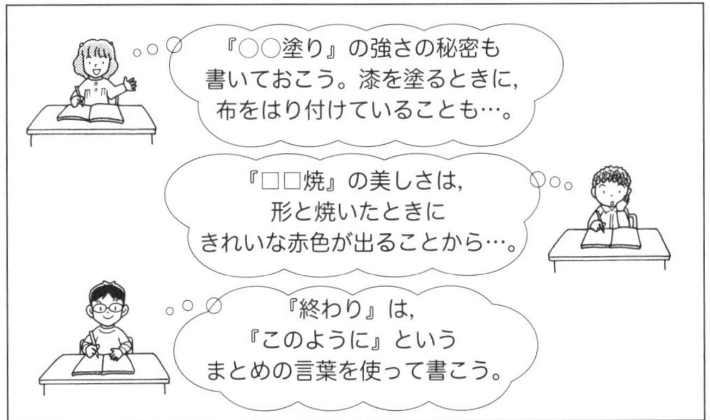
『〇〇塗り』の強さの秘密も書いておこう。漆を塗るときに，布をはり付けていることも…。
『□□焼』の美しさは，形と焼いたときにきれいな赤色が出ることから…。
『終わり』は，『このように』というまとめの言葉を使って書こう。

「書けた人は文章を読み直しましょう。文字の間違いや読みにくい文，分かりにくい文，また付け足したいこと，省くところはありませんか。」
・400字をオーバーしてしまった。どこを消そうかな。

下書きした用紙に，訂正，削除，書き加えをさせる。

4 読み合う 清書する　下書きの文章を読み合い，リーフレットの2，3ページを書こう。

「書いた下書きは，友達と読み合います。そして，気づいたことを伝え合いましょう。」

古山さんの『若狭塗』の強さの理由で，うるしを何回も塗り重ねているなんて初めて知った。
ぼくも，『何に』使われているのかと，『使いやすさ』のわけを入れておこうかな
明智さんの『奈良筆』を読むと，書きやすさの理由が書いてあり，『そうか』と思ったよ。

「読みやすい字で，リーフレットの2，3ページを書きましょう。図を入れるところは空けておきます。」
・なんとか，400字にまとめるぞ。
・分かりやすく絵を描いて入れようかな，それとも…。

「文章が書けた人は，最後の『参考』に見た本や資料と出版社や発行所，発行年を書いておきましょう。」

「次の時間は表紙も考え，リーフレットを作ります。」

伝統工芸のよさを伝えよう

第15,16時（15,16/16）

本時の目標

レイアウトも考え，リーフレットを作り上げることができる。
リーフレットを読み合い，感想を交流することができる。

授業のポイント

表紙，裏表紙の制作は，デザイン的要素も多い。時間も考え，あまり凝りすぎないようにさせる。
リーフレットの読み合いを通して伝統工芸への関心も広げたい。

本時の評価

レイアウトも考え，リーフレットを作り上げている。
リーフレットを読み合い，感想を交流している。

〈交流〉リーフレットを読み合うときには，内容だけでなく，理由や例などを挙げて説明している

板書例

〈うら表紙〉
◎ 参考になること
・産地の地図、絵図
・豆知しき　・クイズ　など

◇ リーフレットを読み合おう
感想を伝え合おう
［・書いてあること
・書き方］
「ここがいいよ」
「うまく書けているよ」

◇ 学習をふり返ろう
「リーフレットを〇〇に読んでほしい」
・できたこと
・よかったこと
・これから

(第15時)

1 対話する　めあてを捉え，表紙作りで大切なことを話し合おう。

「リーフレット作りでは，あと，何をすればいいですか。残っているところは？」
・絵や図（イラストなど）を入れることです。
・表紙と裏表紙を作ります。
「今日は，この２つをまず仕上げましょう。」

「どんな図を，どこへ入れるとよいか『世界にほこる和紙』や『博多おり』も参考にして，考えましょう。」

表紙で，大切なことはどんなことでしょうか。
何の伝統工芸の案内なのか，見てパッと分かることです。『博多おり』と大きな文字で書いてあります。
博多おりの絵も描いているので分かりやすい。
「何だろう」と思って読みたくなるような感じです。

「表紙は伝統工芸名が目立つことが大事。だから，見て何かがパッと分かる文字と絵が大切なのです。」

2 作る　表紙，裏表紙をかき，リーフレットを作り上げよう。

「表紙で大切なことが分かりましたね。」
・４ページ目の裏表紙には，何を書くのですか。
「この（一般の）リーフレットを見てみましょう。」
・会館の場所とアクセスです。地図もあります。
・『歴史』や『体験コーナー』，『豆知識』なんかもある。

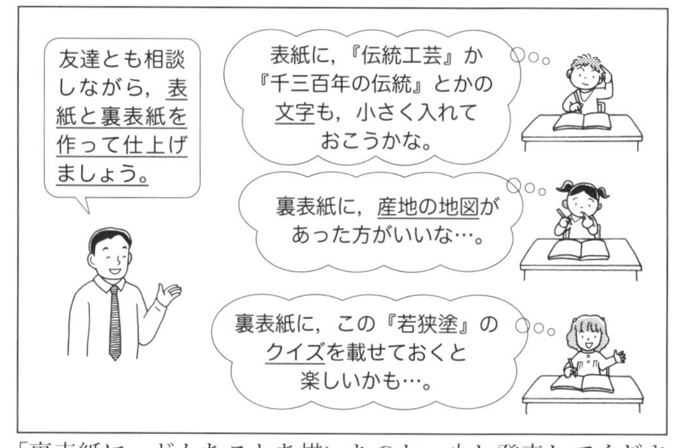
友達とも相談しながら，表紙と裏表紙を作って仕上げましょう。
表紙に，『伝統工芸』か『千三百年の伝統』とかの文字も，小さく入れておこうかな。
裏表紙に，産地の地図があった方がいいな…。
裏表紙に，この『若狭塗』のクイズを載せておくと楽しいかも…。

「裏表紙に，どんなことを描いたのか，少し発表してください。」（数人発表，ヒントにさせる）

「できた人は，隣どうし見せ合いましょう。」
見直しさせ，次時にグループで読み合うことを伝える。

など，その書き方にも着目させ，評価し合うようにします。

伝統工芸のよさを伝えよう

㋱ リーフレットを完成させよう
読み合って、感想を伝え合おう

◇ リーフレットの表紙とうら表紙を作ろう

〈表紙〉

◎ 伝統工芸の名前 ＝ 題名 ぱっと見て分かる

・絵など

・短い言葉を入れてもよい（キャッチフレーズ）

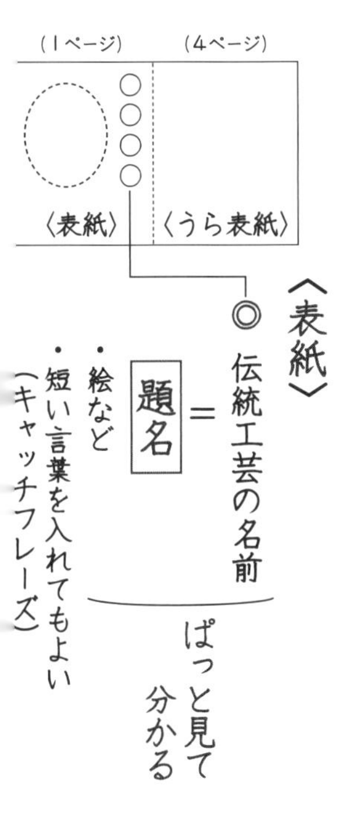

（1ページ）
（4ページ）
〈表紙〉
〈うら表紙〉

主体的・対話的で深い学び

・どんな物にも構造がある。この学習を通して児童は，リーフレットとはどんな物か，その構造（つくり）が分かっただろう。そして，構造は外見ではなく,『順序』でこそ捉えられる。『題材選び』→『調べ』→『構成』→『下書きとその検討』→『書く（本文→表紙他）』，そして『仕上げ』と進めてきた。これが，１枚のリーフレットを成り立たせ，込められている構造になる。

・このように，順番を通して物の構造を理解していくことは，これからもいろんな場面で使う深い学びになる。

準備物

・リーフレット用紙

・一般のリーフレットなど（表紙や裏表紙を見せ，例にする）

・色鉛筆など，リーフレット作りに必要な文具

3 交流する （第16時）

できたリーフレットを読み合い，いいところを伝え合おう。

「作り上げたリーフレット，出来ばえはどうでしょう。今日は，グループで読み合い，『ここがいいよ。』などと，よいところを教え合いましょう。」

読みやすかったです。それは『例えば』とか，『一つ目は』などのつなぎ言葉を使っていたから…『例』も分かりやすかったね。
『輪島塗』では，どうやって金を使った絵を入れるのか，読むとなるほどと思ったよ。
この和紙の『きれいさのわけ』が，よく分かるよ。手で，ていねいな作業をするからだね。

内容の他に，書きぶりにも目を向けるよう助言する。

「みんなの前でも読んでもらい，聞き合いましょう。」

グループからの代表者か，教師の指名で発表させる。

作ったリーフレットは，掲示板等に貼り出すか，並べるなど，みんなが読み合えるように工夫する。

4 振り返る まとめ

学習を振り返り，学習のまとめをしよう。

「他にも，読んでほしい人はいますか。」

・京都にやってきた人にも『京うちわ』のことを知らせたいと思います。

「リーフレットは，お家の人にも見せて読んでもらいましょう。返事が楽しみですね。」

「では，『ふりかえろう』も読み，この学習を振り返って，できたこと，よかったことを書きましょう。書けたら発表しましょう。」

リーフレットの文章を書くとき，『…和紙』で勉強した『３つの組み立て』をまねして書くと，うまく書けました。

私たちの町にも，伝統工芸があることとそのよさに初めて気がついてよかったです。後継者が減っていることが心配です。続いてほしいと思います。

「習ったことを使って，いいリーフレットが出来ました。伝統工芸にも，少し詳しくなれましたね。」

・他の伝統工芸も，見てみたいな。

DVD 収録（画像，児童用ワークシート見本）

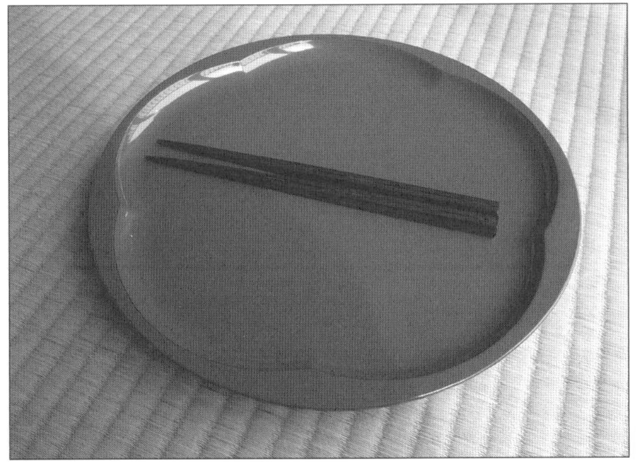

ワークシート　第5時

世界にほこる和紙　名前（　　　　）

●「初め」「中」「終わり」のまとまりごとに、中心となる語や文を書き出しましょう。

まとまり	中心となる語や文

世界にほこる和紙／百科事典での調べ方／伝統工芸のよさを伝えよう

ワークシート　第11・12時

伝統工芸のよさを伝えよう　名前（　　　　）

●調べた伝統工芸のよさを説明する文章を書くために、組み立てを考えて書きましょう。

まとまり	初め	中	終わり
書くこと			

世界にほこる和紙／百科事典での調べ方／伝統工芸のよさを伝えよう

慣用句

全授業時間２時間

◉ 指導目標 ◉

・長い間使われてきた慣用句の意味を知り，使うことができる。
・相手や目的を意識して，経験したことや想像したことなどから書くことを選び，伝えたいことを明確にすることができる。
・文章に対する感想や意見を伝え合い，自分の文章のよいところを見つけることができる。

◉ 指導にあたって ◉

① 教材について

「羽をのばす」「頭をひねる」のような決まり文句を慣用句と言い，くらしの中でもよく使われています。もちろん「羽をのばす」と言っても，人に羽があるわけはなく，伸ばすこともできません。日頃の制約から離れ「気がねなく自由にふるまう」という意味で使っています。ただ「羽をのばす」というと，自由に飛び回る鳥のイメージが伴います。ですから,「自由にのびのびする」気分や様子がうまく表せるのです。「羽が生えたように…」も同様で，実際の羽とは関係がありません。このように，慣用句とは習慣的に使われ，もとの言葉を離れて違った意味を表すようになったもの，と言えます。

本単元では，慣用句とはどんなものなのかその意味を知り，くらしの中でも使えるようになることを目指します。それには「慣用句とは何か」という定義も大切です。けれども，児童には，まずはよく耳にする「羽をのばす」「馬が合う」などの具体的な慣用句に触れさせます。そして，「これが『慣用句』なのか」「それなら聞いたことがある」と身近に感じさせ，その意味についても話し合わせます。

その後，慣用句の意味や使い方を国語辞典で調べたり，慣用句を使って例文を作ったりする，といった活動につなぎます。

② 主体的・対話的で深い学びのために

教科書では,「体や心」「動物」「植物」「かたかな」といった慣用句のなかま分けもしています。そのそれぞれの慣用句を知った児童は,「そういう意味なのか」「なるほど，おもしろいな」「こういうときに使うのか」などと興味を示します。興味は主体的な学びの土台です。また，国語辞典では（句）などの記号で，慣用句が示されています。国語辞典でその意味や用例を調べる学習は，学びの広げになります。慣用句の例文作りや，それについての児童どうしでの検討 (対話) といった活動も，主体的で対話的な学びとなるでしょう。なお，慣用句によっては，人権的な面からの配慮も欠かせません。

◉ 評価規準 ◉

知識及び技能	長い間使われてきた慣用句の意味を知り，使っている。
思考力，判断力，表現力等	・「書くこと」において，相手や目的を意識して，経験したことや想像したことなどから書くことを選び，伝えたいことを明確にしている。 ・「書くこと」において，文章に対する感想や意見を伝え合い，自分の文章のよいところを見つけている。
主体的に学習に取り組む態度	進んで慣用句の意味を知り，学習課題に沿って慣用句を使おうとしている。

◉ 学習指導計画　全２時間 ◉

次	時	学習活動	指導上の留意点
1	1	・慣用句の例をもとに，慣用句のもつ意味について話し合う。 ・慣用句とは…について，教科書を読み，聞いたことのある慣用句を発表する。 ・慣用句を４つのなかまに分け，意味や例を考え，話し合う。 ・国語辞典を使い，意味や例文を調べる。	・「羽をのばす」を例に，もとの言葉とは異なる意味をもっていることに気づかせる。 ・「新しい意味をもつ」「決まり文句」だと捉えさせる。 ・児童にとっても分かりやすい「うり二つ」などを取りあげる。
	2	・本時のめあてを聞く。 ・教科書の慣用句の意味を調べ，例文を考えて書く。 ・書いた例文を読み合い，まとめをする。	・めあては，いくつかの慣用句の意味を調べ，使い方として，例文を考えること。 ・慣用句ごとに，用紙（またはカード）に書かせ，後で読み合いやすいようにする。 ・友達の作った例文を知り合わせる。

〈留意すること〉

時代が変化するとともに，言葉も変わっていく。国語辞典が改訂を重ねるように，新しい言葉が生まれる一方で，消えていく言葉もある。慣用句も同様で，社会の変化，発展につれて使われなくなるものもあるだろう。ここでは単元名として「伝わる言葉」となっているが，「伝わ（え）る言葉」とともに，そうでない言葉，また使うには配慮が必要な言葉もあることをふまえておく。

とくに「体や心」に関わる慣用句の中には，人に嫌悪感を抱かせるものもある。人権という観点からも留意することが大切になる。

DVD 収録（黒板掲示用イラスト，児童用ワークシート見本，参考資料）

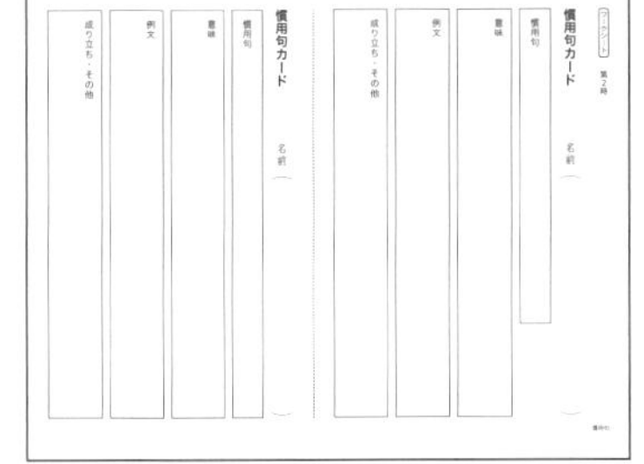
慣用句カード
慣用句
意味
例文
成り立ち・その他
名前

慣用句カード
記入例
慣用句 仲を取りもつ
意味 二人がうまくいくように世話をする。
例文 けんかした二人の仲を取りもって仲なおりさせる。
慣用句 水に流す
意味 前にあったもめごとなどを，全部なかったことにする。
例文 さっきのけんかは水に流して仲なおりしよう。
成り立ち・その他

慣用句とことわざ（例）
慣用句
ことわざ

慣用句

第 1 時 (1/2)

本時の目標

慣用句に関心をもち，慣用句とは，もとの言葉とは別の意味をもつようになった決まり文句であることが分かる。

授業のポイント

「慣用句とは何か」を知る展開 1，2，3 の活動に全体の半分の時間を，そして，展開 4 の国語辞典で調べる活動に，残りの半分の時間を当てるようにする。

本時の評価

慣用句に関心をもち，慣用句とは，もとの言葉とは別の意味をもつようになった決まり文句であることを理解している。

〈時間の配分〉慣用句の意味や使い方を国語辞典で調べる活動に，時間をかけるようにしましょう。

板書例

「羽」「のばす」← 「のびのびする」

○意味が組み合わさって
○新しい意味をもつようになった
○決まり文句（句）
（たとえば）・手があく
・うでがなる
・目が回る

※児童の発言を板書する。

〈いろいろな慣用句となかま分け〉

体や心　頭をひねる　心がおどる
動物　借りてきたねこ　馬が合う
植物　うり二つ　実を結ぶ
かたかな　エンジンがかかる　メスを入れる
（その他）油を売る

◇国語辞典で調べよう

▼馬が合う
句　おたがい…気が合う（意味）
例　君とぼくは馬が合う（例文）

※基本的に板書の慣用句は視写させる。

1 対話する　「羽をのばす」という言葉から，慣用句の意味を話し合おう。

みなさん，『羽をのばす』という言葉を聞いたことはありませんか。また，どんなときに使うのでしょうか。本当に『羽』をのばすのでしょうか。
『夏休みになって，羽をのばす』って言います。
人間に羽なんてないからのばせないけど，鳥のように，自由にしたいことをすることだと思います。

「そうですね。実際に羽なんかのばすことはできません。人が自由にのびのびすることを，『羽』を使って『羽をのばす』と，言ってきたのですね。」

「このような言葉（句）を『慣用句』と言い，（板書して）こう書きます。言ってみましょう。」
・（みんなで）かんようく（慣用句）。

「教科書 58 ページの絵を見ましょう。」
・温泉でゆっくりするのも『羽をのばす』ことだね。

2 めあて 読む　慣用句とは何かについて話し合い教科書で確かめよう。

「では，『水を打ったよう』はどんな意味でしょうか。もちろん，本当に水を打つ（まく）ことではありません。」
・シーンと，みんな静かになることかな。

「今日は，こんな慣用句を知って，慣用句とはどんなものなのかを調べたり考えたりします。」
・実際に，羽をのばしたり，水を打ったりするのではなく，別の意味で使われるもの…かなあ。

「教科書 58 ページを読んで，慣用句とは何かを確かめましょう。」（音読し，教師が具体的に説明）
・『…新しい意味をもつようになった決まり文句…』と書いてあります。『水をうったよう…』もそうです。

みなさんも，聞いたことのある慣用句はありませんか。
『手が空く』『目が回る』って聞いたことがあります。
『油を売る』というのも，テレビで聞きました。他でおしゃべりして，仕事を怠けることみたいでした。

慣用句（かんようく）

ⓜ 慣用句とは何かを知り、意味を調べよう

羽をのばす ×
⇐「自由にのびのびする」（夏休み、おんせんなど）

水を打ったよう ×
⇐「シーンとみんなが静かになる」

主体的・対話的で深い学び

・慣用句とはこういうもの，ということを捉えさせる。それには，まずは『羽をのばす』や『目が回る』など，児童も聞いたことがありそうなものを，選んで提示することがカギになる。そして，『もとの言葉とは，違った意味になっている』ことに気づかせる。それが，「他の慣用句も知りたい」と思う動機となり，主体的・対話的な学びへとつながる。

・国語辞典を使わせ，『目』や『腹』などを引くと，多くの慣用句が出ていることが分かる。学びを広げ深める手立てになる。

準備物

・国語辞典（各自）
・黒板掲示用イラスト DVD 収録【4下_06_01】
・参考資料（慣用句とことわざの例） DVD 収録【4下_06_02】

3 読む 考える　慣用句をなかま分けし，意味を考えよう。

「これから，この他のいろんな慣用句を知って，その意味と使い方を調べていきましょう。」

「慣用句は，なかま分けができます。教科書 59 ページに 4 つのなかまに整理され出ています。」（音読）

・『体や心』『動物』『植物』『かたかな』の 4 つです。
・『体や心』で『目からうろこ…』も聞いたことがある。
・『動物』なら，『ねこの手も借りたい』もそうかな。

この中で，聞いたことのある慣用句に○印をつけてみましょう。いくつあるかな。意味も分かりますか。

『うり二つ』って，そっくりなことです。私は『おねえさんと，うり二つね』ってよく言われます。

『頭をひねる』は，難しいクイズなどをあれこれ考えることなのかな。工夫することかな？

『さるも木から落ちる』などは，教訓を含む『ことわざ』として，一応区別しておく。（参考資料 DVD 収録）

4 調べる 聞く　意味や使い方を国語辞典で調べ，これからのめあてを聞こう。

「例えば『馬が合う』の意味は，国語辞典で調べることができます。（国語辞典を準備させる）調べるには，まず『馬』という言葉を引きます。」（引かせる）

「そこに，馬の意味の後に，『馬が合う』という慣用句も出ているはずです。読んでみましょう。」

・『互いに気が合うこと』です。例文も出ています。

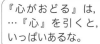

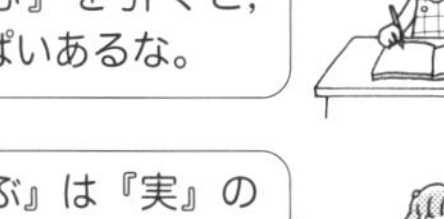
このように，国語辞典で，教科書の慣用句の意味や使い方を調べて書いてみましょう。
『心がおどる』は，…『心』を引くと，いっぱいあるな。

『実を結ぶ』は『実』のところを調べると…『よい結果が表れる・成功する』と書いてある！

『借りてきたねこ』は『借りる』で調べるんだ。

「次の時間は，他のいくつかの慣用句の使い方や例文を考えます。」

慣用句

第 2 時 (2/2)

本時の目標

いくつかの慣用句の意味を調べ，その用例も入れた「慣用句辞典」のようなものを作る。

授業のポイント

「辞典」としているが，大切なのは，その慣用句の意味と用例なので，例文作りに時間をとる。読み合うが，正しいかどうかは児童には見極めにくいだろう。

本時の評価

いくつかの慣用句の意味を調べ，その用例を考えた「慣用句辞典」のようなものを作ることができている。

〈時間の配分〉慣用句の意味調べ，例文づくりに時間をかけるようにしましょう。

板書例

〈意味と例文を調べる慣用句〉
・仲を取りもつ
・えりを正す
・底が浅い
・水に流す
・世話を焼く

※ここに例文を書きにこさせるかカード を貼る。

「仲を取りもつ」
（意味）二人がうまくいくように世話をする。
（例文）けんかした二人の仲を取りもって仲なおりさせる。

◇意味と例文を読み合おう
・よい例文を見つけ合う
・感想を伝え合う

〈まとめ〉
・初めて知ったこと
・できたこと、よかったこと

1 めあて つかむ　慣用句の意味を調べ，例文を考える，というめあてを聞こう。

「前の時間，国語辞典で慣用句を調べると，その意味とともに，使い方の例文も出ていましたね。」
・『うり二つ』の例も出ていました。

「今日は，いくつかの慣用句について，その意味を調べて，使い方としてその例文を考えてみましょう。」

「慣用句は，教科書の 59 ページに出ている 5 つです。まず，みんなで読んでみましょう。」
・『仲を取りもつ』『えりを正す』…知らないのもあるな。

これらの慣用句ごとに，このカードに書いていきます。どんなことを書けばよいのか，国語辞典に書いてあったことを思い出してみましょう。

はじめに『うり二つ』のような慣用句を書きます。

その意味を書いておきます。

そして，使い方，例文を考えて書きます。

発表をもとに，書くことを板書でまとめ，用紙を配布する。

2 考える 対話する　『仲を取りもつ』の例文を考えよう。

「まず，1 つ目の『仲を取りもつ』の意味を調べて，例文をみんなで考えてみましょう。」
「まずどんな意味でしょうか。」
・『仲を』の仲は，『仲がよい』の仲だと思います。
・『取りもつ』が難しい。国語辞典で調べると（調べて）『二人がうまくいくように世話をする』ということだね。

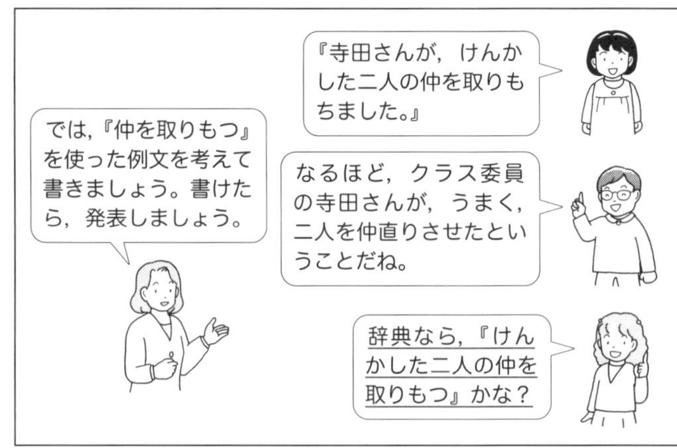
『寺田さんが，けんかした二人の仲を取りもちました。』
では，『仲を取りもつ』を使った例文を考えて書きましょう。書けたら，発表しましょう。
なるほど，クラス委員の寺田さんが，うまく，二人を仲直りさせたということだね。
辞典なら，『けんかした二人の仲を取りもつ』かな？

『えりを正す』『底が浅い』などの慣用句は，4 年生の生活実感からは離れていて，児童はまず知らないし使わない。他の慣用句に代えてもよいだろう。

慣用句

㋱ 慣用句の意味を調べ、国語辞典のように例文を作ろう

〈書き方〉

慣用句	うり二つ
意味	顔、すがたがよくにていること そっくりなこと
例文	私はお姉さんとうり二つだ。
成り立ち その他	たてに割った二つのうりは よくにているから。

※「成り立ち，その他」欄は なくてもよい。

主体的・対話的で深い学び

・慣用句の意味や用例が分かるには，ある程度の経験が必要になる。だから，経験の少ない児童には理解できない慣用句も多い。『えりを正す』と言っても，おそらく児童には（大人でも），「えりを正す（正した）」場面や経験はないだろう。できれば，「児童に合った分かる慣用句」も提示したい。

・児童が「ああ，あのことなのか」と，慣用句を経験とつないで捉えられるのが，深い学びとなる。一方，今，いろんな慣用句を知っておくのも，決して意味のないことではない。

準備物

・ 慣用句，意味，例文を書くカード（児童数× 5 枚以上）
※カードに書かせると，友達と交換して読み合いやすくてよい。
（児童用ワークシート見本 DVD 収録【4 下 _06_03】）

3 書く　慣用句の意味を調べ，例文を考えて（慣用句カードに）書こう。

こんどは，あとの 4 つの慣用句の意味を調べて，例文を考えてみましょう。」（用紙かカードに書かせる）

この慣用句の意味調べ，例文作りに時間をかける。

まず，『えり（襟）を正す』です。襟って何か分かりますか。そう，服の首のまわりです。それを『正す』のです。どんな意味になるのでしょうね。」

・難しいな。国語辞典で調べてみよう。

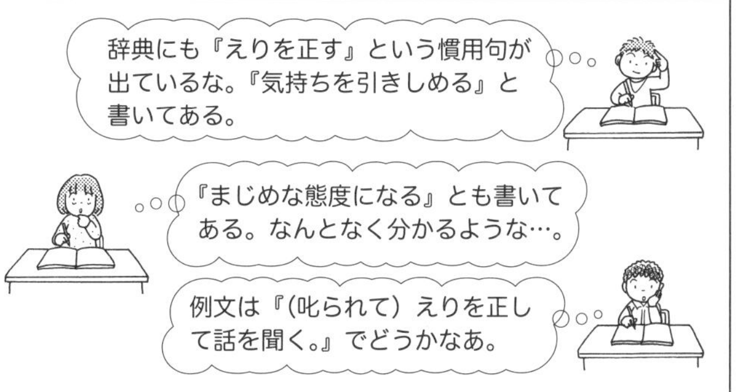
辞典にも『えりを正す』という慣用句が出ているな。『気持ちを引きしめる』と書いてある。
『まじめな態度になる』とも書いてある。なんとなく分かるような…。
例文は『（叱られて）えりを正して話を聞く。』でどうかなあ。

隣の人と見せ合い，相談してもいいですよ。」

4 対話する まとめ　作った例文を読み合い，感想を交流しよう。

「5 つの慣用句の意味を書いて，例文も作れた人は，他の慣用句についても考えてみましょう。」

『水』などの言葉を使った慣用句を例示し，選ばせるとよい。

「では，慣用句の意味や作った例文を（交換して）読み合います。気づいたことも伝え合いましょう。」

『水に流す』の意味は，『過ぎたことを，なかったことにしてこだわらない』ことです。
考えた例文は，『昨日，野球でもめたことは水に流して，今日はみんなで遊んだ』…どうかな。
すると，ぼくの『メダカを水に流した』は，変だね。

グループで読み合う，または全体で発表，など交流する。

「最後に，慣用句で気をつけることがあります。『あなたは，底が浅い』と言われたらよい気がしませんね。気をつけて使う言葉もあるのです。」（教科書 P59 下欄参照）

「初めて知ったこと，できたことを発表しましょう。」

短歌・俳句に親しもう（二）

全授業時間１時間

◉ 指導目標 ◉

・易しい文語調の短歌や俳句を音読したり暗唱したりするなどして，言葉の響きやリズムに親しむことができる。

◉ 指導にあたって ◉

① 教材について

近代の短歌３首と俳句３句を，音読を中心にして読みます。ここでは「晴れし空仰げばいつも…」（石川啄木）や，「柿くへば…」（正岡子規）のような日本の代表的な歌人，俳人の作品が取り上げられています。百人一首などと比べても，その内容は捉えやすく「金色の…」や「桐一葉…」などを読むと，吟味された言葉からそのときの一瞬の情景が目に浮かびます。

もともと短歌や俳句は，声に出して読み楽しんできたものです。そして，内容とともに，読んだときの調子のよさや耳で聞いたときの言葉の響きも，表現の大事な要素とされてきました。たとえば，ここに出ている「ゆく秋の大和の国の薬師寺の…」の短歌では，繰り返される「の」の響きから，視点の移りと晩秋の空の明るさが伝わってきます。これも，声に出して読んでみて感じとれることです。ですから，その内容を大まかに捉えるとともに，音読を通して短歌や俳句の言葉の響きやリズムを体感させます。

それだけに，児童に聞かせる範読も大切になります。また，ここに出ている短歌や俳句のいくつかは，できれば覚えておきたい，と思えるものです。全員の課題や目標とはしなくても，対話的，発展的に暗唱という活動を取り入れるのもよいでしょう。

② 主体的・対話的で深い学びのために

「声に出して読む」ことは，小学生にはとりわけ大切な言語活動です。しかし，意味も分からずにただ音読するだけ…というのでは，主体的な学びにはなりません。かえって「短歌や俳句とは難しいもの」となってしまうおそれもあります。それに，児童にとって，古語，文語は大人が思っている以上に難しい言葉のようです。まさに外国語です。とんでもない読み違えをしていることもあるので，やはり道案内は必要です。

小学生には文法をふまえた解釈や説明はできないし，しなくてもよいことです。しかし，「あそびき」や「柿くへば」などの表記や言葉については「こんな意味ですよ」と教えるようにします。そして，ある程度の意味が分かり，短歌や俳句に表現された情景がイメージできると，それは音読にも表れ，深い学びとなります。文語文は，将来学習することになりますが，音読を通してその口調やリズムに触れさせます。

◉ 評価規準 ◉

知識及び技能	易しい文語調の短歌や俳句を音読したり暗唱したりするなどして，言葉の響きやリズムに親しんでいる。
主体的に学習に取り組む態度	進んで言葉の響きやリズムに親しみ，これまでの学習をいかして，音読したり暗唱したりしようとしている。

◉ 学習指導計画　全 1 時間 ◉

次	時	学習活動	指導上の留意点
1	1	・めあてを捉え，3 首の短歌を音読する。 ・「大意」も参考にして，歌われている情景について話し合う。 ・3 つの俳句を音読し，詠まれている情景を話し合う。 ・好きな短歌や俳句を音読したり暗唱したりして，語の響きや調子を感じとる。	・リード文を読み，声に出して読むことと，情景を想像することをめあてとする。 ・『吹きて』や『あそびき』『くへば』などの旧仮名遣いやその意味を説明し，情景を理解する助けとする。 ・桐の葉や銀杏の葉などは実物も見せたい。 ・『柿くへば…』など，有名な短歌や俳句がある。「覚えてみよう」と暗唱を呼びかける。

※ 1 時間で 3 首の短歌と 3 句の俳句を取り上げるのは，時間的には厳しいでしょう。児童どうしの対話や暗唱タイムを設けることも考えると, 全 2 時間の計画にしてもよいでしょう。1 時間で行う場合は, 児童の興味も考えて, 軽重をつけて取り上げるようにします。

DVD **収録（画像）** ※本書 P120，121 に掲載しています。

短歌・俳句に親しもう（二）

第1時（1/1）

本時の目標

短歌と俳句を声に出して読み，言葉の響きや調子を捉えるとともに，表現されている情景を思い浮かべることができる。

授業のポイント

音読とともに，イメージ化を助ける実物や映像も活用する。
6つの短歌，俳句を取り上げるので，軽重をつけて進める。

本時の評価

短歌と俳句を読み，想像した情景について話し合ったり，楽しんで音読したりしている。

〈時間の配分〉暗唱タイムを設けるなどゆとりを持ってすすめるなら，短歌と俳句を分けて取り

板書例

・秋の夕方、金色の銀杏の葉がいっぱい ※3

ゆく秋の大和の国の薬師寺の
塔の・・・一ひらの雲　佐佐木　信綱 ※1

（「の」がうつり変わりを表している）

◇俳句を読もう（五・七・五）季語

柿くへ（え）ば・・・・・法隆寺　正岡　子規 ※1

・しずかな秋の夕方
・遠くの法隆寺の鐘がボーン ※3

桐一葉・・・・・・落ちにけり　高浜　虚子 ※1

・大きな葉がゆっくりしずかに ※3

外（と）にも出よ・・・・・・・春の月　中村　汀女 ※1

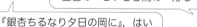

※3　児童の発言を板書する。

1　めあて　読む

めあてを聞き，石川啄木の「晴れし空…」の短歌を読もう。

「今日は，3つの短歌，3つの俳句を読んで，音読したり，その様子を想像したりします。」

「60ページのはじめの2行(リード文)を読みましょう。」
短歌と俳句のきまりごとも振り返る。

はじめに，先生が石川啄木という人が作った短歌を読みます。（切れ目を考え，2回ゆっくり範読）聞いて，どんな様子が思い浮かびましたか。

楽しそうに，口笛を吹いているのかな。

広くて真っ青な青空が目に浮かびました。

「では，先生の後について読んでみましょう。」（音読）

「『吹きてあそびき』とは,『吹いて遊んだ』という意味です。」
（「大意」も参考に解説）
・晴れた空を見上げて，「こんな日は，よく口ぶえを吹いたなあ…今でも…」と，思い出しています。
「では晴れた空を見上げた気分で，音読しましょう。」

2　読む　対話する

「金色の…」と「ゆく秋の…」の短歌を音読し，情景を話し合おう。

2つ目は，与謝野晶子の短歌です。『ちひさき』は,『ちいさき』と読みます。まず，先生が読みます。あとに続いて読んでください。では，『金色の・ちひ（い）さき鳥の・形して』はい

『金色の　ちいさき鳥の　形して』

『銀杏ちるなり夕日の岡に』，はい

『銀杏ちるなり夕日の岡に』

「自分でも音読してみましょう。」（その後斉読）

「この『金色のちひさき鳥』とは何のことでしょうか。」
言葉と大意を説明，その後情景について話し合う。

「季節，時刻，場所は？　見えるものは何でしょう。」
・秋の夕方，金色の銀杏の葉がいっぱい散っています。
イチョウの葉を落として見せ，まとめの音読をする。

同様に，「ゆく秋の…」についても，音読⇒言葉の意味と大意の捉え⇒情景の話し合い⇒まとめの音読，とすすめる。

上げ，2時間扱いにしてもよいでしょう。

短歌・俳句に親しもう（二）

㋱ 声に出して読み、情景を想ぞうしてみよう

◇ 短歌を読もう（五・七・五・七・七）

晴れし（た）空仰げば・・・・
口笛を・・・・・
吹きてあそびき（あそんだ）
石川 啄木

※1

金色のちいさき鳥の・・・・・・
銀杏ちるなり・・・・・・
与謝野 晶子

※1

※2

※1 教科書 P60，61の短歌，俳句を掲示する。
※2 葉の実物を貼る。

主体的・対話的で深い学び

・興味は，主体的な学びのもとと言える。だから，児童にも，まず「短歌や俳句って私にも分かる。おもしろいな」と思ってほしい。それには，旅行でいい景色を見せてくれるような，短歌，俳句の案内者がいるとよい。「大意」を読んでも腑に落ちないことがある。それが，指導者のちょっとした読み方や説明で「この俳句は，こんなことを詠んでいたのか」と，その情景や気分が想像できるようになる。これが「読めた」ということであり，深い学びや音読，さらには暗唱にもつながっていく。

準備物

・参考画像（銀杏，薬師寺の塔，柿，法隆寺など）
DVD 収録【4下_07_01 ～ 4下_07_12】
・黒板掲示用に各短歌，俳句を書いた紙（必要に応じて）
・（あれば）実物のイチョウの葉，キリの葉など

3 読む 対話する 3つの俳句を音読し，詠まれた情景を話し合おう。

「こんどは，3つの俳句を読んでみましょう。」

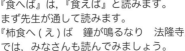

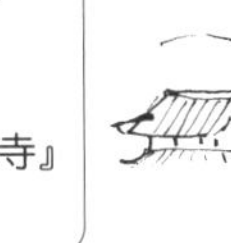

1つ目は，正岡子規の有名な俳句です。
『食へば』は，『食えば』と読みます。
まず先生が通して読みます。
『柿食へ(え)ば　鐘が鳴るなり　法隆寺』
では，みなさんも読んでみましょう。
『柿食えば　鐘が鳴るなり　法隆寺』正岡子規
読みやすいので，もう覚えました。

寺の鐘や法隆寺などは説明が必要。季語や『柿食へば』の表記（旧仮名づかい）とその意味も説明する。

「季節，時刻，場所，鐘の音を想像しましょう。」
・柿が実る秋。夕暮れです。静かな田舎かな。
・遠くの法隆寺の鐘が「ぼーん」と…5時の鐘かな。
「その様子を思い浮かべて音読しましょう。」
指名読みなどの後，まとめの音読をする。

高浜虚子の俳句『桐一葉…』，中村汀女の俳句『外にも出よ』も同様に音読し，話し合う。

4 音読する 暗唱する 気に入った短歌，俳句を選び暗唱しよう。

「6つの短歌，俳句をもう一度読みましょう。（音読）そして，お気に入りのものを選んでみましょう。」

気に入った短歌や俳句はありましたか。
まず，1首目，啄木の『晴れし空…』が好きな人は立って音読しましょう。暗唱できる人は暗唱しましょう。
『晴れし空　仰げばいつも　口笛を　吹きたくなりて　吹きてあそびき』

「どんなところが好きになったのでしょうか。」
・『晴れし空』の青空と，『口笛』がぴったりです。でも，ちょっと寂しそうな感じがします。

共感したところを出し合い，交流する。残り5つも同様に音読と感想の交流をする。

「好きになった短歌や俳句を覚えてみましょう。1つでも覚えた人は，立って暗唱します。まず『金色の…』です。暗唱できる人は立ちましょう。」

 収録（画像）

※他４点の画像を収録しています。

漢字の広場 5

全授業時間 2 時間

◉ 指導目標 ◉

・第 3 学年までに配当されている漢字を書き，文や文章の中で使うことができる。
・間違いを正したり，相手や目的を意識した表現になっているかを確かめたりして，文や文章を整えることができる。

◉ 指導にあたって ◉

① 教材について

前学年の配当漢字を，与えられた条件で使うことで漢字の力をつけようとするものです。この「漢字の広場 5」では，ある休日の様子を表した絵をもとに「絵の中の言葉を使って，どこで，どんな人が，何をしているのかを書く」という条件で漢字学習をします。ただの漢字の反復練習や小テストではなく，それらの漢字を使った文作りを通して，文の中で漢字を使いこなす学習活動に広げます。

身近な場面の絵と，提示された漢字を含む言葉とを結び付け，想像を膨らませて文章を考える活動は，どの児童にも楽しく取り組みやすいものです。これまでに学習した漢字を思い出し，語彙を広げる学習ができる教材となっています。

ここでは，この設定を有効に活用するとともに，漢字の復習という本来のねらいを忘れずに，あまり高度な要求にならないように気をつけたいところです。

② 主体的・対話的で深い学びのために

挿絵と言葉を手掛かりに場面の様子を想像し，絵に合った文章を作る活動です。文作りの前に，「絵からどのようなお話が想像できますか」と問いかけ，絵に対して気づいたことを出し合って交流し，その気づきを共有します。想像したお話を交流することで，児童はどのようなことが書けそうかイメージを広げることができるでしょう。

また，文作りをした後，それぞれが作った文を，ペアやグループ，またはクラス全体で交流します。友達の作った文章を知り合うことで，言葉や文作りにより興味・関心をもつことができるようになるでしょう。

◎ 評価規準 ◎

知識及び技能	第3学年までに配当されている漢字を書き，文や文章の中で使っている。
思考力，判断力，表現力等	「書くこと」において，間違いを正したり，相手や目的を意識した表現になっているかを確かめたりして，文や文章を整えている。
主体的に学習に取り組む態度	進んで第3学年までに配当されている漢字を書き，学習課題に沿って文を書こうとしている。

◎ 学習指導計画　全2時間 ◎

次	時	学習活動	指導上の留意点
1	1	・教科書P62の絵を見て，3年生までに習った漢字の読み方を確認する。 ・絵を見て，それぞれの場面を確かめ，休日の様子を想像する。 ・3年生までに習った漢字を書く。	・声に出してこれまでに学習した漢字を正しく読めるかどうかをチェックする。間違えたり，正しく読み書きができなかったりした漢字は，繰り返し練習させる。
	2	・絵を見て，休日の様子を想像し，3年生までに習った漢字を使って文章を書く。 ・書いたものを読み返し，間違いを直すなどして推敲する。 ・漢字や送り仮名，句読点等が正しく使えているかを確かめ，間違いを直す。 ・書いたものを友達と読み合い，正しく漢字が使われているか確かめ合う。 ・学習を振り返る。	・休日の様子を描いた挿絵から「どこで，どんな人が，何をしているのか」詳しく文章を書かせる。 ・出来上がった文章を読み合い，互いのよいところを交流させる。

DVD **収録（漢字カード，イラスト）**※本書P128，129に掲載しています。

漢字の広場５

第 1 時 （1/2）

本時の目標

３年生で習った漢字を正しく読み書きし，提示された言葉を使って休日の様子を想像し説明することができる。

授業のポイント

ペアやグループの人と挿絵からどのようなお話が想像できるかを話し合い，イメージを十分膨らませる。書く時間もできるだけ取って，漢字の定着を図る。

本時の評価

３年生で習った漢字を正しく読み書きし，提示された言葉を使って休日の様子を想像し説明している。

板書例

〈漢字カード〉 まず，イラストの上に漢字カードを貼り，読み方を確かめます。それぞれの場面を想像する中で

○ 休日はどんな様子かな

どこで	どんな人が	何をしているのか
家の二階	お兄さん おばあちゃん	・漢字を勉強している ・洋服を整理している
家の一階	お母さん お父さん おじいちゃん	・お湯をわかしていた火を消す ・りんごの皮をむく ・女の子（妹）の身長をはかって柱に印をつける
公園	おじさん 女の人 男の子 ねこ	・美化活動でゴミを拾う ・遊具で遊ぶ子どもの写真をとる ・短いズボンで寒がっている ・木に登る
道路	男女 男の人	・赤信号で待つ ・手帳に書いたお客様の家の住所を探している

※児童の発表を，分かりやすく表にまとめる。

1 読む 確かめる　３年生の漢字を声に出して読もう。

「３年生までで習った漢字が出ています。読み方を覚えていますか。声に出してペアで確かめましょう。」

３年生までで覚えられなかった児童，一度覚えたつもりで忘れてしまった児童もいるだろう。

読みの段階から，丁寧に取り組んでいくようにする。

漢字を読むからチェックしてね。「びか」「ひろう」「しゃしん」「ゆうぐ」「さむい」…
正しく読むことができているね。さすがだね。絵とつなげて考えると，漢字の意味が分かりやすいね。

ペアでテンポよく読み方を確認していく。クラスの実態によっては，教師が板書で１つずつ漢字（言葉）を指して確認していってもよい。

意味が分からない言葉は，教師が説明するか辞書で調べさせる。

2 出し合う 対話する　場面ごとに絵を見て，見つけたことを出し合おう。

絵から休日の町のどこで，どんな人が，何をしているのか，見つけたことを整理していきましょう。

家の二階で，男の子が漢字の勉強をしているよ。
隣の部屋でおばあちゃんが洋服の整理をしているね。

教科書の絵から，休日の様子がどのようなものかペアやグループで話し合わせる。

文章を書くための素材を見つける活動となる。どこで，どんな人が，どのようなことをしているのか，詳しく見ていかせる。

「絵を見て，見つけたことを発表してください。」
- 公園に美化活動でごみを拾うおじさんがいます。
- 道路では赤信号でとまって待つ男女がいます。

分かりやすく板書で表にまとめていく。

カードの言葉をキーワードとして考えさせるとよいでしょう。

漢字の広場5

(め) 三年生までに習った漢字を正しく読み、休日の様子を説明しよう

寒い
遊具
美化
登る
信号
写真
拾う
待つ
道路
お客様
二階
洋服
一丁目
勉強
整理
漢字
お湯
手帳
皮
両親
住所
消す
柱
屋根
身長
車庫

※イラストの上に漢字カードを貼る。

主体的・対話的で深い学び

・身近な休日の様子を表す挿絵から，児童は楽しく想像を膨らませることができるだろう。また，絵から見つけたことや想像したことを友達と交流することで，よりイメージを広げることができる。本時で出し合ったことを，次時の文章作りにつなげたい。

準備物

- 漢字カード DVD 収録【4下_08_01】
- 教科書P62の挿絵の拡大コピー（黒板掲示用イラスト DVD 収録【4下_08_02】）
- 国語辞典，漢字辞典

3 想像する 対話する 学校の様子の絵から想像したことを話し合おう。

言葉と絵から，休日の様子について詳しく説明するお話を考えましょう。

両親は一階にいます。お父さんはじょうずにリンゴの皮むきをしています。

おじいちゃんは女の子の身長を柱に書き込んでいます。孫が大きくなって，嬉しそうです。

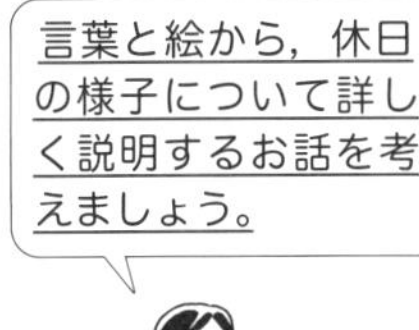

「絵から，その人物が思っていることや会話を想像して加えてもいいですよ。」

提示された言葉と，絵から見つけたことから考えられるお話を作らせる。次時で文章を書くための活動となる。

詳しく見ている児童の意見を広め，言葉と絵から説明できるいろいろなことを，できるだけたくさん出し合わせる。

4 書く 確かめる 漢字を正しく書こう。間違えやすい漢字を確かめよう。

「3年生で習った漢字を正しくノートに書きましょう。次の時間に，この漢字を使って文を作ります。正しく書けるように練習しましょう。」

教科書P62に出てきた漢字をノートに練習させる。

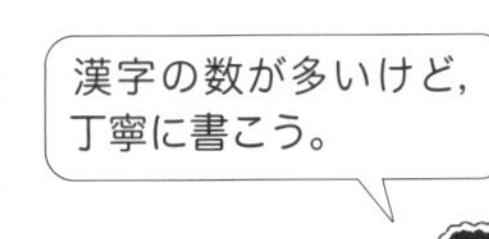

漢字の数が多いけど，丁寧に書こう。

「湯」の字は，「日」の部分の下に横棒が一本いるのだったね。何度も書いて正しい漢字を覚えるようにしよう。

ノートに早く書き終わった児童には，空いているところに繰り返し練習をさせたり，国語辞典や漢字辞典を活用してその漢字を使った別の言葉や熟語を書いたりさせるとよい。

クラスの実態によっては，間違って漢字を書いていないか，隣どうしで確かめ合わせてもよい。

漢字の広場5

第2時 (2/2)

本時の目標

教科書に提示されている漢字をできるだけたくさん，または工夫して使い，文章を書くことができる。

授業のポイント

漢字の復習のための取り組みである。想像を膨らませる部分が盛り上がるかもしれないが，文章を書く時間をしっかりと確保したい。

本時の評価

提示された漢字をできるだけたくさん使って文章を書いている。

〈漢字カードの使い方〉まず，イラストの上に漢字カードを貼っておきます。児童が使用したカードを

板書例

（例）二階では、お兄さんが、漢字の勉強をしています。

◇休日の様子をくわしく説明する文章を書こう

（家）
・二階では、おばあさんが、自分の部屋で洋服の整理をしています。
・一階では、おじいさんが、孫の身長をはかって、柱に線を引いています。
・台所では、お母さんが、お湯がわいたので火を消しています。

（公園）
・公園では、おじいさんが、ごみを拾って美化活動をしています。
・公園では、女の人が、遊具で遊ぶ女の子の写真をうれしそうにとっています。

※児童の発表を板書する。

1 めあてつかむ　教科書の例文を声に出して読み，課題を確かめよう。

「62ページの例文を声に出して読んでみましょう。」
・二階では，お兄さんが，漢字の勉強をしています。

何人かに音読させ，本時の学習課題を共有する。

「前の時間はこの休日の絵を見て，どこで，どんな人が，何をしているのか，いろいろ想像しましたね。今日は，その想像したことも加えて文章に書きましょう。」

どこで，どんな人が，何をしているのか，前の時間に想像したことを思い出しましょう。

男の子が公園で寒そうにしているね。マフラーを巻いているのに，ズボンが短いからかな。
木に登るねこをじっと眺めている男の子がいるよ。ねこが好きなのかな。

絵にどのようなものが出てくるか，どんな話ができるのかなど前時に想像したことを出し合わせ，それぞれが文章を書くための準備活動とする。

2 書く　休日の様子を説明する文章を書こう。

出てきている漢字や言葉を使って，休日の様子を説明する文章を書きましょう。

公園では，おじさんがごみを拾って美化活動をしています。

二階では，おばあさんが自分の部屋で洋服の整理をしています。

「想像したこともあわせて，できるだけ漢字をたくさん使った文章を書けるといいですね。」

絵や言葉を手掛かりに想像を膨らませて考えた文章を書かせる。文を書く時間はできるだけ確保したい。

文作りが苦手な児童には，絵の中の１つの場面や，だれか１人を決めて，文を考えさせる。また，友達に尋ねたり，アドバイスをもらったりしてもよいことにする。

「書けたら読み返して，漢字や送り仮名，句読点が正しく使えているか，主語や述語など文章に間違いがないか見直しましょう。間違いがあれば書き直しましょう。」

移動させると，使用していない残りの漢字がすぐに分かります。

寒い
遊具
美化
信号
写真
拾う
待つ
道路
お客様
二階
洋服
勉強
整理
一丁目
漢字
手帳
お湯
皮
両親
消す
住所
柱
屋根
身長
車庫

ⓜ

漢字の広場５

休日にだれが、どこで、何をしているのかを文章に書こう

※イラストの上に漢字カードを貼る。
児童が文作りで使用した漢字カードを移動する。

主体的・対話的で深い学び

・文作りをした後，それぞれが作った文を，ペアやグループ，またはクラス全体で交流する。友達の作った文章を知り合うことで，言葉や文作りにより興味・関心をもつことができるようになるだろう。

準備物

・漢字カード（第１時で使用したもの）
・黒板掲示用イラスト（第１時で使用したもの）

3 対話する 交流する　書いた文章を交流しよう。

「出来上がった文章を友達に発表しましょう。友達の作った文章のよいところを見つけながら読みましょう。」

公園では，女の人が，遊具で遊ぶ女の子の写真をうれしそうにとっています。
１つの文の中に，絵の中の言葉を上手に２つ入れられたね。
どこで，だれが，何をしているのかがきちんと書けているね。

作った文章をペアやグループの人と読み合い，「どこで」「どんな人が」「何をしているか」が分かりやすく書けているか，漢字が正しく使えているかを確認し合う。

交流する時間が足りない場合，グループの中でノートを回して読み合う，全体の場で書いた文章を発表させるなど，交流方法は状況に合わせて使い分けるとよい。

「よかった文章を１つ選んで全体で発表しましょう。」

よい文章を交流し，全体で共有する。

4 書き直す 振り返る　交流で気づいたことを書き直そう。学習を振り返ろう。

「友達と交流して，間違いに気づいたところを書き直しましょう。使えていなかった漢字も書き加えておきましょう。よかった文を書き写してもいいですよ。」

・おじいさんのことを書いた文で，「女の子」の身長をはかっていると書いたけれど，この間習ったばかりの「孫」という漢字を使うこともできるんだね。書き直しておこう。

書き直しや付け足し，よかった文を書く時間を確保する。

この学習を通して，できるようになったこと，頑張ったことを振り返りましょう。

出てきた言葉をつなげて，うまくお話を作ることができました。

漢字も正しく書いたり，読んだりすることができました。

学習の振り返りを書かせた後，交流する。

洋服
道路
信号
写真
美化
寒い

二階
待つ
短い
拾う
遊具
登る

住所
お湯
漢字
整理
手帳
勉強

拾
柱
お客様
身長
車庫
消す

短
皮

登
待
一丁目
屋根
両親

寒
消

プラタナスの木

全授業時間８時間

◉ 指導目標 ◉

・登場人物の気持ちの変化や性格，情景について，場面の移り変わりと結びつけて具体的に想像することができる。
・登場人物の行動や気持ちなどについて，叙述をもとに捉えることができる。
・様子や行動，気持ちや性格を表す語句の量を増やし，語彙を豊かにすることができる。

◉ 指導にあたって ◉

①　教材について

学習課題として，『登場人物の変化を中心に読み，物語を紹介しよう』とあります。つまり，ひとつはマーちん始め，出てくる人物の気持ちや考えの変化を捉えること，もう１つはそれをもとに，この物語を紹介する文章を書くことがめあてになります。

マーちんたちは，「プラタナスの木」のある小さな公園に集まり，サッカーに興じるごくふつうの４年生です。やがて，１人のおじいさんと出会い，「木の根の話」を聞いて驚きますが，その後プラタナスの木は切られ，おじいさんも来なくなります。それまで，ごくふつうに見ていたものがなくなり，改めてその存在に気づき，心を寄せるという物語です。そして，この過程で登場人物の子どもたちの考えも変化し成長していきます。

ものの見方や考え方，気持ちに変化をもたらしたものは，知識と経験です。おじいさんから聞いた，見えないけれども地面の下に広がる根の話，つまり知識によって，樹木への見方が変わります。また，マーちんにとっては，祖父母の家での自然との関わりや，台風を体験したことで，改めて木々や森，また自然のことを深く考えるようになります。そのあと，プラタナスの木は切られてしまいますが，そのような知識や体験によって「切られておしまい」で終わるのではなく，４人は切り株に立ち，両手を広げ「ぼくたちが幹や枝や葉の代わりだ」と，大きく息を吸い込む場面へとつながるのです。

そして，自然や子どもたちの姿が生き生きと描かれているのも，この物語の魅力です。

②　主体的・対話的で深い学びのために

おじいさんの「根の話」を聞いて，マーちんたちは木の根にも，目を向けるようになります。ものの見方の変化です。変化を捉えるには，まずは各場面での人物の気持ちや考えと関わる出来事や様子，会話を見つけます。そこから分かる人物の考えを読み取り，前と比べてどう変わったのか，また，変えたものは何なのかを考えさせます。また，そんなマーちんたちの姿を見て「私は，こう思う」などと書きとめさせていきます。主体的な学びです。それが，紹介する文を書くときにも生きてきます。

◉ 評価規準 ◉

知識及び技能	様子や行動，気持ちや性格を表す語句の量を増やし，語彙を豊かにすることができる。
思考力，判断力，表現力等	・「読むこと」において，登場人物の行動や気持ちについて，叙述をもとに捉えている。 ・「読むこと」において，登場人物の気持ちの変化や性格，情景について，場面の移り変わりと結びつけて具体的に想像している。
主体的に学習に取り組む態度	学習の見通しをもって，積極的に登場人物の気持ちの変化や性格，情景について，場面の移り変わりと結びつけて具体的に想像し，物語の魅力を紹介する文章を書こうとしている。

◉ 学習指導計画　全 8 時間 ◉

次	時	学習活動	指導上の留意点
1	1	・単元のめあてを捉え，全文を読む。 ・学習計画を聞き，話し合う。	・めあては，「人物の変化を読み，物語を紹介する」。 ・学習計画は主に教師が伝える。
2	2	・1の場面を読み，場所や人物など，物語の設定を捉え，2の場面でおじいさんから『根の話』を聞いた様子を読み取る。	・1ではプラタナスへの関心はほとんどなかったが，2でおじいさんから聞いた根の話で，木の見方を広げたことに気づかせる。
	3	・3の場面を読み，マーちんの自然体験を読む。また，4の場面から，プラタナスの木が切られて驚く 4 人の姿を読む。	・マーちんが夏の体験で，木の根や森のことを考えるようになった姿に気づかせる。 ・残った根を心配する様子に着目させる。
	4	・5の場面を読み，根の広がりを想像し，再生を願うマーちんたちの姿を読む。	・プラタナスは今もあると気づき，切り株に乗るマーちんたちの思いを想像させる。
3	5	・始めと終わりで，マーちん（たち）はどんなことが変わったのかを考えて書く。	・読み返し，プラタナスの木への思いと木の見方が深くなっていることに気づかせる。
	6	・マーちんたちの木に対する見方が変わったきっかけは何かを考えて書く。	・おじいさんの「木の根の話」を，マーちんたちの行動や姿とつないで考えさせる。
	7	・『プラタナスの木』の魅力について自分の捉えや思いを話し合う。 ・この物語の魅力を紹介する文章を書く。	・魅力の 1 つは，4 人の木の見方や考え方が変わっていくところにある。初めと終わりを比べさせるなど，振り返らせる。
	8	・書いた「紹介文」を読み合い交流する。 ・学習を振り返り，まとめをする。	・いくつかの「紹介文」を全体で聞く場面も設ける。 ・まとめはよかったことを中心にする。

〈「プラタナス」とは〉

和名は「スズカケノキ（鈴掛の木）」。大きい葉，鈴のような実ができる高木で，いい木陰ができます。木の皮が剥がれるのも特徴で，校庭や公園に，また街路樹としてもよく植えられています。なお，教科書 P63，64 の挿絵は，少しプラタナスらしくありません。

DVD 収録（画像，イラスト，児童用ワークシート見本） ※本書 P146，147 に掲載しています。

プラタナスの木

第1時（1/8）

本時の目標

全文を通読し，「登場人物の変化を中心に読み，物語を紹介しよう」というめあてを捉え，学習の見通しをもつことができる。

授業のポイント

めあてや学習計画は，教師主体で提案していくつもりで，効率よくすすめる。児童にとっても，明確に指針を示してもらえ，今後の学習が見えやすくなる。

本時の評価

全文を通読し「登場人物の変化を中心に読み，物語を紹介しよう」というめあてと学習の見通しを捉えている。

〈時間の配分〉新しい教材です。音読や言葉調べや感想の交流にも時間をかけて丁寧にすすめるなら

板書例

（場面）
1 マーちんと　（場所）プラタナス公園
2 つゆ明けの（七月中ごろ）　〃
3 夏休みに　ふるさと（いなか）㋮
4 長い夏休みが（九月初め）　プラタナス公園
5 立ち入り禁止が　〃

（人物）・マーちんと三人のなかま
・おじいさん

〈心に残ったところ〉
・最後の切りかぶに立つ場面がよかった
・おじいさんはまた来るのかな

※児童の発言を板書する。

〈学習の進め方〉
① 場面の様子、出来事をたしかめる
② 「マーちん」はどう変わったたか
変わるきっかけとなったことを考える
③ みりょくをしょうかいする文章を書く

1 対話する めあて　これまで読んだ物語を振り返り，単元のめあてを聞こう。

「これまで読んだ物語のなかで，心に残っているお話はありますか。よかったところも話してください。」

・『ごんぎつね』です。最後にごんが撃たれて，初めて兵十にごんの気持ちが伝わったところが心に残っています。

「どの場面が心に残ったのかを言っているのがいいですね。感想を言うときには大事な言い方ですよ。」

他，心に残った物語，場面を簡単に出し合う。

「物語を読んで，心に残ることがあると，どこがどうよかったのかを誰かに伝えたくなりますね。」

これから『プラタナスの木』という物語を読んで，最後に『こんなお話だよ』と，よさを紹介する文章を書いて伝え合う学習をします。
どんなお話だろう。
プラタナスが主人公かな。

「そして，読むときには，人物がどう変わったのか，その変化を考えながら読んでいきます。」

2 聞く 読む　「プラタナスの木」の範読を聞こう。

「教科書63ページに，これから学習していくことが書いてあります。読みましょう。」

・『登場人物の変化を中心に読み，物語を紹介しよう』

では，『プラタナスの木』の物語を読みます。作者は，椎名誠さんです。まず先生が読みます。だれが出てくるお話で，どんな出来事が起こるのでしょう。

ぼくらと同じ4年生が出てくるのだね。
どんな子かなあ，何をするのかな。

朗読CDを聞かせてもよいが，できれば教師が児童の表情も見ながら読み聞かせる（9～10分）。また，プラタナスの画像を見せたり，見た経験を話し合ったりして，どんな木なのか知らせておくのもよい。

「出来事や人物の考えはどう変わっていくのか，場面も考えて，こんどは自分で読んでみましょう。」

2時間扱いにしてもよいでしょう。ゆとりが生まれます。

プラタナスの木　稚名（しいな）　誠（まこと）

㋱　物語を読み、学習の進め方をたしかめよう

〈大きなめあて〉

登場人物の変化を中心に読み、物語をしょうかいしよう

☆「こんなお話」「ここがよかった」

◇　物語を聞こう　読んでみよう

※プラタナスの木の画像を掲示する。

主体的・対話的で深い学び

・児童には，児童の学びたいことがある。とともに，教師には教師の教えたいことがあり，ここでは「単元のめあて・学習課題」がそれにあたる。この「単元のめあて」は，児童から引き出す，というよりも，「こんなことを教えたい」という教師の主体的な願いとして示す。「学習計画」も同様である。

・それは，押しつけなどではなく，「ここで，何をどう学ぶのだろう」と思っている児童にとっても，目的地とマップを示されることであり，見通しをもてることになる。

準備物

・画像『プラタナスの木，木の根元，木の幹』
DVD 収録【4下_09_01～4下_09_04】

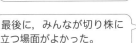

・（あれば）指導書付録の朗読 CD
※できれば教師が音読するとよい。

・国語辞典

3 読む 対話する　自分で読み，場面や人物，場所など，物語の設定を確かめよう。

「場面ごとに番号をつけましょう。難しい言葉には印もしておきましょう。国語辞典で調べましょう。」

難語句は少ない。「白熱」など教師が教えてもよい。

「いくつの場面に分けて書かれていましたか。」
・えーと，5つです。1行ずつ空いています。

主な場所はどこなのか，いつのことなのか，また，出てくる（登場）人物は，分かったでしょうか。まず，出てくる人物は？

4人の4年生と，おじいさんです。中心はマーちんかな。『マーちん』って，あだ名だと思います。
場所は「プラタナス公園」が中心です。

「大きな出来事を挙げるとすれば，何でしょう。」
・私は，4の場面で，プラタナスの木が切られてしまったことだと思います。

自由に出し合う。7月中頃から9月初めまでの約2か月の出来事のお話だと押さえておく。

4 書く 対話する　初めの感想を書いて話し合い，学習の進め方を確かめよう。

「この物語を読んで，今，心に残っているところを書きましょう。」（簡単に初めの感想を書かせる）

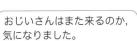

心に残ったところを発表して，知り合いましょう。

ぼくらと同じ4年生。とても仲がよくって元気ないい仲間だな，と思いました。

最後に，みんなが切り株に立つ場面がよかった。

おじいさんはまた来るのか，気になりました。

「マーちんたち，人物には変化はあったでしょうか。」
・最後に，変わっていたような感じがしました。
「いいなと思ったところも書けていましたね。こんな物語の『魅力』も，紹介していきましょう。」

「では，学習のすすめ方について，74，75ページを見ましょう。まず『とらえよう』では？」
・読んで，場面の様子と出来事を確かめます。

教師の説明を主にして，進める。（板書参照）

プラタナスの木

第 2 時 （2/8）

本時の目標

1，2の場面を読み，マーちんたちが公園でおじいさんの話を聞き，プラタナスの木への見方が変わってきた様子を読み取ることができる。

授業のポイント

児童の体験とも重ねて，場面の様子を捉えさせる。「木が逆立ち」というおじいさんの根の話が物語のカギ。丁寧に読ませる。

本時の評価

1，2の場面を読み，マーちんたちは，公園でおじいさんの話を聞いて，プラタナスの木への見方が変わってきた様子を読み取っている。

板書例

〈イメージ化〉おじいさんから聞いた『木の根の話』は，木への見方が変化する発端となる物語のカギと

2 つゆ明けのころ（七月中ごろ）

（おじいさんの話）

水

※※

「木がさか立ち」

「大きな根が広がって水分や養分を…」

⇐「ふうん」「あらま」

◇表にまとめよう

場面	したこと・出来事・様子	プラタナスの木への思い
1	マーちんたち四人は、サッカーに熱中している。	とくに気にかけていない。（書かれていない）
2	〈つゆ明けのころ〉・公園で、おじいさんと出会い、プラタナスの木の根の話を聞く。（はじめて知る）「木がさか立ち？」	・プラタナスの木の根が地面の下に広がっているという話を聞いておどろいている。「ふうん。」「あらま。」

◇心に残ったことを書こう

※※イラストを貼るか，簡単に描く。

1 読む　1の場面を読み，登場人物とその様子を読み取ろう。

「『プラタナスの木』を音読しましょう。」

国語の基本，土台として，音読を取り入れる。斉読，交代読みなど読み方は多様にする。評価もする。

「これからは場面ごとに読み進め，いつ，どこ，だれ（人物）がと，場面の様子や出来事を読んでいきます。」

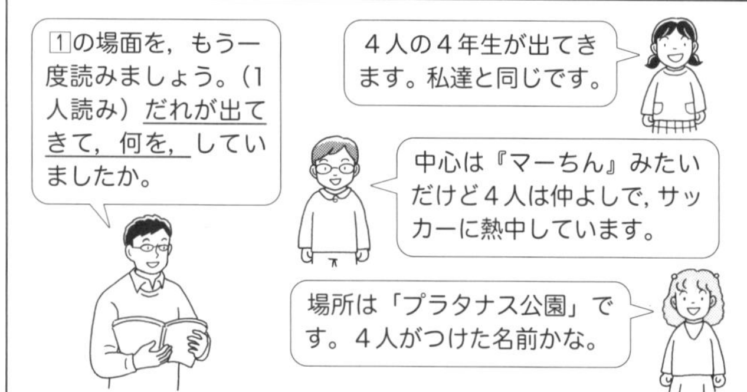

1の場面を，もう一度読みましょう。（1人読み）だれが出てきて，何を，していましたか。
4人の4年生が出てきます。私達と同じです。
中心は『マーちん』みたいだけど4人は仲よしで，サッカーに熱中しています。
場所は「プラタナス公園」です。4人がつけた名前かな。

「どの子が『マーちん』で，花島君はどの子かな。」

・背の高い花島君，ハイソックスのクニスケもアラマちゃんも分かります。みんな仲よしみたいです。

教科書 P64 の挿絵を見て指で指させる。黒板でも提示して確かめ合う。

2 対話する 書く　1の場面での公園や 4 人の様子，プラタナスへの思いを読もう。

「公園やマーちんたち 4 人を見てどう思いましたか。」

・日曜日には，4 人はいつも集まっているみたい。
・バスケットコートくらいだからほんとに小さい公園，でも思い切り遊べて，貸し切りみたいでいいな。

自分達の体験とも比べ，感想も交えて話し合う。

ところで，『マーちん』たちのプラタナスの木への思いはどうでしょう。この1の場面では，マーちんたちはプラタナスの木をどう思っていると思いますか。

うーん，文章にはとくに書かれていません。

木のことは，気にかけていないみたいです。サッカーに夢中で，なんとも思っていないのでは？

「このように，場面ごとに『様子や出来事』と，マーちんたちがプラタナスの木をどう思っているのかを想像もして，表にまとめていきましょう。変化も分かりやすくなるでしょう。」

教科書 P74 下の表も確かめ，1場面を書きまとめる。

いえます。板書でもイメージ化し，丁寧に読み取らせるようにします。

め

プラタナスの木

1 2 場面を読み、おじいさんの話を聞いたマーちんたちの様子をとらえよう

1

（プラタナスの木と4人の仲間の挿絵）

※教科書 P64 の挿絵を掲示する。

（四人の四年生の仲間）
・マーちん
・花島君
・クニスケ
・アラマちゃん

仲よし

サッカーに熱中

◎プラタナスのことは ?

主体的・対話的で深い学び

・物語を読む始めでは，まず場面や人物の設定を押さえねばならない。それには，挿し絵も活用して，人物のイメージをもたせるのも１つの方法になる。また，そのための挿絵でもある。文章では，『背の高い花島君』『ハイソックスのクニスケ』と書かれている。それをもとに，挿し絵の人物がどの子なのかを見分けるのは，児童にとっても楽しい。文章さえ読めていれば人物を特定できるからである。そして，挿絵からまた文章にもどる。児童はそんな具体的で主体的な学びを好む。

準備物

・（黒板掲示用）教科書 P64 の挿絵の拡大版　※人物を確かめ合う。
・（黒板掲示用）イラスト　DVD 収録【4 下 _09_05】
・各場面の様子や出来事を確かめるワークシート（児童数）
（児童用ワークシート見本　DVD 収録【4 下 _09_06】
※２種類収録。本書では「第二案」を使用。児童に表からノートに作らせてもよい。

3 読む 書く　2の場面を読み，様子や出来事を表に書こう。

「このあと，2の場面や3の場面ではどう変わっていくのでしょう。まず2の場面を読みましょう。」（音読）

読んでみて，1場面とは変わっていたでしょうか。1場面で書いたように，様子や出来事を表に書き入れてみましょう。
『いつ』は梅雨明けの頃だから７月かな。おじいさんと出合って，木の根の話を聞いた。
聞いて，みんなは驚いたみたい。

あれもこれもと書いてしまいがちだが，主な出来事と様子は何か，を考えて表に書かせ発表させる。

「2の場面で大事な出来事と言えば，何でしょうか。」
・おじいさんと出会って，根の話を聞いたことです。

「おじいさんの話を，もう一度読んでみましょう。」

教科書 P66, 67 の『根の話』を読む。木への見方が変わっていく発端となる。『逆立ち』は板書でもイメージ化する。

4 対話する 読む・書く　『木の根の話』を聞いたマーちんたちの変化を読み取ろう。

「このおじいさんは，どんな人だと思いますか。」
想像になるが，文章からイメージを語り合う。

おじいさんの話を聞いて，マーちんたちはどう思ったのでしょうか。また，それはどこを読むと分かりますか。
『木の根って，そんなになっていたのか』と，感心しています。でも納得はしていないかな？
『ふうん』とか『あらま』とか言っています。はじめて聞いて，驚いたみたいです。

「みなさんはどうですか。初めて知った人は？」
・私も初めて知って，根ってすごいなあと思いました。

「根の話を聞いた後，マーちん（たち）のプラタナスの木への思いはどうなったのか，表に書きましょう。」
・プラタナスの根のことも考えるようになって…。

1，2の場面を音読し，心に残ったことを書かせる。

プラタナスの木

第 3 時 （3/8）

〈読解〉3の場面では，マーちんが夏の体験で，木の根や森のことを考えるようになった姿に気づかせ

本時の目標

3，4場面を読み，夏休みの体験と，プラタナスが切られたことを知ったマーちんたちの様子と，木への思いを読み取ることができる。

授業のポイント

3場面では，台風や自然の描写にも目を向けさせる。4場面では，文章をもとに４人の思いと変化に気づかせる。

本時の評価

3，4場面を読み，夏休みの体験と，プラタナスが切られたことを知ったマーちんたちの様子と，木への思いを読み取っている。

板書例

4 夏休みが終わり（九月初め）

プラタナス公園に 異変

「プラタナスの木がなくなっている」

→ 走った

◇表にまとめよう

（ふるさとで）3	（プラタナス公園）4
〈夏休み〉 ・マーちんは祖父母の家へ行き、森の中で毎日走り回って遊んだ。 ・台風が来た。	〈夏休みが終わり〉 ・プラタナスの木がなくなった。 ・公園に走った。 ・かたを落とした。 ・だまっている。
・おじいさんの木の根の話を思い出した。 ・森の木の根の広がりを思いうかべた。見える気がする。	・木が亡くなったと聞いておどろいた。 ・がっくりしている。 ・根のことを心配している。

◇1場面との変化を考えよう

・木への思い…心配、大切
・木の見方…根の広がりも
「根っこはこまって」
かたを落として
変わってきた

1 読む 対話する　2場面を振り返り，3場面のマーちんの夏休みの体験を読もう。

「今日は，3と4の場面を読みます。出来事とマーちんたちの様子や考えを読んでいきましょう。」

・3は夏休みのこと，4は２学期の始めかな。

2場面での出来事，おじいさんの話を振り返っておく。

「まず，3の場面を音読しましょう。」（斉読・１人読み）

音読後，「とき」「場所」「だれが」「何を」を確かめる。

（おじいさんの『みんなに…』とは木々のこと）

「マーちんたちは，どこで何をしていますか。」

・（父母の）ふるさとなどで夏休みを過ごしています。

マーちんの夏休みの様子を読みましょう。（音読）祖父母の家の周りはどんなところだと思いましたか。

森や小川があって自然がいっぱい。すごくいいところ。きっと，毎日，虫とりや魚とりをしたと思います。

『トトロ』のお話のようなところかな。行きたいな。

生き生きした文章から，自由に想像させ話し合う。森の画像などを見せるのもよい。

2 読む 対話する　台風の様子と，マーちんが考えたことを読み取ろう。

「マーちんは，そこである出来事に出会います。」

・台風です。森と小川の様子がよく分かります。

「では，教科書 69，70 ページの台風の様子とその明くる日の様子を読みましょう。」（音読・１人読み）

・台風のあと『森は…ぴかぴかかがやいて』います。

「マーちんは，台風の森を見てどんなことを考えましたか。分かるところに線を引きましょう。」

発表しましょう。違ってきたところはあるかな？

「木と根が森を守り，家も守ってきた」と考えるようになりました。

おじいさんの顔と，根の話を思い出しています。根の広がりが『見える』気がしています。

森や根のすごさを，また思い出しているみたいです。

「1，2場面のように，表にもまとめましょう。」

『見えなかったものが，はっきりと（今は）見える』は大きな変化と捉えさせる。

ます。文章をもとに，その大きな変化を捉えさせましょう。

プラタナスの木

(め) 3 4 場面を読み、マーちんたちの様子と出来事をとらえよう

3 マーちん（たち）の夏休み（八月）

おじいさん「みんなによろしく」（木）

(マ) お父さんのふるさとへ

毎日走り回って遊ぶ

・大きな台風

←（おじいさんの顔）

・森の木の下に大きな根が「見える気がする」

自然がいっぱい　せみ　鳥　森　森　小川　魚

主体的・対話的で深い学び

・プラタナスの木がなくなったことを，マーちんたちはどう思っているのか，それを文章から読む。気持ちは語られていない。しかし，『ハイソックスをずり落としながら走ってきた』クニスケの姿や『放課後，四人は…プラタナス公園に走った。』という記述から，4人は『大事件』と捉え，プラタナスに心を寄せていることが分かる。これが，『読解』であり『読み取る』ということになる。そして，『こう書かれているので…こう考えた』のように，根拠を示した発言の仕方を褒め，みんなに広げたい。

準備物

・ワークシート，または，第2時使用のまとめの表

・参考画像『ブナの森』『杉の林とブナの森』
 収録【4下_09_07，4下_09_08】

3 読む 対話する　4の場面を読み，出来事やそのときの様子を読み取ろう。

「4の場面を読みましょう。もう2学期です。」（斉読）

「大きな出来事＝『異変』がありました。それは？」

・公園のプラタナスの木がなくなってしまったこと。

・台風で倒れかかって危ないので，切られたようです。でも，切り株は残っています。

「4人の様子や，気持ちの分かるところに線を引き，引いたところを発表しましょう。」

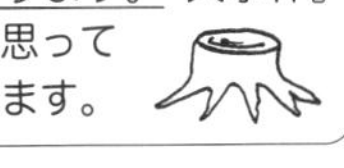
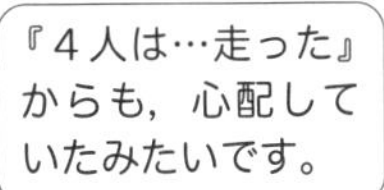
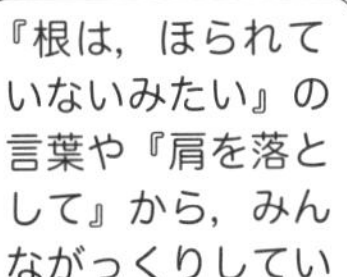

『走ってきたクニスケ』から，びっくりしていることが分かります。『大事件』と思っています。
『ベンチがぽつんと…』も，さみしい気持ちが分かる。
『根は，ほられていないみたい』の言葉や『肩を落として』から，みんながっくりしているみたい。
『4人は…走った』からも，心配していたみたいです。

線を引いたところを発表し，話し合う。

「どうして『走る』ほどの『大事件』なのでしょう。」

・みんな，プラタナスのことを考えていたからです。

4 書く　3，4場面を表にまとめ，思ったことを書き，話し合おう。

「4の場面での出来事や様子と，プラタナスの木への思いを，表に書きましょう。」

表に書き入れさせ，発表でまとめる。

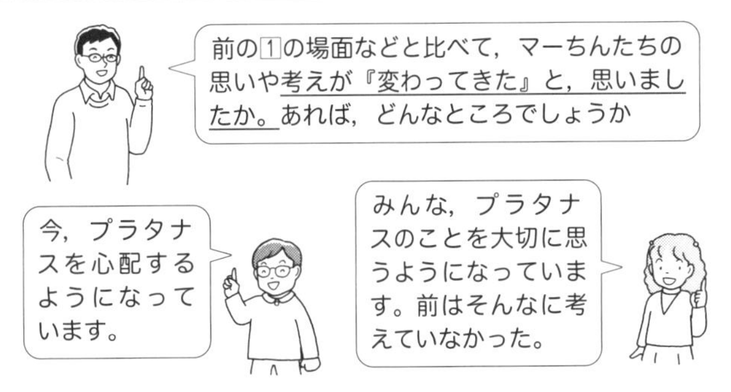

前の1の場面などと比べて，マーちんたちの思いや考えが『変わってきた』と，思いましたか。あれば，どんなところでしょうか
今，プラタナスを心配するようになっています。
みんな，プラタナスのことを大切に思うようになっています。前はそんなに考えていなかった。

「3，4場面でのマーちんたちを見て，どう思いましたか。心に残ったこと（ところ）も書きましょう。」

・マーちんが，森の木を見て，根のことを想像するようになったところがすごい。そこがいいです。

・みんなおじいさんの根の話を覚えていたと思います。

最後に，指名読みなど，音読してまとめをする。

プラタナスの木

第4時 （4/8）

本時の目標

5場面を読み，プラタナスの根のことを考えているマーちんたちの姿とプラタナスの木への思いを読み取ることができる。

授業のポイント

元気をなくした４人の様子など，４年生には読み取りにくいところがある。教師が『こう読むのです』『こういうことです』と教えるのもよい。

本時の評価

5場面を読み，プラタナスの根のことを考えているマーちんたちの姿とプラタナスの木への思いを読み取っている。

〈読取の支援〉マーちんたち４人の行為や様子から，その心情を読み取らせるために，まずは，

板書例

（そんなある日）

切りかぶの上に立ってみた

マーちん
アラマちゃん
花島君
クニスケ

根の広がり

Ⓜ「根にささえられているみたい」
木のみきや枝になったみたい

（ぼくたちのプラタナス公園は変わらない）
・春になれば、プラタナスも芽を出す
・大きく息をすって、青い空を見上げた

◇表にまとめよう

5
・おじいさんが来なくなった。 ・みんなだまっている。 ・ある日切りかぶの上に立ち両手を広げて立った。
・おじいさんのことやプラタナスのことを考えている。 ・広がっている根のことを想ぞうしている。 ・春になって芽を出すことを考えている。

◇5場面のマーちんたちを見て思ったことを書こう

1 読む 対話する　5の場面を読み，場面の様子や４人のしたことを捉えよう。

「プラタナスの木がなくなった公園。おじいさんやマーちんたちはどうしたのか，サッカーはどうなったのか，5の場面を読みましょう。」（斉読・指名読み）

・プラタナスの木がなくなって，さびしいだろうな。

マーちんたちや公園の様子は，どう書いてありましたか。分かるところに線を引き，発表しましょう。
サッカーは，前ほど白熱しなくなった。
いつも『ベンチに座り込んで』元気をなくしたようです。
おじいさんは公園に来なくなりました。
ある日，切り株に乗りました。

「４人の様子は，前とは違うことが分かりましたね。」

5の場面は，やや抽象的な表現もあり，何が書かれているのか，分からない児童もいるだろう。次の問いかけで疑問を取り上げ，意味を考えさせる。

2 考える 対話する　公園のベンチにすわる４人の様子を読み取ろう。

5の場面を読んで，『ここが，よく分からない』と，いうところは，なかったでしょうか。
『だまっているけれど，みんなが何を考えているかは分かる。』とあるけれど，何を考えているのだろう？
みんな，黙ってベンチにすわりこんでいるのはどうしてかなあ。疲れたのではないと思います。

・黙っているのは，みんなが何かのことを考えているからです。何かが気になっていると思います。

「では，何に気をとられているのでしょう。『何を考えて…』の『何』は，どんなことだと思いますか。」

・その後に，『今でも地下に広がっている根のことを想像していたら…』とあります。きっと，幹や葉がなくなったらプラタナスの根はどうなるのだろうなどと，みんな，根のことを考えていたと思います。

・おじいさんの話を思い出していたのかも知れません。

文の意味から理解させるようにします。

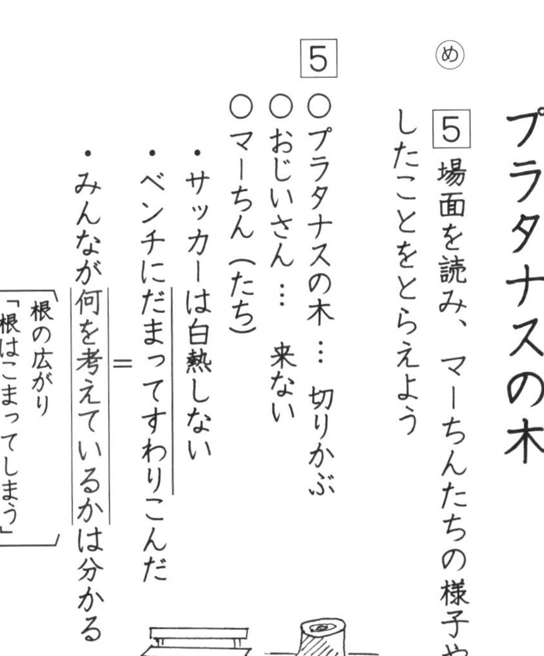
プラタナスの木
め
5 場面を読み、マーちんたちの様子やしたことをとらえよう
5
○プラタナスの木… 切りかぶ
○おじいさん… 来ない
○マーちん（たち）
・サッカーは白熱しない
・ベンチにだまってすわりこんだ
・みんなが何を考えているかは分かる
＝
「根の広がり」
「根はこまってしまう」

主体的・対話的で深い学び

・4年生の児童には，5の場面のような文章が読めないことがある。「サッカーも…白熱しなくなり…」とは，何を表しているのか，また，「だまってすわりこんだ」や「みんなが何を考えているかは分かる」という文でも，「だまって」いるわけや，「みんなが…考えている」ことが何なのかが分からない児童もいる。つまり，これらの行為や様子に表現されている4人の心情（内面）が読み取れないのである。人物の変化を主体的に捉えるためにも，まずは文の意味を分からせるようにする。

準備物

・ワークシート，または，これまでまとめてきた，場面ごとの表

3 読む 対話する　4人の姿やしたことから，プラタナスの木への思いを読み取ろう。

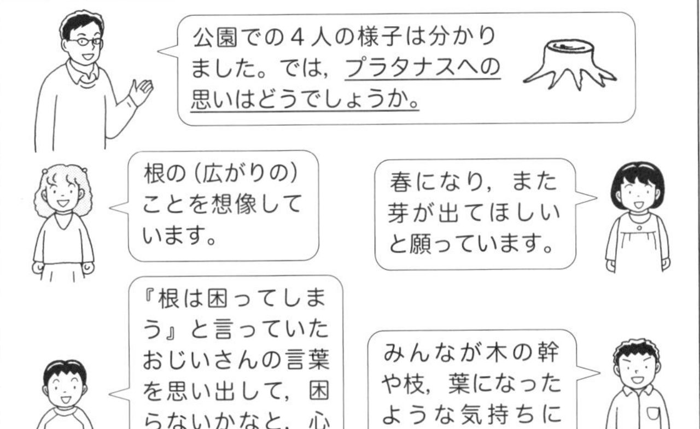
公園での4人の様子は分かりました。では，プラタナスへの思いはどうでしょうか。
根の（広がりの）ことを想像しています。
春になり，また芽が出てほしいと願っています。
『根は困ってしまう』と言っていたおじいさんの言葉を思い出して，困らないかなと，心配している。
みんなが木の幹や枝，葉になったような気持ちになった。

「4人はプラタナスのことを考えているようです。その切り株に乗った4人を見て，どう思いましたか。」

・根から水や養分をもらっている感じかな。
・みんな，木の幹や枝になったつもりでいます。
・手を広げて，息を吸ってほんとにプラタナスの木になったみたいです。マーちんも元気になりました。

「それでは，5の場面をまとめて，表に書きましょう。」

書けた児童から発表させ，表作りを個別に指導する。

4 書く まとめ　5の場面のマーちんたちの姿やしたことを見て思ったことを書こう。

「最後の4行をみんなで読みましょう。マーちんの思いです。」

（斉読）

「ここでは，『変わらない』と言っています。『何が』変わらないと言っていますか。」

・『ぼくたちのプラタナス公園は変わらない』と，（心の中で）言っています。『ぼくたちの…』がいいな。

プラタナスがなくなったのに，『変わらない』とは，どういうことでしょうか。どう思いますか。

根の広がりを想像すると，プラタナスは変わらずに『ある』と考えた，と思います。

それに，『ぼくたち』もいる。前と同じようになると思った。

「5の場面のマーちんたちの様子やしたことを見て，思ったことを書きましょう。」

書けた児童に発表させ，最後に音読でしめくくる。

プラタナスの木

第5時（5/8）

本時の目標

初めと比べて，マーちんたちは，プラタナスの木や，木に対する見方が変わったことに気づくことができる。

授業のポイント

どこがどう変わったのか，自分の考えを書く時間を確保する。また，「… のところから」などと，そう考える根拠にした文も入れるよう助言する。

本時の評価

初めと比べて，マーちんたちは，プラタナスの木や，木に対する見方が変わったことに気づき，文章に書くことができている。

板書例

〈2つの観点〉全文を読み返し，「プラタナスの木への思い」と「木への見方」が深くなっていることに気づかせ，

1 （最初）
・サッカーに熱中
・何とも思っていない
・関心がない
（木とは、こんなもの）

変化 ←

何がもとになって？（きっかけは？）

4 （最後）

5
・プラタナス公園に走った 「え！たいへん」関心
・サッカーも前ほど白熱しない

プラタナスの根はどうなる

・今でも地下に広がっている根のことを想像したら→切りかぶの上に
・公園は変わらない
・木の見方→根の広がりを

◇ 変わったところを書こう
（書き方例）
「初めは、…けれど、…のときに…になった。」

※最後に板書する部分。

1 読む　マーちんたちの変化を考え，全文を読み返そう。

「プラタナス公園でのマーちんたちの様子と，プラタナスへの思いを読んできました。最後の5の場面では，みんなが切り株の上に立っています。」

「教科書 74 ページの『ふかめよう』を読みましょう。」
・『…最初と最後で，マーちんはどう変わりましたか。それは，どの言葉や表現で…』（斉読）

では，初めから読み返してみましょう。マーちんたちは，初めと終わりを比べると『変わった』と言えるのでしょうか。言えるとすれば，どんなところが変わったのかを考えて読みましょう。

変わったと思うな。初めは，プラタナスのことは，そんなに気にしていなかったけれど…。

プラタナスも切られて，変わったけれど…。

斉読，指名読み，１人読みなど，音読の形は多様にある。斉読や指名読みでは，所々で立ち止まり振り返る。

2 対話する　マーちんたちはどう変わったのか，比べて考え，話し合おう。

「読んでみて，初めと比べてマーちんたちは変わったと思った人は，手を挙げましょう。」（多くが挙手）

「これまで，場面ごとにまとめてきた表も見直すと，変化したところがありそうです。考えましょう。」

少し話し合い，話題をみんなのものにする。

それでは，どんなところがどう変わったのだと思いましたか。

『サッカーも前ほど白熱しなくなり…』と書いてあるように，サッカーへの思いも変わっています。

プラタナスへの木への思いが変わっていると思いました。木が切られてからも「おしまい」でなく，残った根の広がりを考えるようになっています。

「終わりの方の場面では『プラタナスの木への思い』が，変わっている，ということですね。」

「特に1の場面（初め）と，比べるといいですね。」

物語の最初と最後でマーちんが変化したことを読み取らせます。

プラタナスの木

㋱ マーちんはどう変わったのかを考えよう

◎ 最初とくらべて
「マーちん」は 変わった／変わらない

◎ 最初と最後で どう変わったか
それは、どの言葉や表現から分かるか

〈プラタナスの木への思い・木の見方〉

主体的・対話的で深い学び

・教科書の「学習」の「ふかめよう」にも「ものの見方や考え方（は，どう変わったのか）」という文言がある。確かにマーちんたちの「ものの見方」は，初めとあとでは変化している。しかし，「見方」とは何のことなのか，「ものの見方」という言葉自体が４年生にはとても難しく思えるだろう。

・「見えるところ（幹・枝葉）だけでなく，見えない部分（ここでは根）も見る」「木の根が森を守っている」などが，ここでの「見方」になるだろうが，対話として教師が具体的に話すのもよい。

準備物

・ワークシート，または，これまでまとめてきた，場面ごとの表

3 書く　マーちんたちはどこ（何）がどう変わったのか，自分の考えを書こう。

『ものの見方や考え方』はどうでしょうか。『プラタナスの木への思い』が変わったように，他にもマーちんたちはどのように変わったのか，変わったところをノートに書きましょう。
変わったところは，1つではなさそう…。
どんなふうに書けばいいのかな。

「変化を書く書き方は，（たとえば）『初めは，…だった（していた）けれど，…のときには，…に，なった（変わった）。』のような形で書いてもいいですね。」

「それから，『…と書かれているので…』などと，どこを読んで考えたのかも書いておくといいです。」

「ものの見方」という言葉自体，４年生には難しい。書きにくい児童もいる。書き方も教える。また，書くことが分からない児童に，個別に指導する。

机間巡視で，児童の書いた内容を捉えておく。

4 交流する　書いたことを読み合おう。まとめをして，次時の予告を聞こう。

「では，書いたことをグループで読み合いましょう。」
（または，全体で発表させるなど，交流の形は実態に合わせる）

プラタナスへの思いが変わっています。初めは，サッカーに夢中で，プラタナスのことはほとんど考えていなかったと思います。けれど，プラタナスがなくなったとき，みんなはサッカーよりもプラタナスが気になっています。プラタナスの根はどうなるのだろうと，心配するようになって…。

・マーちんは，祖父母の家で台風にあいます。その後，マーちんは森の木の下には根が広がっていて，それが見えるような気がすると思っています。このことから，木や森への見方も変わったのかなあと思いました。

プラタナスへの思いの変化と，ものの見方の変化を確かめ合い，次時は，その「変わったきっかけ」を考えることを予告する。

プラタナスの木

第 6 時 （6/8）

本時の目標

マーちん（たち）が変わるきっかけは，おじいさんの言葉や祖父母の家での自然体験にあったことに気づくことができる。

授業のポイント

書くことが中心になる。プラタナス公園に駆けつけた姿，「また芽を出すだろう」と考えるなど，マーちん（たち）の行動と「根の話」をつなげるよう助言する。

本時の評価

マーちん（たち）が変わるきっかけは，おじいさんの言葉や祖父母の家での自然体験にあったことに気づいている。

板書例

〈変化のきっかけ〉おじいさんの「木の根の話」を，マーちんたちの行動や姿とつないで考えます。

・土の中で大きな根が広がって
・プラタナス（の根）が公園全体を守っている
・みきや枝葉がなくなったら根はこまってしまう

← ☆ ②お父さんのふるさとの森や小川で
・木の根の広がりが見えるような気がする
・木とその根が森や家を守っている

← ☆ ③プラタナスの木がなくなった
切りかぶだけになった

※3

← 最後〈変わったことは〉

4 ・プラタナスの木のことを考えるように

5 ・木の根の広がりが想像できるように
・根の広がりが（生きている、守っている）

※2

木の（ものの）見方・考え方

※1→※2→※3の順に板書する。

1 めあて 振り返る 「変わるきっかけになったことを考える」というめあてを聞こう。

「物語の初めと終わりでは，マーちん（たち）は，変わったことが分かりました。今日は，何が，どんな出来事が，もとになって変わったのかを，考えます。」

「教科書 74 ページ「ふかめよう」の 2 つ目も読みましょう。」
・『マーちんが，変わるきっかけとなった出来事は…』

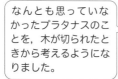

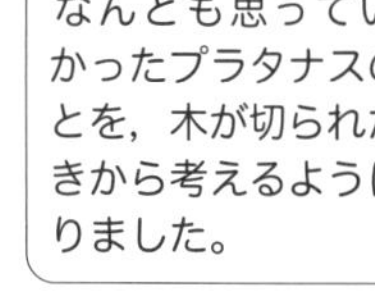

『変わるきっかけ』を考えるために，まず，どう変わったのかを簡単に振り返っておきましょう。
なんとも思っていなかったプラタナスのことを，木が切られたときから考えるようになりました。
マーちんたちが，公園に木の根が広がっていることを想像するようになりました。

・マーちんは，切られても，切り株には根があり，生きている，と感じるようになっています。

「『きっかけ』を考えて読み直してみましょう。」

各自で黙読させる。

2 書く 変わるきっかけになったことを考え，書いてまとめよう。

「これまで読んできた様子や出来事を振り返りながら，プラタナスへの思いや考えが変わるもとになったこと（きっかけ）は何だと思うのか，自分の考えと，そう考えたわけを書きましょう。」

マーちんが，夏休みに台風のあと，「木の根が広がっているのが見える気が…」ということもきっかけかな。
やっぱり，出会ったおじいさんの「根が困る話」がきっかけだと思う。それは…。
プラタナスの木が切られて，なくなったのも，さらに根のことを考えるようになったきっかけだと…。

ほとんどの児童は，おじいさんの根の話が関わっていることに気づいている。きっかけとしては，この「根の話」と「マーちんの森での体験」，「プラタナスが切られたこと」には気づかせたい。

それぞれが考え捉えたことを交流し，考えを深めさせましょう。

プラタナスの木

め マーちん（たち）が変わるきっかけになったことを考えよう

〈初めは〉プラタナスの木のことは

1 何とも思っていない（関心がない）

・サッカーに熱中

◎変わるもとになったできごとは？（きっかけになった）

☆← ①おじいさんの木の根の話

・「木がさか立ち」＝ 根の広がり

※1

主体的・対話的で深い学び

・読みすすめると，多くの児童は，マーちんたちの行動の背後には，おじいさんの『根の話』がもとに（きっかけに）なっていることに気づいてくる。しかし，マーちんたちの，どの姿や行動と『根の話』を結びつけるかは，児童によって異なる。だから，それを文章に書くことが個性的で主体的な学びになる。

・そして，「○○さんは『マーちんたちが，だまってすわっている』ところと『根の話』をつないでいるな」などと，それぞれの捉えを聞き合うことが対話的な学びになる。

準備物

・これまで書きまとめてきた表
　※「変わるきっかけ」について書く参考にする。

3 交流する　書いたものを読み合い，考えたことを知り合おう。

「書いたものを読み合って，考えを知り合いましょう。」

・切り株の上に立ったのも，おじいさんの話から「根に支えられている」と思ったからだと思う。

地上の幹や枝葉がなくなったら，根が困ってしまう」という話を聞いたので，プラタナスが切られたとき，根はどうなるのか，みんなが考えるようになったと思います。そして，幹は切られてもなくなっても，根は生きていると考えることができたのだと思いました。

・春になれば，芽を出すだろうと思えたのも，「根の話」を聞いたからだと思います。

クラスの実態に応じて，読み合うか発表の形にする。ただし，グループで読み合う場合にも，全体の場で聞き合う場をもつようにする。

「なるほど，と思ったところなど，友達の考えを聞いた感想も伝え合いましょう。」

―参　考―

【おじいさんをどう読むか】

マーちんたちが変わるきっかけとなった出来事の１つは，公園でのおじいさんとの出会いであり，そこで聞いた「根の広がりの話」である。人は成長の過程で，ものの見方や考え方が変わるときがある。それは，本や人との出会い，経験によってもたらされる。そして，視野を広げ，考えも深めていく。そんな「ものの見方を変える」役割を果たしているのが，ここではおじいさんになる。だから，おじいさんとの出会いは偶然のようだが，出会うべくして出会った，とも考えられる。

ところで，「おじいさんは何者なのか」また「どうして公園に来なくなったのか」「また，会えるのか」という問いがなされることがある。話し合うと，児童はいろいろと思うことを述べる。しかし，物語の中では，その答えの手がかりになることは，ほとんど語られていない。だから，気にはなっても，それらを話し合うことには，あまり意味はないとも言える。

この物語で，おじいさんは，マーちんたちに１つのものの見方を伝えるために登場している。だから，「何者なのか」は不明でよいことであり，「どうして来なくなったのか」も，役割を終えたから…とも言え，語らなくてもよいことになるだろう。

プラタナスの木

第 7,8 時（7,8/8）

本時の目標

「プラタナスの木」の魅力をまとめ，紹介する文章を書き，読み合った感想を伝え合うことができる。

授業のポイント

「魅力」の意味を分からせ，紹介する文章を書く時間を確保する。とともに，書きにくい児童には，何を書けばよいのかなど，個別の指導も取り入れる。

本時の評価

「プラタナスの木」の魅力をまとめ，紹介する文章を書き，読み合った感想を伝え合っている。

〈本時の活動内容〉第７時は，展開１，２の「魅力を紹介する文章」を書く活動，第８時は，展開３の書いた

板書例

・みりょくは何か
・どこ（何）をしょうかいするか

◎しょうかいしたいこと
・おじいさんの「根の話」
・マーちんの変化
・木や森の見方
※

◇みりょくをしょうかいする文章を書こう
○「最初は…（けれど）…」
○どう変わったのか
（どんな出来事を通して）
○それを見て思ったこと、感想

◇読み合おう（よかったところ）
・みんなが根の広がりを考えるように
・切りかぶに立つ四人
・「プラタナス公園は変わらない」
※

※児童の発言を板書する。

1 （第７時）めあて 対話する　「魅力を紹介する文章を書く」というめあてを聞き，話し合おう。

「『プラタナスの木』を読んできて，『こんなお話』『ここがよかったよ』などと，心ひかれたところを他の人にも教えたいな，と思った人もいるでしょう。」

「今日は，この物語を振り返り，そのよいところ，つまり，魅力が他の人にも伝わるような『プラタナスの木』を紹介する文章を書きましょう。」
「教科書 75 ページの『まとめよう』も読みましょう。」

まず，『自分はこんなところがいいな。』『そこを読んで，自分はこう思った』ということを，話し合いましょう。

「ぼくらのプラタナス公園は変わらない」と考えて，切り株に立っているところがいいな。
おじいさんの「根の話」が心に残っています。マーちんも，それを聞いて森の木の根の広がりを想像するようになったところがすごいし，好きです。

話し合いは簡潔に，グループでも全体でもどちらでもよい。

2 書く　魅力を紹介する文章を書こう。

「まず，『ここがよかった（魅力）』『ここを伝えたい（紹介）』と思ったところを，ノートに書きましょう。」
「紹介ですから，読んだ人が『面白そう，読みたいな』と思えるように書けるといいですね。」

教科書 75 ページの「紹介する文章の例」を見てみましょう。どんなことを書いていますか。

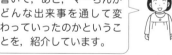

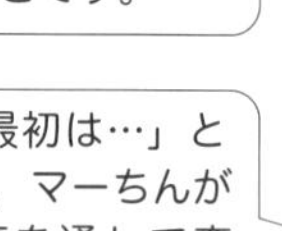
マーちんが，出てくることです。

それから，「最初は…」と書いて，あと，マーちんがどんな出来事を通して変わっていったのかということを，紹介しています。

最後は思ったこと，読んだ後の自分の気持ちです。

・プラタナスのことをなんとも思っていなかったマーちんが，どう変わったのかも魅力になりそう。

説明は簡単にして，書く時間を保証する。
難しい児童には，心に残ったところを書かせる。

紹介する文章」を読み合う活動と，展開４の学習のまとめになります。

プラタナスの木

㋱「プラタナスの木」のみりょくを
しょうかいする文章を書いて読み合おう

みりょく とは〈こんなお話
ここがよかった〉ということ

⇐「伝えたいな」

⇐ ○○さんにしょうかいする

〈そのために〉

主体的・対話的で深い学び

・「魅力を紹介する」という文言は，４年生では難しく思う児童もいるだろう。しかし，「よかったところはどこ？」「いいなと思ったところは？」などの言葉がけをすると，いくぶんは書きやすくなる。また「紹介」というのは，読み手を意識することでもある。「（お母さんなど）お家の人にこのお話のよかったところを書いて，教えてあげて」などと相手を具体的に想定させるのもよい。すっと書ける児童もいるが，そうでない児童もいる。だれもが主体的に書けるよう，いろいろな手立てを考えたい。

準備物

・教科書 P76「この本，読もう」で紹介されている本

3 （第８時） 読み合う 発表する　書いた「魅力を紹介する文章」を読み合い，感想を伝え合おう。

「今日は，『プラタナスの木』の魅力を紹介する文章を読み合い，感想を伝え合いましょう。」

まず，グループで読み合う。

「読み合って，みんなにも聞いてほしい「紹介文」があれば，教えてください。みんなで聞きましょう。」

「プラタナスの木」は，マーちんという４年生の子が，プラタナスのある公園で，１人のおじいさんから「木の根が広がっている」という話を聞いて，森の木のことや，プラタナスの根のことまで考えるようになったお話です。はじめは，マーちんは，サッカーに夢中で，プラタナスの木のことはあまり考えていませんでした。それが，夏休みに行った祖父母の家で，台風にもあって木の根が森を守っていることに気づくようになります。これも，おじいさんの「根の話」を覚えて根を想像できたからです。…

「先生にも，みんなに聞いてほしいなと思った『紹介文』があります。みんなで聞いてみましょう。」

また，前で読みたい児童に読ませるのもよい。
読んだ後，紙片に一言感想を書いて渡すのもよい。

4 交流する まとめ　「紹介文」を読んだ（聞いた）感想を伝え合い，まとめをしよう。

友達の『紹介する文章』を読んで，『いいな』『うまく書いているな』と思ったところを発表しましょう。

長島さんは，最後に４人が根の広がりを感じながら切り株に立つところが，切られたプラタナスは生きているようでいいなと思った，と書いていました。私も同じで，そこが魅力だと思いました。

「学習を振り返り，まとめをしましょう。教科書『ふりかえろう』（P75）を読んで，できたことは何か，またよかったことも話し合いましょう。」

・最後の場面で，４人がプラタナスのことをとても大事に思うようになったことが，よく分かりました。

教科書 P76「たいせつ」「この本，読もう」をみんなで読み，確かめ合う。

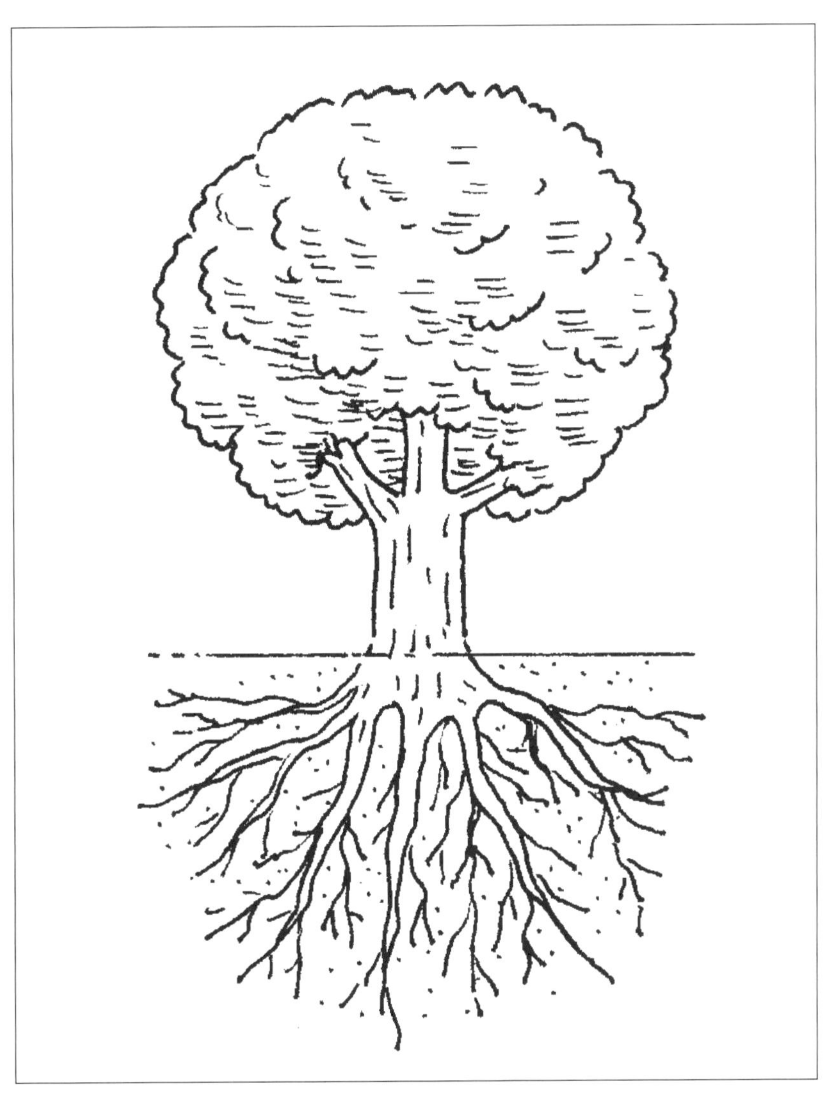

ワークシート　第2・3・4時（第一案）

プラタナスの木

名前（　　　）

●「プラタナスの木」を読んで、場面ごとに「マーちゃん」たちの様子や出来事をまとめましょう。

場面	様子や出来事

プラタナスの木

ワークシート　第2・3・4時（第二案）

プラタナスの木

名前（　　　）

●「プラタナスの木」を読んで、場面ごとに「マーちゃん」たちの様子や出来事とプラタナスの木への思いをまとめましょう。

場面	様子や出来事、したこと	プラタナスの木への思い

プラタナスの木

感動を言葉に

全授業時間７時間

◉ 指導目標 ◉

・文章を推敲したり，相手や目的を意識した表現になっているかを確かめたりして，文や文章を整えることができる。
・様子や行動，心情や性格を表現する語句の量を増やし，文章の中で使い，語彙を豊かにすることができる。
・相手や目的を意識して，経験したことから書くことを選び，伝えたいことを明確にすることができる。

◉ 指導にあたって ◉

①　教材について

「感動したこと」を言葉にして，詩として表現することを取り扱う単元です。したがって，「心が動く」ことがどのようなことなのか，具体的なイメージから児童が捉えられるようにした上で，児童自身で題材を選び，詩として表現していく必要があります。既習事項である，表現技法（比喩・擬人法・繰り返し・対比・倒置など）を使って表現することを通して，語彙を豊かに育んでいく教材と言えます。

②　主体的・対話的で深い学びのために

土台として，一人ひとりが言葉での表現に対して問いをもち，その解決に向かいながら学習を進めていくようにすることが大切です。選ぶ題材，言葉，表現技法など，常に詩に表していくときに考え続ける土壌をつくっておくようにしたいところです。

また，推敲をする際には，他者と対話的に学習を進める中で，誤字脱字の直しだけにとどまらないようにします。使う言葉や表現技法などを工夫して，よりよい表現になるように試行錯誤しながら，詩として表現していくように意識づけをしていくことが重要です。

◉ 評価規準 ◉

知識 及び 技能	様子や行動，心情や性格を表す語句の量を増やし，文章の中で使い，語彙を豊かにしている。
思考力，判断力，表現力等	・「書くこと」において，相手や目的を意識して，経験したことから書くことを選び，伝えたいことを明確にしている。 ・「書くこと」において，文章を推敲したり，相手や目的を意識した表現になっているかを確かめたりして，文や文章を整えている。
主体的に学習に取り組む態度	学習の見通しをもって，心を動かされたときのことを詩に書き，進んで文章を推敲したり，相手や目的を意識した表現になっていることを確かめたりしている。

◉ 学習指導計画　全 7 時間 ◉

次	時	学習活動	指導上の留意点
1	1	・単元のめあてを確認する。 ・目的を意識して，学習計画を立てる。	・相手意識をもって詩に表現できるよう伝える。 ・選ぶ言葉や順序，調子を変えることで，詩の印象も変わることを押さえておく。
	2	・詩に書く題材を集め，書きたいことを決める。 ・表現するための言葉を集める。	・生活全般を通しての発見や出会い，感動したことを想起させ，書きたいことから使う言葉や表現を考えさせる。
2	3	・例示された詩を読み，詩の組み立て方について考える。 ・詩の組み立てを考える。	・目的に即した詩を例示し，詩の組み立てや表現の工夫について考えさせ，表現の見通しをもたせる。
	4	・使う言葉や表現技法を選び，詩を書く。 ・推敲して，表現を整える。	・選ぶ言葉や語順，表現技法について，班や学級全体で自然と対話を通して共有されていく空間をつくる。
	5	・それぞれが書いている詩を班で共有し，他者評価をもとに推敲する視点を得て，それぞれの詩の表現を修正する。	・詩を共有し，成果と課題，その解決に向けた考え方について話し合わせる。 ・班での推敲活動が，誤字・脱字の指摘に終始しないよう配慮する。
	6	・書いた詩を読み合い，互いに評価し合う。	・他者評価シートに感想や意見を書かせる。考えたことを聞き合い，表現に対する思考を深められるようにする。
3	7	・学習を振り返る。	・自己の成長を肯定的に捉えさせる。 ・本単元で学んだことや成長したことを，以後の学習や生活にいかせるよう，見通しをもたせる。

DVD **収録（児童用ワークシート見本，ワークシート記入例，作品例）** ※本書 P155, 161「準備物」欄，及び P162, 163 に掲載しています。

感動を言葉に

第1時（1/7）

本時の目標

単元の目標を捉え，学習計画を立てて，詩として表現する学習に見通しをもつことができる。

授業のポイント

本単元の目的を明確に捉え，目的に沿って学習計画を立てられるようにする。その際，児童の考えをできる限り単元計画にいかすようにするとよい。

本時の評価

単元の目標を捉え，詩として表現する学習に見通しをもち，意欲を高めている。

〈学習計画〉児童の意見をできる限りくみ取って，単元計画を立てるようにしましょう。

板書例

・がんばっていること　・くやしかったこと
・うれしかったこと　・悲しかったこと
・おどろいたこと（すごい、えらい、きれい）
など
※

◇学習計画を立てよう

①題材を集める
②詩に書きたいことを決める
③詩の組み立てを考える
④言葉を選んで詩を書く
⑤書いた詩を読み合う
⑥自分の成長をふり返る

一度読み合って見直したい
※

◇題材を集めよう

1班
・運動会
・ドッジボール大会
・とび箱 / マット運動

2班
・友達との時間
・休み時間
・じゅ業
・放課後

3班
・学校での学習
・理科 / 社会 / 算数
・総合学習
・作品展 / 発表会

※各班で話し合ったことをまとめたホワイトボードを掲示する。

1 つかむ　心が動いたことを感じた経験を思い出そう。

「今までの学校生活で，感動した，強く心が動かされたというような経験をしたことはありますか。」

運動会で，リレーで1位になったときに感動したよ。
飼っていたザリガニの産んだ卵がかえったときかな。
何回もチャレンジしたけれど二重跳びができなくて…。
逆上がりができるようになったときはとても嬉しかった。

「いろいろと心が動いた経験をしているようですね。その経験したことやそのときに強く深く感じた思いを，詩に表していきましょう。」

詩を書いていくにあたって，個別で書いたり，ペアで書いたり，グループで書いたりすることができる。ここでは個人で詩を書くこととする。児童の実態に合わせ，場の設定を考えるようにする。

2 対話する 出し合う　題材を見つけるときに，どんなことから探すといいのだろう。

詩の題材は，どんなことを思い出して見つけるとよいか，班で考えてみましょう。

嬉しかったことや頑張って練習をしてできるようになったことなんかは分かりやすいよね。

そのときに思ったことや感じたこと，考えたことだよね。

見たり聞いたりして驚いたことなんかでも，いい題材が見つかるかもね。

いろんな題材の中を出し合って，とっておきの題材に絞るといい。

「嬉しい」「悲しい」「悔しい」「驚いた」「すごい」「えらい」「きれい」など，感動したことを出し合う。

「では，学習計画を考えていきましょう。黒板に書いたように学習を進めていきますが，何か他にしたいことなどはありませんか。」

・最初に書いたら，一度読み合って，みんながどんな詩を書いているのか知りたい。直しもいるかも…。

児童の実態に合わせて，単元構成を修正しながら学習を進めていくようにする。初めから児童と共に学習計画を立ててもよい。

感動を言葉に

㋱ 心の動きを詩に表す学習の計画を立てよう

〈学習のめあて〉

心の動きを言葉にして、詩を書こう

〈題材を選ぶとき〉

とっておきを選びたい ※

◎出来事

・見たこと　・聞いたこと

・したこと ※

◎心が動いた（考えた・思った・感じた）こと

※児童の発言を板書する。

主体的・対話的で深い学び

・本単元の目的を児童がしっかりと捉えられるようにすると，短絡的な表現にとどまらず，表現の在り方について思考を重ね，深めながら，学習を進めていくことができる。

・児童とともに立てた学習計画は，その都度，必要に応じて変更してよいものとする。そうすることで，学びの必然性に応じた学習に近づくことができる。

準備物

・教科書４年上巻などで既習の詩の拡大版

・国語辞典（全員分，または班の数だけ用意する）

・類語辞典（全員分，または班の数だけ用意する）

3 対話する 出し合う　それぞれの班で，題材を集めよう。

「今まで学習した中で，どんな詩がありましたか。」

・『春のうた』。楽しい気分の春を感じる詩だった。

・『忘れもの』。夏休み明けの自分の心に響いた。

「（教科書 P77 を読み）詩とは，短い文で，そのときの思いを言葉にしたものです。短いからこそ伝えたいことをよりすぐらなくてはいけません。」

「各班で，感動を伝える詩を書くための題材を集めましょう。意見は，ホワイトボードにまとめましょう。」

やっぱり運動会の練習と本番かな。頑張った成果を出せたよ。

理科の授業で月や星の学習をしたことを一番覚えているよ。夜空を見たときには感動したから書いてみたい。

私はドッジボール大会が一番印象に残っているよ。初めてきれいにボールをとれて嬉しかったから。

ぼくは学校でいろんなことがあったことを詩に表したいな。

「嬉しい」「驚いた」などの観点から，具体的に班で出し合った意見は，学級全体で共有する。

4 振り返る　学習したことを振り返り，これからの学びについて考えよう。

今日の学習を振り返りましょう。
これまでの楽しかったことを思い出せて，楽しかったよ。
意外とたくさんの題材が見つかったね。
これ以外にもまだ題材が見つかるかな。
楽しかったことだけじゃなく，深く心に残ったことから，題材を探せると分かったよ。

振り返りは，簡単にノートに書かせて発表させてもよい。

「次の時間は，今日見つけた題材の中から，自分が感動して詩に書きたいと思うことを１つ選びます。」

・たくさん題材を見つけたけれど，そこから題材を１つに絞っていかないといけないんだね。

・とっておきの題材を選びたいね。

各班で出し合った題材をまとめたホワイトボードは，休み時間に児童の目に触れるところに置いておいたり，掲示したりしておくようにする。

感動を言葉に

第 2 時 (2/7)

本時の目標

詩に表したい題材や使いたい言葉を集めたり，選んだりすることができる。

授業のポイント

思考ツール（イメージマップやクラゲチャートなど）を使って，詩に表すときに使いたい言葉を集めたり整理したりできるように，教材を工夫する。

本時の評価

詩に表したい題材や使いたい言葉を集めたり，選んだりしている。

〈集める〉イメージマップやクラゲチャートなどの思考ツールを使って，言葉で表現する幅を

板書例

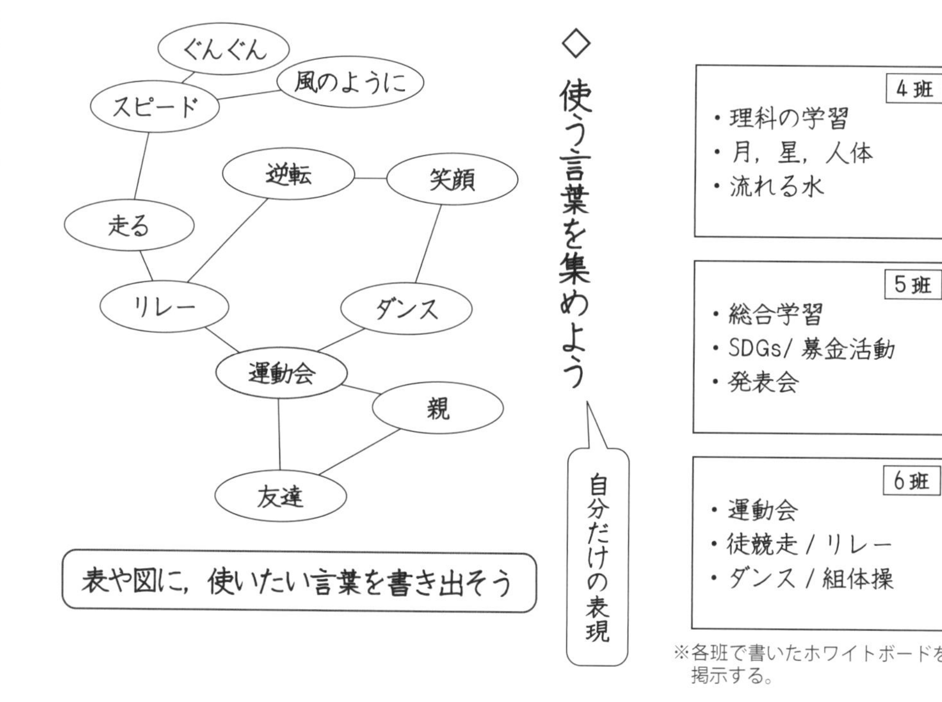

ぐんぐん
風のように
スピード
逆転
笑顔
走る
リレー
ダンス
運動会
親
友達
表や図に，使いたい言葉を書き出そう
◇ 使う言葉を集めよう
自分だけの表現
4班
・理科の学習
・月，星，人体
・流れる水
5班
・総合学習
・SDGs/ 募金活動
・発表会
6班
・運動会
・徒競走 / リレー
・ダンス / 組体操

※各班で書いたホワイトボードを掲示する。

1 つかむ　題材を１つに決めて，使う言葉について考えよう。

「前の時間は，感動したことを詩に書くために，題材をできるだけたくさん集めましたね」。

今日は，まず，使う題材を１つに決めて，詩の中で使う言葉を集めていきます。

とっておきの題材を選びたいな。いちばん心に深く残っていることを考えれば，書きたいことも思い浮かぶよね。

短い文の中で，自分の思いを伝えるために，言葉も工夫してたくさん集めたいね。

・もう少し題材を出し合ってから，１つに絞っていってもいいですか。

前時の進み具合次第では，班で題材を集めるところから，または各自でじっくり考えるところから始めてもよいことにする。

2 選ぶ　集めた題材から，とっておきの題材を１つ選ぼう。

「みんなで集めた題材の中から，自分にとって，とっておきの題材を１つ選びましょう。」

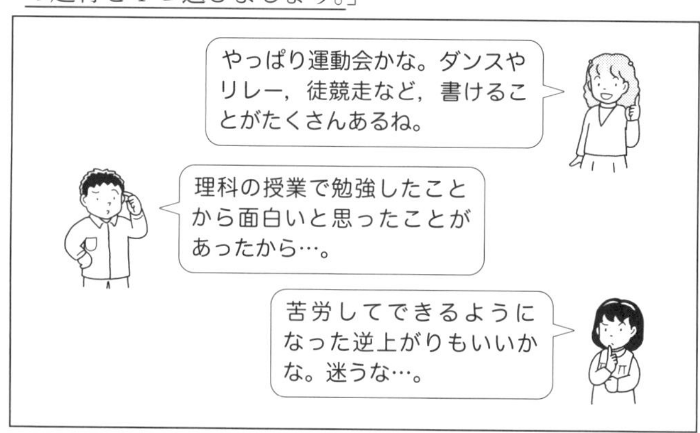

やっぱり運動会かな。ダンスやリレー，徒競走など，書けることがたくさんあるね。
理科の授業で勉強したことから面白いと思ったことがあったから…。
苦労してできるようになった逆上がりもいいかな。迷うな…。

前時に題材を集めるのに使った各班のホワイトボードを参考に，題材を１つに絞っていくようにする。自分の班では出なかった題材が見つかる可能性が高まる。前時の話し合いの中で出てこなかったものを題材としてもよいものとする。

早く決めた人に，みんなの前で何を題材とすることにしたのかと決めた理由を発表させ，まだ決まっていない児童の参考とさせてもよい。

広げたり，まとめたりすることができるようにしましょう。

感動を言葉に

Ⓜ 題材を決めて、使う言葉を集めよう

◇題材を決めよう

1班
・運動会 ・ドッジボール大会 ・とび箱 / マット運動

2班
・友達との時間 ・休み時間 ・じゅ業 ・放課後

3班
・学校での学習 ・理科 / 社会 / 算数 ・総合学習 ・作品展 / 発表会

主体的・対話的で深い学び

・思考ツールやワークシートに，詩に表すときに使いたい言葉や表現技法を集めたり，整理したりしていくことで，自分が表現したいことや伝えたいことについて，思考を広げたり，深めたりすることができる。
・各自が言葉集めをした画用紙は，休み時間などに児童が見ることができるところに掲示しておくとよい。
・班や学級全体で，自然と対話を通して学び合う空間をつくることで，より多くの言葉や表現方法に触れることができる。

準備物

・（言葉集め用）B4 画用紙（人数分より多めに用意する）
・国語辞典（全員分，または班の数だけ用意する）
・類語辞典（全員分，または班の数だけ用意する）

3 練習する 集める　言葉の集め方を知り，自分の詩で使う言葉を集めよう。

「それぞれ 1 つ題材が選べたら，その題材を詩に表すときに使う言葉を集めていきます。」

「例えば，『運動会』を中心にすると，どんな言葉が思い浮かびますか。まず，みんなで練習してみましょう。」

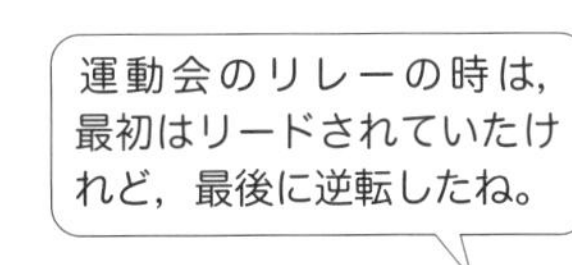

運動会のリレーの時は，最初はリードされていたけれど，最後に逆転したね。
ダンスでは，みんな「笑顔」で踊っていたね。いい表現はないかな。
みんなで飛び跳ねて喜んだよね。すごく嬉しかったよ。
「ぐんぐん」スピードを上げて，「風のように」走って追いついていったよね。「光のように」でもいいね。

見本の題材で，イメージマップなどの思考ツールを使った考え方，表の書き方を例示し，各自が考えを整理し詩に使える言葉を見つける方法をつかませる。

「では，自分の詩に使う言葉を集めていきましょう。」

画用紙を児童に配り，それぞれが決めた題材に関連する言葉をたくさん集め，書き留めさせる。

4 まとめ 振り返る　学習したことを振り返り，これからの学びについて考えよう。

「今日は，それぞれが詩に書く題材を 1 つ決めて，その題材に関係する言葉をできるだけ集めました。」

今日の学習を振り返りましょう。

詩に書きたい題材がいろいろあったから，1つに絞るのが大変だった。

使う言葉を集めたけれど，実際に詩を作るときには，表現の仕方をもう少し工夫できるといいな。

「次の時間は，詩をいくつか読んでみて，みんなが詩を書くときの参考になるよう，その詩の工夫について学習します。それから，自分の詩の表現の工夫を考えます。」

・どんな表現の仕方の工夫が見つけられるかな。
・動きや早さを，色や音などで表せないかな。自分だけで表現のアイデアが見つからないときは，友達の意見を聞いてみる時間がほしいな。

感動を言葉に

第 3 時 （3/7）

本時の目標

詩を読んで，組み立てや表現技法の工夫を見つけ，自分が選んだ題材をどのように詩に表現するか考えることができる。

授業のポイント

教科書などの詩を例示し，その詩からどのようなことが伝わってきたか，また，どのような工夫が詰め込まれていたかを，対話的にじっくりと考える時間をとる。

本時の評価

詩を読んで，組み立てや表現技法の工夫を見つけ，自分が選んだ題材をどのように詩に表現するか考えている。

板書例

〈組み立て〉詩の組み立てや表現の工夫を考えるための参考となる詩を，教科書の詩の他にも用意

みずが・・・・・ぼく・・・
そしたら　・・・なみだ・・・・
へん・・　ぼく・・・・・・
みず・・・

みずが・・・・・ぼく・・・
そしたら・・・　かわいて・・
へん・・　みず・
のみ・・・・・・・

※

リズムがよい
・言葉のくり返し
・水がいや
　水がこわい
　⇔
　水がある
　水を飲みたい

※※

◇詩の組み立てを考えよう

☆　選んだ題材をどんな詩にしたい？

〈表現の工夫〉
・リズムのよさ
・キーワードを何度も使う
・気持ち，様子が伝わる言葉を使う
・そのままの言葉を使わない
　（ほかの言葉にたとえる）
・言葉の順じょを入れかえる
・連ごとに視点を変える

※出てきた意見を小黒板などに書き留めておくと，次時以降も掲示できる。

※※児童の発言を板書する。

1 読み取る 対話する　教科書の詩を読んで，詩の面白さを考えよう。

「前の時間は，自分が詩に書いて伝えたい題材を１つ決めて，それを伝えるための言葉集めをしました。」

「今日の学習では，まず参考となる詩を読んで，詩の組み立てや表現の工夫について考えていきましょう。」

教科書 P78 の詩「ニンジン」「およぐ」を読む。

「これらの詩は何を読んだ詩なのか分かりますか。面白いと感じたところはどんなところですか。」

「ニンジン」は，たった１行の詩だけど，例えを使って，ニンジンを一言でうまく言い表していて，面白いです。

「およぐ」はプール学習のときのことを，泳ぐことが嫌いな子が読んだ詩なのかな。

同じ「みず」という言葉がいろいろな意味を表していて面白いと思った。

まず，詩の内容と，面白さ（詩の感動の中心は何か）について話し合わせたい。

2 話し合う 組み立てる　教科書の詩の組み立てや表現の工夫について考えよう。

「これらの詩は，どんな言葉や表現の工夫を使って書かれているか考えてみましょう。まず『ニンジン』は？」

・１行だけの詩です。その例え方に工夫があります。
（この詩は組み立てを考える例では取り上げられない）

では，「およぐ」の詩は，どんな組み立てで，どんな言葉の工夫があるか考えてみましょう。

何度も「みず」という言葉が使われているね。こんな工夫ができるんだね。
水が苦手で嫌なのに体の中の水（涙）や，水を飲みたくなったりするところが面白いね。作者も不思議そうだよ。

・「は」を抜いて「ぼくないた」にすることで，リズムがよくなっている感じがする。すいすい読める。
・確かに，１連目も２連目も同じリズム（文字数）だね。

教科書の詩から組み立てや表現の工夫を確かめる。他にも，上巻などで既習の詩を準備しておき，「組み立て」「表現の工夫」の視点で読み返すとよい。

しておくようにしましょう。

感動を言葉に

(め) 詩の組み立てを考えよう

◇ 読んでみよう

ニンジン
・・・・・・・
まど・みちお

およぐ
谷川 俊太郎

※

◎ 気づいたこと
・一行だけ
・たとえ
※※
・二連
・リズムが同じ

※教科書 P78 の詩を掲示する。

主体的・対話的で深い学び

・本単元の学びに適した詩を例示し，どのようなことが伝わってきたか，また，どのような工夫が詰め込まれていたかを対話的に考えていく。表現方法について思考を深めることで，短絡的な表現に陥る可能性を下げることができる。
・各班で話し合った「組み立て」の工夫をクラス全体でも共有し，それぞれ個別に詩を書いていくのに参考にさせたい。
・詩の組み立てについて考えて書いたワークシートは，休み時間に児童が見ることができるところに掲示しておくとよい。

準備物

・(黒板掲示用) 教科書 P78「ニンジン」「およぐ」の詩の拡大版
・組み立てシート (児童数) (児童用ワークシート見本 DVD 収録【4下_10_01】)
・国語辞典，類語辞典

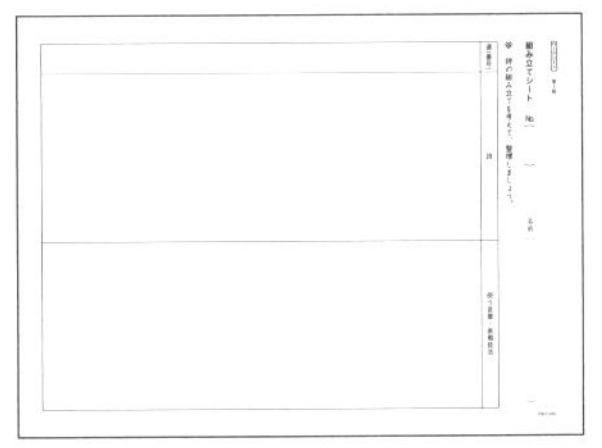

3 書く　詩の組み立てを考えて書こう。

「いくつかの詩を読んでみて，使ってみたい工夫はありましたか。では，自分の詩の組み立てや表現の工夫を考え，組み立てシートにまとめましょう。」

ワークシートを配る。ノートに書かせてもよい。

自分が選んだ題材を，どんな組み立ての詩にしたいかを考えて書きましょう。

「学校」を題材にして，学校のいろんな面を詩に書きたいから，２つか３つの連で組み立てよう。

連ごとに視点を変えてみても面白いかも。「全体→過去の出来事→未来に向けて」みたいに考えて…。

「自分の詩に書いて伝えたいことを考えて，組み立てが考えられましたか。班の友達に組み立てや，表現の工夫で考えたことを伝えましょう。まだの人は，班の人に相談してみてもいいですね。」

・「ドッジボール」を題材にしたのだけれど，そのままの言葉を使わずに伝えたいと考えたから…。

4 交流する 振り返る　詩の組み立てや表現の工夫について交流し，学習を振り返ろう。

「詩の組み立てや表現を考えたときに，どんな工夫をしようとしたか，全体で交流しましょう。」

「学校」をキーワードにして，何度も使うことでリズム感を出したいです。

行動や気持ちの動きを，そのままの言葉を使わずに伝えたいと考えました。

類語辞典などで，いろんな言葉を調べて表現しようと思います。

できるだけ多くの組み立てや表現の工夫を共有する。

「今日の学習を振り返りましょう。」
・詩の例を読んで，詩を作っていくイメージができた。
・詩の組み立ての工夫を考えることができた。
・友達の話から，連ごとに繰り返しの言葉を使う書き方にしてみることを思いついた。

「今日書いた組み立てをもとに，次の時間から詩の表現がよりよいものになるように考えていきましょう。」

感動を言葉に

第 4 時（4/7）

本時の目標

目的や相手を意識して，言葉の組み合わせや語順を工夫しながら，試行錯誤して，詩に表現することができる。

授業のポイント

比喩や擬人法，繰り返し，対比，倒置法といった表現技法も念頭に入れて，使う言葉や語順などの工夫を考えさせる。

本時の評価

目的や相手を意識して，言葉の組み合わせや語順を工夫しながら，試行錯誤して，詩に表現している。

板書例

〈表現技法〉比喩や対比，倒置法，反復などの技法を使って，よりよい表現になるように意識

〈工夫できていること・できそうなこと〉

（○○さんの詩）

いつも行く
なにげなく行く
いつか卒業する学校

けんかをして泣いた
でも心配してなぐさめてくれる友達
学校で仲直りした

だからいつも楽しくいける
これからも　この仲間と
歩んで行きたいな

※※

・リズム感
・くり返し…「学校」
・視点を変える
（一連）全体
←（二連）出来事（かこ）
←（三連）未来

※※※

（△△さんの詩）

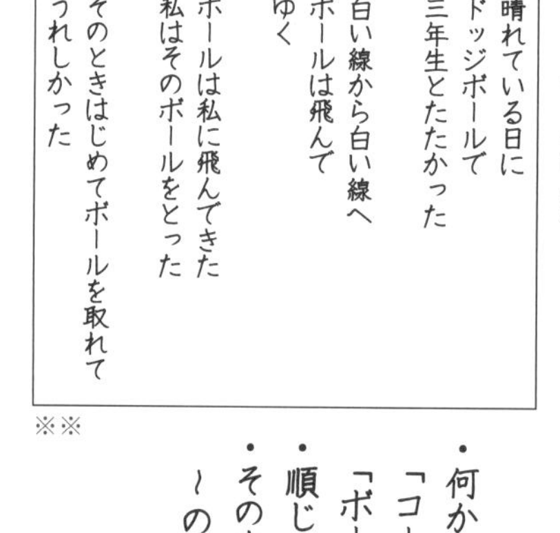

晴れている日に
ドッジボールで
三年生とたたかった

白い線から白い線へ
ボールは飛んで
ゆく

ボールは私に飛んできた
私はそのボールをとった
そのときはじめてボールを取れて
うれしかった

※※

・何かに例える
「コート」→「白い線」
「ボール」→「？？」
・順じょを入れかえる
・そのままの言葉を使わない
～のような（に）など

※※※

※※児童の詩を推敲の見本で掲示する。

※※※見本の詩を見て出てきた児童の意見を板書する。

1 振り返る つかむ　詩の組み立てや表現で工夫できることを確かめよう。

「今日の学習では，心が動かされたことを詩に表していきます。前の時間に，詩を書くときに考えるとよい表現の工夫について学習しましたね。」

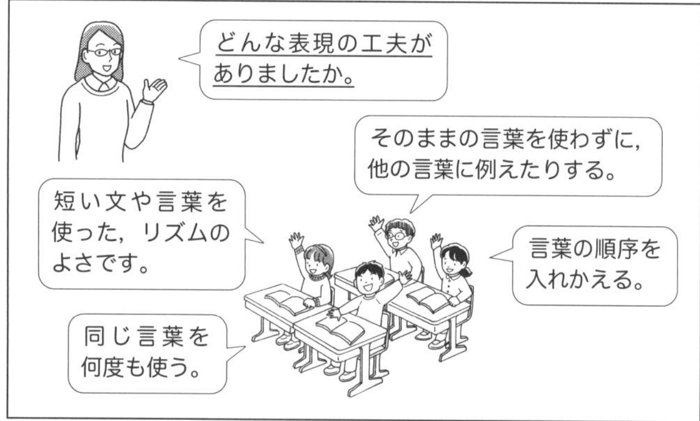
どんな表現の工夫がありましたか。
そのままの言葉を使わずに，他の言葉に例えたりする。
短い文や言葉を使った，リズムのよさです。
言葉の順序を入れかえる。
同じ言葉を何度も使う。

前時に続いて出てきた表現の工夫について，確かめ合っておく。小黒板などに整理して掲示しておくと，学級全体で共有しながら学習を進めていきやすくなる。

2 つくる 書く　表現を工夫して，詩をつくろう。

「詩の組み立てや表現についてのいろいろな工夫を確かめられましたね。これらの工夫を使って，自分の感動を伝える詩を書きましょう。」

「学校」に何気なく来ているけれど，思い出してみたら悲しいことがあったり，その度に，みんなに支えられたりしてきたな。
初めてきれいにボールを取れたときの嬉しさを工夫して伝えたいな。
俳句を作ったときのことを思い出したら，短い文で伝えるいい表現ができそう。
きれいな月に見とれた感動をどうやって伝えようかな…。

・学校でいろいろあったことを強調したいから，どの連でも「学校」という言葉を使おう。２連目では過去にあったこと，３連目では未来のことを書いてみよう。
・ドッジボールのコートのことをそのまま使わずに「白い線」と表現してみよう。

詩の組み立てや表現の工夫などについて困ったり悩んだりした場合，班で自由に話し合わせてもよい。

づけましょう。

感動を言葉に

め 言葉や表現を工夫して、詩を書いてみよう

〈表現の工夫〉

・リズムのよさ
・キーワードを何度も使う　《反復(はんぷく)》
・気持ち、様子が伝わる言葉を使う
・そのままの言葉を使わない（ほかの言葉に例える）　《比ゆ》
・言葉の順じょを入れかえる　《倒置(とうち)》
・連ごとに視点を変える

※前時で出てきた意見を掲示する。

主体的・対話的で深い学び

・短絡的な表現に終始しないよう，様々な表現技法や語順，使う言葉など工夫できる視点を与えることで，詩に表現することへの思考を深めることができる。
・様々な表現の工夫から１つの作品ができることに着目して，自分が伝えたいことを表現させたい。詩に表現することの奥深さを自然と感じることができるだろう。

準備物

・下書き用原稿用紙
・前時に書いた組み立てシート（組み立てシート例　３例 DVD 収録【4下_10_02～4下_10_04】）
・国語辞典，類語辞典

3 つかむ 推敲する　書いたものや書きかけの詩を見直し，推敲の仕方を確かめよう。

「表現の工夫を考えながら，詩が書けましたか。書けた人も，まだどう書けばよいか迷っていて途中の人も，そのときの様子や自分の気持ちがより伝わるように表現を見直していきましょう。」

友達の詩を見ながら，どう直していくとよいか考えてみましょう。
「学校」というキーワードをもっと使ってみたらどうかな。読み手の感じ方も変わるかもね。
「コート」を「白い線」に例えているのがいいね。「ボール」が直接的すぎるような気がする。比喩が使えないかな。

何人かの詩を見本にして，効果的な表現の工夫を見つけ，より工夫できることなどを考えながら，具体的に推敲の仕方を確かめ合う。（板書参照）

「では，自分の詩を見直して，書き直しましょう。」

・比喩，反復，言葉の順序の入れ替えをうまく使うことができたら，すごい詩になりそう。

4 振り返る 見通す　学習したことを振り返り，これからの学びについて考えよう。

「今日の学習を振り返りましょう。」

自分が感動したことを伝えられるよう，工夫を考えながら，詩を書いた。

「たとえ」や繰り返しや，順序の入れ替えなど，使えそうな工夫がないか考えられた。

見直しの仕方を知って，自分の詩でも表現の工夫ができた。

「表現の工夫を考えながら，詩を書いてみることができましたね。次の時間は，友達の意見を聞きながら，より豊かに読み手に自分の思いを伝えられるものになるように見直していきます。」

・とりあえず詩は書けたけれど，見直しして，もっとうまく表現の工夫を使ってよりよいものにしたい。
・どうすればもっと面白い表現ができるか，友達に相談してみよう。

感動を言葉に

第5時 (5/7)

本時の目標

書いた詩を互いに読み合い，感想や意見を伝え合うことができる。他者評価をもとに表現を推敲することができる。

授業のポイント

評価をし合うことで，よりよい表現に推敲する視点を得ることができるようにする。他者評価シートなどが手元に残るようにすると，以後の学習を進めやすい。

本時の評価

書いた詩を互いに読み合い，感想や意見を伝え合っている。他者評価をもとに表現を推敲している。

〈つながり〉一人ひとりが書いた詩を，班の友達と読み合い，対話を通して表現を工夫していける

板書例

（○○さんの詩）

いつも行く学校
なにげなくいく学校
いつか卒業する学校

けんかをして泣いた学校
心配してなぐさめてくれる学校
仲直りする学校

だからいつも楽しくいける
これからも　この仲間と
歩んで行きたいな

※

（△△さんの詩）

三年生とたたかった
青い空の日に
ドッジボールで

白い線から白い線へ
飛行機は飛んで
ゆく

飛行機は私の前に飛んできた
私はその飛行機を
やさしくうけとめた

そのときはじめてとれたボールは
キラキラ光っていて
星のようだった

※

◇詩を清書しよう

◎表現の工夫

・リズム感（反復）
・倒置（順じょの入れかえ）
・比ゆ（ぎ人）
・連ごとに視点を変える

・倒置
・比ゆ
「コート」→「白い線」
「ボール」→「飛行機」
・気持ちを伝える
「やさしく」
「キラキラ光って星のよう」

※各班で読み合って見直しした部分を赤字で記載している。
この２つの詩の推敲は，前時との対比で，板書で掲示するとよい。

1 めあて つかむ　よりよい表現になるように，推敲するポイントを見つけよう。

「ここまで，一人ひとりで詩を書いてきましたね。今日はまず，自分が書いた詩を班で読み合って，みんなの今の詩のことを知り合いましょう。そして，友達の詩で，よりよい表現の工夫がないか考えます。そして，班で見直しができたら，詩を清書します。」

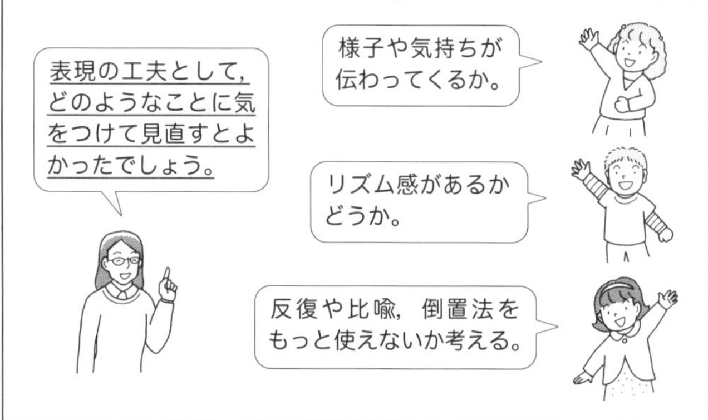
表現の工夫として，どのようなことに気をつけて見直すとよかったでしょう。
様子や気持ちが伝わってくるか。
リズム感があるかどうか。
反復や比喩，倒置法をもっと使えないか考える。

・友達の詩のよいところをいかして，詩の推敲をしていきたいね。

よりよい詩になるよう，推敲する視点を確かめ，自他の書いた詩の共通点や差異に着目し，互いの表現のよいところを見つけるように意識づける。

2 対話する 推敲する　書いてきた詩を読み合って，班の友達の詩を推敲しよう。

「より思いや気持ちが伝わる詩になるように，もっと表現の工夫ができるところがないか，班で話し合いましょう。」

友達の詩がよりよいものになるように，話し合って見直しましょう。
「ボール」を何か他のものに例えられないかな。「飛行機」とかはどうかな。
それいいね。学校の近くに空港があって，確かドッジボール大会のときもたくさん飛行機が飛んでいたよね。

・「学校」というキーワードをもっと何回も使ったらどうかな。
・言葉の順番を入れ替えると，リズムがもっとよくなりそうだよ。

誤字・脱字の指摘や修正に終始しないよう，表現の工夫に着目して推敲できるように支援する。

ようにしましょう。

感動を言葉に

ⓜ 友達と詩を読み合って表現の工夫を見直し、詩を清書しよう

◇詩を読み合おう

①書いた詩を、班（はん）で読み合う

②よりよい詩にするための表現を考える（すいこう）

◇よりよい表現にしよう

主体的・対話的で深い学び

・他者評価を一度入れることで，自分だけでは気づくことができなかった表現の視点を得ることができ，より客観的に思考を深めることができる。

・表現に関する新たな視点が見つかることで，詩に表現することに，更に意欲的に取り組み，試行錯誤して表現を工夫する姿に繋がるだろう。

準備物

・下書き用の原稿用紙

・清書用の B4 画用紙（人数分以上の枚数）※原稿用紙でもよい。

・国語辞典

・類語辞典

・フェルトペン，色鉛筆（必要に応じて）

3 書く　詩を清書して仕上げよう。

「詩の見直しができた人から，丁寧な字で清書用紙に清書をしましょう。」

清書用の紙を配る。

「学校」という言葉をただ繰り返すだけじゃなくて，言葉の順番を入れ替えて，全部の行の最後に書くことにしよう。

例えの言葉もたくさん使えたし，あのときの様子や，うれしかった自分の気持ちも「やさしく」「キラキラと」の言葉で表現できた。

「丁寧に詩の清書ができましたか。書けた人は，その詩のときの様子や自分の気持ちを表す挿絵を描いて仕上げましょう。」

挿絵の作成は，状況に応じて取り組ませ，あまり時間をかけすぎないようにする。

4 対話する 振り返る　表現の工夫について確かめ合い，学習したことを振り返ろう。

できあがったら，班でお互いの詩を読み合い，それぞれの表現の工夫について確かめ合いましょう。

「学校」という言葉をそれぞれの行の最後に使って，うまくリズム感が出たね。
「ボール」という言葉も「飛行機」という言葉にうまく例えて，青空と対比させることができたね。

書き上げた詩を，班で見せ合う。班で出し合った表現の工夫について，学級全体で交流してもよい。

「今日の学習を振り返りましょう。」

・みんなの作った詩を読んで，表現の工夫のコツが分かってきて，自分の詩の見直しにもいかせた。

・友達に相談して，自分だけでは思いつかなかった表現の工夫に気づいて，使うことができた。

「次の時間は，みんなの詩を読み合います。」

感動を言葉に

第6,7時（6,7/7）

本時の目標

書いた詩を読み合い，互いの表現のよさを感じながら，感想や意見を伝え合うことができる。
単元の学習を振り返ることができる。

授業のポイント

互いの表現のよさに着目して，作った詩を読み合い，感想や意見を伝え合うようにすると，対話的に楽しく，深く学べる。

本時の評価

書いた詩を読み合い，互いの表現のよさを感じながら，感想や意見を伝え合っている。
単元の学習を振り返っている。

板書例

〈認め合う〉他の班の人とも詩を読み合い，互いの表現のよいところを認め合う場になるように

(2) 読み手と聞き手を交代する
(3) ほかの班と組み合わせを変える

〈気をつけること〉
（読み手）
・ていねいに、思いが伝わるように読む
（聞き手）
・情景や気持ちを思いうかべながら聞く
・友達の詩の工夫を見つける
・どんな言葉や表現を使っているか
※※

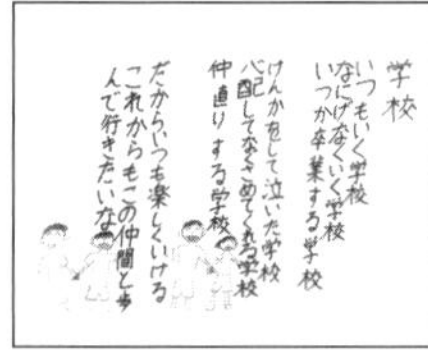

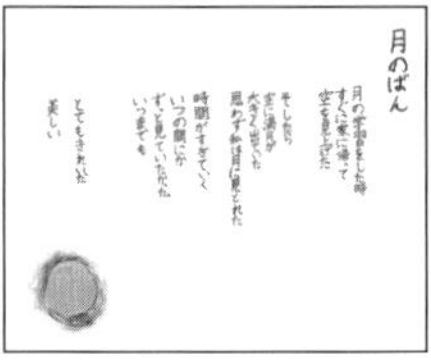

※全体交流で話題に挙がった詩を掲示し，紹介する。

◇ふり返ろう
・比ゆやくり返しを使うと、強調できる
・いろんな言葉や表現の工夫があった
・友達と読み合って、今までよりもよい詩が書けた
※※

※※児童の発言を板書する。

1 めあて つかむ（第6時）　本時の課題を確かめよう。

「今日の学習では，これまでそれぞれが表現の工夫を考えて書いてきた詩を他の班の人と読み合います。板書のように進めていきましょう。」

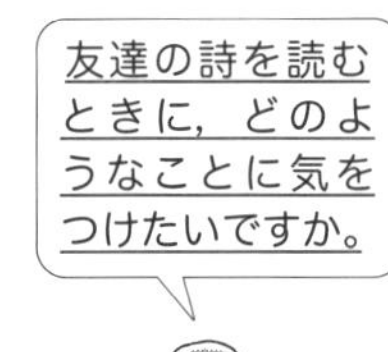
友達の詩を読むときに，どのようなことに気をつけたいですか。

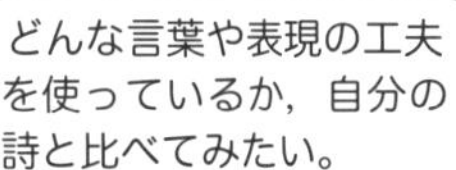
気持ちや情景を思い浮かべながら読む。

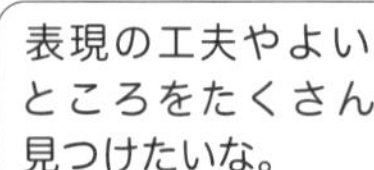
どんな言葉や表現の工夫を使っているか，自分の詩と比べてみたい。
表現の工夫やよいところをたくさん見つけたいな。

「自分の詩を人に聞いてもらうときの読み方で気をつけたいことはありますか。」
・丁寧に思いが伝わるように読みたい。

「そうですね。お互いの詩を読んだり聞いたりしてよいところや感想は，ステップアップカードに書いて渡しましょう。」

読み合うときの視点を確かめ合い，児童一人ひとりが意識して活動できるようにする。

2 読み合う 見つけ合う　詩を交流し，互いのよいところを見つけ合おう。

「一人ひとりが書いた詩を読み合い，お互いの表現のよいところを見つけ合いましょう。よいところや感想は，カードに書いて渡しましょう。また，思ったことを直接伝えたり，質問したりしてもいいですね。」（ステップアップカードを配る）

…これで，１班の詩の発表を終わります。
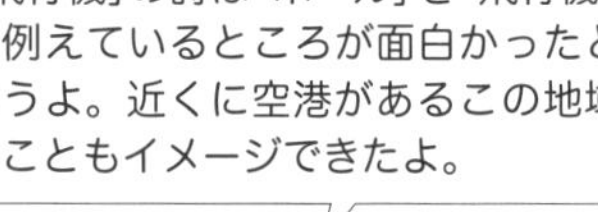
「学校」の詩では，「学校」の言葉をどの行でも最後に使う工夫が印象に残ったね。
「飛行機」の詩は「ボール」を「飛行機」に例えているところが面白かったと思うよ。近くに空港があるこの地域のこともイメージできたよ。

・みんな，比喩や倒置法を上手く使えていて，思いが伝わってきたね。

ステップアップカード（他者評価シート）は，交流ごとに１人１枚ずつ書くことを目安にする。１回の交流でどの児童も１枚もらえるよう配慮するとよい。

教師は基本的に学級全体の様子を見守るようにし，必要に応じた支援をしながら，時間の管理を行う（１回の交流につき 10 分程度）ようにする。

ましょう。

感動を言葉に

㋱ 書いた詩を読み合い、学習をふり返ろう

〈進め方〉

(1) 二つの班(はん)(○班と△班)の組み合わせになる

○班(読み手)
① 一人ずつ、自作の詩を読む(見せる)
② 感想や意見を聞く(カードをもらう)

△班(聞き手)
① 詩を聞く(見る)
② 詩を読んだ感想や意見を伝える(カードに書く)

主体的・対話的で深い学び

・他者の表現のよさに着目して，互いに書いた詩を読み合うことで，他者評価を通して，自己の表現や学び，成長を肯定的に捉え，以後の学ぶ意欲につなげることができる。
・詩を読み合うことで，自分では思いもつかなかった言葉や表現方法に気づき，表現の奥深さに気づくことができる。
・友達との対話とともに，自己内対話も意識して単元全体での学びを振り返ることで，自己の成長を中心に，学びの変容を肯定的に捉えられるようにしたい。

準備物

・詩を清書した紙（児童の作品例　3 編
DVD 収録【4 下 _10_05】）
・ステップアップカード（児童数× 4，5 枚）
（児童用ワークシート見本
DVD 収録【4 下 _10_06】）

3 交流する 認め合う　友達の詩のよかったところを話し合い，交流しよう。

「他の班の人たちと，書いた詩を読み合って，それぞれのよかったところを班で話し合いましょう。」

どの連でもリズムが同じになっていた２班の○○さんの詩はよかったね。

３班の△△さんの詩からは，絶対にそのままの言葉を使わないというこだわりを感じたね。

１班の□□さんの詩では，どの連でも同じタイミングで倒置法が使われていたね。

同じ題材でも，表現の仕方や伝えたいことが違っていて，面白かったね。

「班で出し合った，友達の詩のよかったところや表現の工夫について発表しましょう。」

班で話し合い，考えたことを学級全体でも交流する。全体で話題に挙がった詩を，黒板に掲示して全体に共有するとよい。

「今日の学習を振り返りましょう。」
・これまで表現を工夫して書いた詩を発表できた。
・みんなの詩の表現に個性が出ていて面白かった。

（第 7 時） 4 振り返る 交流する　単元全体を通して，自己の学びや成長について振り返ろう。

「この単元の学習を通して，学んだことや成長できたことを振り返っていきましょう。班で話し合って，プラスの面に着目できるといいですね。」

プラス面を主に振り返るよう意識づけ，班で話し合う。

「班で話し合ったことを，学級全体で交流しましょう。」

どんなことを伝えるにしても，いろんな言葉や表し方の工夫があると感じました。

比喩や繰り返しなどの様々な表現の工夫を使えば，これからよりよい文章を書くときにいかせると思いました。

友達と読み合って，今までよりもよい詩ができて嬉しいです。

他の友達の詩の表現もすごく勉強になりました。

各班で話し合ったことを整理したホワイトボードは，黒板に掲示するとよい。

最後に，教科書 P79「たいせつ」「いかそう」を確かめ合い，これからの学習や生活につなげられるように意識づける。

DVD 収録（ワークシート記入例，作品例）

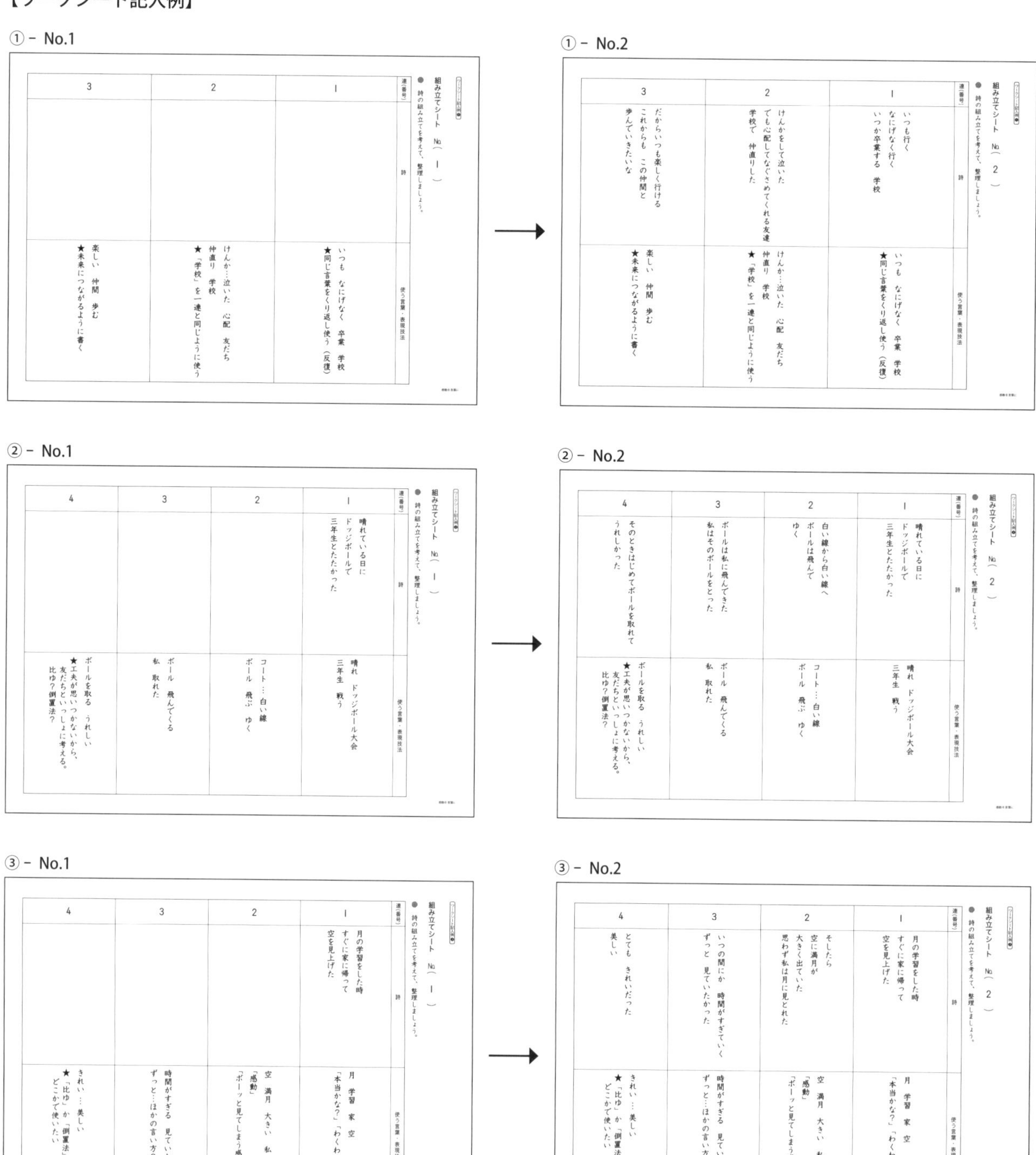

【ワークシート記入例】

①－No.1

組み立てシート　No.（ 1 ）

● 詩の組み立てを考えて、整理しましょう。

連（番号）	1	2	3
詩			
使う言葉・表現技法	いつも　なにげなく　卒業　学校 ★同じ言葉をくり返し使う（反復）	けんか…泣いた　心配　友だち 仲直り　学校 ★「学校」を一連と同じように使う	楽しい　仲間　歩む ★未来につながるように書く

①－No.2

組み立てシート　No.（ 2 ）

● 詩の組み立てを考えて、整理しましょう。

連（番号）	1	2	3
詩	いつも行く なにげなく行く いつか卒業する　学校	けんかをして泣いた でも心配してなぐさめてくれる友達 学校で　仲直りした	だからいつも楽しく行ける これからも　この仲間と 歩んでいきたいな
使う言葉・表現技法	いつも　なにげなく　卒業　学校 ★同じ言葉をくり返し使う（反復）	けんか…泣いた　心配　友だち 仲直り　学校 ★「学校」を一連と同じように使う	楽しい　仲間　歩む ★未来につながるように書く

②－No.1

組み立てシート　No.（ 1 ）

● 詩の組み立てを考えて、整理しましょう。

連（番号）	1	2	3	4
詩	晴れている日に ドッジボールで 三年生とたたかった			
使う言葉・表現技法	晴れ　ドッジボール大会 三年生　戦う	コート…白い線 ボール　飛ぶ　ゆく	ボール　飛んでくる 私　取れた	ボールを取る　うれしい ★工夫が思いつかないから、友だちといっしょに考える。 比ゆ？倒置法？

②－No.2

組み立てシート　No.（ 2 ）

● 詩の組み立てを考えて、整理しましょう。

連（番号）	1	2	3	4
詩	晴れている日に ドッジボールで 三年生とたたかった	白い線から白い線へ ボールは飛んで ゆく	ボールは私に飛んできた 私はそのボールをとった	そのときはじめてボールを取れて うれしかった
使う言葉・表現技法	晴れ　ドッジボール大会 三年生　戦う	コート…白い線 ボール　飛ぶ　ゆく	ボール　飛んでくる 私　取れた	ボールを取る　うれしい ★工夫が思いつかないから、友だちといっしょに考える。 比ゆ？倒置法？

③－No.1

組み立てシート　No.（ 1 ）

● 詩の組み立てを考えて、整理しましょう。

連（番号）	1	2	3	4
詩	月の学習をした時 すぐに家に帰って 空を見上げた			
使う言葉・表現技法	月　学習　家　空 「本当かな？」「わくわく感」	空　満月　大きい　私　見とれる 「感動」 「ボーッと見てしまう感じ」	時間がすぎる　見ていたかった ずっと…ほかの言い方？めっちゃ？	きれい…美しい ★「比ゆ」か「倒置法」を どこかで使いたい

③－No.2

組み立てシート　No.（ 2 ）

● 詩の組み立てを考えて、整理しましょう。

連（番号）	1	2	3	4
詩	月の学習をした時 すぐに家に帰って 空を見上げた	そしたら 空に満月が 大きく出ていた 思わず私は月に見とれた	いつの間にか　時間がすぎていく ずっと　見ていたかった	とても　きれいだった 美しい
使う言葉・表現技法	月　学習　家　空 「本当かな？」「わくわく感」	空　満月　大きい　私　見とれる 「感動」 「ボーッと見てしまう感じ」	時間がすぎる　見ていたかった ずっと…ほかの言い方？めっちゃ？	きれい…美しい ★「比ゆ」か「倒置法」を どこかで使いたい

【作品例】

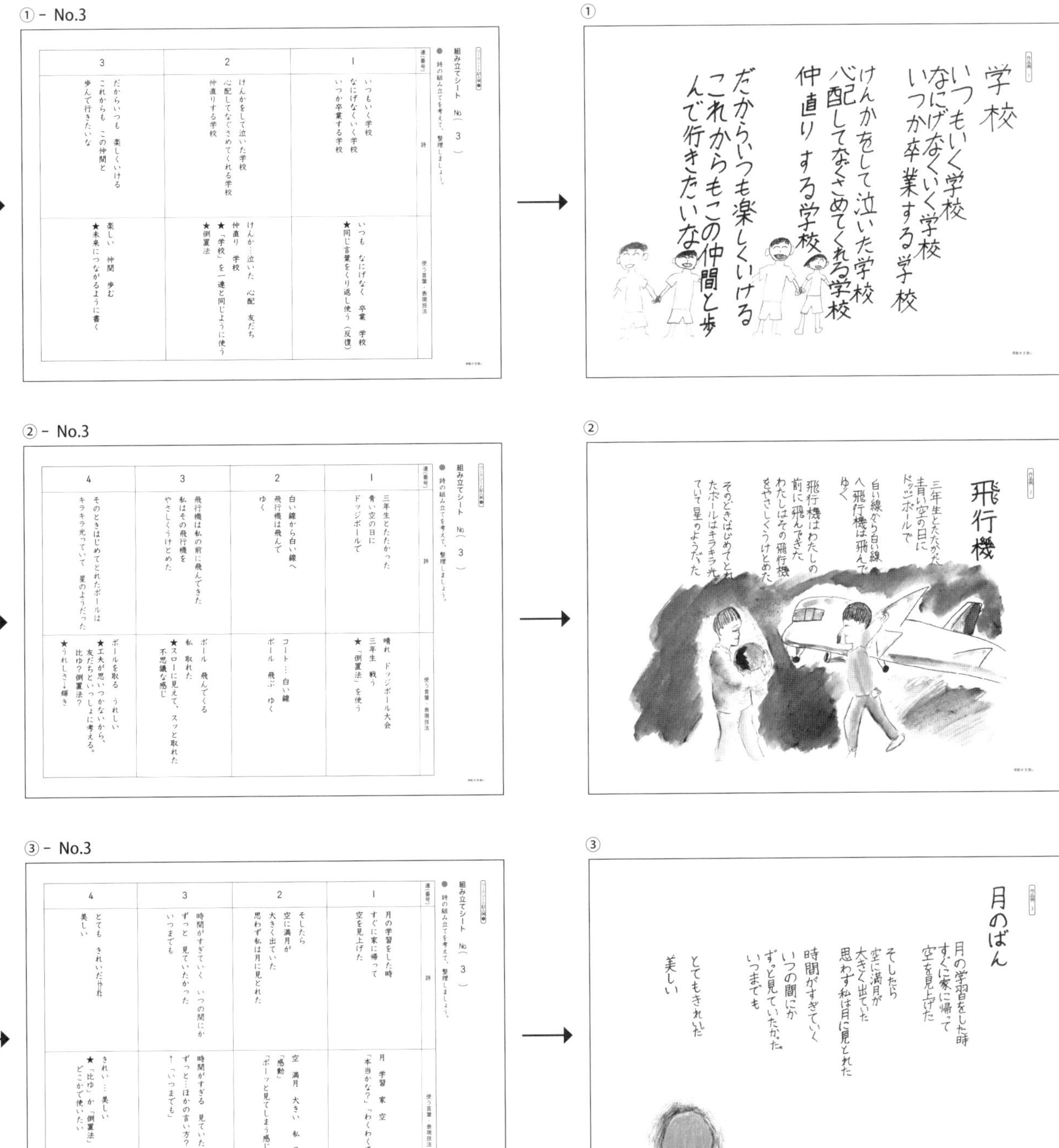

① - No.3

組み立てシート No.（ 3 ）

● 詩の組み立てを考えて、整理しましょう。

連（番号）	1	2	3
詩	いつもいく学校 なにげなくいく学校 いつか卒業する学校	けんかをして泣いた学校 心配してなぐさめてくれる学校 仲直りする学校	だからいつも　楽しくいける これからも　この仲間と 歩んで行きたいな
使う言葉・表現技法	いつも　なにげなく　卒業　学校 ★同じ言葉をくり返し使う（反復）	けんか…泣いた　心配　友だち 仲直り　学校 ★「学校」を一連と同じように使う ★倒置法	楽しい　仲間　歩む ★未来につながるように書く

学校
いつもいく学校
なにげなくいく学校
いつか卒業する学校
けんかをして泣いた学校
心配してなぐさめてくれる学校
仲直りする学校
だからいつも楽しくいける
これからもこの仲間と歩
んで行きたいな

② - No.3

組み立てシート No.（ 3 ）

● 詩の組み立てを考えて、整理しましょう。

連（番号）	1	2	3	4
詩	三年生とたたかった 青い空の日に ドッジボールで	白い線から白い線へ 飛行機は飛んで ゆく	飛行機は私の前に飛んできた 私はその飛行機を やさしくうけとめた	そのときはじめてとれたボールは キラキラ光っていて　星のようだった
使う言葉・表現技法	晴れ　ドッジボール大会 三年生　戦う ★「倒置法」を使う	コート…白い線 ボール　飛ぶ　ゆく	ボール　飛んでくる 私　取れた ★スローに見えて、スッと取れた 不思議な感じ	ボールを取る　うれしい ★工夫が思いつかないから、 友だちといっしょに考える。 比ゆ？倒置法？ ★うれしさ→輝き

飛行機
三年生とたたかった
青い空の日に
ドッジボールで
白い線から白い線
へ飛行機は飛んで
ゆく
飛行機はわたしの
前に飛んできた
わたしはその飛行機
をやさしくうけとめた
そのときはじめてとれ
たボールはキラキラ光
ていて星のようだた

③ - No.3

組み立てシート No.（ 3 ）

● 詩の組み立てを考えて、整理しましょう。

連（番号）	1	2	3	4
詩	月の学習をした時 すぐに家に帰って 空を見上げた	そしたら 空に満月が 大きく出ていた 思わず私は月に見とれた	時間がすぎていく　いつの間にか ずっと　見ていたかった いつまでも	とても　きれいだけれ 美しい
使う言葉・表現技法	月　学習　家　空 「本当かな？」「わくわく感」	空　満月　大きい　私　見とれる 「感動」 「ボーッと見てしまう感じ」	時間がすぎる　見ていたかった ずっと…ほかの言い方？めっちゃ？ ↑「いつまでも」	きれい…美しい ★「比ゆ」か「倒置法」を どこかで使いたい

月のばん
月の学習をした時
すぐに家に帰って
空を見上げた
そしたら
空に満月が
大きく出ていた
思わず私は月に見とれた
時間がすぎていく
いつの間にか
ずっと見ていたかた。
いつまでも
とてもきれいだ
美しい

季節の言葉

冬の楽しみ

全授業時間２時間

◉ 指導目標 ◉

・言葉には性質や役割による語句のまとまりがあることを理解し，語彙を豊かにすることができる。
・経験したことや想像したことなどから書くことを選び，伝えたいことを明確にすることができる。

◉ 指導にあたって ◉

① 教材について

本単元では，12 月から２月にかけての冬の行事に関わる言葉を集め，季節の言葉として知り合います。年末，年始を挟むこの季節，「冬の楽しみ」でもある大きな行事と言えばお正月です。お正月は，新しい年を迎え新たな１歩を踏み出す節目の行事として，昔から大切にされてきました。お正月の祝い方には，今でもお雑煮やおせち料理など，地域によってさまざまな違いがあります。しかし，新年を迎えたことを皆で祝い，よき１年であることを願う…という人々の気持ちは共通しています。また,「もういくつ寝ると…」の歌のように，子どもにとっては最も楽しみな行事でした。なお，冬の行事として，教科書ではお正月のほかに,「正月事始め」や「冬至」,「大晦日」「七草がゆ（春の七草)」，２月では「節分」が取り上げられ，飯田蛇笏の俳句も出ています。

お正月に関わって，雑煮，元旦，新春など多くの言葉があります。また，餅つき，年越しそば，鏡開きなども正月に関連した言葉です。教科書に出ている絵や写真，言葉から，まずこれらの言葉を知り合います。いわば，全国版の言葉です。次に，それぞれの地方に伝わる行事やならわしを表す言葉はないか話し合い，教科書には出ていない言葉へと広げます。地方版の言葉と言えるでしょう。

そして，冬の行事の楽しさを知らせるようなかるたを作ります。

② 主体的・対話的で深い学びのために

例えば「正月事始め（十三日)」の内容や，冬至には「ゆず湯」に入り「かぼちゃ」を食べる意味などは，ほとんどの児童は知りません。伝統的な行事，習慣といえどもくらし方が変わるとともに，変化したり消えていったりするからです。言葉も同様です。家では聞くことのない言葉もあります。そこで，児童どうしや先生との対話を通して，これらの言葉を知っておくことも，意味のある深い学びとも言えるでしょう。

冬の行事に関わる言葉を使ってのかるた作りは，字数の制限の中であれこれ考え，児童も主体的に取り組める活動になります。また，友達との対話も広がります。

◉ 評価規準 ◉

知識 及び 技能	言葉には性質や役割による語句のまとまりがあることを理解し，語彙を豊かにしている。
思考力，判断力，表現力等	「書くこと」において，経験したことや想像したことなどから書くことを選び，伝えたいことを明確にしている。
主体的に学習に取り組む態度	積極的に語彙を豊かにし，学習課題に沿って，行事の楽しさを伝えるかるたを作ろうとしている。

◉ 学習指導計画　全２時間 ◉

次	時	学習活動	指導上の留意点
1	1	・冬の行事にはどんなものがあるのか話し合い，めあてを捉える。 ・大晦日，お正月，節分などの行事と，「七草がゆ」や「春の七草」など，それに関わる言葉を調べたり出し合ったりする。	・めあては「冬の行事やそれに関わる言葉を集めよう」とする。 ・教科書の挿絵も参考にさせるとともに，自分たちの地域や家での行事や習わしにも目を向けさせ，言葉を知り合わせる。
	2	・冬の行事に関わる俳句をよみ，俳句の言葉のリズムを捉える。 ・かるたの作例を見て，冬の行事を題材にした読み札と絵札を考え，かるたを作る。 ・作ったかるたを読み合い，交流する。	・『わがこゑののこれる耳や福は内』(蛇笏)は，難しければ，教師が句の情景を説明する。 ・できれば児童の体験から読み札の題材を見つけさせ，その後，音数を整えさせる。 ・かるたは掲示し，互いに知り合わせる。

〈留意すること〉

・年末年始の行事には，クリスマスや除夜の鐘，初詣のように，教会や神社仏閣に関わる言葉もあります。ここでは宗教的な意味合いにはふれずに，地域や家での行事や習わしという窓口から，それぞれの言葉を捉えさせます。

・また，「お年玉」など，それぞれの家庭のくらし向きに関わることは，話題には取り上げない方がよいでしょう。

DVD 収録（画像，イラスト）※本書 P170，171 に掲載しています。

冬の楽しみ

第 1 時 （1/2）

本時の目標

お正月などの冬の行事やそれに関わる言葉があることに気づき，集めることができる。

授業のポイント

言葉には，児童の経験から引き出す言葉と，「冬至」など教師が説明して教える言葉がある。言葉を増やす上ではどちらも必要である。

本時の評価

お正月などの冬の行事やそれに関わる言葉があることに気づき，集めることができている。

〈行事の言葉〉年末年始の行事の言葉については，宗教的な意味合いには触れずに，地域や家での

板書例

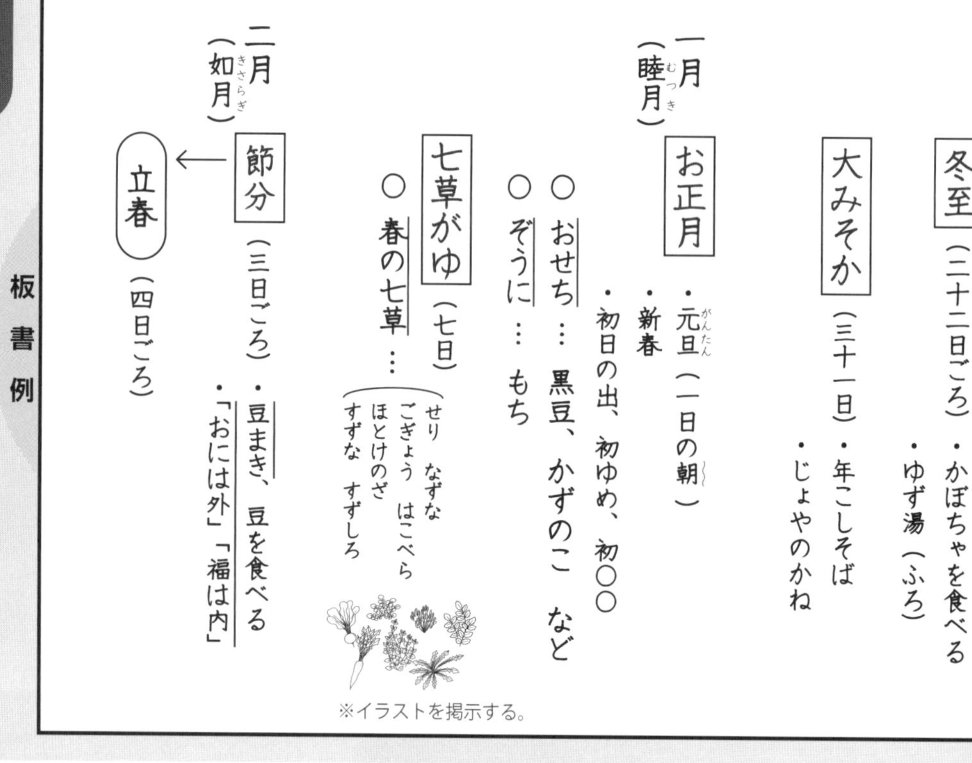

冬至（二十二日ごろ）
・かぼちゃを食べる
・ゆず湯（ふろ）
大みそか（三十一日）
・年こしそば
・じょやのかね
一月（睦月）
お正月
・元旦（一日の朝）
・新春
・初日の出、初ゆめ、初〇〇
〇おせち…黒豆、かずのこ など
〇ぞうに…もち
七草がゆ（七日）
〇春の七草…
せり なずな ごぎょう はこべら ほとけのざ すずな すずしろ
二月（如月）
節分（三日ごろ）
・豆まき、豆を食べる
・「おには外」「福は内」
立春（四日ごろ）

※イラストを掲示する。

1 対話する めあて　思い浮かべた冬の行事について話し合い，めあてを捉えよう。

「今は季節で言うと『冬』です。では，冬の行事というと，どんなものが思い浮かびますか。地域や学校，家ですることを思い出してみましょう。」

ノートに書かせ，まずグループで話し合ってもよい。

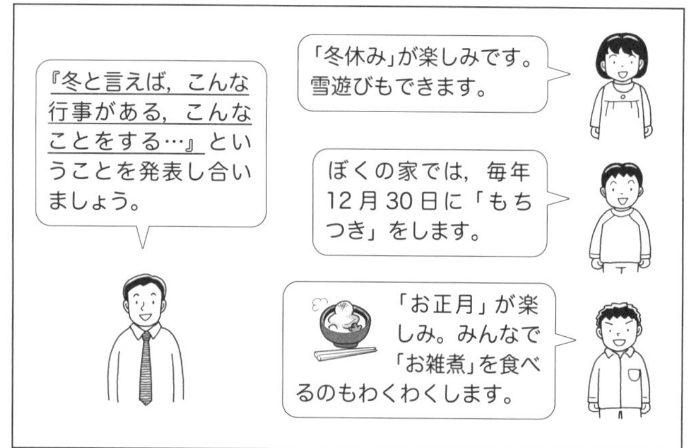

『冬と言えば，こんな行事がある，こんなことをする…』ということを発表し合いましょう。
「冬休み」が楽しみです。雪遊びもできます。
ぼくの家では，毎年 12 月 30 日に「もちつき」をします。
「お正月」が楽しみ。みんなで「お雑煮」を食べるのもわくわくします。

「お正月に関係した言葉が出てきました。今日は，お正月のような冬にある行事や，それに関わる言葉を考えたり調べたりして集めます。」

「最後に，そんな言葉を使って，かるたも作ります。」
- うまく作れるかなあ…。でも，面白そう。

2 対話する　月の古い呼び名と，お正月以外の冬の行事について話し合おう。

「『冬』は，月で言うと 12 月，1 月，2 月です。これらの月には，古い呼び名もあるのです。」
- 教科書に出ています。12 月は『師走』，1 月は『睦月』2 月は『如月』です。どんな意味なのかなあ。

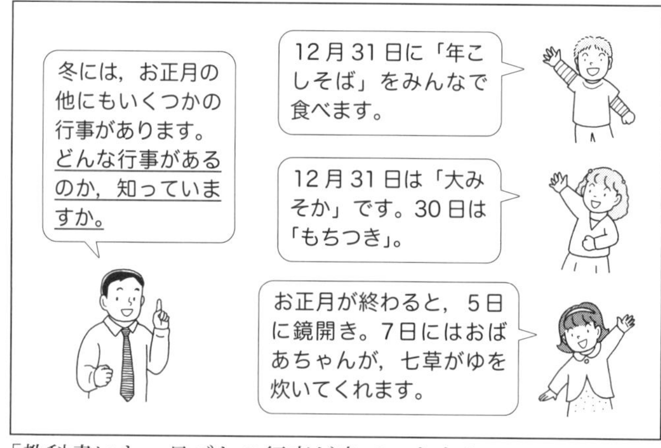

冬には，お正月の他にもいくつかの行事があります。どんな行事があるのか，知っていますか。
12 月 31 日に「年こしそば」をみんなで食べます。
12 月 31 日は「大みそか」です。30 日は「もちつき」。
お正月が終わると，5 日に鏡開き。7 日にはおばあちゃんが，七草がゆを炊いてくれます。

「教科書にも，月ごとの行事が出ていますよ。」
- 12 月は，『正月事始め』『冬至』『大みそか』です。
- 1 月は，やっぱり『お正月』。『七草がゆ』もです。
- 2 月は『節分』。「おには外…」と，豆まきをします。

「節分とは，季節の変わり目のことで，『立春』の前日です。『立春』は，暦の上で春になる日なのです。」

行事や習わしという観点から捉えさせるようにしましょう。

季節の言葉

冬の楽しみ

め　冬の行事に関係する言葉を集めよう

冬　十二月　一年の終わり
　　一月
　　二月　一年の始まり

十二月（師走(しわす)）　正月事始め（十三日）… じゅんびを始める
○ もちつき、おそなえ、しめなわ
・大そうじ（すすはらい）

主体的・対話的で深い学び

・伝統的な行事に関わる言葉には，今や教師でさえ知らないものもある。「すす払い」などは，「すす」そのものがくらしから消えている。古くからの言葉を伝えるためには，まずは教師が調べ，知っておく必要がある。それが，深い学びにつながる。
・行事の言葉は，児童のくらしともつないで発言させる。同じ「大晦日」でもいろんな過ごし方があることが分かり，実感を伴った言葉になる。なお，「お正月」に関わる発言や対話には，児童のくらしぶりも表れるので，配慮も必要である。

準備物

・「春の七草」
　※できれば，大根（すずしろ），かぶ（すずな）などは実物を，他の七草は画像やイラストで確認する。
　（画像，イラスト DVD 収録【4下_11_01～4下_11_08】）
・（あれば）行事画像（地域の冬の行事のもの）

3 対話する 調べる　行事に関係する言葉を調べ，言葉を増やそう。

「それぞれの行事に関係した言葉もあります。『正月事始め』とは，お正月の準備を始めることです。だから『大そうじ(すすはらい)』という言葉も，お正月を迎えることに関係した言葉なのですね。」

では，『七草がゆ』の『七草』とは，何でしょう。
教科書に出ています。せり，なずな，ごぎょう…。
『春の七草』のことです。それを入れて炊いたおかゆが『七草がゆ』です。食べると，健康になるそうです。

大根（すずしろ）かぶ（すずな）などは実物を，他の七草は画像などで見せるとよい。

「七草のような行事に関係する言葉はたくさんあります。他に『正月』ではどんな言葉がありますか。」
・教科書では『おせち』『ぞうに』『初ゆめ』『元旦』…。
・私の家では２日に『初風呂』に入ります。

4 対話する 書く　地域の行事や関係する言葉を集め，交流しよう。

「『大みそか』なら，関係するどんな言葉がありますか。」
・『じょやのかね』，『年こしそば』です。

では，私たちの地域で行われる冬の行事で，何か知っているものや参加したものはあるでしょうか。

広場で『どんど』をして，そこでお餅を焼きます。

1月の15日に，○○寺で『大どんど（左義長）』があります。燃え残りを持って帰ると，火事よけになるそうです。

・『たこあげ大会』があります。大凧をみなで揚げます。
・幼稚園のころ，石うすで『もちつき』をしました。

「『ぞうに』は，京都では味噌を入れますが，入れない地方もあって，いろんなお雑煮があるそうですよ。」
・じいちゃんの家では，お吸い物みたいなお雑煮です。
・私の親戚の家では，魚を入れるお雑煮です。

行事の多様性を出し合い交流するのも児童どうしをつなぎ，言葉を広げる上で効果的。最後に板書を写させる。

冬の楽しみ

第2時 (2/2)

本時の目標

冬の行事に関心を寄せ，行事に関わる言葉を使ったかるたを作ることができる。

授業のポイント

かるた作りがメインの活動になる。書きたいことはあっても，４年生には音数を整えることが案外難しい。おおまかな枠組み内で書けていれば認めるようにする。

本時の評価

冬の行事に関わる言葉を使ったかるたを作り，友達と読み合っている。

板書例

〈かるたの読み札作り〉 行事について，音数を整えかるたの言葉にするのは案外難しいことです。

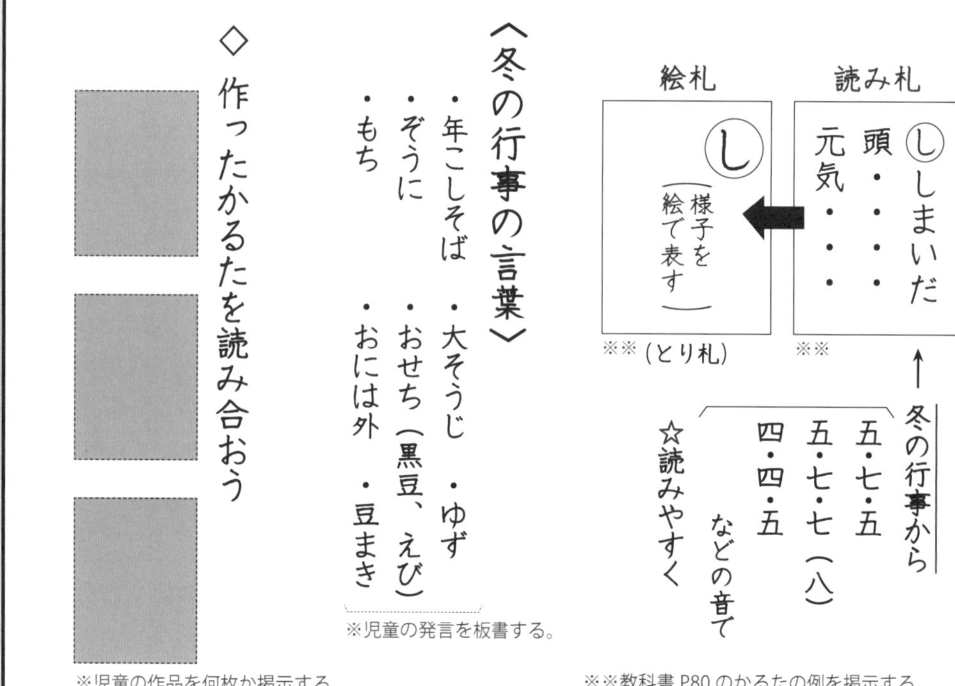

読み札
し しまいだ
頭・・・・
元気・・・・
※※
絵札
し
（様子を絵で表す）
※※（とり札）
冬の行事から
五・七・五
五・七・七（八）
四・四・五
などの音で
☆読みやすく
〈冬の行事の言葉〉
・年こしそば ・大そうじ ・ゆず
・ぞうに ・おせち（黒豆、えび）
・もち ・おには外 ・豆まき
※児童の発言を板書する。
◇ 作ったかるたを読み合おう
※児童の作品を何枚か掲示する。
※※教科書 P80 のかるたの例を掲示する。

1 対話する 読む

豆まきについて話し合い，節分を詠んだ俳句を読もう。

「冬のいちばん寒い頃の行事に，節分があります。みなさんも豆まきはしたことがありますか。」

- 『鬼は外，福は内』と言って豆まきをしました。
- 幼稚園のころ，先生が鬼の役をしてくれました。
- 豆も食べます。年の数よりひとつ多く食べます。

教科書に節分の俳句が出ています。読んでみましょう。(2,3 回斉読)どの言葉で，節分のことだと分かりましたか。
わがこゑののこれる耳や福は内
『福は内』です。豆まきをしているところです。
きっと大声で『福は一内』って言ったのだと思います。
だから，その声がずっと耳にも残ったのかな。

児童には分かりにくい俳句だろう。難しいようなら教師がその場面と内容を説明する。また，豆まきをしない家も多くなっていることなどには配慮も必要となる。

音読で俳句のリズムを感じ取らせ，かるた作りにつなぐ。

2 めあて 対話する

かるたを作るというめあてを聞き作り方について話し合おう。

「冬の行事に関係したいろんな言葉があることが分かりました。今日はこれらの言葉を使ったかるたを作ります。言葉を書いた読み札と絵の札を作ります。」

「かるたとり，したことがあるかな？ 教科書のかるたの例を読んでみましょう。」（読み札を斉読）

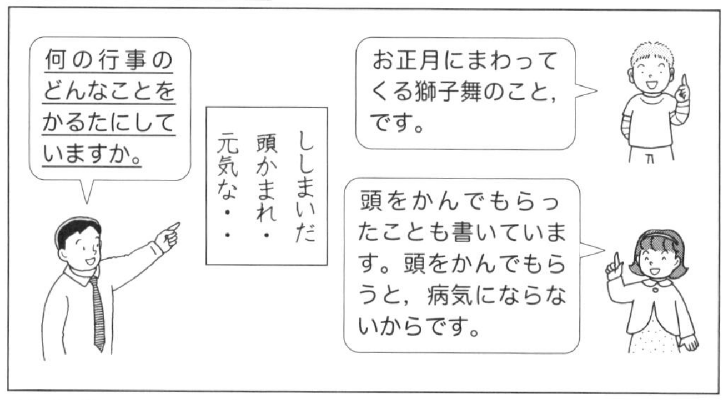

何の行事のどんなことをかるたにしていますか。
ししまいだ
頭かまれ・
元気な・・
お正月にまわってくる獅子舞のこと，です。
頭をかんでもらったことも書いています。頭をかんでもらうと，病気にならないからです。

「文を読んでみて，気がついたことはありませんか。」

- 俳句みたいで読むと調子がいい。五，七，八です。

「かるたでは五，七，五や，四，四，五のような調子のよい音の数になっているのですよ。」

「また，絵札も言葉に合わせた絵にしていますね。」

実態によっては，友達と相談し合ったりしてもよいでしょう。

季節の言葉
冬の楽しみ
ⓜ 冬の行事の言葉を使ってかるたを作ろう

わがこゑ（こえ）の のこれる耳や 福は内
声
節分
（豆まきの声）

◇ かるたを作ろう

主体的・対話的で深い学び

・かるた作りは児童の主体的な活動になる。できれば，児童それぞれの体験をもとにしたかるたが作れると，あとの交流も楽しいものになる。行事のやり方についても，互いに発見があるだろう。その点，1人に複数枚作らせるのもよい。

・一方，音数を整え，かるたらしい言葉にする読み札作りは意外と難しい。友達と相談させたり，教師が「こうすれば…」などと助言したりするのも，かるた作りらしい楽しい活動になる。

準備物

・かるた用の用紙（画用紙を切り，1人に複数枚分作っておく）
・（読み札作成用）サインペン（各自）
・（絵札作成用）色鉛筆など（各自）
・（黒板掲示用）教科書 P80 のかるたの例の拡大版

3 書く 作る　かるたを作ろう。

「まず，読み札を作ります。お正月や節分などで，こんなことが心に残っている，という出来事やしたことを思い出してノートに書きましょう。」

・大掃除で，窓拭きをしてガラスを磨いたことです。
・家族みんなでお雑煮を食べたこと。

かるたに書くことが決まったら，音の数も考えて五，七，五，のような読み札らしい言葉にしてみましょう。

『大そうじ，磨いた窓が光っている』…大そうじで，家中の窓ガラスをふいたことです。

私は『どんど焼き，あたって今年も元気な一年』

早くできた何人かに，例として読ませる。

「読み札が書けた人は，絵札も作りましょう。」

絵を描くことに凝りすぎないようにさせる。

「できた人は，他の行事でも作ってみましょう。」

4 読み合う　作ったかるたを読み合おう。

「できたかるたを，まずグループで見せ合い，作ったかるたを読んで聞いてもらいましょう。」

五十音そろっているようなかるたを作ることが狙いではない。同じ音で始まる札がいくつもあってよい。

読み札の言葉を聞いて，いいなと思ったところや，ぼく，私も…と思ったところを教え合いましょう。

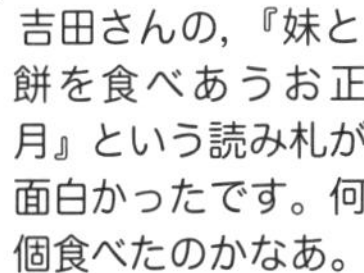

吉田さんの，『妹と餅を食べあうお正月』という読み札が面白かったです。何個食べたのかなあ。

山田さんの『十一個，食べる豆も増えました』を聞いて，私も同じで，毎年，節分の豆の数が増えるのがうれしいです。

「こんどは，全体でも知り合います。前で，絵札を見せて発表してもらいましょう。」

前でグループの代表者に読み札を読ませ，みんなで聞き合う。雑煮やおせちの違いなど，話題にするのもよいが無理はしない。

作ったかるたは，掲示板などに貼って読み合う。

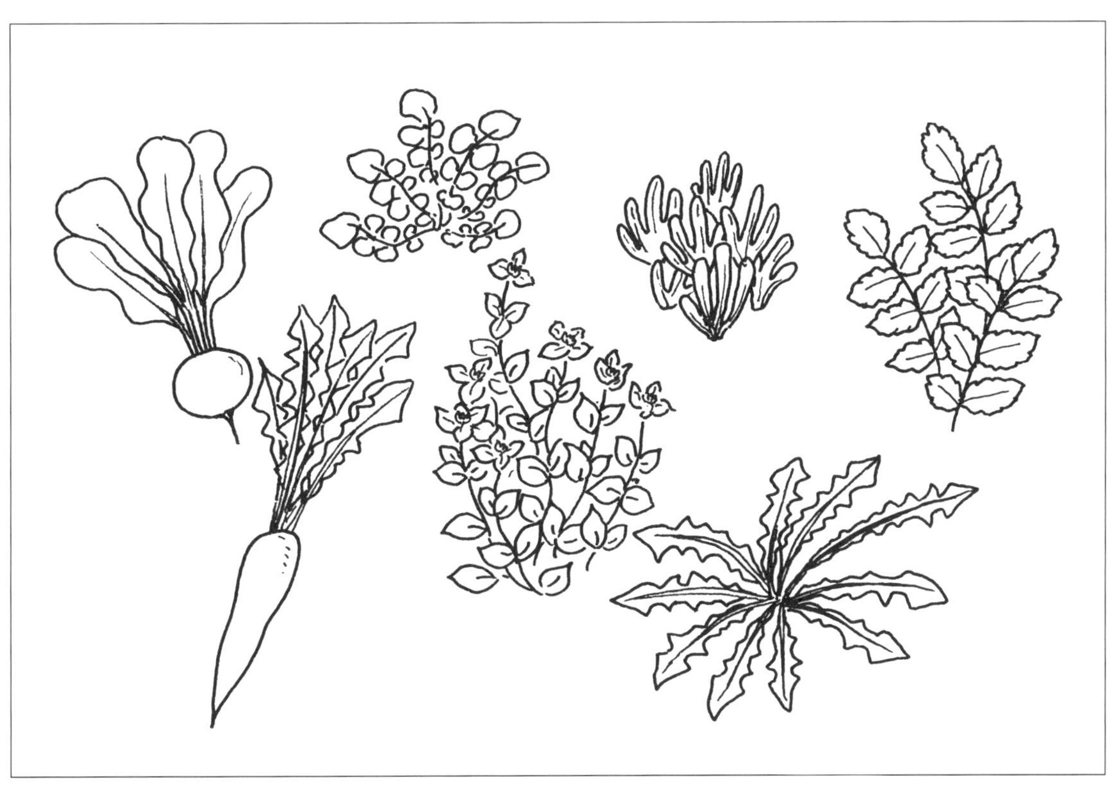

自分だけの詩集を作ろう

全授業時間４時間

◉ 指導目標 ◉

・文章を読んで感じたことや考えたことを共有し，一人一人の感じ方などに違いがあることに気づくことができる。
・幅広く読書に親しみ，読書が，必要な知識や情報を得ることに役立つことに気づくことができる。
・登場人物の気持ちの変化や性格，情景について，場面の移り変わりと結び付けて具体的に想像することができる。
・書こうとしたことが明確になっているかなど，文章に対する感想や意見を伝え合い，自分の文章のよいところを見つけることができる。

◉ 指導にあたって ◉

① 教材について

掲載されている３編の詩は，同じ「月」を題材としながらも，それぞれの詩を読んで思い浮かぶ情景は異なります。３つの詩を読み比べてみることで，その違いは明確になるでしょう。

「まんげつ」はその大きさと，自分に迫ってくるように感じさせる「のん　のん　のん　のん」という表現に注目させるとよいでしょう。「月」では，たった１行の表現でありながら，流れる雲の奥から現れたまんまるな月の様子が思い浮かべられる面白さを共有したいものです。「つき」は，月そのものというよりも「はらがたつとき」「ちきゅうをながめに」という視点の変化に注目させたい詩です。

こうしたそれぞれの詩の面白さを言葉にしてみることで，後に詩集をつくった際にも，なぜその詩を選んだのかという理由を自分の言葉で説明できるようになることを目指します。

② 主体的・対話的で深い学びのために

詩集をつくる際には，児童に合った詩をなるべく沢山用意できるとよいでしょう。図書室の蔵書なども利用して児童が多くの詩に触れられるようにしましょう。詩は印刷して配れるとよいでしょう。詩集をつくる際，「たくさんの詩を選んで，書き写す」というのはハードルが高くなります。印刷した詩から３～５編くらい選んで綴じる程度の取り組みにして，その詩を選んだ理由の明確化や，テーマに連なる詩を自作するなどの，児童にひきつけた表現活動に重点を置きたいところです。また，詩を選ぶ際は，グループ活動をおこなうと，「○○がテーマの詩はない？」「この詩はどうか」など情報交換をしながら取り組めます。また，詩人のものばかりではなく，児童詩の詩集を提示することも考えられます。児童にとって同じ年代の子どもたちが書いた詩は，面白いし，共感もしやすいものです。

例えば，
「子どもと読みたい 100 の児童詩」村山士郎 / 大月書店
「学年別子ども詩集」日本作文の会・大東文化大学学生編集委員会 / 本の泉社
「ことばのしっぽ　『こどもの詩』50 周年精選集」読売新聞生活部 / 中央公論新社
などの本があれば活用してみてください。

詩集の詩を読むことに精一杯になってしまう児童もいます。その児童は，選ぶことまでいきつきません。この単元で大事なのは，自分で選ぶこと。児童詩集や「のはらうた」，ことばあそび詩集のような児童に分かりやすい詩集を用意することを大切にしましょう。

◉ 評価規準 ◉

知識及び技能	幅広く読書に親しみ，読書が，必要な知識や情報を得ることに役立つことに気づいている。
思考力，判断力，表現力等	・「書くこと」において，書こうとしたことが明確になっているかなど，文章に対する感想や意見を伝え合い，自分の文章のよいところを見つけている。 ・「読むこと」において，登場人物の気持ちの変化や性格，情景について，場面の移り変わりと結び付けて具体的に想像している。 ・「読むこと」において，文章を読んで感じたことや考えたことを共有し，一人一人の感じ方などに違いがあることに気づいている。
主体的に学習に取り組む態度	学習の見通しをもって，集めた詩で詩集を作り，進んで読み合って感じたことや考えたことを共有しようとしている。

◉ 学習指導計画　全４時間 ◉

次	時	学習活動	指導上の留意点
1	1	・「自分だけの詩集をつくろう」という単元のめあてを知る。 ・教科書 P82，83 の３編の詩を読み感想を出し合う。 ・それぞれの詩の面白さを考える。 ・詩の集め方を知る。	・ここでは「月」というテーマが同じことに注目させ，自由に出し合わせる。 ・どんな様子かをイメージさせて，面白いところをたずねる。 ・「詩を読む」→「テーマを決める」→「詩を選ぶ」→「自作の詩を加えて綴じる」という今後の流れを説明する。
2	2	・さまざまな詩を読む。 ・集める詩のテーマを決める。 ・テーマに沿って詩を集める。	・これからの手順を示し，グループごとに詩を配る。 ・テーマを考えさせ，ノートに書かせる。なかなか決まらない児童のために，他の児童のテーマを紹介する。 ・３～５編程度。本時で絞り切れなくてもよい。
	3	・前時に引き続き詩を集める。 ・集めた詩から３～５編程度に絞り，詩集を作る。 ・詩集に１編「自作の詩」を入れる。	・グループで話し合いながら集める。 ・なぜその詩を選んだのかグループで話し合わせてもよい。 ・詩集のテーマに合わせて「自作の詩」を書かせる。時間がなければ次の時間までの宿題にしてもよい。
3	4	・友達と詩集を紹介し合う。	・どんなテーマで詩集をつくり，どんな詩を集めたのかを発表させる。 ・「自作の詩」を朗読させ，どんな詩かを解説させる。 ・詩を選んだ理由よりは，「自作の詩」のほうが思いや工夫を言いやすい。自作の詩の朗読，解説はグループで取り組ませ，全員が発表できるようにする。

DVD **収録（イラスト）** ※本書 P175「準備物」欄に掲載しています。

自分だけの詩集を作ろう

第 1 時 (1/4)

本時の目標

単元のめあてを知り，それぞれの詩の面白さを話し合うことができる。

授業のポイント

３編の詩それぞれがどのような様子を表したものなのかを考えたうえで，面白さを感じたところはどこかを話し合わせる。

本時の評価

詩の表現の面白さを考え，話し合っている。

〈詩の情景と面白さ〉３篇の詩の情景を十分にイメージさせた後に，どのような言葉の使い方や書き方

板書例

でっかい

のん　のん　のん　のん

（様子）
・月がゆっくりのぼってくる
・大きな月が自分に近づいてくる
※

月

こやま　峰子

（様子）
・雲の後ろから満月が出てくる
※

つき

谷川　俊太郎

はらが　たつとき
ちきゅうを　ながめに

月

（様子）
・二人が月をながめて話している
※

〈学習の進め方〉
①詩をたくさん読む→②テーマを決める→
③詩を選ぶ→④自分でも詩を書く→⑤　詩集を作る

※児童の発言を板書する。

1 めあて つかむ　単元のめあてを知ろう。

今日から，詩の勉強をします。
今度は，詩を読むだけではなくて，
自分だけの詩集を作ります。

自分だけの詩集を作るのなんて，初めてだね。
どんなふうに作るのかな。

「詩の勉強はこれまでにいろいろしてきましたね。」
・４年の初めに「春のうた」で楽しく音読した。
・感動したことを詩に書いたこともあったね。

「今度は詩集作りです。詩集とはどんなものですか。」
・いろんな詩を集めたもの，詩が載っている本です。

「今回は自分でテーマを決めて詩を集めます。」

「テーマを決める例として，今日は３つの詩を学習します。」
・どんなテーマの，どんな詩があるのかな。

単元全体の学習の見通しをもたせる。

2 読む　３篇の詩を読み，情景をイメージしよう。

「教科書 82 ページを見ましょう。この３つの詩は『月』をテーマにした詩です。」

まず，１つ目の『まんげつ』の詩を読みましょう。
まんげつ，みずかみ　かずよ，でっかい…
どんな月かな。
どんな場面かな。

教科書 P82 上の詩「まんげつ」を音読する。

「月のどんな様子が思いうかんできますか。」
・月がゆっくり昇ってくる様子です。
・大きな月が自分に近づいてくる様子です。

ここで，「のんのん…」とは何を表しているかなど，表現に踏み込んでたずねてもよい。

残り２編の「月」「つき」の詩も同様に読み，イメージしたことを出し合わせる。

表現から，その詩の面白さを感じるかを話し合わせましょう。

自分だけの詩集を作ろう

㋱ 学習課題と学習の進め方を知ろう
同じテーマの三つの詩を読み味わおう

〈学習のめあて〉
テーマを決めて、自分だけの詩集を作ろう

テーマ 「月」

まんげつ　みずかみ　かずよ

主体的・対話的で深い学び

・3編の詩がどんな様子を表しているのか十分にイメージさせる。
・そのうえで，面白さを感じたところはどこかをグループで話し合わせる。

準備物

・(黒板掲示用）イラスト　DVD 収録【4下_12_01】

3 対話する　詩の面白さを話し合おう。

「3つの詩の面白さは，それぞれどんなところでしょうか。言葉の使い方や書き方から考えてみましょう。」

3つ目の「つき」の詩の，「ちきゅうをながめに」というのが面白いね。
なんで「はらがたつとき」なんだろう。
「ちきゅうをながめに」月に行けば腹が立っていても，わくわくした楽しい気分になって忘れられそうだよね。

グループで自由に話し合わせた後，全体で共有する。

「面白さを感じたところはどこですか。」
・「まんげつ」の「のんのんのんのん」という表現が面白いです。
・「月」の「雲のうんだ」というところが，雲の後ろから月が出てきた感じが想像できて面白いです。
・「つき」の「ちきゅうをながめに」という表現から，想像しただけでわくわくした楽しい気分になれます。

4 見通す　詩集をつくるまでの見通しをもとう。

詩集をつくるまでの流れを説明します。
まず，いろいろな詩をたくさん読みます。
それから，一人ひとりがテーマを決めます。

どんなテーマでもいいのかな。
どんなテーマにしようか考えておこうかな。

「テーマを決めたら，そのテーマに沿って詩を集めます。集めた詩に，そのテーマにあわせて自分で書いた詩もあわせて，詩集を作ります。」
・自分でも詩を書くんだ。
・この間は，感動したことを詩に書いたけれど，今度は自分が決めたテーマについて詩を書くんだね。

「詩を読む」→「テーマを決める」→「詩を選ぶ」→「自作の詩を加えて綴じる」という今後の学習の流れを説明する。

「次の時間は，テーマを決めて詩を集めましょう。」

自分だけの詩集を作ろう

第2時（2/4）

本時の目標

さまざまな詩を読むことを通して，自分が興味をもって集めたいと思うテーマを決めることができる。

授業のポイント

本時はそれぞれの児童が詩を読んでいく活動が中心になる。なかなかテーマが見つからない児童への個別の声掛けが必要になる。

本時の評価

さまざまな詩を読み，自分が興味をもって集めたいと思うテーマを決めている。

〈詩の準備〉図書室の蔵書など利用して児童にあった詩をできるだけたくさん用意します。児童詩集やことに

板書例

◇詩をたくさん読もう
・グループで
・気になった詩には，
目印（付せん）をつける

◇テーマを決めよう
〈みんなのテーマ〉
・虫
・花
・天気（雨，雪など）
・動物
・海
・太陽

※児童の発言を板書する。

◇詩を集めよう
・グループで

1 振り返る 見通す　前時の学習を振り返り，活動の流れを確かめよう。

「前の時間は，同じテーマの３つの詩を読みました。」
・「月」というテーマでした。
・どれも様子を思い浮かべて，どんなところが面白いか話し合って考えました。

「これから，みんなも１つのテーマを決めて，詩を集めて詩集を作っていきます。」

「詩を読む」→「テーマを決める」→「詩を選ぶ」→「自作の詩を加えて綴じる」という今後の流れを板書し，再確認する。ここで，最後には，詩集を発表することも伝える。

今日は，まず，たくさん詩を読んで，テーマを１つ決めましょう。
楽しみだなあ。
どんなテーマにしよう。

2 読む　さまざまな詩をグループで回し読みしよう。

「グループになって，まずはいろんな詩を読みましょう。感想を言い合ってもいいですよ。」

各グループに，印刷した詩を配る。

ここでは，児童にあった詩をなるべくたくさん用意できるとよい。図書室の蔵書なども利用して児童が多くの詩に触れられるようにしたい。

この詩面白いよ。読んでみて。
どれが？？…本当だ！
いろんな詩があるんだなあ。
たくさん読むと，詩って，いろんな言葉の使い方や書き方があることが分かるね。

感想を言い合いながら回し読みさせる。その中で，共通点を見つけたり，興味のあるテーマを見出したりさせたい。

気になった詩に，自分の名前を書いた付箋を貼るなどの活動をさせてもよい。

あそび詩集のような児童に分かりやすい詩集を用意しましょう。

自分だけの詩集を作ろう

め さまざまな詩を読んでテーマを決め、詩を集めよう

〈学習の進め方〉

① 詩をたくさん読む
② テーマを決める
③ 詩を選ぶ
④ 自分でも詩を書く
⑤ 詩集を作る
☆ 本にして発表する

主体的・対話的で深い学び

・児童が関心をもちそうな詩を用意することで，主体的にたくさんの詩を読むことができる。
・テーマを教師が示すより，他の児童が決めたテーマを紹介したほうが，意欲的に自分のテーマを決める手助けになる。
・グループで読み合うことで，自然に感想の交流などができる。

準備物

・詩を印刷したプリントまたは詩集（グループ数）
・付箋（複数色あるとよい）

3 決める　詩集のテーマを決め，ノートに書こう。

「たくさんの詩を読めましたか。」
・はい，全部読みました。
・まだです。あと，少し残っています。

適当な時間で詩の回し読みを一旦止める。

では，自分が集めたいと思ったテーマを決めて，ノートに書きましょう。
○○についての詩が面白かったなあ…。
ぼくは，「虫」というテーマにしよう！

テーマを考えさせ，ノートに書き留めさせる。

「□□さんは，『花』というテーマにしたんですね。他に，自分のテーマを発表してくれる人はいませんか。」
・はい！ぼくは，『雪』というテーマにしました。

テーマを決めた児童を全体に紹介することで，まだ決めかねている児童の手助けとなるようにする。

4 集める　テーマに沿った詩を集めよう。

「テーマが決まりましたね。では，またグループになって，詩を読みながら，テーマにあった詩を集めましょう。」

ぼくは『動物』というテーマにしたから，見つけたら教えてね。
これなんかどう？
こっちにも，クマが出てくる詩があるよ。

グループで詩を回し読みさせながら，自分が決めたテーマの詩を集めさせる。このとき，テーマをグループで共有し，対話しながら複数の詩を選んでいかせるようにする。

詩集を作るにあたって，最終的に３～５編に絞らせるが，本時では絞り切れなくてもよい。

自分だけの詩集を作ろう
第３時（3/4）

本時の目標
テーマに沿った詩を選ぶことができる。
テーマに沿って詩を書こうとすることができる。

授業のポイント
集めた詩を絞り切るのにかかる時間は個人差がある。自分で詩を書く活動で時間の調整をする。

本時の評価
テーマに沿って詩を選び，自分でも詩を書こうとしている。

〈詩の選定〉印刷した詩から３～５編くらい選んで綴じる程度の取り組みにして，その詩を選んだ理由や，テーマに

板書例

表紙

本にする

◇詩を作ろう
☆テーマにあわせて
・ノートに下書きする
◎見直し（すいこう）
・詩集の用紙に清書する

〈詩集の表紙〉
☆時間があまったら
・絵
・色

表紙

1 見通す　本時の学習の流れをつかもう。

今日は詩集を実際に作ります。詩を選べたら，自分で詩を書く紙を加えて，このように１冊の本にします。

いよいよだね。
表紙もつけるなんて，本当の詩集みたいだね。

教師が自作の詩集など，見本となるもの（ゴール）を示し，本時の見通しをもたせる。

製本するタイミングや，表紙のことなどを伝える。（①先に自作の詩を書かせてから，選んだ詩とあわせて製本する，②自作の詩を書くための白紙を製本してから，詩集に自分の詩を書き込む，の２つのパターンが考えられる。進度にあわせて指導者が決めればよい。）

ステープラーや，表紙用の紙などは教室の前や後ろに置いておいて，できた児童から使えるようにする。

2 集める　テーマに沿って詩を集めよう。

「前の時間にテーマを決めましたね。決めたテーマで詩は集められましたか。」
・いくつかテーマにあった詩を見つけたよ。
・まだ少しだけです…。いくつ集めればいいですか。
「詩集には，３～５つぐらいの集めた詩を入れます。グループになって，まずは，テーマにあった詩を５つ以上集めるようにしましょう。」

大丈夫だと思うよ。
これも入れたいなあ。
これも，ぼくの『虫』っていうテーマにあっているかな。
けっこうたくさんあるんだなあ。

グループで，テーマに沿って詩を集めさせる。
テーマをグループで共有し，対話しながら複数の詩を選んでいかせる。

連なる詩を自作するなどの児童にひきつけた表現活動を大切にします。

自分だけの詩集を作ろう

め テーマにあわせて詩を集め、詩集を作ろう
テーマにあわせた自作の詩も書こう

テーマ にあわせて

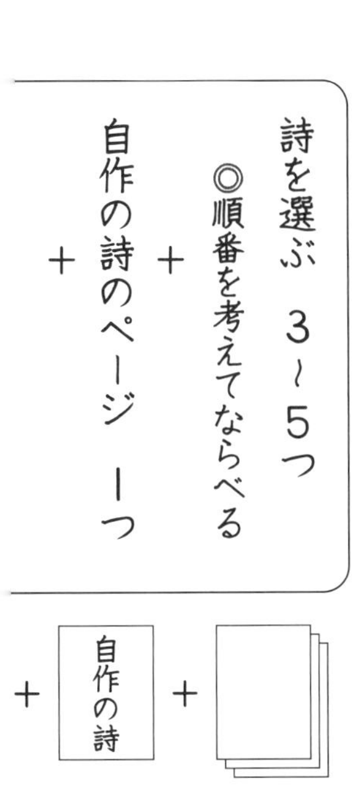

詩を選ぶ 3～5つ
◎順番を考えてならべる
＋
自作の詩のページ 1つ
＋
＋
自作の詩
＋

主体的・対話的で深い学び

・詩を集めたり，詩を選んだりする活動では，グループで相談しながら進めさせる。
・完成が早い児童は表紙の絵などにこだわらせてもよい。

準備物

・印刷した詩（グループ数）
※グループ内で重複使用する場合に備え，何枚か余分に準備しておく。
・ステープラー，またはつづり紐
（製本テープも使って，見栄えよく仕上げるようにしてもよい）
・表紙用の紙（色画用紙等）
・色鉛筆（各自）

3 選ぶ テーマに沿って3～5編の詩を選ぼう。

詩が集められたら，自分の詩集に入れたい詩をそこから3～5つくらいに絞りましょう。その詩のどんなところが面白いのかも考えながら選びましょう。
迷うなあ。どれにしようかな。
この詩は，表現が面白いから詩集に絶対入れよう。

なぜその詩を選んだのか，グループで話し合わせてもよい。

「詩を選べたら，並べる順番を考えて決めましょう。それが決められたら，テーマにあわせて詩を書きましょう。」

ノートに詩を下書きした後，推敲させる。児童の実態によっては教師が確認する。見直した後に，自作の詩を書く用紙に詩を丁寧に書かせる。

ここで製本してから詩を作らせるか，詩を書いてから製本するかは，進度にあわせて指導者が決める。

4 書く テーマにあわせて詩を書こう。

ぼくの決めたテーマは「天気」だから…。
大すきな「ネコ」をテーマに，どんな詩を書こうかな。

自分の決めたテーマにあった詩を書かせる。なかなか書けなかったり，時間が足りなかったりする場合は宿題にしてもよい。

早くできた児童は表紙に絵を描いたり，色を塗ったりさせる。（このタイミングで製本してもよい）

「次の時間は，今日作った詩集を，クラスのみんなに紹介します。」

自分だけの詩集を作ろう

第  時　(4/4)

本時の目標

作った詩集についての説明や自作の詩の紹介をすることができる。

授業のポイント

自作の詩は，こめた思いや工夫が自分で説明しやすい。そのため，全員発表するのは，自作の詩の紹介に絞る。前半に何人かの発表を聞くことで見通しをもたせる。

本時の評価

作った詩集について発表している。

板書例

〈発表〉詩集について全て発表させるには，時間的にも難しく，児童によっては負担となるでしょう

⇦
（聞いた人から
・質問
・感想

〈グループで〉
○テーマ
・選んだ理由
○自作の詩を音読する
・説明
（詩にこめた思い、工夫について）

⇦
（聞いた人から
・質問
・感想

1 めあて つかむ　詩集の発表の仕方を確かめよう。

「前の時間に，自分だけの詩集を作りましたね。決めたテーマにあった詩を集めて，それに，自分が書いた詩もあわせて，表紙もつけて１冊の本にしました。持ってきていますか。」
・はーい！あります。

「今日は，みんなが作ってくれた詩集をクラスの友達に紹介してもらいます。」

発表するときは，まず，どんなテーマで詩を集めたのか，なぜそのテーマにしたのかを，説明しましょう。それから，集めた詩を音読して紹介し，できたらなぜその詩を選んだのかも言いましょう。

選んだ理由も発表するんだね。

「みんなの前で発表してくれる人，お願いします。」

　グループの代表や，教師の選定など，全体では何人かに絞って発表させる。

2 発表する 交流する　どんなテーマで，どんな詩を選んだか知り合おう。

私はテーマを「虫」にしました。理由は，私は虫が好きで，いろんな虫の詩を読んだら新しい発見があったからです。テーマにあわせて「せみのなつ」と「てんとうむし」を選びました。今から読みます。…

　テーマと，そのテーマを選んだ理由，集めた詩を全体で発表させる。詩を音読後，その詩を選んだ理由も簡単に発表させる。

「○○さんが『虫』をテーマにして作った詩集を紹介してくれました。発表を聞いて，よかったところなど思ったこと，聞いてみたいことを言いましょう。」
・○○さんが選んだ詩は，どれも面白い詩で，ぼくも好きだなと思いました。特に，…

　発表を聞いた児童から感想や質問などをさせ，全体で交流する。

自作の詩」を全員が発表できる場をもつようにします。

自分だけの詩集を作ろう

㋱ 自分の詩集をしょうかいしよう

発表

〈全体で〉

○ テーマ

・選んだ理由

○ 選んだ詩を音読する

・選んだ理由

主体的・対話的で深い学び

・作った詩集について紹介するにあたり，テーマ設定，選んだ詩，自作の詩をすべて説明することは，負担の大きい児童もいるだろう。ここでは，自分のこめた思いや工夫を説明しやすい「自作の詩」を全員が発表できるようにしたい。また，友達の自作の詩は他の児童にとっても興味をもちやすく，質問や感想などの対話をうみやすい。

準備物

・児童が作った詩集（各自）

3 朗読する 説明する　グループで自作の詩を朗読し，解説しよう。

「今からグループで，詩集の紹介をします。詩集のテーマと自分の書いた詩を紹介しましょう。詩を読んだ後には，その詩にどんな思いを込めたのか，どんな工夫をして書いたのかを説明してください。」

ぼくのテーマは遊びです。一番好きなことだからテーマにしました。『おにごっこ』の詩を書いたので読みます。…

詩集に載せた詩をすべて紹介するのは時間的に難しいので，自作の詩に絞って交流させる。

詩を選んだ理由よりは，「自作の詩」のほうが思いや工夫を言いやすい。自作の詩の朗読，解説はグループで取り組ませ，全員が発表できるようにする。

4 交流する　グループで自作の詩を朗読し，解説しよう。

「友達の書いた詩を聞いたら，質問や感想を伝えましょう。」

詩を聞いて，私もおにごっこを一緒にしたくなったよ。

この部分の言い方が面白かったよ。

より自作の詩への思いを深めることができるように，質問をしたり，感想を伝えたりさせることを心がけたい。

「みんなが作った詩集は，いつでも読めるように○○に置いておきます。ちがうグループの友達の詩集も読んでみるといいですね。」

全員の詩集を掲示し，いつでも手に取って読めるようにする。

熟語の意味

全授業時間２時間

◉ 指導目標 ◉

・漢字の訓の読み方や漢字の組み合わせを手がかりにして，熟語の意味を考えるとともに，これまでに学習してきた漢字を正しく読んだり書いたりすることができる。

◉ 指導にあたって ◉

① 教材について

学年が進むにつれて，教科書にも熟語が増えてきます。４年生でも「白熱」「異変」「養分」「濁流」（「プラタナスの木」）のような，けっこう難しい熟語が出ています。ここでは，新しい熟語に出合ったときも，「訓読み」と「漢字の組み合わせ」に着目すると，ある程度その意味を捉え，類推できることに気づかせます。とともに，この２つの窓口から，既習の熟語についてもその意味の捉え方を見直させます。

熟語とは，「学校」や「運動場」のように，２つ以上の漢字の組み合わせでできている言葉です。一方，私たちは「大河（タイガ）」や「登山（トザン）」などが，たとえ初めて見る熟語であったとしても，おおよその意味をとらえることができます。それは，それぞれの漢字を知ってさえいれば，「大河」なら「大きな河」,「登山」なら「山に登る」というふうに，頭の中で読み替えをしている（が，できる）からです。

そして，その読み替えのとき，１つの手がかりになるのが「漢字の訓」です。訓は，もともと漢字の意味にあたる日本語（和語）を当てはめた読み方です。ですから,「タイ（大）」を「おおきな」に,「ガ（河）」を「かわ」に，と訓読みにすると「おおきなかわ（河）」と日本語になり，熟語の意味につながります。もう１つ手がかりにするのが，熟語の「読み下し」です。これは，漢文で，漢語を読み下すことによって，その意味を捉えてきたことと重なります。「新年⇒新しい年」,「登山⇒山に登る」という言い換えは，日本語への翻訳ともいえます。漢字の訓と漢字の組み合わせ方，この２つの手がかりに着目すると，熟語の意味も法則的に読み取れるようになります。

ただ，４年生では既習の漢字も限られています。「農」のように訓のない漢字もあります。全ての熟語が，訓から意味が引き出せるわけではないことにも気づかせます。

② 主体的・対話的で深い学びのために

熟語に対する見方も更新されるでしょう。そして，「熟語にも決まりがありそう」と興味をもつことが，主体的な学びへの入り口です。そして，「漢字の組み合わせ方」に当てはまる熟語を探すのも，主体的で対話的な活動になるでしょう。教科書をはじめ，新聞や広告なども利用できます。また，熟語の意味を確かめるための辞典の活用は，確かな学び，深い学びといえます。指導者が，熟語の事例を集めておくのも効果的です。

◉ 評価規準 ◉

知識 及び 技能	熟語を構成する漢字の組み合わせ方にはいろいろな形があることを知り，組み合わせ方や訓の読み方から熟語の意味を考えている。
主体的に学習に取り組む態度	進んで，これまでに学習してきた漢字を読み，これまでの学習を生かして，漢字や熟語を正しく読んだり書いたりしようとしている。

◉ 学習指導計画　全 2 時間 ◉

◇本単元での熟語作りなどで，新出漢字が使えるように，前もってそれらの読み書きを指導しておきます。

次	時	学習活動	指導上の留意点
1	1	・「トウブン」という言葉の意味を考える。 ・教科書を読み「熟語」の意味を捉える。 ・熟語を訓で読み，その意味を話し合う。 ・訓を手がかりにして，教科書の熟語の意味を考え，辞典で確かめる。	・「等分」と漢字で書くと「等しく分ける」という意味が見えてくることを話し合う。 ・「急行」「曲線」を例に，意味を考えさせる。 ・「木刀」「無色」など,教科書の熟語を訓で読み，その意味を考え，話し合わせる。
	2	・「新年」「左右」「登山」の熟語の，漢字の組み合わせ方を考える。 ・熟語の漢字がどのような組み合わせ方でできているのかを調べ，話し合う。 ・教科書 P85 下段問題2の熟語を，漢字の組み合わせ方を考えて 4 種類に分け，意味を考えて書きまとめる。	・「左右」は，反対の意味の漢字の組み合わせであることを話し合い，めあてを伝える。 ・4 つの組み合わせ方に気づかせる。 ①「加入」(似た意味),②「高低」(反対の意味),③「前進」(上⇒下へ),④「読書」(下⇒上へ) ・教科書などからも，4 つの組み合わせにあたる熟語を探し書き出させる。

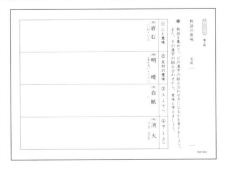

DVD 収録（黒板掲示用カード，児童用ワークシート見本）

改良
等分
曲線
急行
等しく分ける
ひとしい・わける

熟語の意味
①にた意味
岩石
②反対の意味
明暗
③上→下へ
白紙
④下→上へ
消火

熟語の意味

第 1 時 （1/2）

本時の目標

漢字の訓の読み方を手がかりにして，熟語の意味を考えることができる。

授業のポイント

まず，いくつかの例から訓で読むと意味が分かることに気づかせ，訓による熟語の「言い換え」に興味をもたせる。
熟語を「書く活動」も重視する。

本時の評価

漢字の訓の読み方を手がかりにして，熟語の意味を考えることができている。

〈導入〉授業の始めは，教科書を開かせずに発問し，漢字が分からないと意味が特定できないことに

板書例

〈熟語とは〉

・二字以上の漢字の組み合わせでできた言葉
・訓で読むと意味の分かるものもある

改良（カイ リョウ）　改める　良い
急行（キュウ コウ）　急ぐ　行く
曲線（キョク セン）　曲がる　せん

◇訓を手がかりに熟語の意味を考えよう

木刀（ボク トウ）　き　かたな
無色（ム ショク）　ない　いろ　…　色がない
流星（リュウ セイ）　ながれる　ほし
竹林（チク リン）　たけ　はやし
同時（ドウ ジ）　おなじ　とき
人力（ジン リキ）　ひと　ちから
深海（シン カイ）　ふかい　うみ
伝言（デン ゴン）　つたえる　ことば　—　伝える言葉／言葉を伝える

◇国語辞典で意味を調べよう

1 聞く 対話する　「トウブン」という言葉の意味を考え，話し合おう。

「『トウブン』という言葉があります。（板書する）どんな意味なのか，考えてみましょう。」

- 『トウブン』？ 聞いたことがないような言葉だな。
- 「トウブン休む」の『当分』だと思います。
- 漢字で書いてあれば，分かると思います。

ここまで，教科書は開けさせずに問いかけ，まず，仮名では意味が特定できないことに気づかせる。

漢字では，こう書きます。(『等分』と板書)「これなら，どうでしょう。意味は分かりますか。
等分
ケーキを４等分する，の『等分』です。意味は，『等しく』『分ける』ことだと思います。
２等分，３等分でも使えます。

「漢字を見て『訓の読み』を考えると（訓に読みかえると）言葉の意味も分かりそうですね。」

教科書 P84 を開けさせ，等分の意味，使い方を見る。

2 めあて 読む　めあてを聞き，「熟語」とはどんな言葉なのか，教科書で調べよう。

「このように，今日は漢字の訓の読み方をもとにして，言葉（熟語）の意味を考える勉強をします。」

『等分』のような，２文字以上の漢字の組み合わせでできた言葉を何というのでしょうか。
教科書 84 ページを読みましょう。

「熟語」って言います。聞いたことがあります。「自然」や「運動」も熟語です。

「図書室」や「教室」も…，いっぱいありそうです。

用語としてどんな言葉を熟語というのかを押さえる。

「熟語の意味を考えるやり方も，書いてあります。」

- 「等分」のように，訓で読むと意味が分かります。

「熟語の例も出ています。それは訓で読むとどう読めて，どんな意味になるのですか。」

- 「改良」です。訓では「改める」と「良い」。少し変えて「改めて，良くする」という意味です。

気づかせます。

め

熟語（じゅくご）の意味

訓を手がかりにして、熟語の意味を考えよう

トウブン　とは？

等分（漢字）
⇐ ひとしい・わける（訓で読む）
⇐ 等しく分ける（意味）

☆訓から熟語の意味が分かる

主体的・対話的で深い学び

・熟語を見たとき，「訓を考える」ことを手がかりにすると，熟語の意味が見えてくる。その学びを「曲線」などいくつかの熟語に当てはめさせ，意味を考えさせる。この学びを使う活動が「なるほど，こう読むと分かる」と，使える知識となる。
・さらに，新しい熟語でもこの手がかりを使って意味を考え，友達と確かめ合う。そこに，主体的・対話的な学びが生まれる。それは「教室」や「黒板」のような，身近な熟語の意味を捉え直すことにも広がり，発展的な学びとなっていく。

準備物

・（黒板掲示用）カード　DVD 収録【4下_13_01】
・国語辞典（熟語の意味の確かめに使う）※漢字辞典でもよい。
・他にも，「訓で読むと意味が分かる」熟語を教科書などから選んで準備しておくとよい。

3 対話する 読む・書く　訓を手がかりにして，熟語の意味を考え，話し合おう。

では，先生が黒板に書く熟語の意味を，訓を手がかりにして，意味を考えてみましょう。熟語は，『急行』『曲線』です。どんな意味でしょうか。

急行
曲線

『急行』は，『急ぐ』『行く』だから，『急いで行く』。

曲線』は，『曲がる』『線』だから，『曲がった線』という意味だと思います。

「国語辞典で，『急行』の意味を確かめてみましょう。」
・（調べて）『急いで行くこと』と書いてあります。訓で読んで，考えたのと同じ意味です。

「では，84ページの1の，『木刀』などの熟語の意味を，訓を手がかりにして考えてみます。まず，熟語を正しく読んでみましょう。」
・『ぼくとう』『むしょく』『りゅうせい』…（音読）
「訓で考えた意味を，ノートに書きましょう。」
・『木刀』は，『き』『かたな』だから『木の刀』かな。

教科書の8つの熟語をノートに書き写させて，音読み，訓読みを書かせる。（板書参照）

4 対話する 確かめる　グループで話し合い，国語辞典で確かめよう。

「訓から考えた8つの熟語の意味を，グループで説明し合いましょう。」

「無色（ムショク）」は，「無い」と「色（いろ）」と読めます。だから，「色がない」という意味だよね。

私も同じように訓で読むと「色がない」という意味だと思った。

『流星』は，『流れる星』で流れ星のことかな。みなさん，どうですか。

「では，国語辞典でも調べて，意味を確かめましょう。」
・『無色』は，『色がついていないこと』とありました。
・『流星』は，『流れ星』と書いてありました。

辞典で調べた意味と比べさせる。

時間に応じて，他教科の教科書も見て「訓で読める熟語さがし」をしてもよい。

熟語の意味

第 2 時 (2/2)

本時の目標

漢字の組み合わせを手がかりにして，熟語の意味を考えることができる。

授業のポイント

「消火」なら「火を消す」と読めるなど，③④は，まず読み下させてみる。その際「消す火」「登る山」などとは読まないように注意させる。

本時の評価

漢字の組み合わせを手がかりにして，熟語の意味を考えることができている。

〈熟語集め〉教科書をはじめ，新聞や広告なども利用できます。指導者が，熟語の事例を集めて

板書例

加入（カニュウ　くわわる　はいる）　願望（ガンボウ）　消失（ショウシツ）　周辺（シュウヘン）

② 反対の意味をもつ漢字

高低（コウテイ　たかい（と）ひくい）　勝敗（ショウハイ）　売買（バイバイ）　強弱（キョウジャク）

③ 上の漢字が下の漢字を修飾（しゅうしょく）（説明）

前進（ゼンシン　まえ（に）すすむ）　老木（ロウボク　おいたき）　花束（ハナタバ　はなのたば）　最多（サイタ　もっとも　おおい）

④「ーを」「ーに」に当たる言葉が下にくる

読書（ドクショ　よむ（を））　開票（カイヒョウ　ひらく（を））　帰国（キコク　かえる（に））　着陸（チャクリク　つく（に））

◇ 漢字の組み合わせ方と意味を考えよう

戦争（にた意味）　前後（反対の意味）　清流（きよい　ながれ）

1 めあて つかむ

「左右」などの漢字の組み合わせ方を考え，めあてを捉えよう。

「『新年』『左右』『来店』この熟語を読みましょう。」

・「しんねん」「さゆう」「らいてん」（音読でまず確認）

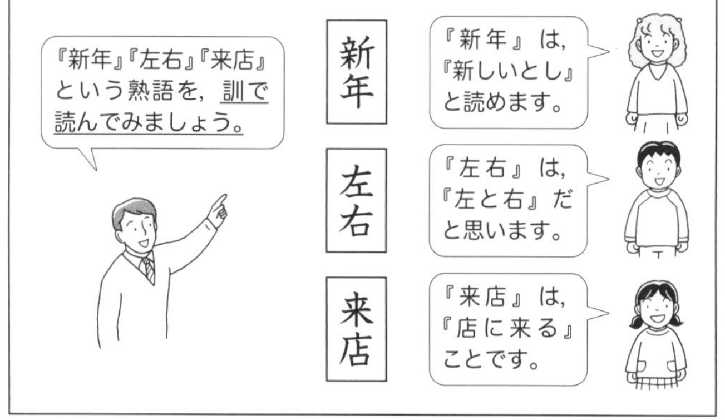

『新年』『左右』『来店』という熟語を，訓で読んでみましょう。
新年
『新年』は，『新しいとし』と読めます。
左右
『左右』は，『左と右』だと思います。
来店
『来店』は，『店に来る』ことです。

「これらの漢字の組み合わせ方に違いはありますか。」

「『左右』のような熟語を思いつきませんか。『上？』」

・あ，『上下』　・『男女』　・『天地』もそうです。

『左右』などは，反対の意味をもつ漢字，対（つい）になる漢字の組み合わせだと気づかせる。

「このように，熟語には，反対の意味をもつ漢字を組み合わせてできたものがあるのです。今日は，漢字の組み合わせから熟語の意味を考えます。」

2 読む 調べる

教科書 P85 を読み，熟語の漢字の組み合わせ方を調べよう。

「『新年』は，『左右』とは違った組み合わせですね。」

熟語の漢字の組み合わせには，いろいろあります。教科書 85 ページを読んで，その組み合わせ方を見てみましょう。（音読）
4 つの組み合わせがあります。「新年」は③の組み合わせです。
『左右』のような，漢字の組み合わせもあります。

「漢字の組み合わせを，順に見ていきましょう。1 つ目は，『①似た意味をもつ漢字の組み合わせ』です。どんな熟語がありますか。」

・『加入』『願望』『消失』『周辺』です。
（まず読めるように音読し，訓でも読んでみる）

・『加わる』『入る』なので，同じような意味です。

「2 つ目は，『②反対の意味をもつ漢字の組み合わせ』ですね。」

同様に，音読み，訓読み，意味の話し合いをする。
③④の組み合わせも同様に進める。視写もさせる。

…き提示してもよいでしょう。

熟語の意味

(め) 漢字の意味を手がかりにして熟語の意味を考えよう

新年（シン ネン）…新しい(年)（年を説明）

左右（サ ユウ）…左(と)右

来店（ライ テン）…店(に)来る　×来る店

〈漢字の組み合わせ方〉

① にた意味をもつ漢字

主体的・対話的で深い学び

・ここでも学んだ知識をもとに，熟語を分類させたり，教科書などから見つけさせたりする。知識は知るだけでなく，使うことによって身についていく。そのため，授業でも，この入力と出力の両場面を取り入れた展開を心がける。

・一方，「漢字の組み合わせ」という知識が不確かだと，主体的・対話的な学びも成り立ちにくい。だから，できるだけ多くの児童に発言させたり，個別の指導も入れたりするなど，4つの組み合わせの形の捉えを，確かにしておくことが大切になる。

準備物

・ 教科書P85問題2の熟語を書き入れる表（児童数）（児童用ワークシート見本 DVD 収録【4下_13_02】）

・ 社会や理科の教科書など　※熟語を見つけるのに使うとよい。

3 考える 書く　「漢字の組み合わせ」と意味を考え，問題2の熟語を表に分類しよう。

「戦争」「前後」「清流」と板書し注目させる。

「この3つの熟語をまず読みましょう。」(読みを確認)

・「せんそう」「ぜんご」「せいりゅう」

この3つの熟語の意味と，漢字の組み合わせ方を考えましょう。

戦争

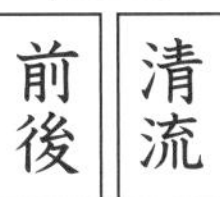
前後
清流

「戦争」は，訓で読むと「たたかい，あらそう」です。同じような意味です。だから，①の，似た意味の漢字の組み合わせです。

同様に，「前後」は②の反対の意味，「清流」は，③の上が下を修飾する関係となることを話し合う。

「では，教科書85ページ下2の熟語を『漢字の組み合わせ』から意味を考えます。まず読みましょう。」(音読)

「『明暗』『白紙』などの熟語を，漢字の組み合わせ方別にまとめて，表にして書きましょう。」(個別指導)

・『明暗』は『明るいと暗い』だから，反対の意味だ。

4 調べる　熟語を集め，「漢字の組み合わせ」と，意味を考えよう。

「意味も書けたら，国語辞典で確かめましょう。」

『プラタナスの木』の中に，『小川』という熟語がありました。漢字の組み合わせ方と意味を考えましょう。
小川

意味は「小さな川」だから，③の上が下の漢字を修飾している熟語です。

「教科書の文章からもこのような熟語が見つかります。『プラタナスの木』には，他にも『濁流』という熟語がありました。『濁』の訓は『にごる』です。」

・すると，『濁流』は『にごった流れ』という意味で，③の上が下を修飾する漢字の組み合わせです。

他にも，『最初』『地下』などがあるが，多くはない。

「このように，4種類の漢字の組み合わせの熟語を，思い出したり本で探したりして，書き出してみましょう。」

難しいので熟語は教師が提示してもよい。

漢字の広場 6

全授業時間 2 時間

◎ 指導目標 ◎

・第 3 学年までに配当されている漢字を書き，文や文章の中で使うことができる。
・間違いを正したり，相手や目的を意識した表現になっているかを確かめたりして，文や文章を整えることができる。

◎ 指導にあたって ◎

① 教材について

前学年の配当漢字を，与えられた条件で使うことで漢字の力をつけようとするものです。この「漢字の広場 6」では，学級新聞を表した絵をもとに「絵の中の言葉を使いながら，1 年間の出来事を学級新聞の記事にする」という条件で漢字学習をします。ただの漢字の反復練習や小テストではなく，提示された漢字を使った文作りを通して，文の中で漢字を使いこなす学習活動に広げます。

身近な場面の絵と，提示された漢字を含む言葉とを結び付け，想像を膨らませて文章を考える活動は，どの児童にも楽しく取り組みやすいものです。これまでに学習した漢字を思い出し，語彙を広げる学習ができる教材となっています。

また，4 年上巻「新聞を作ろう」で学習したことから，新聞記事の書き方を想起させるとよいでしょう。ただし，ここでは，漢字の復習という本来のねらいを忘れずに，あまり高度な要求にならないように気をつけたいところです。

② 主体的・対話的で深い学びのために

挿絵と言葉を手掛かりに場面の様子を想像し，絵に合った文章を作る活動です。文作りの前に，「絵からどのようなお話が想像できますか」と問いかけ，絵に対して気づいたことを出し合って交流し，その気づきを共有します。想像したお話を交流することで，児童はどのようなことが書けそうかイメージを広げることができるでしょう。

また，文作りをした後，それぞれが作った文を，ペアやグループ，またはクラス全体で交流します。友達の作った文章を知り合うことで，言葉や文作りにより興味・関心をもつことができるようになるでしょう。

◎ 評価規準 ◎

知識 及び 技能	第3学年までに配当されている漢字を書き，文や文章の中で使っている。
思考力，判断力，表現力等	「書くこと」において，間違いを正したり，相手や目的を意識した表現になっているかを確かめたりして，文や文章を整えている。
主体的に学習に取り組む態度	進んで第3学年までに配当されている漢字を書き，学習課題に沿って文を書こうとしている。

◎ 学習指導計画　全2時間 ◎

次	時	学習活動	指導上の留意点
1	1	・教科書P86の絵を見て，3年生までに習った漢字の読み方を確認する。 ・1年間の出来事を記事にした学級新聞を描いた絵を見て，それぞれの場面を確かめ，学級新聞の記事内容を想像する。 ・3年生までに習った漢字を書く。	・声に出してこれまでに学習した漢字を正しく読めるかどうかをチェックする。間違えたり，正しく読み書きができなかったりした漢字は，繰り返し練習させる。
	2	・絵を見て，学級新聞の記事内容を想像し，3年生までに習った漢字を使って文章を書く。 ・書いたものを読み返し，間違いを直すなどして推敲する。 ・漢字や送り仮名，句読点等が正しく使えているかを確かめ，間違いを直す。 ・書いたものを友達と読み合い，正しく漢字が使われているか確かめ合う。 ・学習を振り返る。	・新聞記事の特徴を確かめ合わせ，挿絵から「いつ，どこで，だれが，何をしているのか」を伝える新聞記事のような文章を書かせる。 ・出来上がった文章を読み合い，互いのよいところを交流させる。

DVD 収録（漢字カード，イラスト）

始業式　新学期　運動会　第五回　山田君　苦しい　負ける　学級会　他校生　投げる

守る　勝つ　必死　毛筆　文章　意見　交流　勝　守　負

詩　球　苦

打つ　進級　代表　作品　文集　決定　反対　打　投

三組新聞
最終号

漢字の広場６

第 1 時 (1/2)

本時の目標

３年生で習った漢字を正しく読み書きし，提示された言葉を使って１年間の出来事を記事にした学級新聞の内容を想像し，説明することができる。

授業のポイント

ペアやグループの人と挿絵からどのようなお話が想像できるかを話し合い，イメージを十分膨らませる。書く時間もできるだけ取って，漢字の定着を図る。

本時の評価

３年生で習った漢字を正しく読み書きし，提示された言葉を使って学級新聞の記事内容を想像し，説明している。

〈漢字カード〉まず，イラストの上に漢字カードを貼り，読み方を確かめます。それぞれの場面を想像する中で

板書例

文集
文章
詩

※

・文集「なかま」を作る
・詩を書く
・楽しかったことを文章にする

※※

※

・運動会の玉入れで赤が勝つ
・苦しくても，必死につなを引く
・リレーで負ける

※※

決定
学級会
意見
反対

※

・学級会で意見を出し合う
・反対の意見が出る
・話し合って決定する

※※

※

・他校生と交流試合をする
・球を投げて打つ
・守ったり打ったりする

※※

※※児童の発表を板書する。

1 読む 確かめる　３年生の漢字を声に出して読もう。

「３年生までで習った漢字が出ています。読み方を覚えていますか。声に出してペアで確かめましょう。」

３年生までで覚えられなかった児童，一度覚えたつもりで忘れてしまった児童もいるだろう。

読みの段階から，丁寧に取り組んでいくようにする。

漢字を読むからチェックしてね。「しんがっき」「しぎょうしき」「しんきゅう」…
さすが加藤くん，しっかりと漢字の力をつけてきたね。次は私の番だよ。「ぶんしゅう」「し」…

ペアでテンポよく読み方を確認していく。クラスの実態によっては，教師が板書で１つずつ漢字（言葉）を指して確認していってもよい。

意味が分からない言葉は，教師が説明するか辞書で調べさせる。

2 出し合う 対話する　場面ごとに絵を見て，１年間の出来事について見つけたことを出し合おう。

１年間の出来事のそれぞれの絵から，見つけたことを整理していきましょう。
始業式の挿絵は，４年に進級したときのことだね。桜の絵から分かるよ。
新聞の順番では，次は第五回書きぞめコンクールのことが次の出来事だね。

教科書の絵から，１年間の出来事がどのようなものかペアやグループで話し合わせる。

文章を書くための素材を見つける活動となる。教科書 P86 の挿絵の場面ごとに「いつ」「どこで」「だれが」「何を」しているのか，詳しく見ていかせる。

「絵を見て，見つけたことを発表してください。」

・第五回書きぞめコンクールで，山田君が代表になった。
・コンクール用に，クラス全員が毛筆で作品を書いた中から，山田君は選ばれました。

児童の発表をまとめ，分かりやすく板書していく。

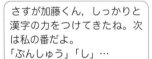

カードの言葉をキーワードとして考えさせるとよいでしょう。

漢字の広場６

㋱　三年生までに習った漢字を正しく読み書きして、一年間の出来事を確かめよう

・四年生に進級する
・新学期の始業式をむかえる
・体育館で校長先生のお話を聞く
・毛筆で作品を書く
・第五回書初めコンクールで、山田君が代表だ

※教科書 P86 の挿絵を場面ごとに掲示する。
※イラストの上に漢字カードを貼る。

主体的・対話的で深い学び

・１年間の学校での出来事を記事にした学級新聞を表す挿絵から児童は楽しく想像を膨らませることができるだろう。また，絵から見つけたことや想像したことを友達と交流することで，よりイメージを広げることができる。本時で出し合ったことを，次時の文章作りにつなげたい。

準備物

・漢字カード　DVD 収録【4 下_14_01】
・教科書 P86 の挿絵の拡大コピー
（黒板掲示用イラスト　DVD 収録【4 下_14_02】）
※それぞれの場面ごとに挿絵を切り離せるようにしておく。
・国語辞典，漢字辞典

3 想像する 対話する　１年間の出来事の各場面の絵から想像したことを話し合おう。

言葉と絵から，１年間の出来事について詳しく説明するお話を考えましょう。

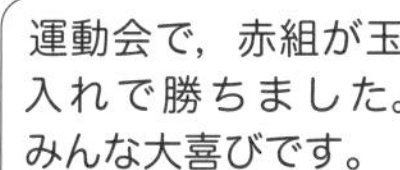
運動会で，赤組が玉入れで勝ちました。みんな大喜びです。

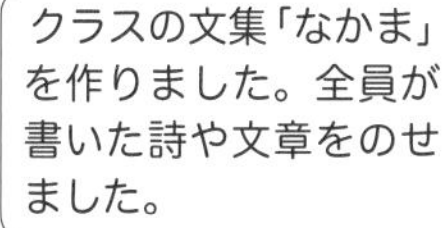
クラスの文集「なかま」を作りました。全員が書いた詩や文章をのせました。

「絵から，その出来事について想像したことをお話に加えてもいいですよ。」

・学級会でたくさん意見を出し合っています。反対の意見も出ましたが，話し合いで決定しました。

提示された言葉と，絵から見つけたことから考えられるお話を作らせる。次時で文章を書くための活動となる。

詳しく見ている児童の意見を広め，言葉と絵から説明できるいろいろなことを，できるだけたくさん出し合わせる。

4 書く 確かめる　漢字を正しく書こう。間違えやすい漢字を確かめよう。

「3 年生で習った漢字を正しくノートに書きましょう。次の時間に，この漢字を使って文を作ります。正しく書けるように練習しましょう。」

教科書 P86 に出てきた漢字をノートに練習させる。

画数の多い漢字もたくさんあるね。書き間違えないように丁寧に書こう。

早く書き終わったら，その漢字を使った熟語や言葉をノートに練習しよう。

ノートに早く書き終わった児童には，空いているところに繰り返し練習をさせたり，国語辞典や漢字辞典を活用してその漢字を使った別の言葉や熟語を書いたりさせるとよい。

クラスの実態によっては，間違って漢字を書いていないか，隣どうしで確かめ合わせてもよい。

漢字の広場６

第２時（2/2）

本時の目標

教科書に提示されている漢字をできるだけたくさん，または工夫して使い，文章を書くことができる。

授業のポイント

漢字の復習のための取り組みである。想像を膨らませる部分が盛り上がるかもしれないが，文章を書く時間をしっかりと確保したい。

本時の評価

提示された漢字をできるだけたくさん使って文章を書いている。

〈漢字カードの使い方〉まず，イラストの上に漢字カードを貼っておきます。児童が使用したカードを

板書例

（例）新学期になり、四年生に進級した。始業式では、校長先生のお話をしっかり聞いた。

◇学級新聞の記事を書こう

（運動会）
・つな引きでは、白組が勝ちました。「負けたくないから必死でつなを引きました。苦しい戦いだったけど、勝つことができてよかったです。」…

（交流会）
・他校生とスポーツ交流会がありました。わが〇〇小学校は、相手の投げた球をうまく打ち、先に点をとりました。そしてすばらしい守りで …

（学級会）
・四年三組のお別れ会を議題にした学級会では、みんなで何をしたいか意見を出し合いました。さんせいや反対の立場で…

※児童の発表を板書する。

1 めあて つかむ　教科書の例文を声に出して読み，課題を確かめよう。

「86 ページの例文を声に出して読んでみましょう。」

何人かに音読させ，本時の学習課題を共有する。

今回は，文章をどのように書いていけばよいのでしょうか。
新聞記事のように書かないといけない。
新聞記事ってどう書けばいいのかな。

「『新聞を作ろう』で新聞記事を書く学習しましたね。」
・どんな出来事があったか，分かりやすく書けばいい。
「インタビュー記事のような文を，想像で作ってみても面白いですね。」

既習の内容を思い出させ，留意点を確かめる。

「前の時間はこの学級新聞の絵を見て，いろいろ想像しましたね。今日は，その想像したことも加えて１年間の出来事を学級新聞の記事に書きましょう。」

2 書く　１年間の出来事を学級新聞の記事にして書こう。

出てきている漢字や言葉を使って，１年間の出来事を説明する新聞の記事にして書きましょう。

他校生とスポーツ交流会がありました。相手の投げた球をうまく打つことができてゲームに勝ちました。

つな引きでは，負けたくないから必死でつなを引きました。苦しい戦いだったけど，勝ちました。

「想像したこともあわせて，できるだけ漢字をたくさん使った文章を書けるといいですね。」

絵や言葉を手掛かりに想像を膨らませて考えた文章を書かせる。文を書く時間はできるだけ確保したい。

文作りが苦手な児童には，絵の中の１つの場面や，だれか１人を決めて，文を考えさせる。また，友達に尋ねたり，アドバイスをもらったりしてもよいことにする。

「書けたら読み返して，漢字や送り仮名，句読点が正しく使えているか，主語や述語など文章に間違いがないか見直しましょう。間違いがあれば書き直しましょう。」

移動させると，使用していない残りの漢字がすぐに分かります。

始業式
新学期
進級
運動会
勝つ
第五回
代表
山田君
作品
必死
毛筆
若しい
負ける
文集
文章
詩
交流
打つ
守る
球
投げる
他校生
学級会
決定
意見
反対
三組新聞
最終号

漢字の広場6

㋠ 一年間の出来事を、学級新聞の記事に書こう

※イラストの上に漢字カードを貼る。
児童が文作りで使用した漢字カードを移動する。

主体的・対話的で深い学び

・文作りをした後，それぞれが作った文を，ペアやグループ，またはクラス全体で交流する。友達の作った文章を知り合うことで，言葉や文作りにより興味・関心をもつことができるようになるだろう。

準備物

・漢字カード（第１時で使用したもの）
・黒板掲示用イラスト（第１時で使用したもの）
・国語辞典

3 対話する 交流する　書いた文章を交流しよう。

「出来上がった文章を友達に発表しましょう。友達の作った文章のよいところを見つけながら読みましょう。」

お別れ会を議題にした学級会では，みんなで何をしたいか意見を出し合いました。さんせいや反対の立場で話し合い，みんながなっとくして決定することができました。
学級新聞の記事のように，うまく書いているね。
絵の中の言葉を使って，どんな出来事があったかはっきり分かる文章になっているよ。

作った文章をペアやグループの人と読み合い，「どこで」「どんな人が」「何を」しているかが分かりやすく書けているか，漢字が正しく使えているかを確認し合う。

交流する時間が足りない場合，グループの中でノートを回して読み合う，全体の場で書いた文章を発表させるなど，交流方法は状況に合わせて使い分けるとよい。

「よかった文章を１つ選んで全体で発表しましょう。」

よい文章を交流し，全体で共有する。

4 書き直す 振り返る　交流で気づいたことを書き直そう。学習を振り返ろう。

「友達と交流して，間違いに気づいたところを書き直しましょう。使えていなかった漢字も書き加えておきましょう。よかった文を書き写してもいいですよ。」

書き直しや付け足し，よかった文を書く時間を確保する。

・山田君の記事で，〇〇さんが書いた「毛筆で何度も書き直して，いちばんいい作品を選びました。」という山田君のインタビューがよかったな。書き足しておこう。

「漢字の広場」の学習を通して，できるようになったこと，頑張ったことを振り返りましょう。
今日の漢字の広場では，新聞記事のような書き方になるよう工夫できました。
習った漢字をできるだけ使って，文章作りをしてきたおかげで，文がうまく書けるようになりました。

学習の振り返りを書かせた後，交流する。

ウナギのなぞを追って

全授業時間８時間

◉ 指導目標 ◉

・文章を読んで理解したことに基づいて，感想や考えをもつことができる。
・文章を読んで感じたことや考えたことを共有し，一人一人の感じ方などに違いがあることに気づくことができる。
・目的を意識して，中心となる語や文を見つけて要約することができる。
・様子や行動を表す語句の量を増やし，話や文章の中で使い，語彙を豊かにすることができる。

◉ 指導にあたって ◉

①　教材について

「ウナギは，どこで産卵するのか」という「なぞ」を追って，調査研究した事実が，臨場感のある文章で書かれています。読み進めると，うなぎの産卵場所が長い間分からなかったという「なぞ」に，まず驚かされます。また，その調査が，八十年という長い歳月をかけて続けられていたことや，どのように産卵場所を突き止めていくのか，その調査研究の手法，手順も初めて知ることがらになります。この文章を読んだ児童も，このような様々な事実や，「なぞとき」をする科学者の姿に心をひかれるでしょう。

そこで，ここでは「きょうみをもったことを中心に，しょうかいしよう」という学習目標のもと，各自が興味をもったところを中心にして，紹介する文章を書きます。そして，おたがいの紹介文を読み合い，それぞれの捉え方や考えを知り合います。

紹介文を書くには，まず話の内容を的確に捉えなければなりません。次に，「こんなお話です」などと，要約する必要があります。要約とは，「短い言いかえ」です。本文の言葉を使う（引用）だけでなく，他の言葉や表現に置きかえる要約もあります。もちろん，要旨をふまえることも大切です。この要約のやり方も，ここで指導します。

なお，読むためには，地理（マリアナ，海流，アジアの地理など）や地学（海山，新月，月の満ち欠けなど）に関わる知識も必要です。図や写真とあわせて読む指導とともに，説明でも補うようにします。

②　主体的・対話的で深い学びのために

身近なウナギと，その「なぞ」，児童も興味をもって読むでしょう。そして，主体的・対話的な学びのためには，まず，「なぞ」とは何か，何の調査なのか，その目的と結果は？　このようなことを文章から読み取っておくことが基本です。その上で，「ふかめよう」として，自分が興味をもったところを中心に読み直します。また，友達との対話も通して，紹介する上で何について書くのかを，よりはっきりさせていきます。

◉ 評価規準 ◉

知識及び技能	様子や行動を表す語句の量を増やし，話や文章の中で使い，語彙を豊かにしている。
思考力，判断力，表現力等	・「読むこと」において，目的を意識して，中心となる語や文を見つけて要約している。 ・「読むこと」において，文章を読んで理解したことに基づいて，感想や考えをもっている。 ・「読むこと」において，文章を読んで感じたことや考えたことを共有し，一人一人の感じ方などに違いがあることに気づいている。
主体的に学習に取り組む態度	文章を読んで理解したことに基づいて，進んで感想や考えをもち，学習課題に沿って，教材文を紹介する文章を書こうとしている。

◉ 学習指導計画　全８時間 ◉

次	時	学習活動	指導上の留意点
1	1	・題名の「ウナギのなぞを追って」とは何か，について話し合い，単元のめあてを聞く。 ・範読を聞いて全文を読み，感想を書く。	・めあて「きょうみをもったことを中心に，しょうかいしよう」を確かめる。 ・興味をもったところについて書かせる。
	2	・全文を音読し，感想を発表し聞き合う。 ・興味，関心を寄せたところを話し合う。	・発表から，感想の違いとともに，共通して興味を寄せたところを話し合いまとめる。
2	3	・音読し全体を３つのまとまりに分ける。 ・『初め』を読み，話題は何かを読み取る。	・『初め』『中』『終わり』の構成で書かれていることを確かめ，難語句の説明をする。
	4	・『中』の前半を読み『より小さなレプトセファルス』を追い求める姿を読み取る。 ・『いつ』と『大きさ』『場所』を読み取る。	・地図を使い，大きさと見つかった位置を照合させながら，分かってきたことを整理していく。あわせて，年表に表し理解を図る。
	5	・『中』の後半と『終わり』を読み，産卵場所を突きとめるまでの様子を読み取る。	・「海山」「フロント」「新月の日」などは，図や表と対応させて，文を読み取らせる。
	6	・何に興味をもったのかを確かめ，それに沿って読み直し，短い文で表に整理する。	・次時に紹介文を書くための資料にもする。 ・表の形は，教科書の例を参考にさせる。
	7	・自分の興味の中心（テーマ）を確かめる。 ・教科書の例で，紹介文の組み立てに気づき，それに沿って紹介文を書く。	・前時の表をもとにして，「初め」＝何の話か，「中」＝要約，「終わり」＝感想，の組み立てで書く。
3	8	・書いた紹介文を読み合い，よいところ，気づいたこと（感想）を伝え合う。 ・学習のまとめをする。	・紹介文を読み，自分と同じところ，違うところに気づかせる。 ・できたことを話し合い，本の紹介もする。

DVD 収録（白地図，児童用ワークシート見本）※本書 P209「準備物」欄，及び P212，213 に掲載しています。

ウナギのなぞを追って

第1時（1/8）

本時の目標

本文を読み，「興味をもったことを中心に，紹介しよう」というめあてを捉えることができる。

授業のポイント

文章との出会いになる。全文を読む前に，「なぞ」とは何かを考えさせたり，調査の舞台になったマリアナの位置を捉えさせたりして，読む構えを作る。

本時の評価

本文を読み，「興味をもったことを中心に，紹介しよう」というめあてを捉えている。

〈本時の活動〉「ウナギのなぞを追って」の「ウナギのなぞ」について話し合い，学習のめあてを

板書例

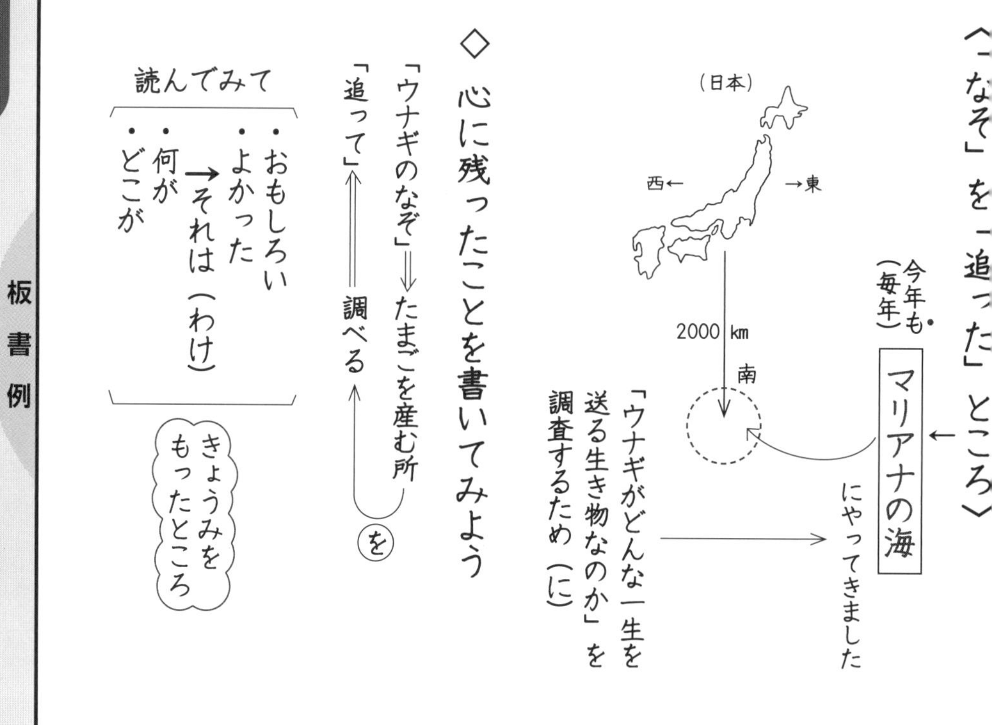

〈「なぞ」を「追った」ところ〉
今年も・（毎年）
マリアナの海
にやってきました
（日本）
西←
→東
2000 km
南
「ウナギがどんな一生を送る生き物なのか」を調査するため（に）
◇心に残ったことを書いてみよう
「ウナギのなぞ」⇒たまごを産む所
「追って」⇔調べる
を
読んでみて
・おもしろい
・よかった→それは（わけ）
・何が
・どこが
きょうみをもったところ

1 対話する　題名を読み，「ウナギのなぞ」とは何かについて話し合おう。

「新しく習うお話の題名を読みましょう。87ページです。」

・「ウナギのなぞを追って」（斉読）

ウナギは，知っていますね。（P87 図を見る）では，題名の『ウナギのなぞ…』とは，何だと思いますか。
ウナギのなぞとは？

ウナギは食べたことはあるけれど，泳いでいるところは，見たことがありません。

「なぞ」って，分からないこと。何だろう？

・「なぞ」って，ウナギのすみかかな？　食べ物かな？

食べるウナギは知っていても，自然界でのウナギを見た経験や生態についての知識は，まずない。

ただ，既に本文を読んでいる児童も少なからずいる。

「ウナギのなぞは，みなさんにとっても『なぞ』みたいですね。これは，このなぞを解き明かそうと研究した人（研究者・塚本勝巳）が書いたお話です。」

2 対話する　「なぞ」を調べた場所を確かめ，研究の舞台のイメージをもとう。

「科学者が，この『なぞ』を調べた場所（研究の舞台）はどこでしょう。読みすすめる前に，まずそのことを確かめておきましょう。」

はじめの８行（P88 ①段落）を，まず読みましょう。（範読し，そのあと斉読）
『今年もマリアナの海にやってきました。…』
マリアナって，どこだろう。南の方の，遠い海のようだけど…。

「これがウナギのなぞを追った場所の地図です。（掲示）ここが日本，ここがマリアナの海です。（指す）」

「地図を見て，何か思ったことはありますか。」

・日本から，ずいぶん遠くはなれた海なのに，ウナギとどんな関係があるのだろう…と思いました。

全文を読む前に，およその地理（方角，距離）を押さえ，マリアナの海のイメージがもてるようにしておく。（予備知識をもたせる）

捉えます。全文を読み，興味に沿って初めの感想を書きます。

ウナギのなぞを追って
塚本　勝巳

「ウナギのなぞ」とは？
＝〔ウナギがたまごを産む場所？（どこで）（を見つける）〕※
↓を調べた　研究者 ⟹

㋱ 学習のめあてをとらえ、全文を読んではじめの感想を書こう

〈学習のめあて〉
きょうみをもったことを中心に（要約して）しょうかいしよう ※

※全文を読んだあとで書き入れる。

主体的・対話的で深い学び

・作品との初対面の時間になる。「なぞとは，何だろう」などと，児童の主体的な読みを促すような，期待感をもたせたい。
・授業で教師が使う言葉としては，「発問」「指示」「評価」と，もう1つ「説明」がある。この研究調査の舞台はマリアナの海なのだが，一体どこなのか，まず児童は知らない。そこで，そのような読む前提となる知識は，教師の説明で初めに理解させておく。それが，主体的な読みや初めの感想を書く助けになる。新しい出会いには，予備知識はあった方がよい。

準備物

・掲示用地図（日本とマリアナが描かれている地図）
　東アジア，オセアニアなど
・地図帳　※児童が見る。
・（あれば）指導書付録 CD
　※範読は CD を聞かせてもよいが，できれば教師が読むのがよい。

3 めあて 読む　めあてを聞き，範読を聞きながら全文を読み見通そう。

「なぞ，とは何でしょう。これから読んでいきます。」
「その前に，ここで学習するめあてを確かめましょう。まず 87 ページの初めの 2 行を読みましょう。」

きょうみ

興味をもったことを
中心に，紹介しよう。

『興味』とは，『へえ，面白いな』などと，心をひかれることです。読むと，きっとそういうところが出てくると思います。そして，そのことを中心にして，このお話を誰かに紹介する文章を書くのです。

「まず先生が読みます。『ウナギのなぞ』とは何か,『追って』とはどういうことなのかを考えて聞きましょう。」

範読に 7，8 分かかる。読み仮名をつけさせてもよい。

「聞いて，読んでみてどうでしたか。」
・面白かったし，興味をもちました。すごいです。

「『ウナギのなぞ』とは何でしたか，分かりましたか。」
・ウナギが卵を産む場所が「なぞ」でした。

4 書く　どこに興味をもったのかを中心に，初めの感想を書こう。

心に残ったことはどんなところでしたか。興味をもったところを，誰かに教えるつもりで感想を書きましょう。

何十年もかけて，ウナギの卵を産む場所にたどり着くまで調査を続けたことに…。

「よかった，すごい，感動した，という人は，『何が（に）』『どんなところが（に）』や，その理由も『それは…』，『…なので』と書き足すと，とてもいい感想になります。」

児童の感想を見て回り,「なるほど」と同感したり「どこが？」などと聞き出したりする。助言も行う。
（感想の傾向は，以下のようなものが多い）
○ウナギの生態，成長に関わるなぞや，卵の発見
○仮説を立て，捜査の網を狭めていくような研究手法
○長い年月をかけて，調査研究を続ける粘り強い姿

「次の時間に，書いた感想を発表し合いましょう。」

ウナギのなぞを追って

第2時 (2/8)

本時の目標

感想を発表し合い，一人ひとりの興味や感じ方の違いに気づくとともに，共通する興味にも気づくことができる。

授業のポイント

感想の発表は，人数や時間に応じて発表のさせ方を工夫し，効率よくすすめる。そして，感想の共通点を見つける活動に重点を置く。

本時の評価

感想を発表し合い，一人ひとりの興味や感じ方の違いに気づくとともに，共通する興味にも気づくことができている。

板書例

〈感想の交流〉感想の違いを知り合うとともに，共通して興味を寄せたところや感動を見つけて

◇感想をまとめてみよう

(ウ) たまごを産む場所と海山やフロント
(ウ) ウナギがどこでたまごを産むのか分かっていなかった
(年)(研) 今、やっと分かった
(年) 研究に八十年の年月がかかった
(年) 一九三〇年から研究している
(研) 小さなレプトセファルスを追う調べ方
(ウ) たまごを産む日が月と関係している
(研) たまごを見つけるむずかしさ

※

〈きょうみをもったところ〉

・ウナギの一生、レプトセファルスの旅
・たまごとレプトセファルスを追う調査
　なぞをといていくやり方
・長い年月をかけた研究

※

※児童の発表を板書する。

1 めあて 読む　本時のめあてを聞き，全文を音読して段落に番号をつけよう。

今日は，前の時間に書いた感想を発表し合います。友達は，どんなところに心をひかれ，興味をもったのか，聞き合います。

ウナギが海で卵を産むなんて，初めて知りました。

八十年も調べてきたのは，すごかった。

「感想を発表する前にもう一度初めから音読して，まずは，正しく読めるようになりましょう。」

まず１人読み，そのあと斉読する。音読は学習の基本と言える。全員が正しく読めるよう単元の始めには音読の機会を多く設ける。「お家で練習」だけでは，音読を高めることにはなりにくい。

「段落ごとに交代して読みます。段落ごとに立ち止まり，段落には番号をつけていきましょう。」

・（最後まで読み通して）①～⑬段落までありました。

2 発表 聞き合う　前時に書いた初めの感想を発表し，聞き合おう。

「では，書いた感想を発表して，聞き合いましょう。」

ここは，グループではなく全員で聞き合う形がよい。

『どんなこと』についての感想なのか，何に興味をもったのかをよく聞きましょう。『私のと，似ているな』と思う感想があるかも知れませんね。

ぼくが，心に残ったところは･･･

・ウナギがどこで卵を産んでいるのか，こんなことが「なぞ」だったなんて，初めて知りました。…
・この研究は大変だなと思いました。それは，ほとんど一生をかけて調べているところが…。

できれば，全員に発表の機会を与える。そのため，「席順に」などの発表方法でもよい。必要に応じて時間の制限も考え，可能なら「ウナギの一生のことです」「調査のことです」などと見出しもつけて話させる。

いきます。

ウナギのなぞを追って

㋱ はじめの感想を聞き合おう
きょうみをもったところを知り合おう

◇ 感想を聞き合おう

何が
どんなところが
どうして
よかったのか
おもしろいと思ったのか
（きょうみ）

☆ 友達の感想とくらべてみよう

主体的・対話的で深い学び

・同じ文章を読んでも，どこに心をひかれたのかは，児童によって異なる。それは，対話を通して知り合うこともできる。
・一方，感想には，みんなが共通して「面白い」「いいな」と思うところも出てくる。そして，だれもが心を寄せるところは，その作品の主題や要旨と重なっていることが多い。だから，感じ方の違いを知るとともに，「○○さんも，私と同じように…」などと，共通する感じ方や感動を見つけていくことが，大事になる。これも，対話を通しての学びと言える。

準備物

・前時に書いた感想文（各自）

3 対話する　感想をもとに，みんなが興味をもったところはどこかを話し合おう。

「私のと似ているな，と思った感想はありましたか。」

感想はいろいろですが，黒板を見ると，『○○のこと』というふうに，書いていることをいくつかにまとめられそうですね。

ウナギのことを書いているのが多いなあ。

研究についての感想もあります。

感想は，興味別に分けて整理し，板書でまとめる。

「これ（板書）を見ると，みなさんは，どこに，どんなことに興味をもったのかが，分かってきます。」
「また，いくつかのまとまりにまとめられそうです。例えば『ウナギのこと』は何人も書いていました。『(ウ)』と印をつけておきましょう。」
・調べる年月の長さや，調べ方，研究についての感想もあります。

同様に，他の感想にも（年）（研）などの印をつける。（板書参照）

4 読む 対話する　「何について書いたのか」自分の感想を読み返し，確かめよう。

「みんなの感想と比べて，違いはありましたか。」
・私は調査のことを書いたけれど，ウナギの一生の不思議さを書いている人もいました。

感想の中心は，それぞれ違うようですね。自分が書いたのは，何についての感想なのか，読み直してみましょう。

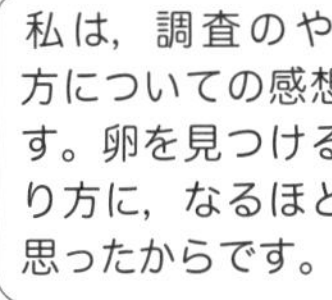

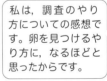

私は，調査のやり方についての感想です。卵を見つけるやり方に，なるほどと思ったからです。

ぼくは，調査にかかった年月の長さに驚いたから，そのことを書きました。

「あれも，これも」でなく，紹介文では「何について書いてあるのか」という中心をはっきりさせる。ただ，今後「紹介文」を書くとき，変わることもありうる。

「いろいろな感想を，『何について』でまとめることができました。音読をして，振り返ってみましょう。」

ウナギのなぞを追って

第３時（3/8）

本時の目標

本文が３つのまとまりで書かれていること（構成）に気づき，「初め」の部分から話題提示の内容を読み取ることができる。

授業のポイント

『初め』で，話題が提示される。ウナギの生態，調査の目的，場所，経過など，読む上で基本になることが書かれている。それらをどの児童にもつかませておきたい。

本時の評価

本文が３つのまとまりで書かれていること（構成）に気づき，「初め」の部分から話題提示の内容を読み取っている。

〈文章の構成〉『初め』『中』『終わり』の３つのまとまり（構成）を捉え，何について書かれた

板書例

（終わり）
⑬ ⑫～⑧

・調査の様子
・分かったことは？

○ まとめと、これからのこと

〈調査の場所と海流〉

黒しお
マリアナの海
台わん
※

海流＝海水の流れ（黒しお）
生態＝どこで生まれ、何を食べて？

初め

① ウナギの調査に、マリアナの海に
② ウナギの一生、ウナギは南の海で生まれ、海流にのって日本へ
③ たまごを産む場所を見つける調査 一九三〇年から八十年

これから説明（「中」へ）

※図は略図でよい。または，地図を貼る。

1 音読する つかむ　音読し，組み立て（構成）を考え，３つのまとまりに分けよう。

今日は，お話の組み立てを調べましょう。まず全文を音読して，①から⑬までの段落を，いくつかのまとまりに分けてみましょう。

『ウナギは，日本各地の川や池にすんでいます。』だから，②段落はウナギのこと…かな。

ここでも音読を重視し，まず全文の１人読みや斉読を入れる。

「まとまりは，いくつありましたか。」

- １行空きのところが切れ目なので，３つです。
- １つ目のまとまりは，①②③段落です。２つ目は，④～⑫段落まで。３つ目は⑬段落です。２つ目は長いので，④～⑦と，⑧～⑫の２つに分けてもいいです。

「大きく３つのまとまりで書かれていますね。１つ目のまとまりが『初め』，２つ目は『中』で話の中心，３つ目が『終わり』です。」

2 読む 対話する　『初め』の部分を読み，話題を話し合おう。

『初め』には何が書かれているのか，読んでみましょう。（音読）どんなことが分かりましたか。

なぜ，（語り手が）マリアナの海に来ているのかが，分かりました。

ウナギが卵を産む場所を調べるために，ここに来ています。

- この調査は，1930 年頃から始められてきました。
- ウナギはマリアナで卵を産むことも分かりました。
- ウナギが海で卵を産むなんて，初めて知りました。

「『初め』を読むと，『ウナギのなぞ』とは何か，何の話が始まるのかが分かりますね。」

「そして，『中』で，そのなぞを調べた様子がくわしく書かれているのです。」

既習の「組み立て（構成）」の基本として，『初め』話題の提示，『中』説明，『終わり』まとめ，と振り返る。

文章なのか，『初め』の部分から，その『話題』を読み取ります。

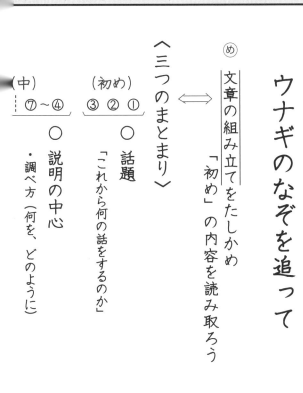

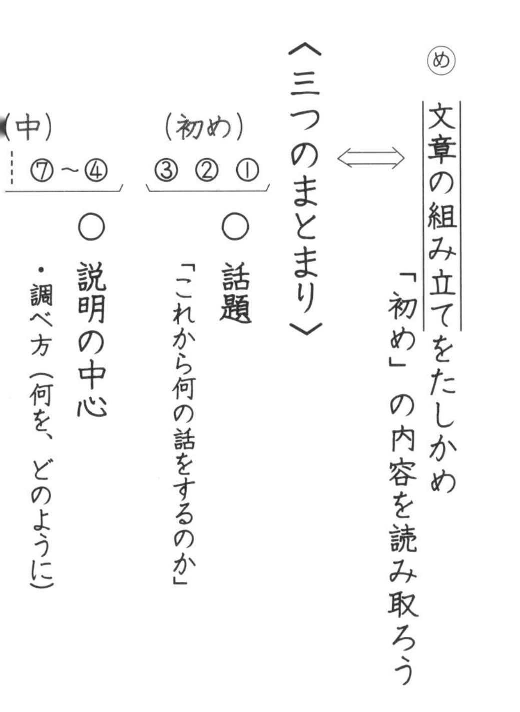
ウナギのなぞを追って
め 文章の組み立てをたしかめ
「初め」の内容を読み取ろう
〈三つのまとまり〉
(初め) ③ ② ①
○ 話題
「これから何の話をするのか」
(中) ⑦～④
○ 説明の中心
・調べ方（何を、どのように

主体的・対話的で深い学び

・調査研究の場所については，「マリアナの海」「真南に二千キロメートル」などと書かれている。しかし，４年生の児童は，この言葉からだけでは，南海のイメージはもちにくい。だから，マリアナの海の写真や地図が添えられている。船体の「白」も，南の海の「群青色」も，写真と併せて読み取るようにさせる。

・ノンフィクションでは，ふつう図や写真とつき合わせながら文章を読みすすめる。それが読み方でもある。また，これらの写真などを見て対話することも，楽しい活動になる。

準備物

・（黒板掲示用）教科書 P88 の地図（図１）の拡大版

・白地図（児童数）
（児童用ワークシート見本 DVD 収録【４下_15_01，４下_15_02】）
※２種あるので，どちらかを選ぶとよい。

・地図帳（海流の図が出ているページをプリントしてもよい）

3 調べる　地図を使って，調査の場所やウナギがやってくる道筋を確かめよう。

『初め』を読んで，分からない言葉やことがらはありましたか。
『海流に流され…』の，『海流』って何だろう。
『ウナギの生態』の『生態』の意味が分からないね。

『海流』『生態』は概念語なので，教師が説明する。

また，これから読んでいくのに必要な知識（児童は未習で知らない）を，白地図も使いながら確かめる。

「では，分かりやすくするために，白地図に地名（国名）や海流を書き込んでみましょう。」（白地図を配布）

主な国名，地名，赤道，方位を書き込ませる。方位（特に東西）は，児童はあやふや。『生態』とは，主に，くらしの場と食べること，繁殖のことと考えてよい。

「ウナギがどのように海流に流されて，日本にやってくるのか，道すじを，地図でたどってみましょう。」

4 読み取る 対話する　『初め』に書いてあったことをまとめよう。

「『初め』の①②③には，それぞれ何のことが書かれていたのか，もう一度読んで振り返りましょう。」

①段落は，ウナギの調査が，マリアナの海へ毎年来ていることです。
②段落は，ウナギのくらし方のことで，海で生まれて，日本へやって来ることです。
③は，これまでの調査で分かったこと。いつから調査したのか，ということもです。

発言をもとに簡単にまとめて，『初め』の部分を音読する。

「『ウナギのなぞ』は，結局どうなったのか，『終わり（⑬段落）』を読んでみましょう。結末です。」（音読）

・『ほぼ明らかになった』と書いてあります。
・『初め』の『なぞ』が，とけた，ということです。

「89 ページの写真も見てみましょう。何でしょうか。」

「群青色」も写真で確かめるなど，調査船と調査の様子を話し合う。

ウナギのなぞを追って

第 4 時 （4/8）

本時の目標

『中』の前半を読み，調査の方法，手順と，ウナギの産卵場所を見つけるまでの経過を読み取ることができる。

授業のポイント

『中』は，内容が多い。そのため前半と後半に分けて読む。前半では「より小さいレプトセファルス」を「追い求める」姿を，文から丁寧に読ませたい。

本時の評価

『中』の前半を読み，どのようにして，産卵場所を見つけるに至ったのか，調査の方法とその過程を，文に即して読み取っている。

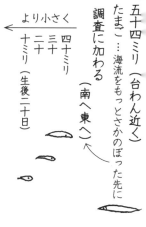

〈読取の範囲〉『中』の部分は内容も多く，専門的な用語も出てきます。そのため次時とあわせて２時間扱い

板書例

⑤ 一九六七年　五十四ミリ（台わん近く）　たまご…海流をもっとさかのぼった先に

⑥ 一九七三年から　（18年）　調査に加わる　（南へ東へ）

⑦ 一九九一年　四十ミリ　三十　二十　十ミリ（生後二十日）　←より小さく

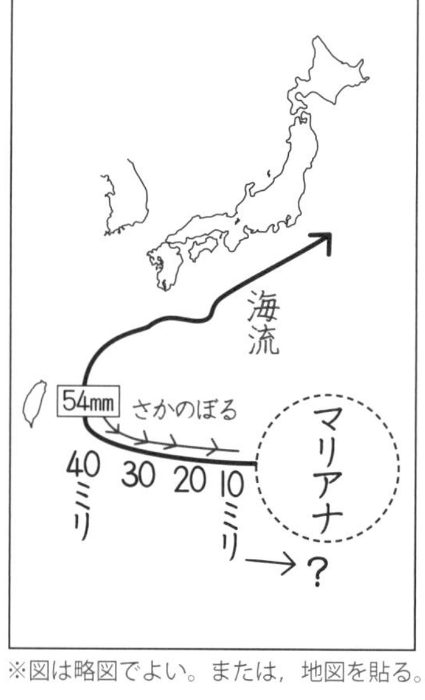

海流
54mm
さかのぼる
マリアナ
40ミリ
30
20
10ミリ
→？

※図は略図でよい。または，地図を貼る。

◎二十日分のきょりをさかのぼると産らん場所に？

◇心に残ったこと（きょうみをもったこと）を書いてみよう

1 めあて 読む　めあてを聞き，『中』（説明の中心）を，読もう。

「マリアナの海に来ていたのは，何のためでしたか。」

・ウナギがどこで卵を産むのかを調査して，その場所をつきとめるためです。

『初め』を振り返り，目的を確かめ直す。

「では，③段落を読んで，確かめましょう。」（斉読）

次の『中』の部分には，どんなことが書かれているのか，もう，予想できますね。
卵を産む場所を調べたこと（調査の内容）です。
どんなふうにして，調べたのか（方法）です。

「では，調査はどのようなものだったのか，今日は『中』（前半）を読んでいきます。音読しましょう。」

④段落から⑦段落までを，斉読，１人読み，段落交代読みなどで音読する。

時系列で書かれているので年表も示す。1930 年は戦前の昭和５年にあたり，約 90 年前になる。

2 読み取る　④⑤段落を読み，調査の内容，方法を読み取ろう。

「④段落で大事だと思ったところに線を引きましょう。」

「（線引きを確認後）何のことが書いてありましたか。」

・どうやって調べたのか，調査のやり方（方法）です。

・レプトセファルスという，ウナギの赤ちゃんのこと。

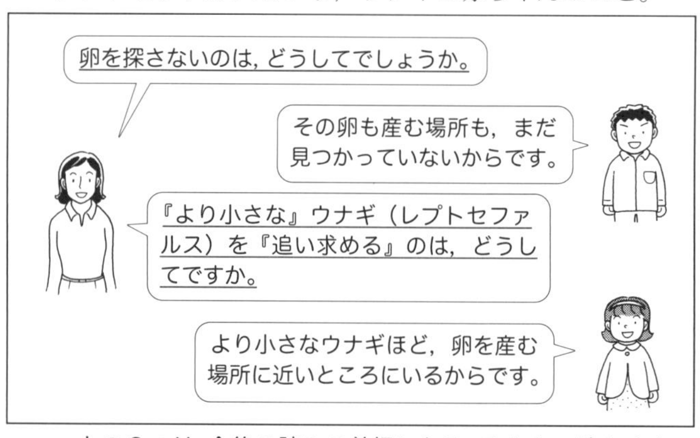

卵を探さないのは，どうしてでしょうか。
その卵も産む場所も，まだ見つかっていないからです。
『より小さな』ウナギ（レプトセファルス）を『追い求める』のは，どうしてですか。
より小さなウナギほど，卵を産む場所に近いところにいるからです。

上の２つは，今後の読みの前提になる。みんなで確かめ合っておく。大きな『網』は，P89 の写真１枚目や理科室のネットを見せ，イメージをもたせる。

「では，⑤段落，調査の様子を読んで分かったことは？」

レプトセファルスの大きさと，いつ，どこで，について，文章と図３とを対応させる。（地図も掲示）

として，本時は前半（④⑤⑥⑦段落）の調査について読んでいきます。

ウナギのなぞを追って

ⓜ「中」を読み、調査（ちょうさ）のやり方とその様子をとらえよう

「初め」→「中」

（③マリアナの海で、ウナギがたまごを産む場所はどこか調査する）

段落④

「より小さいウナギを追い求める」ことから

（レプトセファルス）が

海流にのって⇐成長しながら

日本に

主体的・対話的で深い学び

・科学の方法の１つに「仮説を立てる」，ということがある。ここでも，むやみにあちこち卵を探し回るのではなく，『より小さレプトセファルスを追い求め，海流をさかのぼると，卵に行き着く』という仮説のもとに，産卵場所の調査をしている。

・４年生は，論理的な思考ができ始める時期になる。この合理的な調査のやり方に，「なるほど」と興味を示す児童もいるだろう。また，そこに面白さを見いだすこと（興味）が，主体的に「紹介文」を書くことにつながる。

準備物

・（黒板掲示用）教科書 P89 の写真，P90 の図 2，P91 の図 3 の拡大版

・前時の地図（海流をかき入れた地図）（児童配布用と掲示用）

・（必要に応じて）プランクトンネット（理科室にある）

3 読む 対話する　⑥⑦段落を読み，レプトセファルスの大きさと，見つかる場所の関係を話し合おう。

「続けて⑥⑦段落も読み，いつ，どこで，など，レプトセファルスのことで分かったことを発表しましょう。」

・1973 年から, 40, 30, 20 ミリと, より小さいレプトセファルスが見つかりました。

・1991 年には，もっと小さい 10 ミリくらいのものが見つかりました。生まれて 20 日くらいです。

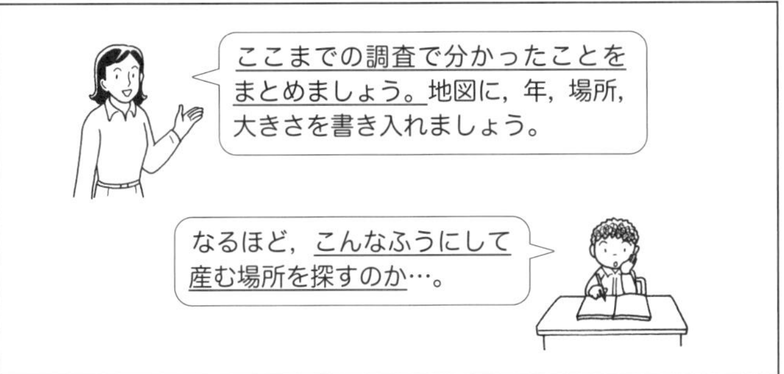
ここまでの調査で分かったことをまとめましょう。地図に，年，場所，大きさを書き入れましょう。
なるほど，こんなふうにして産む場所を探すのか…。

「卵を産む場所は，（地図で）予想できますか。」

・見つかったところから東の方，このあたりかなあ。

『海流をさかのぼった先…』の意味から予想させる。

4 読む 対話・書く　④⑤⑥⑦段落を読んで分かったことを整理しよう。

「卵を産む場所のことを産卵場所と言います。だんだん，産卵場所に近づいてきました。」

・でも，どこかに終点（産卵場所）があるはず…。

では，ここまでのところを整理しましょう。④⑤⑥⑦段落で，分かったことや大事なことを，年ごとの表に書きます。まず，④段落では？

『より小さなレプトセファルスを追い求める』ことが，調査のやり方でした。

表については板書参照。これが要約にもつながる。

「この，『中』の④⑤⑥⑦段落を読んで，興味をもった（心に残った）ことを，書いてみましょう。書けたら発表しましょう。」

・産卵場所を調べるために,『より小さなレプトセファルス』を探すわけが，よく分かりました。

・研究って何年もかかり，根気が要るのだなあと思いました。

ウナギのなぞを追って

第5時 (5/8)

本時の目標

『中』の後半と『終わり』を読み，調査のやり方と産卵場所を見つけるまでの様子を読み取ることができる。

授業のポイント

文の内容は，年表や地図に表すとより分かりやすくなる。図と対応させて読み，年表にまとめさせる。レプトセファルスの大きさも指で示させ変化を捉えさせる。

本時の評価

『中』の後半と『終わり』を読み，調査のやり方と産卵場所を見つけるまでの様子を読み取っている。

板書例

〈読取の範囲〉『中』の後半（⑧⑨⑩⑪⑫段落）と『終わり』（⑬段落）を読み，産卵場所を絞り

⑩ 二〇〇五年 六月七日

海山付近で 新月の日 ＞ 五ミリ 生後二日

⑪ 海山の西 新月 フロント

(3) フロントの南側

⑫ 二〇〇九年 五月二十二日

(1)海山 (2)新月 (3)フロント の三つを手がかりにして

⇐ ついにそのしゅん間は ＝ ウナギのたまごがとれた 二つ 一・六ミリ

⇐ たまごを産む場所がほぼ明らかに（まだ調査は続く）

⑬ 「終わり」

※図３～図６の拡大図を適宜掲示する。

◇ 心に残ったことを書こう

◇ 「もっと読もう」を読もう

1 読む 対話する

『中』の後半（⑧～⑪段落）を読み，調査で分かってきたことを話し合おう。

「卵は見つかったのか，⑧段落を読みましょう。」（音読）

1994年ごろ，分かったことがありました。それは，どんなことでしたか。

東へ行っても，ある地点をこえると，レプトセファルスがとれないということです。
卵を産む場所と，海山が関係していることです。

「（地図を指して）卵を産む場所が狭まってきました。⑨⑩⑪段落も読みましょう。」（音読）

「ここで分かったことはどんなことでしょうか。」

- 新月の頃，卵を産むみたい。なぜかなあ。（⑨段落）
- 2005年，新月の日，海山付近で，生後２日，体長５ミリのレプトセファルスを見つけました。（⑩段落）
- 産む場所は「フロント」も関係している。（⑪段落）

2 読む まとめる

⑫段落を読み，ついに卵が見つかったときの様子を話し合おう。

「『海流をさかのぼる』だけでは，産卵の場所は分からなかったのです。海山や新月，フロントも関係していました。産む場所と，日が分かったのですね。」

「海山の西」「新月のころ」「フロント」の３つのキーワードを確かめ，図と対応させて説明も加える。

「それで卵は…？　⑫段落を読みましょう。」（音読）

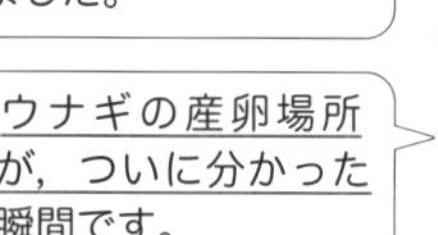
ついに，卵がとれた瞬間です。２つとれました。

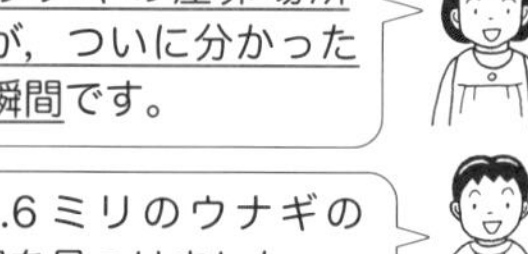
ウナギの産卵場所が，ついに分かった瞬間です。

『2009年5月22日，…ついに，その瞬間はやって…』と，書いてあります。この『その瞬間』とは，何があった瞬間ですか。

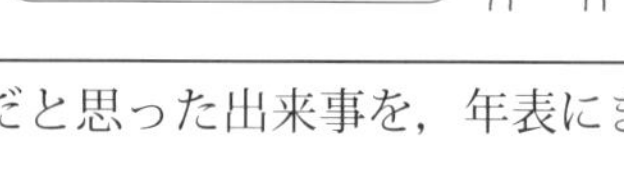
1.6ミリのウナギの卵を見つけました。

「⑧～⑫段落を読んで，大事だと思った出来事を，年表にまとめましょう。」

話し合いながらまとめさせていく。難しく思う児童には板書を参考にさせる。

入んでいき，ついにその場所を突きとめた様子を読み取ります。

ウナギのなぞを追って

(め) ウナギのたまごを見つけるまでの調査の方法とその様子を読みとろう

◇ たまごを見つけるまでの調査のやり方と分かったことを確かめよう

⑧ 一九九四年ごろ
（場所）

これまでの調査を整理
(1) ある地点＝三つの海山？

⑨ （日）
（何年もとれない）

(2) 新月のころにたまごを産む？

新月
海

主体的・対話的で深い学び

・調査研究のすすめ方がよく分かる文章だが，児童にとっては「何のこと？」と思うところもある。（「海流って何？」「海山とは？」「産卵と月の関係は？」「塩分の濃さが異なる…とは？」「フロントが関係するってどういうこと？」など）だが，本文では（あえて？）触れられていない。
・だから，ここは図を活用し，海山は板書で絵に描くなど，説明でも補う。また，大きさもミリはセンチに言い換え，「指でこれくらい」などと，できるだけ実感を伴った読み取りをさせる。

準備物

・（黒板掲示用）教科書 P91 ～ 94 の図３～６の拡大版
・これまでかき入れてきた地図

3 読む 交流する 『終わり』（⑬段落）を読み，筆者の考えについて話し合おう。

ついに，ウナギの卵を見つけました。そのあと筆者は，どんなことを考えているのか，『終わり（⑬段落）』を読みましょう。（音読）

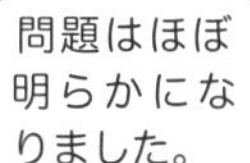
問題はほぼ明らかになりました。

でも，「知りたいことが増えるばかり」と，書いています。まだ，調査は続くみたいです。

「ひとつの『なぞ』は解けたけれど，まだ分からないことがあるのですね。どんなことでしょうか。」
・マリアナの海にまで，卵を産みに来る理由です。
・広い海で，どうやってオスとメスが出会うのか。

「新しいなぞです。研究，調査は続くのですね。では，『中』と『終わり』を音読して，振り返りましょう。」

「心に残ったことを書きましょう。」（指名して発表）
・産卵と月が関係あるなんて，何かとても不思議です。
・産卵場所を見つける難しさがよく分かりました。
・まるで，推理小説のなぞときみたいでした。

4 対話する 聞く・読む 今の興味について，話し合おう。『もっと読もう』を聞こう。

『初め』『中』『終わり』と読んできて，興味や感想が初めのころと変わってきた人はいませんか。

初めは『ウナギの旅』のことが心に残ったけれど，今は調査のやり方の方が，すごいな，と思っています。

「次の時間は，この興味をもったところを中心にして紹介したいことをまとめていきます。」

「96，97 ページに『もっと読もう』という，筆者のインタビュー記事が出ています。先生が読みます。」（範読）

「読んでみて，興味をもったことがありましたか。どんなことを思いましたか。」
・卵の期間が 1.5 日しかないことに驚きました。卵をとれるのは奇跡みたいなことなのだと思いました。
・ウナギが減っているなんて知りませんでした。

自由に感想を交流する。

ウナギのなぞを追って

第6時（6/8）

本時の目標

興味をもった内容を確かめ，それに沿って，大事な言葉や文を書き出しながら，文章を読むことができる。

授業のポイント

展開４の表に書く活動が中心になり，時間もかかる。そのため，展開１，２，３の活動は簡潔に効率よくすすめる。

本時の評価

興味をもった内容を確かめ，それに沿って，大事な言葉や文を書き出しながら，文章を読むことができている。

〈本時の活動〉紹介文を書くことに向けて，興味をもったことがらを中心に，本文から大事な文や

板書例

〈「初め」の部分では〉

段落	小見出し（何について）	大事な文や言葉・内容
①	マリアナの海	・今年もウナギの調査に来た
②	たまごを産むところ	・ウナギはマリアナの海でたまごを産み、日本へ来る
③	ウナギのなぞ	・たまごを産む場所を見つける ・一九三〇年から八十年かかって

〈「中」では〉

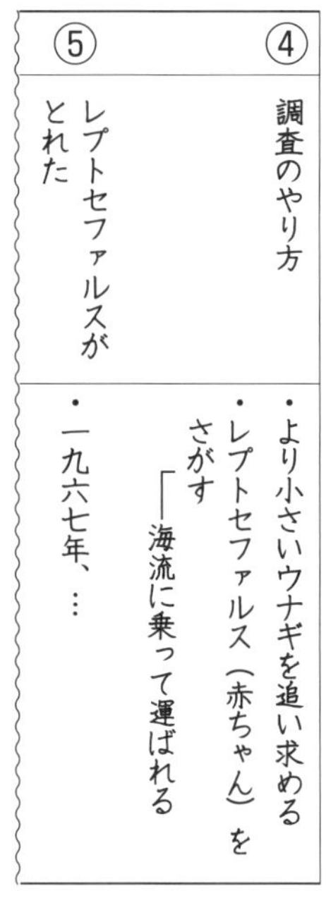

段落	小見出し（何について）	大事な文や言葉・内容
④	調査のやり方	・より小さいウナギを追い求める ・レプトセファルス（赤ちゃん）をさがす ―海流に乗って運ばれる
⑤	レプトセファルスがとれた	・一九六七年、…

◇きょうみをもったことに関係するところを、表に書き入れよう

1 めあて つかむ　大事な文を書き出すというめあてを知ろう。

「これまで『ウナギのなぞを追って』を読み，なぞを解いていく様子を読んできました。今日は，紹介する文を書くための準備をします。」

興味をもったところが変わってきた人もいるでしょう。まず，興味をもったところと関係があり，大事だなと思うところを文章から書き出すのです。

何をどんなふうに書いたらいいのかな？

「教科書を見て，やり方を調べましょう。98ページ上の『ふかめよう』を読みましょう。」（音読）

・興味をもったところを中心に，文章全体を読み，要約する，とあります。

「まず，興味をもったところをはっきりさせましょう。それが，紹介する中心になります。」

2 対話する 調べる　自分が興味をもった中心を確かめ，整理の仕方を調べよう。

「98ページ下に『紹介する文章の例』が３つ出ています。読んでみましょう。」

・１つ目は『レプトセファルスの旅』ぼくと同じです。卵を見つけるために，小さなレプトセファルスを探すところが，「なるほど」と思いました。
・例の２つ目は『研究に長い年月がかかること』。私も，何十年も卵を探す努力がすごいなと思いました。
・例にないけど，予想して調査する調べ方に感心しました。

例に沿って，『自分の興味』点について話し合う。

では，どうまとめていくのか，教科書(P98下)を見ましょう。表にして書いています。この整理の仕方を見てみましょう。

３段に分けて，整理しています。
文も，短いです。箇条書きです。

「そうです。文章をそのまま写すのではありません。興味をもったところを中心にして，短い文に直して書いていくのです。」

言葉を短い文で書き出し，表に整理します。

ウナギのなぞを追って

㋱ きょうみをもったところを中心にして、大事なことを短い文で書き出そう

1 きょうみをもったところをはっきりさせる

（例）
1．レプトセファルスの旅
2．研究に長い年月
3．なぞがとけていくところ（調査）
（ほか）予想を立てて調べる調べ方

2 大事なところを 短い文で書く（要約）

3 表に整理する ＝ かじょう書きで

主体的・対話的で深い学び

・全内容の感想ではなく，興味をもったところを中心に…というのは，けっこう難しい。もちろん，内容が読めていることが前提になる。その上で「興味」という言葉を，「へえ」「なるほど」「そうか」「すごいな」…と思ったことは？　などと言い換えるだけでも抵抗は減る。また，何人かに「自分の興味をもったこと」を発表させ，参考にし合う。対話である。

・また，まとめ方（要約）として，短い文で書く「書き換え」も，まずは教師が書いてみせるの（対話）も，1つの手だてになる。

準備物

・ワークシート（整理する表）
（児童用ワークシート見本 DVD 収録【4下_15_03，4下_15_04】）
※２種あるので，どちらかを選ぶ。または，表そのものを，児童に書かせてもよい。

3 書く　表を作り，大事なことを短い文で書き，整理しよう。

どう書いていくか，教科書も見て，『初め』の部分を，先生といっしょに書いてみましょう。

段落 ｜ 小見出し（何について） ｜ 大事な

表は，次のようなものが書きやすいかもしれない。
○上欄は…段落の番号　（教科書ではページ）
○中欄は…「何について」のことか，『小見出し』
○下欄は…出来事，大事な言葉を短く書く

また，表はワークシート利用でもよいが，できれば表から児童に作らせる方がよい。難しいものではない。

「何を中心に何を書くのかを，まず決めましょう。」
・研究に長い年月が（80年）かかったことです。
・卵を産む場所をどうやって見つけたか。
・調査のやり方と順番を中心に書きます。

4 書く　自分の興味にあったことがらを，短い文で表に書いていこう。

「では，表に書き込んでいきましょう。」

実際に表に整理していく。この時間を十分とる。

『調査のやり方』なら，調査のことに関係する段落とその中の文を見つけて，どんな調査なのかを短い文で書き出すのです。

『いつ』どんな大きさのレプトセファルスが見つかったのか，書いておこう。

⑤ ｜ レプトセファルスがとれた ｜ ・一九六七年、…

難しければ，まず，関係する文に線を引かせる。

興味をもったところが同じ児童どうしでグループを作り，相談させながらすすめるやり方もできる。

難しく思う児童，書きにくい児童もいる。その児童の興味を聞き出し，それに関連する段落や文を示唆するなどの援助をする。

書き上げた表は目を通しておき，次時での助言に活用する。

ウナギのなぞを追って 第7時（7/8）

本時の目標

紹介文の書き方が分かり，大事なところを「要約」した文を入れて，紹介文を書くことができる。

授業のポイント

展開1，2の例文を読む活動は，構成を知るくらいにとどめ，要約と書く時間を確保する。
要約については，高すぎる要求は控えるようにする。

本時の評価

紹介文の書き方が分かり，内容を要約しながら，3つのまとまりで紹介文を書いている。

〈本時の活動〉教科書の例文を参考にして，「紹介文」の形や書き方を知り，前時の表をもとにして

板書例

◇書いてみよう（四百字くらいで）※

〈書き方〉

「初め」
・この「ウナギのなぞを追って」は、（どんな話）
・・・・・・という話です。（なぞとは、）
・・・・・・ということが書かれています。
・そのほか（きょうみの中心）

「中」＝要約　短い文に書きかえて
・調査のやり方は、・・・のように・・
・○○年には、・・・が・・・（いつ）
・分かったことは・・・・・・です。（どんなことが）

「終わり」＝まとめと感想
・このように、・・・・・（結果）かんたんにいうと、
・（私は）・・・・・・と思いました。（ほかの言い方で）

※字数は，指導に応じて変える。

1 めあて 調べる　めあてを捉え，紹介する文章の書き方を調べよう。

「今日は，前の時間に書いた表をもとにして『ウナギのなぞを追って』を紹介する文章を書きます。」
・どんなふうに書くと，うまく紹介できるかな。

99ページの紹介する文章の例を見てみましょう。（読む）3つのまとまりで書いてあります。初めに書いてあることは何ですか。

「何の話か」です。題も書いています。

その次が，興味をもったことの「要約」です。

終わりに，「感想」を書いています。

「この3つのまとまり（組み立て）で書くと書けそうですね。『例文』をもう一度読んでみましょう。」

音読し，3つのまとまり（初め・中・終わり）を確かめる。そして，まず書き出しの書き方を調べる。

2 書く 交流する　「初め」には「何の話なのか」と「興味の中心」を書こう。

「『初め』の書き出しの部分を読んでみましょう。書き出しは，例文のように『「ウナギのなぞを追って」は，○○という話です。』…のように書きます。」

「例文を書いた人の『興味の中心』は，何でしょうか。」
・『八十年近くもの年月がかかった』と書いているので，長い年月がかかったことを紹介したいのだと思います。
「この『初め』で，興味の中心も書いておくのです。」

書き出しの書き方（形）を教え，まず書かせる。
見て回り，2，3人に読ませて参考にさせる。

次の『中』では，要約を書きます。ここでは，どんなことを書いていますか。
何年に何があったのか，順に書いています。
興味の中心の，かかった年月が分かるように，書いています。

「紹介するには，どんな話なのか，短くまとめて書かねばなりません。それを『要約』と言うのでしたね。」

興味をもったところを要約した紹介文を書きます。

ウナギのなぞを追って

㋱ 大事なところを要約して、しょうかいする文章を書こう

〈三つのまとまり〉＝組み立て

(1) 何の話か…（初め）何を中心に書くか

(2) 要約 ……（中）しょうかいの中心 きょうみを中心にして

(3) 感想 ……（終わり）まとめ

主体的・対話的で深い学び

・ここでは「興味をもったところを中心に…」ということで，紹介文を書く。一方，文章を読むにつれ，どの児童もが興味をもつところは絞られてくる。つまり，「なぞをどうやって解いていったのか」が本流であり，それを中心とした興味になりやすい。また，それが主題でもある。レプトセファルスの旅や，かかった年月のことは，そこから派生することがらになる。だから，たとえ全員が同じような興味のもとに書いたとしても，それはそれで，十分個性的で，主体的な文章になっている。

準備物

・前時で，大事なところを整理した表
・これまで書いてきた，感想や年表
・原稿用紙（400 字）
（児童用ワークシート見本 DVD 収録【4 下_15_05】）

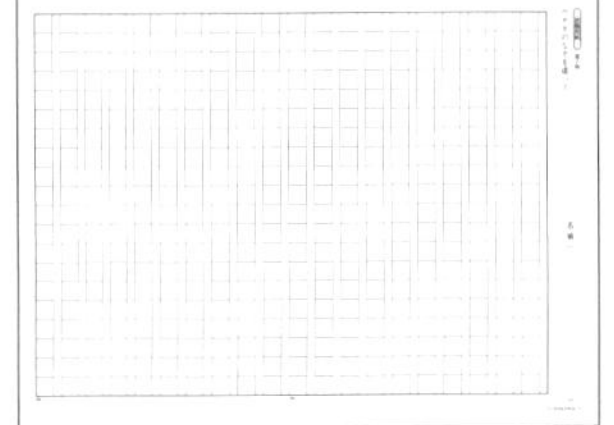

3 書く 「中」に，興味の中心を「要約」した紹介する文章を書こう。

「では，『中』を書きましょう。ここで要約するのです。」

例のように,「要約」したところが,
この紹介文の中心になります。
自分が興味をもった内容を短い文
にまとめて書くのです。

「要約」は,
難しそうだなあ。

「お話の中身全部を紹介するのではなく，興味をもったところを中心に書いて，紹介するのです。」
・前の時間にまとめた表が使えそうです。

「前の時間に，大事なことを書き出して整理した表があります。そこから文を取り出すつもりで書いてみましょう。それが要約した文章になります。」

本文を読み返していては，効率がよくない。前時に整理した表を見て引用し，それを文章化させる。

4 書く 感想も書いて，紹介文を仕上げよう。

「文章は，だいたい 400 字ぐらいでまとめましょう。」

要約で大事なことの 1 つに字数があり，どれくらいの長さの文章にするのかを，具体的に伝える。ここでは 400 字くらいを目安とし，書き切れなければ増やす。

この要約がいちばん難しい活動になる。見て回り，いくつかを取り上げて読み，参考にさせるのもよい。

要約が書けたら，最後に感想も書き加えましょう。何がよかったのかが，読む人に伝わり，『私も』『読んでみたい』と，思うようになるからです。

より小さい
レプトセファルスを求めて
産卵場所を探すという
やり方を，初めて知って…。

時間に応じて，推敲し清書をさせてもよい。

「次の時間は，今日書いた『紹介する文章』を読み合い，感想を伝え合いましょう。」

ウナギのなぞを追って

第 8 時 （8/8）

本時の目標

それぞれが書いた紹介文を読み合い，内容や表現のよいところや違いに気づき，感想を伝え合うことができる。

授業のポイント

紹介文の読み合い，聞き合いは自分の文章とも比べ，興味の同じところや書きぶりのよいところに気づき，実感できればよい。理屈っぽくならないようにする。

本時の評価

書いた紹介文を読み合い，内容や表現のよいところや違いに気づき，感想を伝え合っている。

〈本時の活動〉書いた紹介文を読み合い，感想を交流します。この学習を振り返り，まとめをします

板書例

◇みんなで聞き合おう
（はじめに）
「何を中心にしょうかいするのか」

◇ふりかえろう
・大事な文や言葉を見つけるには
・しょうかいするときに気をつけたことは

〈できたこと・よかったこと〉まとめ
・要約して文章を書くことができた
・調査のたいへんさが分かった
・予想するのがおもしろそう

※児童の発言を板書する。

この本、読もう
生き物の「なぞ」を書いた本

1 めあて 読む　友達の書いた紹介文を読み合い，感想を伝え合おう。

「今日は，書き上げた感想文を読み合って，感想を伝え合いましょう。」

「4人のグループで回し読みをします。読んだあと，よいところを中心に一言，感想を書きましょう。」

書いた友達が，どんなことに興味をもったのか，読むと分かりそうですね。書き方のよいところも見つけてみましょう。

他の人は，どんな紹介文を書いたのだろうな。

読む観点を示し（板書参照）読み合わせる。感想は，「よかったところは…」などと簡単なものにする。

それぞれの興味にもとづいた紹介文を書いているが，筆者の言いたいこと（主題・要旨）が伝わってくるところはどこかも考えて読むよう助言する。

2 読む 聞き合う　みんなの前でも読み，それを聞き合い感想を交流しよう。

グループで読み合うだけでなく，全体でも聞き合う場をもつようにする。教師が指名するのもよい。

グループから1人ずつ，前でも読んでもらいましょう。

私は，卵を産む場所を見つけていく調査のやり方に「なるほどな」と思いました。それを中心に紹介します。

紹介文を読む前に，発表者はどんなところに興味をもったのかを話させると，聞き手も聞く構えができる。

【（発表例）『中』の要約部分】

・…卵を産む場所を突き止めるには，卵を探すのではなく，まず，生まれて間もないレプトセファルスというウナギの赤ちゃんを探します。そして…だんだん小さなレプトセファルスが見つかるようになると，卵を産む場所に近づいていることが…。

ウナギのなぞを追って

㋱ しょうかいする文章を読み合って、感想を伝え合おう

◇ 友達のしょうかい文を読もう

☆ 自分の文章ともくらべて

○ きょうみをもったところは？
・同じ
・ちがう

○ 要約のしかたは？

○ うまく書いているところや工夫

主体的・対話的で深い学び

・ここでの学習内容の１つに「要約すること」がある。しかし，４年生では，ある文を取り出し，そのまま引き写してしまうこともよくある。結局，つい長くなり，要約というより寄せ集めのような，全体としてもまとまりのないものになる。ここで必要なのは，要旨をつかむ力であり，筆者との対話でもある。

・要約することは，書く力だけでなく，読解力をつける総合的で主体的な学びになる。高学年に向けて，「自分の言葉に言い換える」要約もできてくる。機会を見つけて取り組ませたい。

準備物

・感想を書く紙　※付箋でもよく，書いて紹介文に貼らせる。

・教科書 P100「この本，読もう」で紹介されている本
　※図書室などから借りておく。

3 対話する　聞いて思ったこと，よかったところを話し合おう。

「『まとめよう』『ひろげよう』（P99）を読みましょう。」

聞いてよかったところ，紹介として分かりやすかったところを話し合う。

「自分の書いた文章とも比べてみましょう。うまく書けているな，と思ったところを発表しましょう。」

木村さんが興味をもった「産卵場所の見つけ方」は，ぼくと同じです。でも「海流をさかのぼって」とか，レプトセファルスの大きさも書いていて，調査のやり方と様子がよく分かる紹介でした。

橋本さんは，初めに，題名の『ウナギのなぞ…』とは何のことかを書いていて，初めて聞く人にも分かりやすいと思いました。

「『読んだことのない人にも，大体の内容が分かるか』ということも，紹介文では大切なことですね。」

4 振り返る まとめ　できるようになったことを，確かめ合おう。

「99ページ『ふりかえろう』を，見てみましょう。書いてあることも考えながら，学習のまとめをしましょう。」

よかったこと，できたことを発表しましょう。

難しかったけれど，「要約」ができて，紹介する文章が書けました。

お話から，ウナギの産卵場所の見つけ方が分かって，面白いと思いました。

「困ったことや苦労したことはなかったでしょうか。」
・短く言い換えて，要約するのが難しかったです。
・文章をそのまま写すと，長くなってしまいました。

「要約には，練習も必要です。慣れてくると要約の方法も分かってきて，うまくできるようになります。」

「生き物の『なぞ』を書いた本は，他にもあります。100ページ『この本，読もう』の本も読んでみましょう。」

 収録（白地図，児童用ワークシート見本）

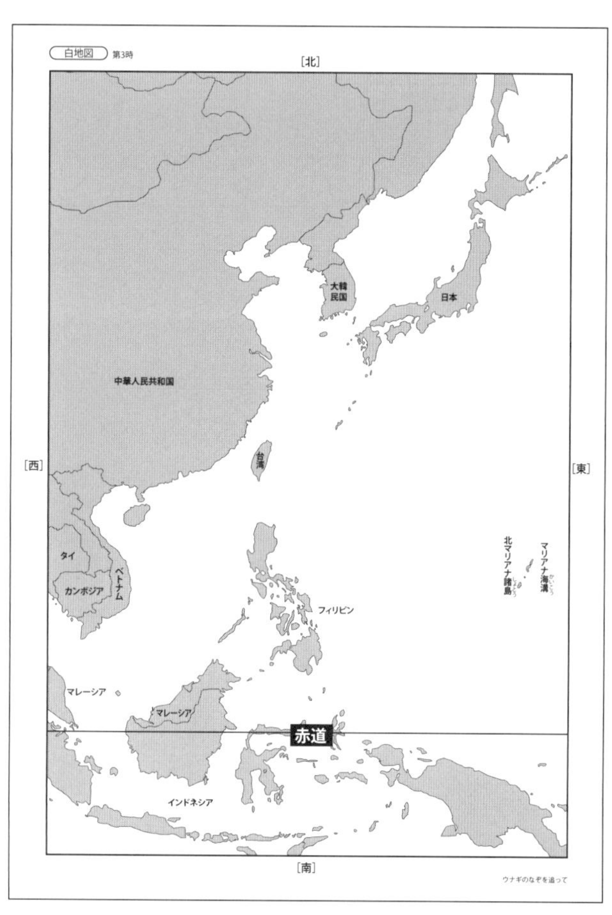
白地図
第3時
[北]
大韓民国
日本
中華人民共和国
[西]
台湾
[東]
タイ
カンボジア
ベトナム
北マリアナ諸島
マリアナ海溝
フィリピン
マレーシア
マレーシア
赤道
インドネシア
[南]
ウナギのなぞを追って

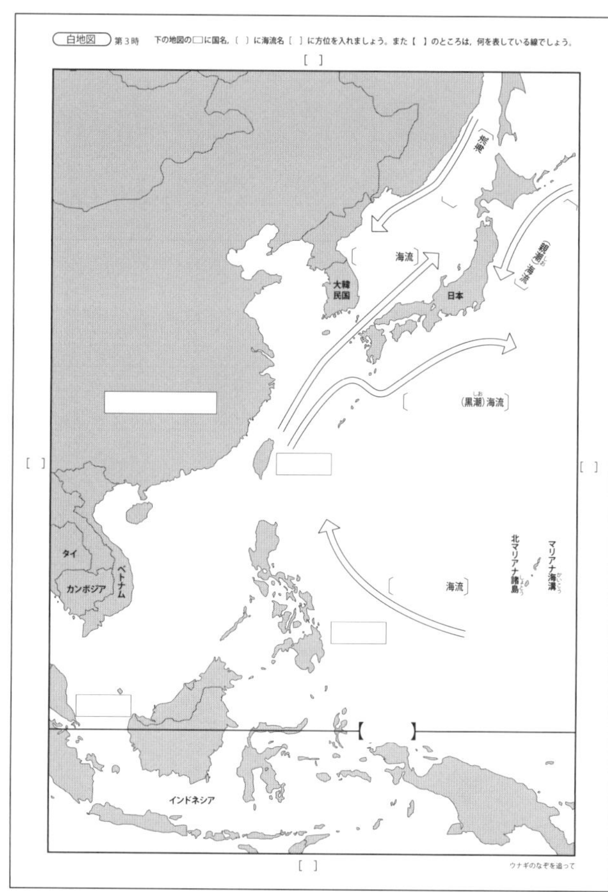
白地図
第3時　下の地図の□に国名，〔　〕に海流名［　］に方位を入れましょう。また【　】のところは，何を表している線でしょう。
［　］
海流
大韓民国
日本
(黒潮)海流
［　］
［　］
タイ
カンボジア
ベトナム
北マリアナ諸島
マリアナ海溝
海流
【　】
インドネシア
［　］
ウナギのなぞを追って

ワークシート　第6時

ウナギのなぞを追って

名前（　　　　　　　　）

○ きょうみをもったことに関係することがらを短い文で書き出しましょう。

しょうかいの中心にするテーマ「　　　　　　　　」

段落	小見出し（何について）	大事な文や言葉・内容（短くまとめて）

ウナギのなぞを追って

ワークシート　第6時

ウナギのなぞを追って

名前（　　　　　　　　）

○ きょうみをもったことに関係することがらを短い文や言葉で書き出しましょう。

中心にするテーマ「　　　　　　　　」

ページ	内容	大事な言葉や文など

ウナギのなぞを追って

つながりに気をつけよう

全授業時間４時間

◉ 指導目標 ◉

・主語と述語との関係，修飾と被修飾との関係，指示する語句と接続する語句の役割について理解することができる。

・間違いを正したり，相手や目的を意識した表現になっているかを確かめたりして，文や文章を整えることができる。

◉ 指導にあたって ◉

① 教材について

何かを読んでいるとき，「あれ，何か変だな」と思う文章に出会うことがあります。一方，書くときには，自分ではふつうに書いたつもりでも，読み手にとっては分かりづらく，意味の通りにくい文章になっていることもあります。そこで，ここでは読んで分かりやすく，文意が的確に伝わる文章を書く上で，気をつけることを学びます。そして，それをもとに，実際に文を直すことを通して，分かる文章を書く技能を高めます。

児童の書いた文章には，いくつか共通する分かりにくさが見られます。そのうち，ここでは次のような文を取り上げ，どこがおかしいのか，その問題のありかと，どう直せば言いたいことが通じる文になるのかを考えさせます。

① 主語と述語が呼応しておらず，ねじれている文。（主語と述語の非対応）
② 修飾する言葉が何を修飾しているのが分かりにくい文。（修飾の範囲が不明確）
③ 1 文が長く，何を言いたいのか意味が取りづらい文。（述語どうしの関係が不明確）

これらの問題点は一般の文でも見られ，「文章の書き方」などの本でも「悪文（の例）」などとしてよく指摘されています。それだけに，ありがちな問題だとも言えます。

② 主体的・対話的で深い学びのために

高学年に向けて，国語科に限らず，総合学習や委員会活動などで，長い文章を書く機会が増えてきます。また，発表や放送のときには，読む原稿を書かなければなりません。このような，主体的な活動を支えるためにも，分かりやすい文章を書く能力は欠かせません。それには，ここで学ぶ３つの観点（①②③）は，文章を見直すカギになります。

また，一読して「この文は，おかしい」とは思っても，どこがどうおかしいのか，どう直せば分かりよい文になるのか，それを考えるのはけっこう難しいものです。思いつかない児童もいます。そこで，直し方など，グループで相談するのも１つの方法です。いわば対話的な学びです。そして，具体的に文を修正することを通して，「なるほど，こう直せば分かりやすくなったな」と，実感させることが大切です。

◉ 評価規準 ◉

知識 及び 技能	主語と述語との関係，修飾と被修飾との関係，指示する語句と接続する語句の役割について理解している。
思考力，判断力，表現力等	「書くこと」において，間違いを正したり，相手や目的を意識した表現になっているかを確かめたりして，文や文章を整えている。
主体的に学習に取り組む態度	進んで主語と述語との関係，修飾と被修飾との関係，指示する語句と接続する語句の役割について理解し，これまでの学習をいかして，つながりに気をつけて文章を書こうとしている。

◉ 学習指導計画　全 4 時間 ◉

次	時	学習活動	指導上の留意点
1	1	・単元のめあてを捉える。	・めあては，「文と文，言葉と言葉のつながりに注目し，分かりやすい文の書き方を考える」こと。
		・主語と述語が対応していない文を読み，どこがおかしいのか，また，どう直せばよいのか考えて書き直してみる。	・書き直した文は，グループなどで検討させ，主語，述語の対応に気づかせる。
		・問題文を，分かりやすい文に書き直す。	・まず，主語と述語を見つけさせる。
	2	・「必死に」のような修飾語が，何を修飾しているのかが不明な文について考える。 ・2 通りの文に書き直し，話し合う。 ・練習問題をする。	・文を読み，どこが分かりにくいのか，意味が 2 通りにとれることに気づかせる。 ・読点をつけたり言葉の順番を変えたりすると，意味が明確になることを伝える。
	3	・長い文と，短く分けた文で，分かりやすさを比べ，話し合う。 ・練習問題の長文を短文に分けて書く。	・長すぎる文は，分かりにくいことに気づかせ，長い文を分ける手立てを確かめる。 ・接続語やこそあど言葉も使わせる。
2	4	・まとめとして，文を見直すときの「3 つのカギ（観点）」を振り返り，確かめる。 ・学んだことを使って，練習問題をする。	・「主語と述語の対応」「修飾語と被修飾語」「適度な長さの文」の 3 点を観点にして文を見直させ，書き直させる。

DVD 収録（カード，児童用ワークシート見本） ※児童用ワークシート見本は，本書 P222，223 に掲載しています。

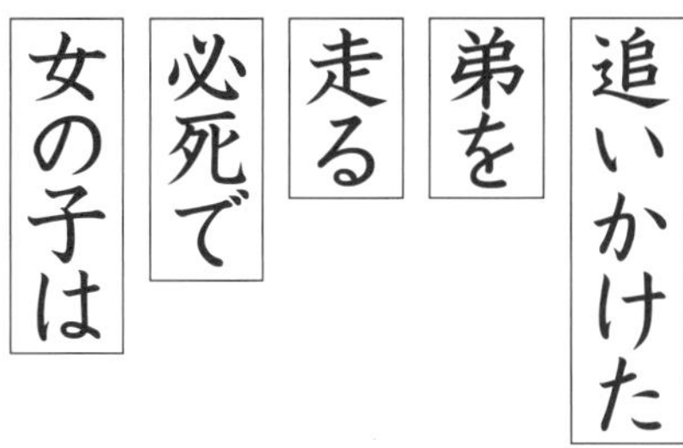
追いかけた
弟を
走る
必死で
女の子は

つながりに気をつけよう

第 1 時 (1/4)

本時の目標

主語と述語の対応していない文を，意味の通る分かりやすい文に直すことができる。

授業のポイント

必要なら『主語』『述語』について復習し，どんな言葉なのかを確かめておく。それが，文の「おかしさ」のもとに気づくためのカギになる。

本時の評価

主語と述語が対応していない文を，意味の通る分かりやすい文に直すことができている。

〈導入〉教科書を開けさせず，教科書の挿絵だけを掲示して発問し，本時の学びに向けさせましょう

板書例

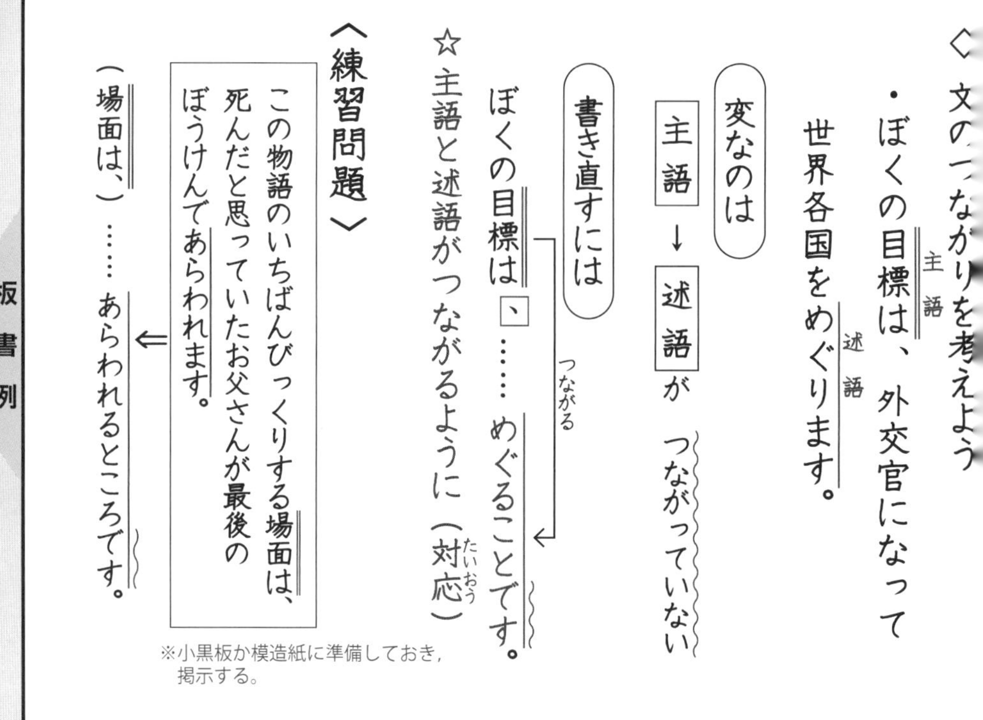

〈文のつながりを考えよう
・ぼくの目標は、外交官になって
主語
世界各国をめぐります。
述語
変なのは
主語 → 述語 が つながっていない
書き直すには
ぼくの目標は、……めぐることです。
つながる
☆主語と述語がつながるように（対応）
たいおう
〈練習問題〉
この物語のいちばんびっくりする場面は、死んだと思っていたお父さんが最後のぼうけんであらわれます。
（場面は、）……あらわれるところです。
※小黒板か模造紙に準備しておき，掲示する。

1 対話する　絵を見て，おかしなところをどう直せばよいか話し合おう。

教科書は開けさせないで，P101 の絵を提示する。

・（絵を見て）この絵，何かおかしいなあ。ヘンです。

絵を見て『変だな』と思ったところは，ありませんか。あるとすればどこでしょう。
帽子や服と，ズボンが合っていません。
上と中は，野球の格好なのに，下（3 枚目）の絵が水泳の格好みたいで，おかしいです。

「どうすれば，『変』ではなくなりますか。」

・下の絵も，野球のズボンにするといいと思います。
・上と中の絵を泳ぐときの格好にしてもいい。
・絵を，どちらかにそろえて，つながるようにする。

「この絵は，上，中，下が合っていない，つながっていないのですね。だから『変』だと思ったのです。」

「こんなつながりは，文や言葉でもあるのです。」

2 めあて 対話する　例文を読み，どこがおかしいのか話し合おう。

「この絵のような文にならないよう，ここでは，言葉と言葉，文と文とのつながりを考えて，文を書くときに気をつけることを勉強します。」

「101 ページの，初めの 3 行を読みましょう。」

教科書の例文を黒板に書くか，書いた紙を貼る。

「読んでみましょう。」（『外交官』は説明する）

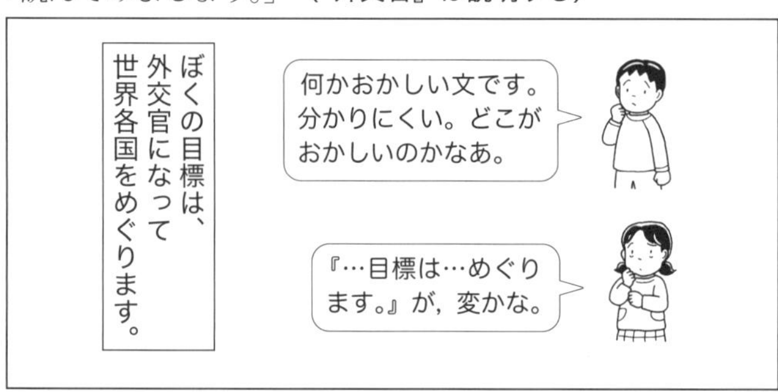

ぼくの目標は、外交官になって世界各国をめぐります。
何かおかしい文です。分かりにくい。どこがおかしいのかなあ。
『…目標は…めぐります。』が，変かな。

「では，教科書（P101 の 4 行目）を読んでみましょう。」

「『…主語と述語が正しく対応していません。』と，書いてあります。だから，『おかしい』と思うのですね。」

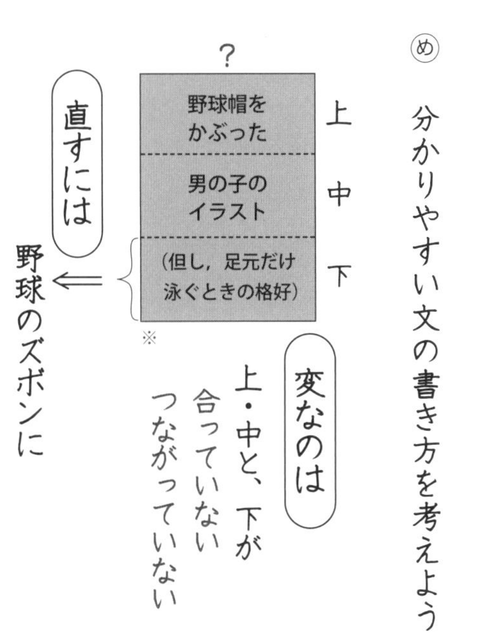

つながりに気をつけよう
㋱ 分かりやすい文の書き方を考えよう
?
野球帽をかぶった
男の子のイラスト
(但し，足元だけ泳ぐときの格好)
上
中
下
※
変なのは
上・中と、下が
合っていない
つながっていない
直すには
野球のズボンに

※教科書 P101 の挿絵の一部を掲示する。

主体的・対話的で深い学び

・授業の始めには，まず児童の気持ちを本時の学びに向けさせる。児童が「知りたいな」と，主体的に学ぼうとする気持ちにさせるのが「導入」になる。その点，「はい，教科書の，○ページを開けて…読みましょう」といった始め方は，あってもいいが，あまりいい導入とは言えない。だから，授業の始めには，教科書を開けさせないのも１つのやり方になる。
・また，ここでは文を直すという学習をする。どこがおかしくどう直せばよいか，そこは対話的に学習を進めることができる。

準備物

・（黒板掲示用）教科書 P101 の挿絵の拡大版
・（黒板掲示用）練習問題を書いた小黒板，または模造紙

3 考える 対話する　どう直せば，意味の通じる文になるのかを考えよう。

「主語と述語という言葉が出てきました。」

主語，述語の意味を確かめ，必要に応じて復習する。

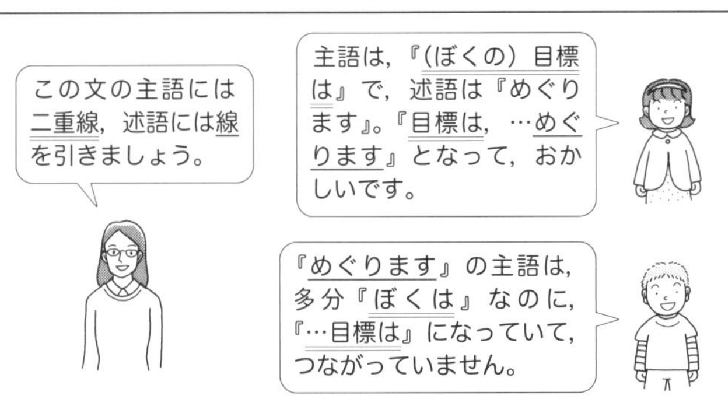

この文の主語には二重線，述語には線を引きましょう。
主語は，『（ぼくの）目標は』で，述語は『めぐります』。『目標は，…めぐります』となって，おかしいです。
『めぐります』の主語は，多分『ぼくは』なのに，『…目標は』になっていて，つながっていません。

「つまり，主語と述語がうまく対応していない（つながっていない）のですね。」

「では，『（ぼくの）目標は』という主語に合う（対応した）述語を考えて，分かりやすい文に書き直してみましょう。考えた文をノートに書きましょう。」
・『…目標は，…をめぐることです。』でどうかな。

考えた文を，小グループで検討させるのもよい。また，検討後に各グループの代表者に発表させるのもよい。

4 まとめ　主語と述語のつながりを考えて，分かりやすい文に直そう。

「『ぼくの目標は，外交官になって世界各国をめぐることです。』とすれば，うまくつながりましたね。」

主語を直す文は難しくなるので，問わない方がよい。

「では，次の文は，どこがおかしいでしょうか。」

この物語のいちばんびっくりする場面は，死んだと思っていたお父さんが最後のぼうけんであらわれます。

まず，主語と述語はどれかを，考えてみましょう。

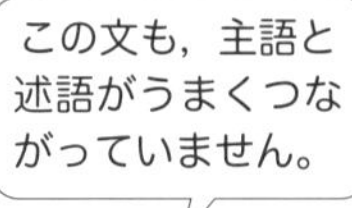

この文も，主語と述語がうまくつながっていません。

主語は『…場面は』で，述語は『あらわれます』です。

「この文を，分かりやすい文に書き直しましょう。」
・『…場面は，…です。』にならないとおかしいから，『あらわれます』を直せばいいね。
・『…場面は，あらわれるところです。』としました。

相談させてもよい。発表させ，確かめ合う。

「そうです，主語と述語のつながりが大切ですね。」

つながりに気をつけよう

第2時 (2/4)

本時の目標

修飾語がどの言葉を修飾しているのかが分かりにくい文を，分かりやすい文に直すことができる。

授業のポイント

まず，課題の例文の『必死で』が，何にかかるのかによって，「2通りに読める」ことを，どの児童にも分からせておく。
展開４の活動にも時間をかけたい。

本時の評価

修飾語がどの言葉を修飾しているのかが分かりにくい文を，分かりやすい文に書き直すことができている。

〈修飾語〉児童にはイメージしにくい言葉です。例文の中で，何を詳しくしている言葉か具体的に

板書例

◇二つの意味を区別しよう

(1) 読点（、）を打つ

「必死で」なのが

（弟のとき）女の子は、必死で走る弟を…［続ける］

（女の子のとき）女の子は必死で、走る弟を…［はなす］

(2) 言葉の順番を入れかえる

女の子は、走る弟を必死で追いかけた。［近くにおく］

※文は他にもできる。

〈練習問題〉

◎二つの意味が分かる文に書き直す

① これは大好きなねこの絵です。

② 小さな花がらのふでばこを買いました。

1 つかむ　文を読み，どこが分かりにくいのかを考えよう。

「この文を，読んでみましょう。」（板書，またはカードを貼る）

女の子は　必死で　走る　弟を　追いかけた。

「読んで，どう思いましたか。おかしいところは？」

・おかしくはないと思います。『女の子は…追いかけた』と，主語と述語もつながって（対応して）います。

児童は『女の子は，必死で走る弟を　追いかけた』と読んでしまい，違和感をもたないことが多い。

この文は，主語と述語は対応しています。でも，この『必死で』は，『必死で走る弟』なのか，『必死で，…追いかけた』のか，どちらでしょう。この文では分かりにくいですね。

なるほどなあ，女の子が『必死で』なのかも知れない。そのようにも読めます。

「『必死で』のつながりが，分かりにくい文なのです。」

2つの意味にとれてしまうことを，板書でも確かめる。

2 めあて つかむ　分かる文にするにはどうすればよいのかを考えよう。

「今日は，このように2通りの意味にとれて，分かりにくくなっている文について勉強します。」

「教科書102ページ7行目までを読みましょう。この文のどこがよくないのかが書いてあります。」（音読）

『必死』なのは女の子なのか，弟なのか，どう直せば，区別できるでしょうか。

教科書にも『読点を打ったり…』と書いてあります。文に点（読点）がないので，ややこしくなっていると思います。
点（読点）を，つけるといいと思います。

教科書に『修飾語』という用語が出ている。これが，児童には難しくイメージできない。説明も難しいが，『(ものや人の) 様子を詳しくしている言葉』くらいにして，あとは文の中で「この『必死で走る』の『必死で』が走る様子を詳しくしているね。」などと具体的に説明し，徐々に分からせていくようにする。

押さえながら説明し，徐々に分からせるようにしましょう。

つながりに気をつけよう

㋱ くわしくする言葉（修飾語）に気をつけて分かりやすい文の書き方を考えよう

女の子は 必死で 走る弟を追いかけた。

修飾語＝ようすをくわしくする

◎「必死で」なのは
・走る弟？
・追いかける女の子？

※教科書 P102 の挿絵を掲示する。

主体的・対話的で深い学び

・ここでは，分かりやすい文に書き直す，という活動をする。そのとき，これでよいのかどうか，友達の文とも比べ合い，考えを深めるようにする。この対話を通して，自分の考えた文を見直すこともあれば，友達の文の誤りに気づくこともある。
・一方，グループや全体で多数となった考えが，間違っている場合もある。そこは，教師が再考を促すなど，援助するところとなるが，「多数の考えが，常に正しいとは限らない」ということを学ぶのも，主体的・対話的な学びである。

準備物

・（黒板掲示用）教科書 P102 のイラストの拡大版
・ 女の子は 必死で 走る 弟を 追いかけた の文節カード（黒板に貼って，順番を変えてみるのに使う）
DVD 収録【4 下 _16_01】

3 書く 対話する　2 通りの意味がはっきりするように，分かりやすく書き直そう。

「この『必死で』のような言葉を『修飾語』と言い，『走る』や『追いかけた』様子を詳しくしています。」
「それでは，『必死』なのは『女の子』だと言いたいとき，また，『必死』なのが『弟』だと言いたいとき，それぞれ，どこに読点を打つとよいのか考えて，2 通りの文を書いてみましょう。」

「（教科書 P102 の挿絵を掲示して）まず，弟が『必死』のときは，どこに読点を打てばよいでしょう。」

書けたら，読点に気をつけて，
グループで読み合ってみましょう。
私も同じところに，
点（読点）を打った。
弟が必死のときは，『必死で走る弟』だから『女の子は，必死で走る弟を　追いかけた』と，『女の子』と『必死』の間に読点を打ちます。

「では，『女の子』が『必死』のときの読点はどこに？」
・『女の子は必死で，走る弟を　追いかけた。』です。

4 まとめ 発展　学習したことを使って，分かりやすい文に直そう。

「これで『必死で』『追いかけた』ことが分かります。」
「この他に，言葉の順番を入れ替えて，女の子が『必死で』『追いかけた』ことがはっきり分かる文にできないでしょうか。考えて書いてみましょう。」
・『女の子は，走る　弟を　必死で　追いかけた。』

修飾語（必死で）は，被修飾語（追いかけた）の近くにおくのが原則。読点だけのときより，文もよくなる。

勉強したことをもとに，次の文を，2 通りの意味になるように，それぞれ 2 つの文を書いてみましょう。

① これは　大好きな ねこの　絵です。
② 小さな　花がらの ふでばこを　買いました。

「修飾語は『大好きな』『小さな』です。ヒント！『大好き』なのは，ねこか，ねこの絵なのか，2 通り読めますね。また，『小さな』ものは，何でしょうか。」

文を発表し合い，まとめをする。

つながりに気をつけよう

第3,4時（3,4/4）

本時の目標

文の長さが違うと，分かりやすさが違ってくることに気づき，文の長さに気をつけて，分かりやすい文に書き直すことができる。

授業のポイント

読みやすさ，分かりやすさは，まずは音読させてみる。
適切な文の長さの目安を具体的に教え，書くときに使えるようにする。

本時の評価

文の長さが違うと，分かりやすさも違ってくることに気づき，適切な長さの文に，書き直すことができている。

〈3つの見直しの観点〉第4時の最後には，学習したことを使って練習問題に取り組ませ，理解を

板書例

◎ ②の文章が分かりやすい
・一文が長くない　→　頭に入りやすい
・「そこで」「しかし」→　つながりが分かる
（つなぎ言葉）
・「その様子」→「野鳥」をくり返さない
（こそあど言葉）　省くことも

①は一文が長すぎる　→「何が言いたい？」
↙ 読みにくい

☆ 一文でまとめた方がよい文もある
△「野鳥が、・・・・。野鳥が、・・・・。」→ 一文に○

〈練習問題〉
◇ 読みやすく分かりやすい文に書きかえよう
・長すぎる文　→　分けて短く
・つなぎ言葉
・こそあど言葉　）も使って、省くところも

1 （第3時）めあて 対話する　『一文の長さ』が違うと，分かりやすさはどうなるか考えよう。

「これまで，分かりやすい文を書く，ということを勉強してきました。そこで，今日は分かりやすい『文の長さ』ということを考え，勉強します。」

「『文の長さ』も読みやすさ，分かりやすさと関係があるのです。①と②，2つの文章を読んでどちらが分かりやすいか，それはどうしてなのか，ノートに書きましょう。また気づいたことも書きましょう。」

教科書P102，103の2つの文章を，黒板に掲示する。

「まず，音読してみましょう。」（まず音読で気づかせる）
「書けたら，グループで話し合ってみましょう。」

②の文章の方が分かりやすかったです。それは，1つの文の長さが短いので，頭に入りやすいから…。
②では,『そこで』や『しかし』のつなぎ言葉を使っているので，分かりやすいと思います。
①は，文が長すぎて分かりにくく，読み直しました。

2 発表する 対話する　『文の長さ』について話し合ったことを発表しよう。

「グループで話し合ったことを発表してください。」
・①は，何が言いたいのかが最後まで分かりにくい。
・①の『野鳥の様子』を，②では『その様子』と書いていて，同じ言葉を繰り返していません。

「やはり，②の文章のように，短い文に分けた方が分かりやすいようですね。そのとき，『しかし』や『そこで』などのつなぎ言葉も使っています。」

「では，教科書103ページを読みましょう。」（音読）
・やっぱり長い文は，分けて書いた方がいい。

では，104ページ1行目の文を読んでみましょう。短い文に分けて書かれていますが，どうでしょうか。
文は短ければいい，というわけでもないんだね。
『野鳥が』『野鳥が』が多すぎると思います。
文が細切れです。②の初めの1文の方が，読みやすいし，分かりやすいです。

確かめましょう。

つながりに気をつけよう

文の長さを考えて、分かりやすい
文の書き方を考えよう

（第３時）
㋱

◇二つの文章をくらべよう

①
野鳥が、……たまごを産んだので、……
……見守ったところ、……
……心配だったが、……いった。

②
野鳥が、……たまごを産んだ。そこで、……
……見守った。
……心配だった。しかし、……いった。

※※教科書 P102，103 の例文を掲示する。

※第４時の板書は略。

主体的・対話的で深い学び

・児童が分かりにくい文を書く一因に，思いが先行するということがある。文頭を書き，続きを書いているうちに，頭に浮かんだ思いにとらわれて，主語とつながらない述語になってしまう。また，あれもこれも書きたいと思っているうちに，つい長文になる。そこで，書いた文章は見直すということが大切になってくる。また，４年生ぐらいからそれができるようになる。見直すというのは，文章との対話であり，学んだ「３つの見直しの観点」を意識して使う，実際的で主体的な学びになる。

準備物

・（黒板掲示用）教科書 P102 と 103 の，①②の文の拡大版
　※板書には長い。小黒板か模造紙に書いておくとよい。

・練習問題ワークシート（児童数）
　（児童用ワークシート見本 DVD 収録【4 下 _16_02 ～ 4 下 _16_05】）

3 まとめ 練習する　文を短くするやり方を整理し，問題文を短い文に書き直してみよう。

文を短くするときの，やり方をまとめると？
「そして」「そこで」などの，つなぎ言葉を考えます。
「その」など，こそあど言葉を使うのもいいです。
内容を見て文をいくつかに分けます。言葉も省くといい。

「では，1 つの文の長さは，どれくらいの字数が読みやすいのか，教科書の文でも調べてみましょう。」

「ウナギのなぞを追って」で調べると，ほぼ２行以内（1 行 37 字）１行か１行半まで（40 ～ 50 字以内）。ふつう，100 字を超すと分かりにくくなると言われる。

「実際に，次の文を短く書き換えてみましょう。」

> 朝，目が覚めて外を見ると，雪がふっていて，屋根の上にも車の上にも雪がたくさん積もっていたので，ぼくは飛び起きて，大急ぎで朝ごはんを食べてから，手ぶくろをはめて，長ぐつをはいて，学校へ走って行ったが，雪合戦はもう終わっていた。

練習問題（DVD 収録）に各自取り組み，書き直した後，グループや全体で発表し合う。

4 （第４時） 練習する（応用）　学んだことを振り返り，それを使って，分かりやすい文に書き直そう。

分かりやすい文を書くときや，文を見直すときに気をつけることが３つありました。『３つの目』です。

主語と述語がつながっているかどうか，です。

詳しくしている言葉をはっきりさせること，です。

１つの文が長くならないようにすること，です。

「この，分かりやすい文章を書くための『３つの目』で見て，教科書の文章を書き直してみましょう。」

・1 文目は，主語と述語がつながっていないみたいだ。
・2 文目は，長すぎるな。分けてみよう。
・3 文目は，だれが『お願いした』のか分かりにくい。

各自，P104 の文章（約 190 字・3 文）を書き直させる。

直した文はグループで見せ合って，用紙などにまとめた文を書かせ，全体で発表，検討させる。

この後，練習問題（DVD 収録）をさせるのもよい。また，視写など，よい文章を体感させる活動も有効である。

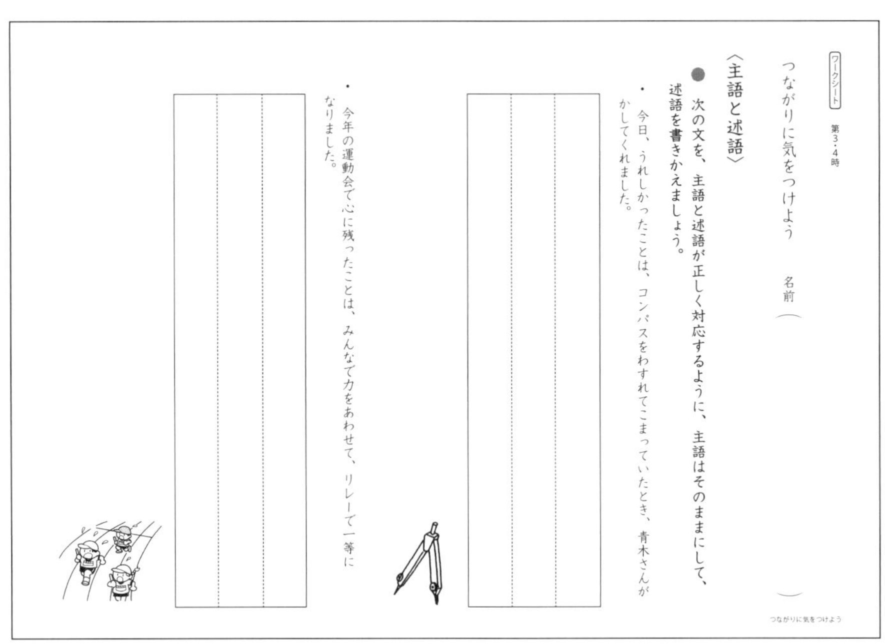

ワークシート　第3・4時

つながりに気をつけよう　名前（　　　）

〈主語と述語〉

● 次の文を、主語と述語が正しく対応するように、主語はそのままにして、述語を書きかえましょう。

・今日、うれしかったことは、コンパスをわすれてこまっていたとき、青木さんがかしてくれました。

・今年の運動会で心に残ったことは、みんなで力をあわせて、リレーで一等になりました。

つながりに気をつけよう

ワークシート　第3・4時

つながりに気をつけよう　名前（　　　）

〈修飾語がくわしくしている言葉〉

① 次の文は、二通りの意味にとることができます。意味をはっきりさせるために、読点を一つ打って書き直しましょう。

・先生は笑いながら歩いている女の子をよんだ。

笑っているのが「先生」の場合

笑っているのが「女の子」の場合

② 次の文は、二通りの意味にとることができます。意味をはっきりさせるために、言葉の順番を入れかえましょう。読点も一つ打ちましょう。

・ともかさんは音楽を聞きながら走る友人に手をふった。

音楽を聞いているのが「ともかさん」の場合

音楽を聞いているのが「友人」の場合

つながりに気をつけよう

ワークシート　第3・4時

つながりに気をつけよう

名前（　　　　　　）

〈長い一文を分ける〉①

● 次の文を、分かりやすくなるように書き直しましょう。

朝、目が覚めて外を見ると、雪がふっていて、屋根の上にも車の上にも雪がたくさん積もっていたので、ぼくは飛び起きて、大急ぎで朝ごはんを食べてから、手ぶくろをはめて、長ぐつをはいて、学校へ走って行ったが、雪合戦はもう終わっていた。

つながりに気をつけよう

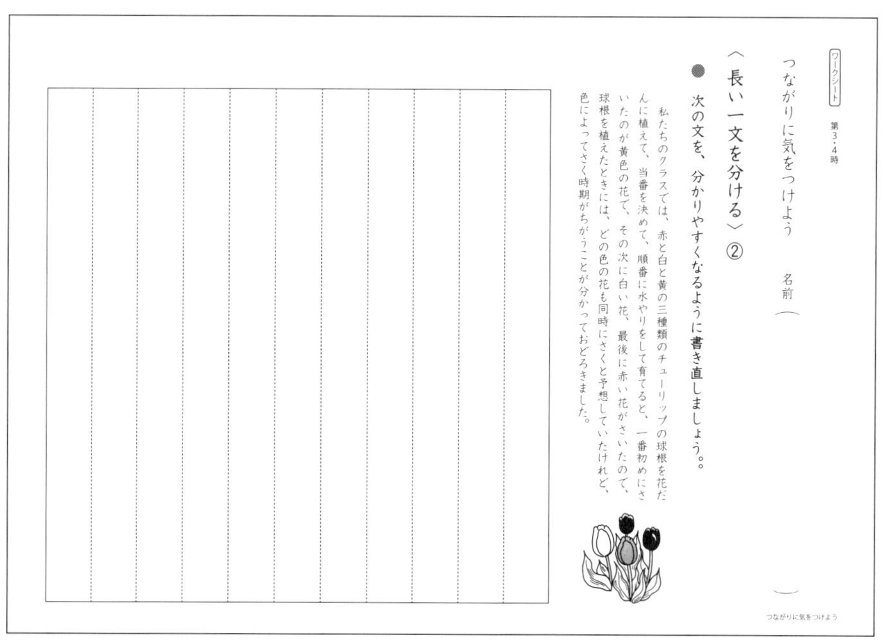

ワークシート　第3・4時

つながりに気をつけよう

名前（　　　　　　）

〈長い一文を分ける〉②

● 次の文を、分かりやすくなるように書き直しましょう。

私たちのクラスでは、赤と白と黄の三種類のチューリップの球根を花だんに植えて、当番を決めて、順番に水やりをして育てると、一番初めにさいたのが黄色の花で、その次に白い花、最後に赤い花がさいたので、球根を植えたときには、どの色の花も同時にさくと予想していたけれど、色によってさく時期がちがうことが分かっておどろきました。

つながりに気をつけよう

もしものときにそなえよう

全授業時間 12 時間

◎ 指導目標 ◎

・自分の考えとそれを支える理由や事例との関係を明確にして，書き表し方を工夫することができる。
・書こうとしたことが明確になっているかなど，文章に対する感想や意見を伝え合い，自分の文章のよいところを見つけることができる。
・主語と述語との関係，修飾と被修飾との関係，指示する語句と接続する語句の役割，段落の役割について理解することができる。
・相手や目的を意識して，経験したことや想像したことなどから書くことを選び，集めた材料を比較したり分類したりして，伝えたいことを明確にすることができる。

◎ 指導にあたって ◎

①　教材について

日本において多く起こる自然災害として，風水害や地震，津波などが挙げられます。これらの自然災害は毎年のように日本を襲い，児童にとって学びの必然性の高い対象です。ここでは，図書室や地域図書館との連携をとり，自然災害に関する書籍を用意することで，興味関心を高くもたせて学習を進めるようにします。児童が進んで対象について調べ，表現を工夫して文章に書き表し，他者に伝えられるようにしたいところです。また，自他の文章を読み合うことで，自他の表現のよさに気づいていく活動にもつなげます。その中で，自然災害に関する知識を増やし，日頃の生活に還していくことが可能となる教材であると言えます。

②　主体的・対話的で深い学びのために

本単元では，風水害や地震，津波など，多岐にわたる自然災害を取り扱い，一人ひとりが自らテーマを設定して自分の考えを文章に表現します。児童の関心意欲を高め，持続させ，調べ学習を進んでできるように，図書室や地域図書館と連携をとりましょう。そうして，書籍をふんだんに用意するなど，主体的に学び続けることができる環境を整えることが大切です。また，個々が選択したテーマごとにグループをつくり，場の設定を工夫しています。共に調べ，話し合って文章の書き方について考えるなど，対話を通して文章表現について思考を深めることができるでしょう。

◉ 評価規準 ◉

知識 及び 技能	・主語と述語との関係，修飾と被修飾との関係，指示する語句と接続する語句の役割，段落の役割について理解している。
思考力，判断力，表現力等	・「書くこと」において，相手や目的を意識して，経験したことや想像したことなどから書くことを選び，集めた材料を比較したり分類したりして，伝えたいことを明確にしている。 ・「書くこと」において，自分の考えとそれを支える理由や事例との関係を明確にして，書き表し方を工夫している。 ・「書くこと」において，書こうとしたことが明確になっているかなど，文章に対する感想や意見を伝え合い，自分の文章のよいところを見つけている。
主体的に学習に取り組む態度	・学習の見通しをもって，調べたことをもとに自分の考えを書き，読み合って，進んで文章に対する感想や意見を伝え合おうとしている。

◉ 学習指導計画　全 12 時間 ◉

次	時	学習活動	指導上の留意点
1	1	・自然災害について知っていることを話し合い，単元目標と学習計画を立てる。	・生活経験や既習事項をもとに，近年の様々な自然災害やその対策について想起させる。
2	2	・テーマを設定し，自然災害について調べ，調べたことを書き出す。	・情報量を確保し，文章の信頼性を高めるために，図書室や地域図書館，PC 室，ICT を活用して，様々な方法で調べることができるようにする。 ・調べたことをカードに整理させる。
	3	・図書室を利用して，自然災害について調べ，調べたことを書き出す。	
	4	・PC 室（ICT）を活用して，自然災害について調べ，調べたことを書き出す。	
	5	・自然災害について調べたことを整理し，伝えたいことを考える。	・調べたことを分類・整理し，自分の考えをまとめさせる。
	6	・「中」に書く内容について考える。	・調べたことを書いたカードを使って書く順序や内容を整理し，「中」とのつながりを意識して「初め」から「終わり」までの文章を組み立てられるように意識づける。
	7	・「中」に書く内容について考え，前後の関係を意識して，「初め」「終わり」の内容を考える。	
	8 9 10	・文章の下書きをし，推敲する。 ・グループで文章の下書きを読み合って評価し合い，推敲する。 ・清書する。	・相手や目的を意識して，推敲に取り組ませる。 ・誤字・脱字の直しに終始せず，文末表現や指示語，接続語などを意識して使い分けられるようにする。
3	11 12	・清書した文章を読み合い，自他のよいところを見つけ，感想を伝え合う。 ・単元の学習を振り返る。	・自他の表現のよさに目を向けて読み合い，交流するよう意識づける。 ・自他の成長に目を向けて，本単元での学びを振り返らせる。

DVD **収録（児童用ワークシート見本）** ※本書 P229，235，237，241「準備物」欄に掲載しています。

もしものときにそなえよう

第1時（1/12）

本時の目標

本単元の見通しをもち，自然災害について調べ，自分の考えを書き表す活動に意欲をもつことができる。

授業のポイント

生活経験や既習事項をもとに，自然災害に関する新聞記事や写真，動画などを用意して提示し，自然災害やその対策について想起できるようにする。

本時の評価

本単元の見通しをもち，自然災害について調べ，自分の考えを書き表す活動に意欲をもっている。

〈学習計画〉大まかな学習計画を立てておき，児童の思考の流れに合わせて，柔軟に学習内容を

板書例

1班
- じしん
- 台風（大雨，ぼうふう）
- 大雪

2班
- じしん
- 大雨，こうずい
- 台風

3班
- じしん
- 台風，大雨
- 火山のふんか

4班
- じしん
- 大雨，こうずい
- 土砂くずれ

5班
- じしん
- 台風，大雨，強風
- かみなり

6班
- じしん→つなみ
- 台風
- 大雨→土砂くずれ

※各班の意見をまとめたホワイトボードを掲示する。

学習計画

① テーマを決める
② テーマについて調べる
（・本　・インターネット）※
③ 調べて考えたことを整理する
④ 考えたことを伝える文章を書く
⑤ 書いた文章を読み返す
（班で読み合う）※
⑥ 書いた文章の交流会を開く
⑦ 学びをふり返る

1 つかむ　災害に関する写真を見て，どんなときの様子の写真かを考えてみよう。

「この写真を見てみましょう。」

自然災害の写真や新聞記事，動画をモニターに映したり，黒板に掲示したりする。

これは，どんなときの様子を撮った写真か分かりますか。

地震の後じゃないかな。家が倒れているね。
こんな災害が起こったら，どうしたらいいんだろう。
きっと東日本大震災だよ。それか阪神淡路大震災かな。町が大変なことになっているね。
他の災害もあるよね。毎年台風が来たり竜巻が来たりするよね。

「私たちの住んでいる地域や身近なところでも，このようなことがありましたよね。」

過去に起こった具体例を提示してもよい。ただし，身近な災害を想起させない方がよいような児童がいないか，十分配慮する。

2 対話する 出し合う　自然災害といえば，どんなものがあるか考えよう。

「自然災害は他にもあるのでしょうか。どんな自然災害があるか，班で考えて出し合いましょう。」

東日本大震災の時には，津波による大きな被害があったんだよね。
地震のときに，津波も起こったりするよね。
大雨による水害や土砂崩れも自然災害にはあるよね。
おばあちゃんの家がある○○県では，先月大雪が降って大変だったんだって。

各班の意見は，ホワイトボードにまとめさせる。

「では，各班で出し合った意見を，学級全体で共有しましょう。どんな意見が出てきましたか。」

- 地震です。地震のときは津波が起こるときもあります。
- 大雨や，大雪です。大雨で土砂崩れも起きます。
- 台風です。強い雨風になります。

各班の意見を書いたホワイトボートを黒板に掲示し，意見を交流する。

修正していくようにしましょう。

自然災害といえば？

もしものときにそなえよう

㋱ 自然災害へのそなえについて調べ、自分の考えを書き表す学習計画をたしかめよう

※自然災害に関する写真や新聞記事

◎何の写真かな？
・じしんの後？
・東日本大しんさい？
・阪神あわじ大しんさい？
※

※児童の発言を板書する。

主体的・対話的で深い学び

・自然災害に関する新聞記事や写真，動画などを提示し，児童の生活経験や既習事項をもとに自然災害やその対策について想起させることで，生活の身近なところに自然災害が存在することを意識できるようにする。その後の学習を意欲的に進めていく力につながるだろう。
・本時の学習で自然災害に関する私見を述べることに興味をもつことができるかによって，以降の学習で進んで文章表現を考え，対話を通してよりよい文章にしていこうとするかどうか左右される。

準備物

・（黒板掲示用）自然災害に関する新聞記事や写真，動画

3 対話する 見通す　学習計画を立てて，学習の進め方を見通そう。

「様々な自然災害が出てきましたね。これらの自然災害の中からテーマを１つに絞って，自然災害への備えについて，文章を書いていくようにしましょう。どのように学習していくか，教科書を読みましょう。」

教科書 P105 を読み，教師が立てた学習計画を板書で示す。

「どのように学びたいかなど何か意見はありませんか。」

自然災害について調べるために，たくさん本が欲しいな。インターネットも使いたい。
これまでよりも，友達に上手く伝わる文章を書けるようになりたいな。
文章を見直すときに，一度，班の友達と文章を読み合って，意見交流したいな。
最後は学級全体で交流会をしたいな。いろんな人の文章を読みたい。

児童の意見も含めて，学習計画を立て，児童が学習の見通しをもてるようにする。事前に教師が立てた計画を，児童の思考の流れに合わせて柔軟に修正しながら，学習を展開していくとよい。

4 振り返る　学習したことを振り返り，これからの学びについて考えよう。

「地震や大雨などの自然災害について，どんな学習をどのように進めていけばよいか，みんなで計画を考え，見通しをもつことができました。」
「今日の学習を振り返りましょう。」

自然災害といっても，いろいろなものがあるんだね。
たくさん自然災害の種類が出てきたから，これからテーマを決めるのに悩みそう。
社会科の学習で，日本は自然災害が多い国だと学習したね。本当に備えが大切だよね。
調べたいテーマを決めて，友達に自然災害への備えが大切だということがちゃんと伝わる文章を書きたいな。

振り返ったことを簡単にノートに書かせ，何人かに全体で発表させてもよい。

「次の時間は，どの自然災害について調べるか，一人ひとりが決めていきます。」

各班のホワイトボードは，休み時間に児童の目に触れるよう，置いておいたり掲示したりしておくとよい。

もしものときにそなえよう
第2時（2/12）

本時の目標
題材として取り上げる自然災害を決め，様々な方法で調べて情報を集め始めることができる。

授業のポイント
図書室や地域図書館，PC室などと連携をとり，様々な方向からアプローチし，設定した自然災害について調べられるようにする。

本時の評価
題材として取り上げる自然災害を決め，様々な方法で調べて情報を集め始めている。

〈学習環境の整備〉整理カードを用意し，調べた情報を書き込み，集めた情報の整理がしやすい

板書例

4班
・じしん
・大雨，こうずい
・土砂くずれ

5班
・じしん
・台風，大雨，強風
・かみなり

6班
・じしん→つなみ
・台風
・大雨→土砂くずれ

調べ方
・学校の図書室
・地いきの図書館
・資料館
・インタビュー
・インターネット

正しいじょうほう？
☆いくつかのちがう方法で調べてたしかめる

整理カード

キーワード	内容	出典
・内容を一言で表す	・本やインターネットに書いてあった内容（引用，要約） ・そのじょうほうに対する自分の考え	・著者や本の名前

※クラスの実態によっては，より具体的に，教師の見本を示してもよい。

☆カードを書くとき
・一枚のカードに一つのこと
・出典をかならず書く

1 めあてつかむ　様々な自然災害があることを思い出し，本時の課題を確かめよう。

「自然災害には，様々な種類があり，いろんな形で私たちの生活に影響を与えそうですね。どのような災害がありますか。」
・地震や津波です。火山の噴火もありました。
・台風や大雨，土砂崩れです。

前時に出し合った様々な自然災害を想起させる。

今日はこれらの自然災害の中からテーマを１つに絞って，調べ学習を始めるようにします。
どのようにして調べたらいいかな。方法を考えたいな。
調べて集めた情報は，ノートにまとめたらいいのかな。

・早く調べ学習を始めたいな。わくわくしてきたよ。
・「地震」と「津波」の両面から自然災害の備えについて書きたいな。２つのテーマを関連付けてもいいかな。

2 対話する出し合う　調べ方を考えて出し合おう。

「テーマを決める前に，調べ方について考えます。」

「自然災害にどのようなものがあり，どのような備えが大切であるかを調べるために，どのような方法があるか班で話し合って考えてみましょう。」

学校の図書室に行って，テーマに合った本がないか探しに行きたいな。
インタビューをしてみるのもいいね。いろんな調べ方があるね。
地域の図書館だと，もっとたくさんの本があるよね。
PCやタブレットでインターネットを使って調べるのはどうかな。幅広くたくさんの情報が集められるよ。

「班で話し合ったことを，発表しましょう。」

班で調べる方法について考えて意見を出し合った後，学級全体で共有する。（板書参照）

「いろいろな調べ方が考えられました。いくつも違う方法で調べたりすることで，調べた内容が正しいかどうか確かめていくようにしましょう。」

境を整えましょう。

もしものときにそなえよう

㋱ テーマを一つに決めて、様々な方法で調べはじめよう

〈様々な自然災害〉

1班	2班	3班
・じしん ・台風（大雨，ぼうふう） ・大雪	・じしん ・大雨，こうずい ・台風	・じしん ・台風，大雨 ・火山のふんか

※前時に各班で意見をまとめたホワイトボードを掲示する。

主体的・対話的で深い学び

・児童が自ら調べ方を決めて，情報を集めることができる環境を整えておくことで，主体的に自然災害について調べる姿へとつながる。
・題材として取り扱う自然災害ごとに座席をグルーピングしておくことで，自然と対話しながら必要な情報を集め，整理していくことができる。

準備物

・自然災害やその対策に関する書籍（図書室・地域図書館と連携する）
・ICT機器（インターネット環境）
・整理カード（児童数×５枚以上）（児童用ワークシート見本 DVD 収録【4下_17_01】）

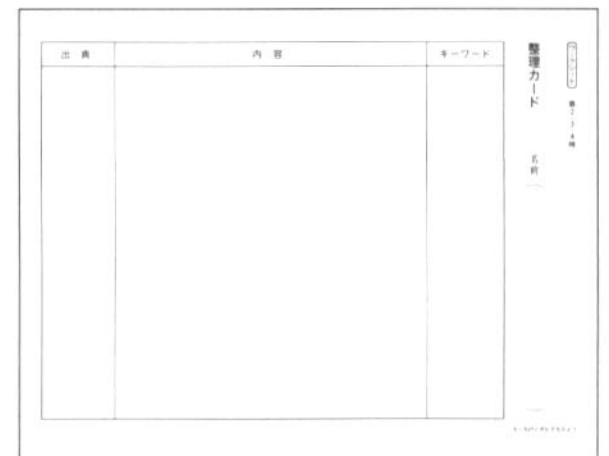

3 決める 調べる　テーマを１つに決めて，調べ学習を始めよう。

「では，自然災害の中から，１人１つ題材を決めましょう。決まった人は，調べ学習を始めましょう。」

テーマが決められない児童には個別の支援をする。

「本やインターネットなどを使って調べたことは，整理カードに情報をまとめていくようにしましょう。カード１枚につき，１つのことを書きましょう。」

・調べた内容を１つずつまとめて整理していくんだね。

整理カードを数枚ずつ配布し，カードの書き方を確かめる。（板書参照）

ぼくは地震について取りあげようかな。日本は地震が多い国だから。
本やインターネット等を使って集めた情報を整理カードにまとめたら文章の組み立てを考えやすそう。
じゃあ私は台風の被害や備えについて調べて文章を書いてみよう。
いろんな本を読んで情報を集めたいね。

ICT機器（インターネット環境）や書籍を用意しておき，自由に調べ学習をできる環境を整えておく。

4 振り返る　学習したことを振り返り，これからの学びについて考えよう。

「今日は，いくつもの自然災害の中からテーマを１つに決めて，決まった人から調べ学習を始めました。」

・わたしは，台風について調べます。
・ぼくは，地震と津波の両面から調べるつもりだよ。

「今日の学習を振り返りましょう。これからの学びについて考えましょう。」

今日はテーマを１つに決めることができたよ。
「影響」と「備え」の関係が分かるように調べたいね。
地震と津波の関係が見えてきたから，その両面から文章を書けるように調べたいな。
実際に自然災害が起こってからでは遅いから，備えが大切だということが伝わるようにまとめたいな。

振り返ったことを簡単にノートに書かせ，何人かに全体で発表させてもよい。

「次の時間は，自分が決めたテーマについていろいろな方法で，もっと詳しく調べていきます。」

もしものときにそなえよう

第3時（3/12）

本時の目標

題材として取り上げる自然災害について，本や資料など様々な方法で調べて情報を集めることができる。

授業のポイント

地域図書館や図書室と連携をとり，自然災害に関する書籍を多数用意しておくとよい。また，学校に ICT 機器がそろっていれば，用意しておくようにする。

本時の評価

題材として取り上げる自然災害について，本や資料など様々な方法で調べて情報を集めている。

〈本の調べ学習〉様々な情報を調べることができるようにし，「情報リテラシー」（情報活用の実践力

板書例

〈調べたこと〉

整理カード

出典	内容	キーワード
・著者や本の名前	・本やインターネットに書いてあった内容（引用、要約） ・そのじょうほうに対する自分の考え	・内容を一言で表す

☆カードを書くとき
・一枚のカードに一つのこと
・出典をかならず書く

じしん・つなみ

キーワード	内容
じしんのそなえで大切なこと	・食料と水（家族分） ・ひなん場所 ・

台風

キーワード	内容
台風の前に家でそなえておくこと	・早めにひなん ・ひなん場所 ・家でできることは…

大雨・こうずい

キーワード	内容
大雨にそなえて	・ハザードマップをたしかめる ・ひなん場所 ・家でそなえるとよいもの…

※児童が書いた整理カードの中で，見本となるようなものを，種類別に掲示する。

1 めあて つかむ　図書室や地域図書館の本を使って調べるときの注意点を確認しよう。

「今日は図書館や地域図書館の本を使って，自分で決めたテーマについて調べていきます。」

図書館などで活動できるとよい。

「本を読んで調べるときには，①3年生のときに学んだ書籍の探し方を参考にしましょう。また，②だれが書いたどんな本か，③信頼できる情報かに気をつけ，④いろんな本を読み比べるようにしましょう。」

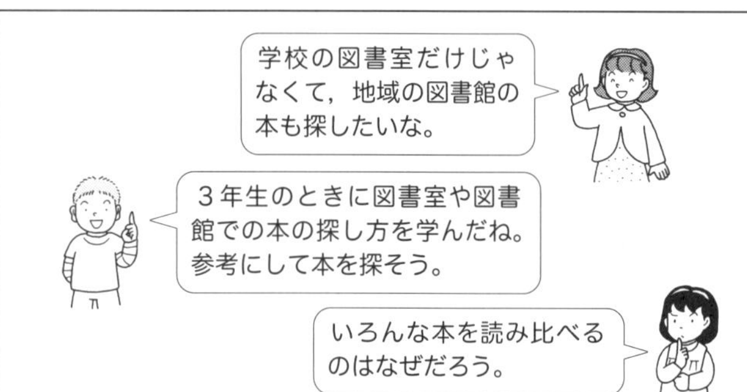
学校の図書室だけじゃなくて，地域の図書館の本も探したいな。
3年生のときに図書室や図書館での本の探し方を学んだね。参考にして本を探そう。
いろんな本を読み比べるのはなぜだろう。

「調べた内容が正しいかどうか，1つの情報だけでなく，複数の本を読んで確かめるようにしましょう。」

「情報リテラシー」を意識して調べ学習を進める。

2 調べる 集める　図書室や地域図書館の本を探して，テーマについて調べよう。

「図書室や地域図書館の本を探して，テーマについて調べましょう。調べた内容は，整理カードに書いてまとめていくようにしましょう。」

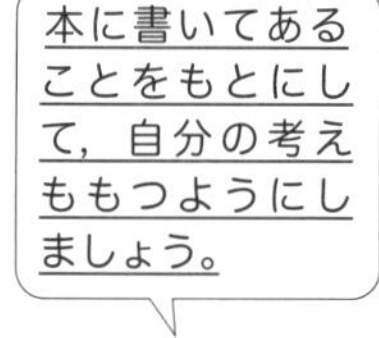
本に書いてあることをもとにして，自分の考えももつようにしましょう。

この本にはいろんな防災についていろんなことが書かれているよ。
災害が起きて避難するときに，気をつけることを調べたいな。
本を2冊見つけたけれど，防災について書いていることが少し違ったよ。

調べて集めた情報をもとに，自分なりの考えももてるように意識づける。選んだテーマごとにグループを作って取り組ませてもよい。

地域図書館と連携して，自然災害や防災に関わる書籍を用意しておくようにする。（ここで，PC 等のインターネット環境が整備されている場合は，同時に調べ学習に使用してもよい）

情報の科学的理解など）の面にも目を向けるようにしましょう。

もしものときにそなえよう

㋱ 決めたテーマについて、いろんな方法で調べよう①（本、資料から）

◇ 本を読んで調べよう

☆ 図書室や地いき図書館で
・本のさがし方…3年生の学習をいかして
・だれが書いた、どんな本か？ →「出典」
・信らいできるじょうほうか？
・いろいろな本を読み比べる

主体的・対話的で深い学び

・児童が自ら調べ方を決めて，情報を集めることができる環境を整えておくことで，主体的に自然災害について調べる姿へとつながる。ここでは，図書室や地域図書館と連携をとり，自然災害に関する書籍を多数用意しておきたい。
・題材として取り扱う自然災害ごとに座席をグルーピングしておくことで，自然と対話しながら必要な情報を集め，整理していくことができる。

準備物

・自然災害やその対策に関する書籍（図書室・地域図書館との連携）
・ICT 機器（インターネット環境）
・整理カード（人数× 5 枚以上）※適宜，追加印刷する。

3 共有する 交流する　調べて書いた整理カードを共有しよう。

「テーマについてそれぞれ（本を読んで）調べたことを，班で共有しましょう。」

地震のときに備える方法について調べたよ。日本は地震が多いからね。
ぼくは地震と津波への備えについて調べて，考えているよ。
私は台風に備えて家でできることを調べているよ。
どの災害にも対応できるように，家族みんなの分の食料や水をちゃんと備えておかないといけないと思ったよ。

班で共有した後，学級全体でも交流するようにする。調べたことを共有することで，調べ学習が苦手な児童が，調べ方や考え方の視点をもつ機会になるようにする。

「この時間で自分が調べたことを出し合って，友達の調べ方や考え方でよかったところを発表しましょう。」

見習うとよいところについて簡単に出し合わせる。

4 振り返る　学習したことを振り返り，これからの学びについて考えよう。

「今日は，自分が決めたテーマについて，たくさんの本や資料を読んで調べましたね。今日の学習を振り返り，これからの学びについて考えましょう。」

今日は何冊か読み比べながらテーマについて調べられたよ。
本によっては，全然違うことも書いてあったよ。もっと，いろんな方法を使って調べるとよさそうだね。
調べたことをもとに，自分なりの考えももつことができたよ。
次はインターネットを利用して調べてみたいな。もっとたくさんの情報を集められそう。

「次の時間は，インターネットを使って，テーマについて調べていきます。」

手本となる整理カードをコピーして，児童の目に触れやすいところに掲示しておくとよい。休み時間にも自然と児童の目に入り，より調べて考えたくなる環境に近づく。

もしものときにそなえよう
第4時（4/12）

本時の目標
題材として取り上げる自然災害について，インターネット等の様々な方法で調べて情報を集めることができる。

授業のポイント
書籍やインターネットを使って調べた情報の丸写しではなく，その情報から考えたことが文章に表れるように意識づけをするとよい。

本時の評価
題材として取り上げる自然災害について，インターネット等の様々な方法で調べて情報を集めている。

〈インターネット情報の調べ学習〉様々な情報を調べることができるようにし，「情報リテラシー」（情報活用の

板書例

世界中のたくさんのじょうほう ←

どんな所や人が出しているじょうほうを調べるか？
・役所
・新聞　など ←

☆自分で正しいかどうか，読み比べて考える

〈参考になるホームページ〉
・〇〇市役所　防災サイト
・消防庁データベース

整理カード

キーワード	内容	出典
・内容を一言で表す	・本やインターネットに書いてあった内容（引用，要約） ・そのじょうほうに対する自分の考え	・著者や本の名前

☆カードを書くとき
・一枚のカードに一つのこと
・出典をかならず書く

1 めあてつかむ　インターネットを使って調べるときの注意点を確認しよう。

「今日はインターネットを使って，自分でテーマを決めたことについて調べていきます。インターネットを使って調べるときには，どんなことに気をつけたらいいでしょうか。班で話し合って考えましょう。」

検索をかけると，世界中の情報が一瞬でたくさん出てくるよね。
信頼できる情報だけがネット上に流れているわけではなさそうだね。
1つの情報だけを信じるのは危険かも知れないね。いろんな情報を読み比べないと。
だれが書いた情報か，どんな情報かも大切だよね。役所などが出している資料を探すといいかもね。

インターネットを使って調べるときの注意点について少し話し合った後，全体で確認する。調べ学習の時間を確保するために，教師から提示してもよい。

「インターネットで調べるときの注意点が確かめられましたね。」（板書参照）

「情報リテラシー」を意識づけるようにする。

2 調べる集める　インターネットを使って，テーマについて調べよう。

「インターネットを使って，テーマについて調べましょう。調べた内容は，整理カードに書いてまとめていくようにしましょう。」

整理カードの書き方，注意点を再確認する。

ぼくは都道府県が出している情報を調べているよ。防災の情報がいっぱい出ているよ。
私たちの地域も地震の後，津波の被害が出る予想がされているみたいだね。どう備えたらいいのか，自分の家で簡単にできそうなことを調べたいな。

調べて集めた情報をもとに，自分なりの考えももてるように意識づける。

PCやタブレットを用意し，インターネットを活用できる環境を整えておく。状況が整えば，図書室や地域図書館の本も同時に活用して調べ学習を進める。

実践力，情報の科学的理解など）の面にも目を向けるようにしましょう。

もしものときにそなえよう

ⓜ 決めたテーマについて、いろんな方法で調べよう②（インターネットから）

◇ インターネットを使って調べよう
・情報のさがし方…けんさく
・だれが書いた、どんなじょうほうか？
・信らいできるじょうほうか？
・いろいろなじょうほうを読み比べる

主体的・対話的で深い学び

・児童が自ら調べ方を決めて，情報を集めることができる環境を整えておくことで，主体的に自然災害について調べる姿へとつながる。児童が利用しやすいホームページをあらかじめ検索しておき，教師の方から提示できるようにしたい。
・題材として取り扱う自然災害ごとに座席をグルーピングしておくことで，自然と対話しながら必要な情報を集め，整理していくことができる。

準備物

・自然災害やその対策に関する書籍（図書室・地域図書館との連携）
・ICT 機器（インターネット環境）
※児童が利用しやすいホームページをあらかじめ検索しておき，提示できるとよい。
・整理カード（人数×５枚以上）※適宜，追加印刷する。

3 共有する 交流する　調べて書いた整理カードを共有しよう。

「テーマについて（インターネットで）調べたことを，班で共有しましょう。」

たくさん情報が出てきたけれど，非常持出袋や食料，水の用意は，どの情報にも共通して出ていたよ。
地震やその後に来る津波のこの地域への影響がどのようなものかを調べてみたよ。
みんな，地震や津波の備えについていろいろ調べられたね。
災害の大きさを予想して，備えを考えるのは大事だね。

・○○市のホームページで調べると，この地域の防災の取り組みがよく分かった。その中に，各家庭で備えておくといいことが載っていて…。

調べたことを班で共有した後，学級全体でも交流する。友達が調べたことから，よいところを共有するようにしたい。調べ学習が苦手な児童が，調べ方や考え方の視点をもつ機会になるようにする。

4 振り返る　学習したことを振り返り，これからの学びについて考えよう。

「今日は，自分が決めたテーマについて，インターネットを使って調べましたね。」

今日の学習を振り返りましょう。
調べた情報をたくさんカードに書けたよ。
地震や津波の恐ろしさがあらためて分かってきたよ。
日頃からどのような備えをしていくとよいか，いろいろ調べられたね。

「自分が調べたテーマについて，大切だと思うこと，伝えたいことが考えられましたか。」
「次の時間は，自分が書いた整理カードを使って，自分の考えを伝える文章の組み立てを考えます。」
・たくさん調べて集めた情報を整理して，考えが上手く伝わるように文章を組み立てたいね。

手本となる整理カードをコピーして，児童の目に触れやすいところに掲示しておくとよい。

もしものときにそなえよう
第 5 時（5/12）

本時の目標

文章構成を考えるときの着目点をつかみ，集めた情報を分類・整理し，自分の伝えたいことを明確にし，まとめることができる。

授業のポイント

情報を集めた際に書きためてきたカードを分類・整理し，書く内容や順序について考えられるようにする。

本時の評価

文章構成を考えるときの着目点をつかみ，集めた情報を分類・整理し，自分の伝えたいことを明確にし，まとめている。

板書例

〈文章構成〉整理カードを並びかえるなど，文章の組み立てを考えやすい状況をつくりましょう。

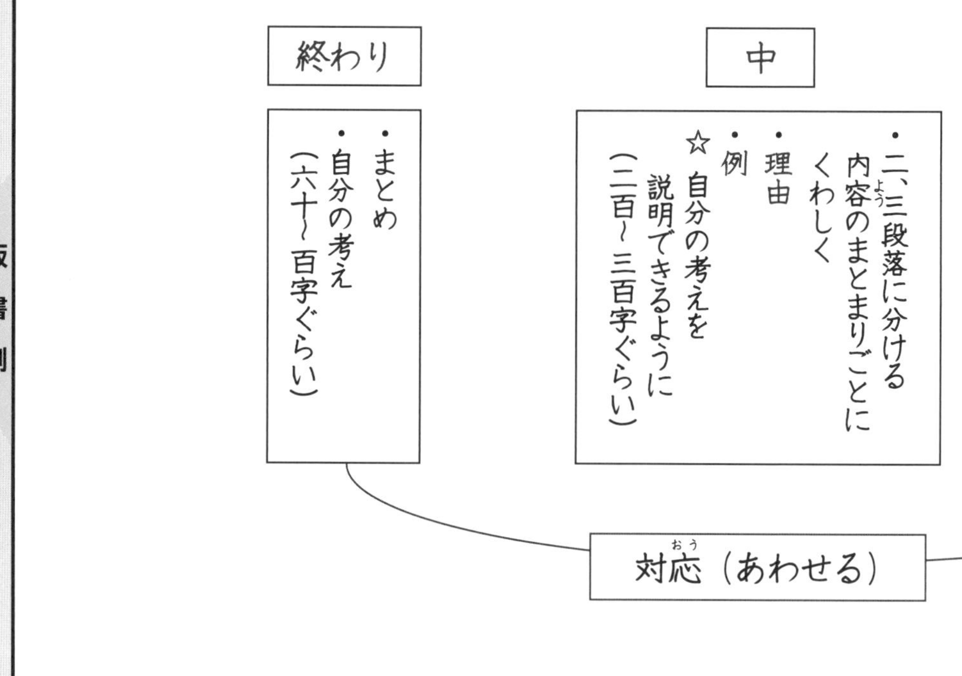

中
・二、三段落に分ける
内容のまとまりごとに
くわしく
・理由
・例
☆自分の考えを
説明できるように
（二百～三百字ぐらい）
終わり
・まとめ
・自分の考え
（六十～百字ぐらい）
対応（あわせる）

1 めあて つかむ　本時の課題を知り，文章の組み立てについて確かめよう。

「ここまで本やインターネットを使って整理カードに情報を集めてきました。今日はこれをもとに，自分の考えを伝える文章を書くために，文章の組み立てを考えていきます。」

・どんなふうに組み立てを考えればいいのかな。

「教科書の文章例を読んでみましょう。」

教科書 P108，109 の 2 人の文章例を読む。

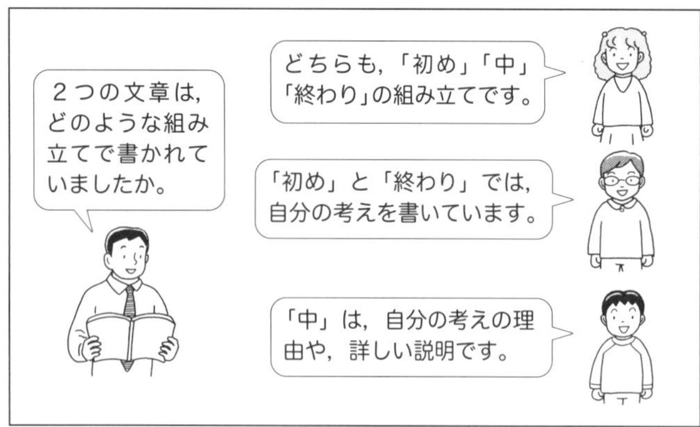

２つの文章は，どのような組み立てで書かれていましたか。
どちらも，「初め」「中」「終わり」の組み立てです。
「初め」と「終わり」では，自分の考えを書いています。
「中」は，自分の考えの理由や，詳しい説明です。

「みなさんも，集めた情報を整理しながら，『初め』と『終わり』で伝えたいことを考えていきましょう。」

2 組み立てる 対話する　整理カードを並びかえて，文章の組み立てを考えよう。

「今までにまとめてきた整理カードを使って，まず，文章に使う情報を選びます。そして，選んだカードを書く順番に並べながら，文章構成を考えていきましょう。」

・「台風前のじゅんび」の大切さを伝えたい。どうすればいいかな…。

「班の人に，組み立てについて相談してもいいですよ。」

たくさん情報を集めてきたから，「中」に書く内容を選ぶのが大変だな。
どちらの情報を入れるか迷っているんだけれど，どう思う？
自分が最も伝えたいことを支えてくれる内容を，「中」に書く内容として選びたいね。
文章に書く順番も大切だよね，文章を読む人にしっかり伝わるように考えたいな。

整理カードを操作し，文章に使う情報の取捨選択とともに，書く順番に並びかえながら，文章構成を考えていくようにする。

まず，それぞれ自分で考えさせた後，班でも自然と話し合うことができる空間をつくるようにしたい。

もしものときにそなえよう

ⓜ 調べて集めたじょうほうを整理し、伝えたいことをはっきりさせよう

〈文章の組み立て〉

初め

・テーマ（自然災害）
・自分の考え
☆そなえについて
（六十～百字ぐらい）

主体的・対話的で深い学び

・情報を集める際に書きためてきたカードを操作することで，自分の考えを文章にして相手に伝える内容や順序について考えやすい状況をつくる。
・この工夫によって自分がする思考活動が明確になり，児童一人ひとりが，情報を更に増やしたり，順序を組み立てたり，情報を整理したりする活動に，主体的で対話的に取り組むことができる。

準備物

・児童が書きためてきた整理カード（各自）
・組み立てシート（児童数）
（児童用ワークシート見本
DVD 収録【4下_17_02】）

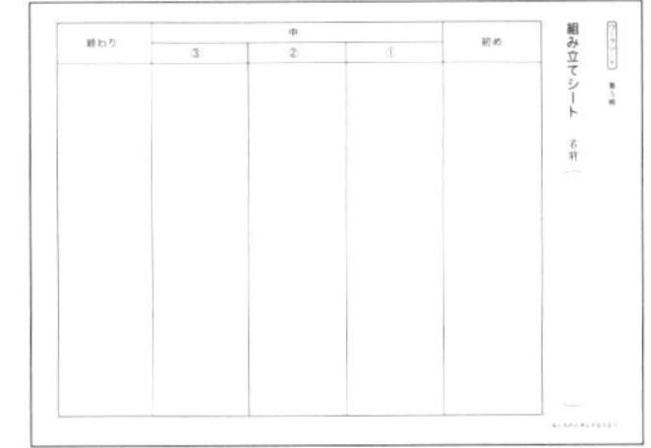

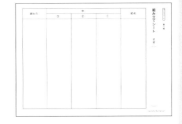

3 書く 交流する　文章の組み立てを書こう。組み立ての工夫を共有しよう。

「伝えたいことが決まった人は，考えた文章構成を組み立てシートにまとめていきましょう。」

組み立てシートを児童に配り，表に書かせる。

地震や津波が起こったときのために，日頃から何ができるか伝えたいから…。

○○さんが，このカードの理由の方が分かりやすいよ，って言ってくれたから，これを「中」の１番目に…。

「文章の組み立てで工夫できたこと，よかったことを発表しましょう。」
・集めた情報がたくさんあって困ったけれど，似ているものを省いていったら，２つの内容にまとめられた。
・自分が友達に伝えたいと思う順番で考えると，より大事だと思うことをはっきりさせることができた。

文章構成の考え方でよかった点を共有する。

4 振り返る　学習したことを振り返り，これからの学びについて考えよう。

「今日の学習を振り返りましょう。」

友達からアドバイスをもらったことをもとに，組み立てを修正できた。

伝えたいことを考えながら，文章の組み立てができたよ。

組み立てができたけれど，これを使ってうまく文章が書けるかな。

ぼくは地震が起こった後の生活を考えて，文章を組み立てたよ。

「次の時間は，今日考えた組み立ての『中』に書く文章の内容について考えます。」
・組み立てができたから，「中」に書く文章もしっかりと考えて，自分の考えが伝わるようにしたいな。

手本となる組み立てシートをコピーして，児童の目に触れやすいところに掲示しておく。そうすることで，休み時間にも自然と児童の目に入り，より調べて考えたくなる環境に近づく。

もしものときにそなえよう

第  時（6/12）

本時の目標

自分の考えを相手に分かりやすく伝えるために，伝えたいことの中心となる「中」の内容を考えることができる。

授業のポイント

児童が書いて整理してきた整理カードをもとに，相手や文章の順序を意識して，下書き用原稿用紙に書く内容を整理しながら書いていくようにする。

本時の評価

自分の考えを相手に分かりやすく伝えるために，伝えたいことの中心となる「中」の内容を考えようとしている。

〈文章表現〉 自分の考えや文章を書く順序，使う言葉を意識して，自分の考えを支える「中」の

板書例

・～が当たる

〈文章を書くとき気をつけること〉

○ 文末の表現をそろえる
「～です。～ます。」
「～だ。～である。」

○ つながり、順番を表す言葉を使う
・まず、次に、そして
・一つ目、二つ目、最後に

○ 主語と述語の対応

○ 一文の長さ（分かりやすく）

◇「中」の下書きをしよう
・下書き用原こう用紙に書く

☆「初め」「中」「終わり」それぞれ一枚ずつ

1 振り返る めあて　前時の学習を振り返り，本時の課題を確かめよう。

「前の時間に，どんな学習をしましたか。」

・集めた情報を整理して，伝えたいことをはっきりさせました。
・文章の組み立ても考えられました。

今日は，文章の組み立てで考えてきたことをもとに，文章の「中」の部分の下書きをしていきます。

「中」は，まとまりに分けて２～３段落の文章を書くつもりで組み立てを考えたね。

組み立てはできたけど，どうやって文章にすればいいのかな。

「『中』の文章を書くとき，どんなことに気をつけて，またどんな書き方の工夫をすれば，相手に伝わりやすい文章になるでしょうか。」

「教科書の北山さんと木村さんの文章例を読んで確かめてみましょう。」

教科書 P108，109 の２つの文章例を読む。

2 確かめる 対話する　考えを伝える文章の表現について話し合おう。

「教科書の２人の文章にはどのような書き方の工夫がありますか。班で話し合ってみましょう。」

北山さんは理由を挙げて説明しているから，「なぜなら」とか「もう１つ理由が…」と文をつないでいるね。

木村さんは，例を挙げているから「例えば」から『中』の文章を始めているよ。

２人の文末の書き方が違うね。北山さんは「です・ます」で，木村さんは「である・だ」になっている。

２人とも，最後まで同じ文末の書き方だ。途中で変えちゃダメだからね。

「では，話し合って見つけたことを，発表しましょう。」

全体で交流し確かめ合う。

また，教科書 P109「理由や例を書くときに使いたい言葉」についても確かめておく。

「他にも，文章を書くとき気をつけるとよいことは？」

既習単元「つながりに気をつけよう」で学習した，つながり，主述の対応，一文の長さなども確かめ合う。

文章を書くようにしましょう。

もしものときにそなえよう

㋱ 自分の考えが伝わりやすくなるように「中」に書く文章を考えよう

〈理由、事例を表す言葉〉

理由
・なぜなら～
・その理由は～
・～ためである

事例
・例えば～
・例を挙げると～

主体的・対話的で深い学び

・これまでに情報を集めて書きため，文章に書く内容や順序を整理してきている。その整理カードをもとに，相手意識をもって文章の構成を考え，下書き用原稿用紙に文章を書き進めていくようにする。情報の丸写しではなく，できるだけ自分の考えを自分の言葉で文章化して，下書きを書き進めていくように意識づけする。
・グループの友達と自然と対話できる空間をつくっておくことで，対話的に活動を進め，文章構成について思考を深めながら，下書きを進めていくことができる。

準備物

・児童が書きためてきた整理カード（各自）
・前時に書いた組み立てシート（各自）
・下書き用原稿用紙
（1 人あたり 3 枚程度）
（児童用ワークシート見本
DVD 収録【4 下 _17_03】）

3 書く

「中」に書く文章を考えて書こう。

「書く順序や表現の仕方に注意して，相手に伝わるように，『中』の文章の下書きをしていきましょう。」

下書き用原稿用紙を配る。「初め」「中」「終わり」，それぞれ 1 枚ずつの下書き用原稿用紙に書かせる。

自分の考えの理由や説明となる情報の中でも，大切なものから書くようにしているよ。
自分の考えを意識しながら，「中」に書く文章を書いていっているよ。
私は文末を敬体にそろえて書くことに決めたよ。
例えとして役所がホームページで公開している情報を取りあげてみようかな。

文章表現などについて，対話を通して自然と考えを深め合える空間をつくるようにする。

また，書く順序と順序を表す言葉，事例を挙げるときの言葉，常体か敬体のどちらかにそろえるなどといったことを意識して文章を書く活動を進められるようにする。

4 交流する 振り返る

書いている文章を共有しよう。
学習したことを振り返ろう。

「書いている下書きの文章を班で読み合いましょう。どんなことに気をつけて『中』の文章を書いたか，友達に伝えましょう。」

私は自分の考えを説明するために理由を 2 つ書いたよ。
ぼくは地震や津波が起こった後の生活に着目して，例を挙げた。
ぼくは特に順序を表す，「1 つ目に」などの言葉を使って，文章が分かりやすくなるようにしたよ。
「例えば」などの言葉も上手に使えているね。私も参考にして書いてみようかな。

文章表現で考えたこと，工夫したことなどを交流する。

「今日の学習を振り返りましょう。」
・「理由」や「例」を表す言葉を使って文が書けました。
・これまでに学んできた，順序を表す言葉などを生かして「中」の文章の下書きが書けました。

手本となる組み立てシートや下書き原稿をコピーして，掲示しておくとよい。

もしものときにそなえよう

第 7 時（7/12）

本時の目標

前後との対応を意識して「中」に書く文章を考え，伝えたいことを意識して「初め」「終わり」に書く文章を表現することができる。

授業のポイント

伝える相手や題材に対する自分の考えを意識して，自分が伝えたいことが伝わるように,「始め」「中」「終わり」の文章構成を考えられるように意識づける。

本時の評価

前後との対応を意識して「中」に書く文章を考え，伝えたいことを意識して「初め」「終わり」に書く文章を表現しようとしている。

〈文章表現〉「初め」と「終わり」の対応関係を意識して，文章を書く活動を進めるようにしましょう

板書例

・例えば～
・例を挙げると～
・～が当たる

〈「初め」・「終わり」の関係〉
○ 自分の考え
☆伝えたいことを意しきして
○「初め」と「終わり」は対応するように

〈文章を書くとき気をつけること〉
○ 文末の表現をそろえる
「～です。～ます。」
「～だ。～である。」
○ つながり、順番を表す言葉を使う
・まず、次に、そして
・一つ目、二つ目、最後に
○ 主語と述語の対応
○ 一文の長さ（分かりやすく）

1 めあて 対話する　文章に書くことを確認しよう。

「前の時間は，文章の『中』を下書きしましたね。」
・理由や例を表す表現に気をつけて書きました。
・友達に下書きを読んでもらって，直したいところが出てきました。

「今日は，『初め』『終わり』に書くことを考えて下書きを進めていきます。その前に，『中』に書くことを整えます。」

「中」と,「初め」「終わり」の文章を書くときに，どんなことに気をつければよいのでしたか。

「初め」と「終わり」には，伝えたいことを，対応するようにして書く。

「中」は,「初め」「終わり」で伝えたいことを詳しく説明する文章とする。

前後の関係を意識して「中」の文章を見直し,「はじめ」と「終わり」の文章が対応するように意識して，文章を書き進めるように意識づける。

2 書く 話し合う　「中」の文章を整え,「初め」「終わり」の文章の下書きをしよう。

「まずは，前の時間に書いた『中』に書く文章を整えてから,『初め』『終わり』の文章が対応するように考えて，下書きをしましょう。」

「初め」と「終わり」で伝えたいことがぶれないように意識したいな。
「中」の文章を書き直したのだけれど，どうかな？意見を聞かせてほしいな。
「中」に書くことをしっかりと整えてから，前後の「初め」と「終わり」の文章を書こう。
「初め」と「終わり」の文章で，自分が一番伝えたいことがはっきりと伝わるようにしたいな。

文章表現などについて，対話を通して自然と考えを深め合える空間をつくるようにする。

「下書きの原稿用紙を書き直したい人，足りない人はいませんか。『中』の文章が長くなった人は，1つの内容（1つの段落）ごとに用紙を変えてもいいですよ。」

必要に応じて，追加の原稿用紙を配布する。

もしものときにそなえよう

め 「中」との関係を意しきして、「初め」「終わり」の文章を考えて書こう

〈「中」に書くこと〉

○ 理由を挙げて書く
・なぜなら～
・その理由は～
・～ためである

○ 事例を挙げて書く

主体的・対話的で深い学び

・書籍やインターネットを使って調べてきた情報をもとに，自分が考えたことや未来に向けて自分たちにできることが主張となる。それが文章を通して伝わるように，文章構成を考えることができるように意識づけたい。
・文章構成や表現について，グループの友達と自然に対話できる空間をつくることで，児童が主体的・対話的に活動を続け，文章構成や表現について思考を深めることができる。

準備物

・書きためてきた整理カード（各自）
・書いてきた下書き用原稿用紙（各自）
・下書き用原稿用紙（追加分）
※書いた段落ごとに切り離して，文章の組み立てを考えさせてもよい。

3 交流する 書いている文章の工夫や困っていることについて話し合おう。

「『初め』と『終わり』の下書きも含めて，ここまで書いてきた文章について工夫したことや考えたこと，困っていることがあれば班で話し合いましょう。」

ぼくは，「初め」と「終わり」の文章が対応するように意識して書いたよ。
「初め」と「終わり」に書いた内容の例として，「中」でもっと分かりやすく説明したいのだけど，どうすればいいかな。
私は，まず，「中」の内容をしっかりと整えることを意識したよ。
「終わり」の文章のまとめ方をどうすればいいか悩んでいるんだよ。

・一度「初め」と「終わり」の下書きを書いたけれど，みんなの話を聞いて，ちょっと内容を変えた方がいいような気がしてきた。書き直すことにしよう。

下書きする中で工夫や，困りごとを出し合わせる。
文章の下書きを共有することで，文章を書くことが苦手な児童が，文章表現の仕方について視点をもつ機会になるようにする。

4 振り返る 学習したことを振り返り，これからの学びについて考えよう。

「今日の学習を振り返りましょう。」

「初め」「中」「終わり」の下書きを書いてみたけれど，関係が少しずれている気がしてきたから，まだ書き直したい。
自分の考えがより伝わりやすい文章にしていきたいね。
班の話し合いで相談ができてよかった。みんなの意見が聞けたから。
ぼくは地震が起こった後の生活を考えて，文章を組み立てたよ。

班で振り返って話し合ったことを，全体でも交流する。

「しっかり見直して書き直したい，という意見が出ていましたね。次の時間は，今日書いた下書きの文章を見直す時間とします。」

手本となる組み立てシートや下書き原稿をコピーして，引き続き掲示しておく。

もしものときにそなえよう

第8,9,10時（8,9,10/12）

本時の目標

相手や目的を意識して，文章構成を考え，より伝わりやすい文章になるようにつくった文章を推敲し，清書することができる。

授業のポイント

下書きを読み合うことを通して，互いの文章のよさとともに，推敲するポイントについて，感想や意見を伝え合うことができるように意識づけるとよい。

本時の評価

相手や目的を意識して，文章構成を考え，より伝わりやすい文章になるようにつくった文章を推敲し，清書している。

〈推敲〉文章表現について様々な視点から見直し，相手意識をもって，自分の考えがより伝わりやすい

板書例

○文章表現について
・文末表現
・つながり、順番を表す言葉
・正しい言葉で分かりやすく

◎感想、意見を伝えよう
・よかったところ
・見直すとよいところ
・気になることは聞く
・ステップアップカードに記入してわたす

◇下書きを書き直そう（すいこう）
・もらったステップアップカードや意見をもとに
・話し合いながら

◇清書をしよう
・相手（読み手）をいしきして
・さらに「見直し」しながら
・ていねいに書く → 最後に読み返す

（第8時）

1 つかむ　読み返すときのポイントを確認しよう。

「今日は，書いた文章の下書きを友達と読み合います。」

どんなことに気をつけて文章を見直せばよいでしょう。
文末は「～です」や「～だ」のように揃える。
引用部分の数字や言葉は正しいか。
言葉や，文のつながりが正しく書けているか。
「中」に書いてある理由や例が，主張に合っているか。

「内容についても意見や質問があってもいいですね。」

・「中」に書く理由や事例の内容についても，書く順番や，なぜその内容にしたのかも聞いてみたいな。

誤字・脱字の修正のみに終始しないよう，様々な角度から推敲するよう，見直すポイントを確かめ合う。

「友達の文章を読んだら，その文章のよいところや見直するとよいところなど，感想や意見を『カード』に簡単に書いて渡してあげましょう。」

ステップアップカード（他者評価カード）を複数枚ずつ配る。

2 読み合う 伝え合う　下書きを読み合って意見を伝え合おう。

「では，見直しポイントをもとに，班の友達と下書きを読み合いましょう。気になったことは直接尋ねたり，カードに書いて渡したりして，友達に伝えましょう。」

どうして地震や津波が起こったあとの生活のことを例にしたの？ぼくは，まずは身を守る方が大切だと思ったのだけれど。

そのときに身を守ることも大切だけれど，その後がもっと大事だと考えたからだよ。

2つの事例が書いてあって，伝えたいことがよく分かるね。

「中」の理由を書いた文章がうまく書けているね。

・「初め」と「終わり」の内容が少し違っているよ。
・文末の表現をそろえた方がよさそうだね。

文章のよかったところや，間違い，見直した方がよいところなど気づいたことを伝え合う。カードを使わず，直接話し合ってもよい。

文章になるように推敲していくよう意識づけましょう。

もしものときにそなえよう

㋱ 書いた文章を読み返し、清書をしよう

◇ 下書きを読み合おう

読み合う（見直す）ときのポイント

○ 内容について
・取りあげる理由や事例の内容
・文章の順じょ
・話の流れ
・引用した本や著者など

主体的・対話的で深い学び

・推敲から清書までを通して，常体と敬体の違いや主語と述語のつながり，理由や事例を挙げる表現方法が使えないかなど，様々な視点から文章を見直すよう意識づけたい。文章構成や表現について，主体的に思考を深めていくことができる。
・友達との文章の読み合いでは，互いの文章のよさと共に，推敲するポイントについて感想や意見を伝え合わせる。対話的に文章構成や表現方法について思考を深め合うことができる。このとき，注目する点が誤字・脱字のみに終始しないようにする。

準備物

・書いてきた整理カードや，下書き用原稿用紙
・下書き用原稿用紙（追加分）
・ステップアップカード（児童数×４，５枚）
（児童用ワークシート見本
DVD 収録【4 下 _17_04】）
・清書用原稿用紙（児童数×３枚程度）

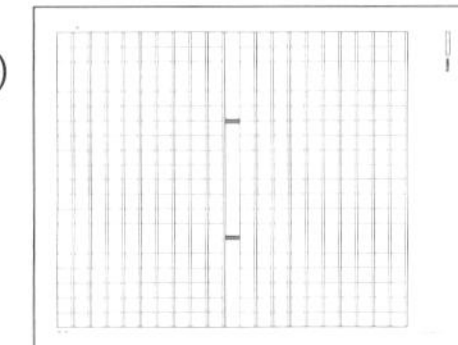

3 推敲する 振り返る（第９時）

もらった意見をもとに，文章を推敲しよう。

「ステップアップカードやもらった意見をもとに，文章を見直して書き直しましょう。」

もらった意見をもとに，文章の順番を入れ替えようかな。それともう少し表現の仕方を変えよう。
まずはステップアップカードに書いてくれたことを整理しよう。
自分では気づいていなかったけれど，文末表現がバラバラだったよ。
文章を書いているうちに，自分の主張がぶれてしまっていたから，書き直そう。

他者評価や自分自身の気づきをもとに，これまでに書いてきた文章を推敲できるようにする。

「文章の見直しができましたか。友達と読み合って見直して考えたことやよかったことを発表しましょう。」
・友達の意見を聞いて文章を直したら，伝えたいことがはっきり分かりやすくなったと思います。
・上手な友達の文章の工夫が見直しの参考になった。

学級全体で，推敲のよさを交流する。

4 清書する 振り返る（第 10 時）

推敲した文章をもとに清書しよう。学習を振り返ろう。

「これまで見直してきた文章をもとに清書しましょう。清書では，どんなことに気をつけるとよいでしょう。」

引用した情報の数字や言葉が正しいか，見直しする。
見直しポイントを意識しながら清書する。
相手にとって読みづらいところがないか，最後まで見直しながら，清書していきたい。

「そうですね。では，丁寧な字で清書していきましょう。」

注意点を確かめ合わせ，清書に取り組ませる。

「最後まで清書ができましたね。」

「学習を振り返りましょう。」
・最後まで読み返しながら，丁寧に清書できました。

「次の時間は，清書した文章を友達と読み合います。」

もしものときにそなえよう

第11,12時（11,12/12）

本時の目標

互いに書いた文章を読み合い，感想を伝え合い，自他の文章のよいところを見つけることができる。
単元全体を振り返ることができる。

授業のポイント

互いの文章のよさに着目して，文章を読み合い，感想を伝え合わせる。本単元での学びの有用性に気づき，児童どうしで自尊心を高め合う活動になる。

本時の評価

互いに書いた文章を読み合い，感想を伝え合い，自他の文章のよいところを見つけようとしている。
単元全体を振り返っている。

板書例

〈認め合う〉互いの文章のよさを見つけ合う，あたたかい空間づくりを心がけましょう。

感想を伝える（ステップアップカードに記入する）

◇学習をふり返ろう

〈ふり返ること〉
- 自分たちが書いた文章のよさや工夫
- みんなに自分の考えが伝わっていたか
- みんなの文章表現のよかったところ
- 今後の学習や生活にどういかせるか

※

〈ふり返ったこと〉
- 自分の考えと理由や事例との関係
- じょうほうを集め、整理し、文章に書く方法
- 友達や自分の文章のよさや工夫をいかす

※

※児童の発言を板書する。

1 めあてつかむ（第11時）

文章を読み合い，感想を伝え合うときのポイントを確認しよう。

「これまで，自然災害の備えについて調べて自分が考えたことを，文章にまとめました。今日は自分が書いた文章を友達と読み合い，感想を伝え合います。」

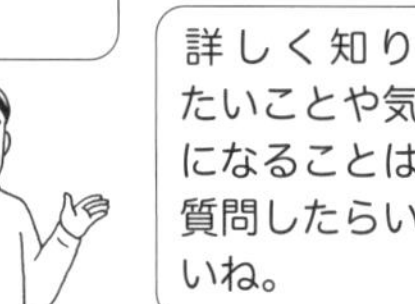
どんなことに気をつけて読み合うとよいか話し合いましょう。

納得したことや分かりやすかった所，工夫が感じられた所を伝え合いたいな。
ステップアップカードに感想を書いて，伝え合おうよ。
詳しく知りたいことや気になることは質問したらいいね。
お互いの文章のよさを見つけ合いたいね。

「教科書110，111ページを読んで，確かめましょう。」
- 書き手が何を伝えたいのか考えながら読むんだね。
- 「なるほど」と納得したこと，表現の工夫について詳しく感想を伝えるといいんだね。

「互いの文章のよさ」に着目して，文章を読み合い，感想を伝え合うように意識づける。

2 読み合う交流する

友達と書いた文章を読み合い，感想を伝え合いましょう。

「では，友達と文章を読み合い，そのよさを見つけ合い，感想を伝え合いましょう。気になったことや詳しく知りたいことは直接聞いたり，ステップアップカードに書いて渡したりして友達に伝えましょう。」

異なるテーマ設定をした児童でグループを組み，ジグソー型（各班1人ずつばらばらになり，別の班の人どうしで1グループを編成）で活動する。

地震や津波が起こった後の備えとしてできることを考えました。
順番が分かりやすいように工夫していたね。
○○くんの考えとその理由がしっかりと関係していて，読みやすかったよ。
家族の人数が違うんだけれど，4人家族だと食料や水はどれぐらい用意しておいたらいいのかな。

ステップアップカードを配り，感想を書かせる。

「もとの班に戻って，友達の文章のよさについて，気づいたことを話し合い，学級全体で発表しましょう。」

もしものときにそなえよう

(め) 自然災害のそなえについて書いた文章を読み合って、感想を伝え合おう

◇ 文章を読み合い、感想を伝えよう

読み合うときのポイント

・「なるほど」…なっとくしたところ
・「分かりやすい」と思ったところ
・文章のよいところ
・くわしく知りたいこと
・気になること ）→しつもんする

主体的・対話的で深い学び

・互いの文章を読み合い，よいところを見つけ合い，感想を伝え合う対話的な活動を通して，相手のよいところに目を向ける人柄を育てることができる。
・互いに文章のよいところを褒め合うことで，他者評価を通して，自己有用感を高められる。
・単元全体での学びを振り返り，文章表現に関する思考を深めると共に，文章表現に対する主体的姿勢につなげることができる。

準備物

・清書した文章（各自）
・ステップアップカード（児童数×４，５枚）

3（第12時） 振り返る つかむ　自己の学びや成長について振り返ろう。

「この単元で学んだことや自分の成長を振り返りましょう。どんなことに着目して振り返りたいですか。」

自分の考えを伝える文章の書き方について学べたことです。

友達からもらったステップアップカードを読んで，自分の考えがみんなに伝わっていたかどうか確かめたい。

自分も含めて，みんなの文章の表現のよかったところをもう一度振り返りたい。

振り返る内容について，その視点を整理し，しっかり意識づけた上で活動させたい。クラスの実態によっては，教科書P111「ふりかえろう」などの観点で，教師主導で振り返りを行うのもよい。

「では，学習を振り返りましょう。班で話し合って，プラスの面に着目できるといいですね。」
・情報を調べて集め，整理する方法について学べた。
・理由や例を挙げて，自分の考えを伝える文が書けた。

4 振り返る 交流する　振り返ったことを交流しよう。

「学習したことや成長できたことについて振り返ったことを，学級全体で交流しましょう。」

情報を調べて集め，整理する方法を学びました。他教科の調べ学習でもいかしたいです。

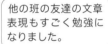

他の班の友達の文章表現もすごく勉強になりました。

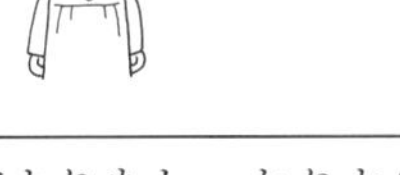

・何度も文章を見直して，今までよりもしっかりと自分の考えを伝える文章を書けました。
・自分の考えとそれを支える理由や事例を関係づけて書くのは難しくて，何度も書き直しました。友達に工夫したところをほめてもらい，すごく嬉しかったです。

各班で話し合ったことを整理したホワイトボードを使って交流する。これからの学習や生活につなげられるよう意識を向けさせたい。

調べて話そう，生活調査隊

全授業時間８時間

◉ 指導目標 ◉

・目的を意識して，日常生活の中から話題を決め，集めた材料を比較したり分類したりして，伝え合うために必要な事柄を選ぶことができる。
・相手を意識して，話したり聞いたりするとともに，話の中心や話す場面を意識して，言葉の抑揚や強弱，間の取り方を工夫して話すことができる。
・考えとそれを支える理由や事例，全体と中心など情報と情報との関係について理解することができる。
・相手に伝わるように，理由や事例などを挙げながら，話の中心が明確になるよう話の構成を考えることができる。

◉ 指導にあたって ◉

① 教材について

本単元では，生活全般についてアンケートなどを行い，調べて報告する活動を中心としています。そのため，算数や社会，理科，保健，総合的な学習の時間などと関連づけて，教科横断的に単元構成をすることも可能です。アンケートやグラフや表を作成するなどデータを加工し処理する学習経験は，高学年での学習の土台となります。地域図書館との連携による書籍の活用やインターネットの活用などにより，児童が思考をアクティブにしながら情報を集め，整理し，調べて報告する活動につなげていくこともできるでしょう。

また，調べたことを報告するときには，より聞き手に内容が伝わるように，言葉の抑揚や強弱，間の取り方など工夫して，資料などを使って分かりやすく説明する力をつけていくことを目指します。

② 主体的・対話的で深い学びのために

それぞれの班で生活全般から１つのテーマを設定し，班のメンバーで協力してアンケート作成や調査，集計，発表などをするように単元を構成します。班のメンバーで目的意識をもち，より相手に伝わるように生活の様子について調査したことを発表できるよう，対話を重ねる中で，学びを深めていくようにします。班の中で様々な課題に応じた役割の重要性に気づきながら，アドバイスを送り合い，修正し合う中で，互いの学びが深まるようにしましょう。

◎ 評価規準 ◎

知識 及び 技能	・相手を意識して話したり聞いたりするとともに，言葉の抑揚や強弱，間の取り方などに注意して話している。 ・考えとそれを支える理由や事例，全体と中心など情報と情報との関係について理解している。
思考力，判断力，表現力等	・「話すこと・聞くこと」において，目的を意識して，日常生活の中から話題を決め，集めた材料を比較・分類したりして，伝え合うために必要な事柄を選んでいる。 ・「話すこと・聞くこと」において，相手に伝わるように，理由や事例などを挙げながら，話の中心が明確になるよう話の構成を考えている。 ・「話すこと・聞くこと」において，話の中心や話す場面を意識して，言葉の抑揚や強弱，間の取り方などを工夫している。
主体的に学習に取り組む態度	自ら話の中心や話す場面を意識して，言葉の抑揚や強弱，間の取り方等を工夫し，既習事項をいかして調査報告しようとしている。

◎ 学習指導計画　全 8 時間 ◎

次	時	学習活動	指導上の留意点
1	1	・単元のめあてをつかみ，単元計画を立てる。 ・班で話し合い，調べて発表したいことを考える。	・単元の学びを通して身につける力を明確にもてるようにする。 ・単元の見通しをもつと共に学習意欲を高め，学習計画を立てる。
	2	・アンケートの方法と集計方法，表現方法について考え，班でアンケート内容について考える。	・アンケートでは，目的・内容・データ処理・表現方法を想定しておくようにする。
2	3	・アンケートを取り，集計する。 ・アンケートの集計結果をもとに，発表内容について考える。	・事前（時間外）に，アンケートに回答させる。 ・算数の学習と関連づけて，工夫して正確に集計するようにさせる。
	4	・アンケート集計結果や発表内容について考えたことをもとに，資料を作成する。	・集計結果をグラフや表などで，より相手に伝わるように表現方法の工夫を考えさせる。
	5	・発表の組み立てや工夫について考え，班ごとに発表の準備をする。	・発表の組み立てを考え，発表原稿を作成し，発表の練習をさせる。
	6	・班で発表の練習をする。 ・学級全体で発表会の準備をする。	・班内で互いに評価し合いながら，発表の練習に取り組ませる。 ・評価し合ったことを，発表の内容や方法の修正につなげさせる。
3	7	・発表会を行い，感想を伝え合う。	・目的意識・相手意識をもって，相手に伝わるように工夫して発表し合わせる。 ・聞き手の注意点も確かめる。 ・互いの発表のよいところが見つかるように意識づける。
	8	・単元の学びを通した自他の成長を振り返る。	・単元の学びを通して，成長できた部分を中心に振り返り，自己肯定感が高まるようにする。

DVD **収録（児童用ワークシート見本）** ※本書 P255，259「準備物」欄に掲載しています。

調べて話そう，生活調査隊

第 1 時 (1/8)

本時の目標

単元のめあてを捉え，学習計画について考え，学習の見通しをもつことができる。班で調べて発表することを考えることができる。

授業のポイント

単元計画を立てる際には，できる限り児童の考えを汲み，思考の流れに沿うようにする。調べる内容については具体例を提示するとよい。

本時の評価

単元のめあてを捉え，学習計画について考え，学習の見通しをもっている。対話的に，調べて発表することを考えている。

〈学習計画〉児童の思考の流れを大切にし，学習計画を必要に応じて修正しながら，単元を展開

板書例

学習計画

① 調べたいことを決める
② アンケートの内容を考えて作る
↓ 取る
③ アンケートの集計
④ アンケート結果から分かることを整理する
↓ 資料を作る
⑤ 発表メモ、文章を作る
⑥ 発表する ↓ 感想を伝え合う
⑦ 全体をふり返る

練習・見直し ※※
紙に書く ※※

※※児童の発言を板書する。

4班 放課後のすごし方について	1班 すいみんについて
5班 給食について	2班 食生活について
6班 家での手伝いについて	3班 読書について

※各班で決めた調査したいことを書いたホワイトボードを掲示する。

1 めあてつかむ 単元の目的と内容を確認しよう。

「教科書 112 ページを読みましょう。」
・調べて分かったことを話そう…。(音読)

「みなさんも，普段の生活の中で，友達の生活について気になったことはありませんか。」

生活についての疑問を班で調査して，学級のみんなに発表する学習をします。

学校にいる間はほとんどみんな同じだけれど，それ以外はみんな違うと思うよ。
学校が休みの日は，人それぞれで生活が違いそうだね。

・生活調査隊だなんて，かっこいい名前だけど，どうやって調査するのかな。
・班で協力して調査して，うまく発表できるようにしたいな。

単元のめあてを確認し，興味・関心を高める。

2 対話する 選択する 班で話し合い，調査することを1つ決めよう。

「自分やみんなの生活について気になることを出し合い，班で話し合って調査することを1つに決めましょう。」

ぼくは，みんながどんな本を読んでいるのか興味があるよ。
みんなの放課後の過ごし方も気になるよ。
みんなが朝食を食べているか気になるな。保健の学習で大切だと言っていたね。
先生が睡眠時間も大切だって話していたね。みんな何時間ぐらい寝ているのかな。

教科書 P112 の挿絵などを参考に話し合わせ，調査することを1つに絞らせる。

調べるものとして，ゲームなど短絡的なものは避け，あくまで「学習」であることを意識して，題材を選ぶように意識づける。

話し合いがまとまらない場合は，次時でも引き続き話し合わせ，全員が興味をもって取り組めるものを選ばせるようにする。

ていきましょう。

調べて話そう、生活調査隊

め 生活に関するぎもんで調査したいことを決め、学習の進め方をたしかめよう

〈学習のめあて〉

生活に関するぎもんをグループで調べて、分かったことを発表しよう

調べること

自分やみんなの生活について

主体的・対話的で深い学び

・単元の目標をしっかりと捉え，学習計画を立てることとで，以降の各授業において，目的意識をもって主体的・対話的に学習に取り組むことができるようになる。
・児童の考えをできる限り汲んで学習計画を立て，思考の流れに寄り添って単元計画を柔軟に修正しながら学習を展開していく。そうすることで，学びの必然性の連鎖の中で，主体的・対話的な学習が可能となる。

準備物

・ホワイトボード（班の数）

3 計画する 対話する 単元の学習計画を立てよう。

「班で決めたことについて調査をして，発表するまでの計画を立てましょう。おおまかな学習計画は黒板に書いたとおりですが，何か意見はありますか。班で話し合いましょう。」

せっかく調査して発表するのだから，調べて考えたことがより伝わるようにしたいね。
資料を作るときには，他の教科の学習も参考にできそうだね。
発表の内容が決まったらリハーサルをして修正をする時間がほしいね。
発表会の時には，みんなが感想を伝えられるように，紙に感想を書いて渡したいな。

「班で話し合って出た意見を，発表しましょう。」
・発表の前に練習して，発表することを修正する時間があるといいと思います。
・発表の感想は，紙に書いて渡すといいと思います。

できる限り児童の考えを学習計画に組み込んでいくようにする。

4 振り返る 見通す 学習したことを振り返り，これからの学びを見通そう。

今日の学習を振り返りましょう。
わたしたちの生活の中で，調べてみたいことを1つ，班で話し合って決めました。
全体の学習の進め方について，みんなで意見を出し合いながら確かめました。

「学習計画が立てられましたね。発表会は○月○日に行う予定です。それまで，みんなで決めた計画に沿って，学習していきましょう。」

児童とともに考えた学習計画をもとに，実情に合わせて計画を柔軟に対応していくようにする。

「次の時間は，今日，それぞれの班で決めた調べたいことについてアンケートを作ります。」
・みんなに聞いてみたいことをしっかり考えて，アンケートを作りたいね。

調べて話そう，生活調査隊

第 2 時 (2/8)

本時の目標

調査方法について捉え，班の友達と協働して，目的意識・相手意識をもって，アンケートの内容を考え，作成することができる。

授業のポイント

目的意識と相手意識をもって，意図が伝わるアンケートを作成することができるように，アンケート内容を例示し，意識づける。

本時の評価

調査方法について捉え，班の友達と協働して，目的意識・相手意識をもって，アンケートの内容を考え，作成している。

板書例

〈意識づけ〉アンケートの目的を意識し，答える相手のことを考えながらアンケートの内容を決め

〈アンケートを作ろう

アンケートの例

放課後のすごし方についてのアンケート

問い1　放課後をどこで・・・・・・・
・・・・○を付けてください。

【答え】　ア　自分や・・・
イ　学校の・・
ウ　・・・
エ　・・・
オ　・・・

問い2　放課後，何を・・・・・

【答え】

問い3　3年生の・・・・・・・・・
・・・・・・・・

※教科書 P113 の例を掲示する。

☆何について調べるのかを考えながら

○答える人にとって，答えやすく

○回答を予想し，回答のしかたを決める

・用意された答えの中から選ぶ

・答えを文章で書きこむ

☆集計のしかたを考えながら

1 つかむ 対話する　聞きたいことを整理して，アンケートを作ろう。

「今日は，調査することについて決めたことをもとに，アンケートを作っていきます。まず，調査することを何に決めたか，班ごとに確認しましょう。」

食生活について調べる班
この前の学習で，食事について調べることに決めたね。
そうだね。このまま進んでいくのはどうかな。考えたい問題だし。
この前の保健の学習の時に，朝食をとっていない友達もいたから，もっと調査してみたいな。
睡眠時間のことで迷っていたけれど，食事のことでいいかな。

前時の段階で調査することが決まっていなかった班は，ここで1つに決めるようにする。

前時に決めた調査したいことを，班での話し合いによって変更してもよいものとする。

2 振り返る 対話する　アンケートを作成するときの注意点を確認しよう。

「上巻の『新聞を作ろう』の学習の中で，アンケート調査の仕方について勉強したことを覚えていますか。」

・中休みの時間に何をしているか調べたね。

実際にそのとき児童が作ったアンケート用紙があれば示して見せ，教科書上巻 P96，97 の既習内容を想起させる。

「では，今回調べたいことについてアンケートを作る前に，教科書 113 ページのアンケートの例から，アンケートを作るときに気をつけることを考えてみましょう。」

どの質問も，放課後の過ごし方に関係したものになっているね。
①は記号を選ぶ質問だけど，②は答えを文章で書き込むものだよ。
これなら，答える人も答えやすいね。
回答をおおまかに予想して作られているね。

班で話し合わせ，学級全体でも共有する。

作成するように意識づけましょう。

調べて話そう、生活調査隊

㋱ 調べたいことを整理して、アンケートを作ろう

調べること

4班	1班
放課後のすごし方について	すいみんについて
5班	2班
給食について	食生活について
6班	3班
休み時間のすごし方 ~~家での手伝い~~について	読書について

※各班で決めた調査したいことを書いたホワイトボードを掲示する。

主体的・対話的で深い学び

・アンケートの目的や内容について，班の友達との対話を十分にしながら，その作成までを行うことで，調査・集計・発表することについて，より深い学びにつながる。

・アンケートを取る対象は，テーマ設定から考えて，同じクラスか同学年の児童となる。アンケートを作成する児童にとって興味をもって捉えやすく，回答を予想しながら，設問や選択肢を主体的に考えられるだろう。

準備物

・（黒板掲示用）教科書 P113「アンケートの例」の拡大版

・アンケート作成用紙（無地，または，方眼紙）
  ※ A4 または B4 サイズ，班の数より多めに用意する。
  ※ 班で作成したアンケートは学級の人数分だけコピーし，次の時間までに，配布・回収を行う。

・（あれば）これまでに児童が作成したアンケート用紙

3 確かめる つくる 班ごとに調査したいことにあったアンケートを作成しよう。

「アンケートの集計方法や表し方もいろいろあります。人数が多い順のランキングにするのか，内容で分けて見せるのかなど，どのようにまとめたいかによっても，アンケートの作り方は違ってきます。」

上巻で学習したことを振り返り，アンケートの集計方法や結果の表し方を確かめ合わせる。

「調査の目的や相手を意識して，班ごとに調査したいことにあったアンケートを作りましょう。」

休み時間の過ごし方について調べる班
休み時間の過ごし方に興味があるな。みんなはどんなことをしているのだろう。
3年生のときまでと比べて，休み時間の過ごし方は変化しているのかな。私は変わっているけれど。
どんなことをして過ごしているかは，3つまで答えてもらおうよ。
まず，先にどこで過ごすことが多いのか質問してみたらどうかな。

アンケートで調べたいことや，どうまとめるかを意識させながら，各班でアンケートを作成させる。

4 振り返る 学習したことを振り返り，これからの学びについて考えよう。

「どの班も，アンケートが作成できましたね。」

作成したアンケート用紙をコピーして，次時の時間までにアンケートを行っておくようにする。そうすれば，次の時間には，集計作業を効率よく行うことができる。

「アンケートは次の時間に集計します。」

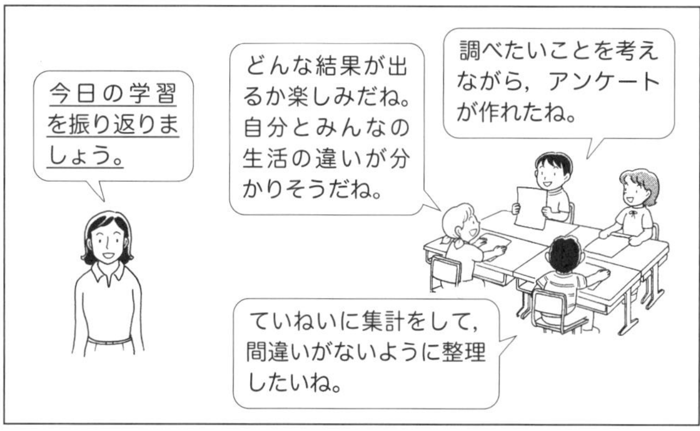
今日の学習を振り返りましょう。
どんな結果が出るか楽しみだね。自分とみんなの生活の違いが分かりそうだね。
調べたいことを考えながら，アンケートが作れたね。
ていねいに集計をして，間違いがないように整理したいね。

各班が作成したアンケート用紙のコピーを児童の目にふれる場所に掲示しておく。休み時間にも自然と目につくことで，調査の方法などについて思考し続ける環境づくりをする。

調べて話そう，生活調査隊

第 3 時 (3/8)

本時の目標

目的意識をもって，アンケートを正確に集計して，結果を分析することができる。

授業のポイント

アンケートは事前にとっておくとよい。算数の学習で，正確に集計するための方法を学んだことを想起させ，「正確に集計する」ことを意識づける。

本時の評価

目的意識をもって，アンケートを正確に集計して，結果について対話的に分析をしようとしている。

〈アンケート集計〉他教科での学びと関連づけて，「正確に集計すること」を意識して，作業を

板書例

〈アンケート結果から考えられること〉

班で考えたこと

放課後のすごし方	すいみん
・放課後をすごす場所について 4班	・夜，早くねるために… 1班

給食	食生活
・好きな給食のメニューについて 5班	・朝ごはんの大切さについて 2班

休み時間のすごし方	読書
・休み時間にどこで何をして… 6班	・読書時間の長さと読む本のしゅるい 3班

※各班でアンケート結果から考えたことを書いたホワイトボードを掲示する。

（次の時間）
・アンケート結果 → 発表用の資料をつくる
・伝えたいこと → 発表用のメモ、文章を書く

1 振り返る つかむ　アンケート集計の仕方をイメージしよう。

「今日は，アンケートの回答を集計して，結果からどんなことが分かるか考えていきます。」

アンケートの集計をするときには，どのようなことに気をつけるとよかったのですか。

文章の回答は，なかま分けしてまとめる。

結果は，読む人に分かりやすく表やグラフにして伝える。

上巻 P97「アンケート集計」の学習内容を確かめておく。班で話し合わせて，全体で共有してもよい。

「他に，気をつけるとよいことがありませんか。」
- 算数で学習したように，回答ごとに「正の字」を使って数えていく。正確に集計できます。
- アンケートの回答を読む人と表に整理する人に分かれて作業したらいいと思います。

他教科の学習なども想起させ，集計方法を確かめる。

2 集計する 対話する　アンケート結果の集計をしよう。

「では，班で協力してアンケート結果を集計していきます。丁寧に，正確な集計をするようにしましょう。」

食生活について調べる班

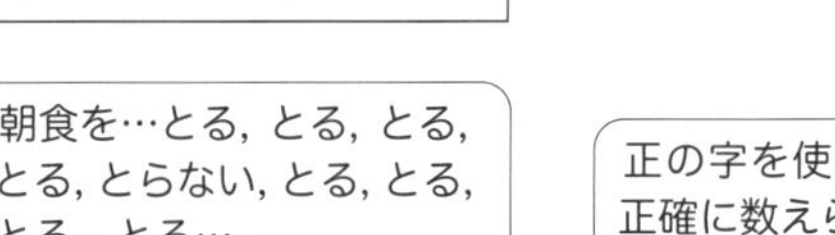
朝食を…とる，とる，とる，とる，とらない，とる，とる，とる，とる…。
正の字を使うと早く正確に数えられるね。

朝食は…パン，パン，ごはん，パン，ごはん，その他（シリアル），パン…。
もう少しゆっくり言ってもらっていいかな。正確に集計をしよう。

集計作業の際の注意点を意識して，各班で正確にアンケート結果の集計を行うようにする。

進められるようにしましょう。

調べて話そう、生活調査隊

ⓜ アンケートを正かくに集計して、結果からどんなことが分かるか話し合おう

〈アンケート集計〉

☆ なかま分けしてまとめる

☆ 表やグラフで伝える

・「正の字」を使って、正かくに

・アンケートを読む人と整理する人に分かれて

※児童の発言を板書する。

主体的・対話的で深い学び

・アンケートの集計結果をもとに，班で話し合いながら調査の分析をすることで，より多面的に集計結果から生活について分析できる。

・分析したことをもとに，自分たちがどんなことを主張したいかについて話し合うようにする。発表内容や方法など「相手に伝えること」について，より深く学ぶ姿につながっていく。

準備物

・各班のアンケート回答を回収したもの

3 対話する 分析する　集計の結果からどんなことが分かるか考えよう。

「正確にアンケート結果の集計はできましたか。その集計結果からどのようなことが分かるか，班で話し合って考えましょう。」

食生活について調べる班
ほとんどの人が朝ごはんを食べているけれど，食べていない人もいるね。
お昼の活動に影響は出ていないのかな。本人に聞いてみたいね。
朝食を食べていない人たちは，「授業中におなかがすく」を選んでいるね。授業に集中できていないかもしれないね。
保健の学習でも，朝食は大事だって学習したよね。給食を残す人も多そうだね。

アンケートの集計結果をもとに，どのようなことが言えるか，班で話し合って考えるようにする。

「結果」だけでなく，そのことが生活や心身に与える影響など，様々な面に目を向け考えさせるようにしたい。

4 振り返る　学習したことを振り返り，これからの学びについて考えよう。

「アンケートの結果を集計して，整理することができましたか。次の時間は，アンケートの結果をもとに，分かったことや伝えたいことをグラフや表などの資料にまとめ，発表メモや文章（スピーチ原稿）を書きます。」

「今日の学習を振り返り，これからの学びについて考えましょう。」

アンケートの集計を正確にとることができたね。
結果から言えることについてもっと話し合って，資料の表し方を考えたいね。
この集計結果をどう表すと，みんなが一目でパッと分かる資料になるかな。
食事と学校生活の間には関係があると思うよ。本人にインタビューもしてみたい。

アンケート結果から，更にインタビューをしてみたいなど，調査を掘り下げるための要望が児童から出てきたら，実態に応じて柔軟に指導計画を修正していくとよい。

調べて話そう，生活調査隊

第4時（4/8）

本時の目標

アンケートの集計や分析をしたことをもとに，発表内容を考え，発表資料を作ることができる。

授業のポイント

算数や社会，理科の学習などで児童が扱ったことのある資料を参考にして，グラフや表など資料の作り方をイメージできるようにするとよい。

本時の評価

アンケートの集計や分析をしたことをもとに，発表内容を考え，発表資料を作っている。

板書例

〈発表資料の作成〉他教科で取り扱ったことのある資料などを参考にして，表やグラフなど資料の

資料の例

放課後をどこですごしているか。

棒グラフ

※教科書 P114 の例を掲示する。

○ グラフ … 見た目で分かる
（ぼうグラフ・おびグラフ・円グラフ）

○ 表 … 数字で伝わる
・色分けなどの工夫で、より見やすく

・調べて分かったことは？
・さらに調べる（インタビューなど）

1 めあてつかむ　どのような資料を作り，何が言えるか考えよう。

「今日は，アンケートの集計結果をもとに資料を作り，結果から分かることをさらに考えていきます。」

結果を伝える資料を作るとき，どのようなことを意識するとよいでしょうか。
見やすいように，定規などを使って丁寧に書く。
集計結果がパッと一目で伝わるようにする。
社会や理科の学習などでよく出てくる棒グラフや折れ線グラフを使う。
表もあると分かりやすい。

・みんなに伝わるように，グラフや表をかくときは，色や文字の大きさなども工夫したい。

既習事項，また，他教科の学習や生活全体を通して，これまで取り扱ってきたグラフや表などの資料を意識できるようにする。

班で話し合わせてから全体で共有してもよい。

教科書 P114「資料の例」も確認しておく。

2 作る対話する　アンケートの集計結果をもとに資料を作ろう。

「アンケートの集計結果をもとに，目的や相手を意識して，みんなに伝わりやすい資料を作りましょう。」

みんなに集計結果が伝わるように資料をつくろう。
人数を表すから，棒グラフにするのはどうかな。一目でどの回答が多いか分かるよ。
枠は定規を使って線を引いて，棒の中は橙色で塗ろう。きっと見やすいよ。
他の質問の資料は，塗る色を変えたら，分かりやすいかもね。

「○班は，資料が見やすく分かりやすいように，字の大きさや色使いなどもとても工夫していますね。」

机間巡視しながらよい部分を取り上げ，広げる。

「作り方が決まった班から，資料を作りましょう。」

クラスの一人ひとりに配る資料や大きな用紙に書く資料など，班で設定した意図にしたがって資料を作成させる。

実態に応じて，ICT 活用で資料を作成させてもよい。

するイメージをもって作業できるようにしましょう。

調べて話そう、生活調査隊

㋱ アンケート結果をもとに、発表資料を作ろう

〈発表資料を作るとき〉
・表やグラフで分かりやすく（算数や社会、理科などの学習から）
・色や文字の大きさを工夫して
・定規を使っててていねいに

◇ 資料を作ろう

※児童の発言を板書する。

主体的・対話的で深い学び

・国語上巻で学習したことの他に，算数や社会，理科など，他教科での学びの中で取り扱ったことのある資料を振り返り，各班で行ったアンケートの集計結果を資料化する方法について話し合わせる。
・目的や相手，発表内容と作成資料の関係性を意識しながら対話的に学習を進めることで，より深い学びに向かっていくだろう。

準備物

・（黒板掲示用）教科書 P114「資料の例」の拡大版
・（発表資料作成用）画用紙（無地），模造紙
※下書き用も含めて，たくさん用意しておくようにする。
・（必要に応じて）マジック，色鉛筆など
・（必要に応じて）PC・タブレット

3 話し合う 分析する　集計の結果からどんなことが分かるか，さらに考えよう。

「資料を作り終わった班は，集計結果から分かることについて，さらに話し合って考えましょう。」

食生活について調べる班
朝食をとっていない人に，インタビューをしてみようよ。
予想と合っているか楽しみだね。発表にも入れられそうだね。
アンケートからは，あくまで予想としてしか分からないからね。聞きに行ってみよう。
学習に集中できているかが分かるように聞いてみようよ。

アンケート結果をもとに資料作成してきたことから，調べて分かったこと，伝えたいことをより深く考えられるよう話し合わせる。

必要に応じて，インタビューなどを行わせてもよい。

4 振り返る　学習したことを振り返り，これからの学びについて考えよう。

「今日は，アンケートの集計結果から発表するための資料を作りました。」

作った資料は，調べたことを伝える分かりやすいものになっていますか。
グラフで表したので，パッと見た目で数の多さが分かります。
表にまとめて，数字で伝えるようにしました。

「資料を作ったことの他に，発表に向けてできたことは何かありましたか。」
・アンケートに付け足してインタビューもして，より伝えたいことがはっきりとしてきました。

「次の時間は，発表の準備と練習をします。」

活動が進まなかった班に参考になるように，各班で作成した資料を教室内に提示しておくようにしてもよい。

調べて話そう，生活調査隊

第 5 時 (5/8)

本時の目標

発表の組み立てを考え，準備を進め，内容を修正しながら，発表の練習をすることができる。

授業のポイント

既習事項を想起し，説明文の要領で発表原稿を作るようにする。読む分量がそれぞれできるだけ均等になるようにするとよい。

本時の評価

発表の組み立てを考え，準備を進め，内容を修正しながら，発表の練習をしている。

板書例

〈組み立て〉説明文を書くときと同じ要領で，「初め」「中」「終わり」に分けて発表原稿を書く

終わり
・考えたことや伝えたいこと
（これからの生活に向けて）

〈話し方の工夫〉
○聞く人のきょうみを引くように
・よびかけ
・伝えたいことを強く言う
○資料（グラフ・表など）を見てほしいとき
・「見てください」とよびかけて，間を取る
・見てほしい部分を指さす

◇発表の組み立てを考えよう
・発表メモ、文章を書く（資料の見直し）
・発表の役わりを決める

◇発表の練習をしよう
・発表時間　○分ぐらい
・おたがいに聞き合う　→　アドバイス

1 めあて 対話する　本時の課題を確かめ，発表の組み立てで気をつけることを考えよう。

「前の時間は，発表のための資料を作りました。今日は，班で発表の組み立てや話し方の工夫を考えて，発表の練習をしていきます。」

「教科書に載っている発表の例を読みましょう。」

教科書 P114，115 の④「発表しよう」を読む。

「発表の組み立てでは，どのようなことに気をつければよいか，どんな工夫ができるのか，教科書を読んで分かったことを，話し合って考えましょう。」

「初め」「中」「終わり」の，説明文のような組み立てだね。
最後には，「体を動かしてみませんか」と，伝えたいことを特に強く言っているね。
「中」の部分で，資料を使って発表しているようだね。
グラフの説明で，見てほしい部分を指差すといいんだね。

班で話し合わせる。発表の組み立てについては，説明文の学習を想起させたい。

2 交流する とらえる　発表の組み立てや話し方を確かめよう。

発表の組み立てや話し方の工夫でどんなことが分かりますか。班で話し合ったことを発表しましょう。

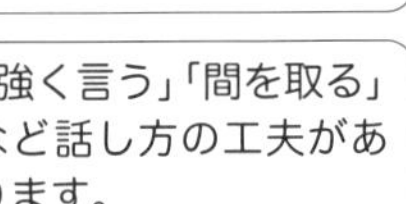

「初め」「中」「終わり」の順に，説明文のような組み立てになっています。

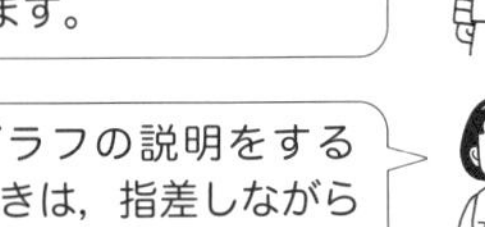

「強く言う」「間を取る」など話し方の工夫があります。

グラフの説明をするときは，指差しながら発表しています。

「教科書を見て，『発表の例』の文章以外のことからも，発表の様子が分かることがありませんか。」

・教科書 114 ページの写真から発表者が棒グラフを指差しているのが分かります。

・1 人だけが喋るのではなくて，4 人で分担して発表しているようです。

発表の準備や練習のイメージをより具体的にもたせたい。指導書付録 CD があれば，グループ練習の様子と，発表の様子の音声資料があるので，聞かせるとよい。

ように意識づけましょう。

調べて話そう、生活調査隊

㋱ 発表の組み立てや工夫を考え、発表のじゅんびをしよう

〈発表の組み立て〉

☆ 説明文の学習を生かして

はじめ
・話題をはっきり伝える
・調べたきっかけや目的

中
・何を調べたのか
・調べて分かったこと

主体的・対話的で深い学び

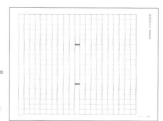

・説明文を書く要領で，「はじめ」「中」「終わり」の形式を意識して発表原稿を作成することで，既習事項も含めて学びを深めることができる。
・班で話し合いながら，発表内容と提示する資料の関係性について考えていくことで，「相手に伝えること」について，より学びを深めていくことができる。
・次時の活動イメージをもって本時を終えるようにして，次時の学習へつなげたい。

準備物

・（あれば）指導書付録 CD
・（発表原稿作成用）原稿用紙
　DVD 収録【4下_18_01】
　※児童数よりも多めに用意する。
・これまで班で作成してきた資料
・無地の画用紙，模造紙（追加分）

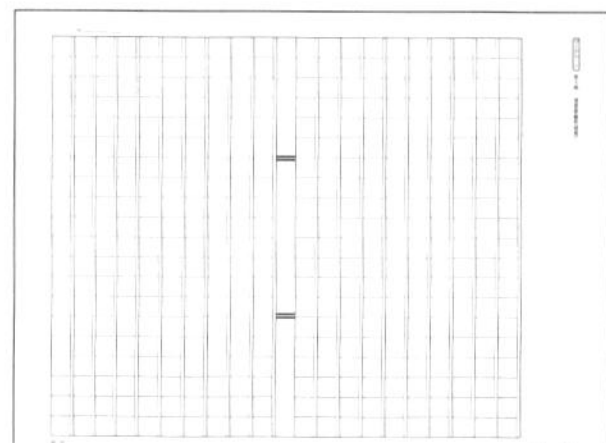

3 組み立てる 対話する　担当を決めて，発表の組み立てを考えよう。

「では，班で話し合って発表内容を組み立てましょう。それぞれの班で発表を担当するところも決めておきましょう。」

食生活について調べる班

朝食を食べていない人に聞いてみたら，授業中にお腹がすいているということが分かったね。

それって授業に集中できていないっていうことだよね。みんなに朝食の大切さが伝わるように強調して伝えよう。

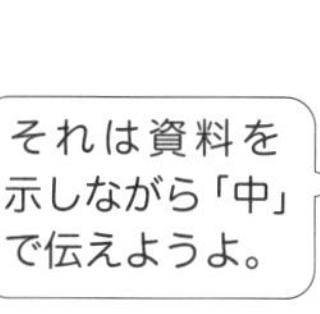
それは資料を示しながら「中」で伝えようよ。

じゃあ，その部分は○○くんが資料を使って発表してくれる？

各班で児童一人ひとりがだいたい同じ量だけ，発表を担当できるようにするとよい。

「発表の組み立てについて話し合ったことを，発表メモや発表原稿に整理して書いておくといいですね。発表の組み立てから，資料の手直しをしてもいいですよ。」

4 練習する 振り返る　発表の練習をしよう。学習したことを振り返ろう。

「各班で考えた組み立てに沿って発表の練習をしましょう。より伝わりやすい発表になるように工夫を考え，お互いに聞き合いながら練習しましょう。」

強調したいところをもっとゆっくり，大きな声で話したらいいかな。
練習で発表のコツがつかめてきたよ。
アンケートを取ったけれども，○○についてはあまり内容と関係が見えなかったから省いた方がいいかな。
最初，資料はかくしておいて，クイズのようにみんなに聞きながら発表したらどうかな。

発表の工夫を話し合わせながら，練習に取り組ませる。1つの班の発表時間の目安も伝えておくとよい。

「今日の学習を振り返りましょう。」
・発表の組み立てについて説明文を参考に考えられた。
・練習をしながら，発表の工夫についても考えられた。
・もっと練習して，より相手に考えたことが伝わる発表に近づけたい。

調べて話そう，生活調査隊 第6時（6/8）

本時の目標

より伝わりやすい発表になるように，班で発表の練習をしながら，助言し合い，発表内容の修正をしていくことができる。

授業のポイント

相手意識をもって，声の大きさや強弱，話す速さ，間の取り方を工夫するように意識づける。資料の見せ方なども工夫をして相手に伝わる発表に近づけていく。

本時の評価

より伝わりやすい発表になるように，班で発表の練習をしながら，助言し合い，発表内容の修正をしている。

〈ICT 活用〉タブレットの撮影機能を使って，自分たちの発表を俯瞰して見て，修正する作業に

板書例

・「見てください」とよびかけて，間を取る
・見てほしい部分を指さす

◇ 発表内容を見直ししよう
・タブレットでさつえい → 見直し
・資料の見せ方，表現の仕方
・話し方…速さ，声の大小，強調
・話すこと…文章の見直し（説明する順番，使う言葉など）

※児童の発言を板書する。

◇ 練習をしよう
☆ 友達と見せ合って，アドバイスし合おう
・発表時間 ○分
・最初から最後までやってみよう

◇ 発表会の役わり，順番を決めよう
・役わり（司会，時間係）
・発表順
・発表後に感想を伝え合う

1 めあて 振り返る　本時の課題を確かめ，「話し方の工夫」を確かめよう。

「前の時間は発表の組み立てを考えて，発表の練習を始めました。今日も発表会に向けて，練習をしながら発表内容を見直していきます。」

「今日の時間の最後には，発表会全体の役割分担も決めます。」
・練習できるのは，今日が最後なんだね。
・しっかり練習しないといけないね。

「発表の組み立てや内容をしっかり伝えるために，発表するときの話し方も大切なポイントです。」

まず，前の時間で学習した「話し方の工夫」について確かめましょう。

聞く人の興味を引くように，よびかけたり，強く言ったりする。

グラフなどの資料を見てほしいときは，「見てください」とよびかけて，間を取ってから指さして説明する。

2 練習する 修正する　自分たちの発表内容をどのように見直したらよいか考えよう。

「では，実際に，どのような点に気をつけて，自分たちの発表内容を修正していけばよいか，班で話し合って考えましょう。」

タブレットで撮影して，みんなで映像を見て，修正点を見つけたいな。

話す内容も使う言葉や説明する順番を見直していきたいね。

資料の見せ方を工夫して，聞き手が興味をもつように，発表内容を修正していきたいね。

話し方も，速さや声の大きさなどを工夫して，より伝わるようにしよう。

「発表内容をどのように見直していくとよいか，発表しましょう。」

班で話し合ったことを交流し，発表内容を見直すときの視点を全体に広げる。

「次の時間は発表会本番なので，最後の練習の時間となります。友達と練習を見せ合って，見直ししたことができているかアドバイスし合うといいですね。」

なげるなど，場の工夫をしましょう。

調べて話そう、生活調査隊

Ⓜ 発表の練習をしながら、発表内容を見直そう

〈話し方の工夫〉
○ 聞く人のきょうみを引くように
・よびかけ
・伝えたいことを強く言う
○ 資料（グラフ・表など）を見てほしいとき

※前時の学習事項を再掲示する。

主体的・対話的で深い学び

・話し方（発表原稿の読み方）や資料提示の仕方など，より相手に伝わるようにするための方法について細部にわたって追究していくよう意識づける。そうして，「相手に伝えること」について，主体的・対話的に活動を進め，深い学びに近づけていきたい。
・タブレットの撮影機能を利用して，俯瞰して自分たちの発表を見ていくことで，聞き手の気持ちになりながら発表内容を振り返り，修正していくことができる。

準備物

・発表原稿作成用の原稿用紙（追加分）
・班で作成してきた発表原稿・資料
・無地の画用紙，模造紙（追加分）
・（必要に応じて）PC・タブレット
※発表練習を撮影する場合に利用する。

3 練習する 見直す 発表の練習をし，発表内容を見直して修正しよう。

「では，これから発表の練習をしましょう。より相手に伝わるように，発表内容を見直していきましょう。」

資料を最初隠しておいて，クイズにしたのが興味を引きそうだね。
話の中心になるところをもう少し強調したいな。
聞き手に問いかけるように話を進めていったらどうかな。
相手が聞くだけでなく，参加できるような形にしていこうよ。きっと興味をもって聞いてくれるよ。

各班の修正したポイントについて，学級全体でも共有するようにする。

「1つの班のもち時間は○分です。見直しできた班は，時間内に発表できるように，最初から最後まで通した練習も行いましょう。」

班どうしで発表を見せ合って，意見を伝え合う時間としてもよい。

4 決める 振り返る 全体の役割分担や発表順を決めよう。学習したことを振り返ろう。

「発表会での役割や発表する順番を決めましょう。」

司会・進行をする役割が必要だね。チャレンジしてみたいな。
1班ずつ発表をして，それぞれ発表後に感想を伝え合う時間をとりたいな。
タイムキーパーも必要だよね。ぼくがするよ。あともう1人いるといいな。
発表する順番は立候補かくじ引きで決めたらいいんじゃないかな。

実態に応じて，児童の力で司会進行や時間係などをして，発表会を進めるようにする。

「今日の学習を振り返りましょう。」
・発表内容の見直しができた。発表会で，自分たちの考えをしっかり伝えられるように練習できた。
・話し方の工夫で考えたことも取り入れて練習した。

「次の時間は，いよいよ発表会です。」
・練習をいかして，自分たちの考えを伝えよう。

調べて話そう，生活調査隊

第 7 時 （7/8）

本時の目標

発表会を行い，互いの発表のよさを見つけ合い，感想を伝え合うことができる。

授業のポイント

ステップアップカード（他者評価シート）などを活用して，児童一人ひとりが，感想を伝え合うことができるよう，場の工夫を考えるとよい。

本時の評価

発表会を行い，互いの発表のよさを見つけ合い，感想を伝え合っている。

板書例

〈伝え合う〉ステップアップカード（他者評価シート）などを活用して，発表から考えたことを

・気になること　ぎもん → しつもんする
・よかったことを中心に伝え合う
・ステップアップカードに感想を書く

※

◇発表会をしよう
・司会　〇〇さん
・時間係　△△さん、□□さん
・発表順　①〇班　②〇班
・
・
・

発表会を通して考えたこと

1班	2班	3班
・話し方の工夫がうまくできて…	・聞き手の大切さについて…	・大事なことを伝えるときの工夫は…

4班	5班	6班
・資料の見せ方について…	・友達の発表を聞いて，これからの…	・聞く人に分かりやすいように…

※各班で発表会を通して考えたことを書いたホワイトボードを掲示する。

1 つかむ 対話する　発表会の流れを確認し，注意点を確認しよう。

「今日は，いよいよ調べたことを発表します。発表会の流れは，①発表者が発表し，②それに対して質問や感想を伝え合う，です。それを〇班分繰り返します。」

「話し手や聞き手として，どんなことに気をつけて，発表会に参加したいですか。」

相手に伝わるように発表の工夫を考えてきたから，意識して発表したいな。

発表のよかったところをいっぱい探して発表した人に伝えたいな。

資料の見せ方で友達に興味をもたせたいな。

発表を聞くときは，発表者を見て，うなずきながら話をしっかりと聞きたいな。

教科書 P116 の5を読み，質問の仕方や感想の伝え方を確かめ合わせてもよい。

また，発表会の役割分担や発表順を確かめる。児童に司会進行や時間係など行わせたい。

実態に合わせて，本時を 2 時間かけてもよい。

2 発表する 伝え合う　発表会を行い，感想や質問を伝え合おう。

「目的や相手を意識して，発表をしましょう。聞き手の人たちは，それぞれの班の発表後に，発表の内容やよかったところなどについて，感想や質問を伝え合うようにしましょう。」

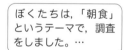

ぼくたちは，「朝食」というテーマで，調査をしました。…

…これで，私達の発表は終わります。

朝食をとらないと学習に集中できないことが，グラフや話し方で強調していたことからよく分かりました。

話し手だけでなく，聞き手も育てる意識で，発表会での児童の姿を見守るようにする。

各班の発表と，感想や質問を交流したり，ステップアップカード（他者評価シート）に感想を書いたりする時間は，合わせて 10 分程度ずつとるようにする。

員が伝え合えるようにしましょう。

調べて話そう、生活調査隊

ⓜ 発表会を行い、感想を伝え合おう

〈発表会の流れ〉
① 発表する
聞き手に伝わるように※
② しつもんや感想を伝え合う
・話をしっかりと聞く
・うなずきながら※

〈発表を聞くとき〉
☆ 発表のよさに着目して

※児童の発言を板書する。

主体的・対話的で深い学び

・話し手と聞き手の両方の視点を意識して発表会を行うことで，伝えることだけでなく，受け入れる態度も育んでいくようにする。
・発表をよく聞いて，質問したり感想を伝えたり，それに応答したりする活動を通して，「伝えること」「受容すること」について，より考えを深めることができる。

準備物

・班で作成してきた発表原稿・資料
・ステップアップカード（人数×班の数）
（児童用ワークシート見本 DVD 収録【4下_18_02】）
・PC・タブレット
※撮影する場合に利用する。

3 対話する 交流する　発表会を通して学んだことや感じたことを話し合おう。

「発表会が終わりました。自分たちの発表の中で，よかったところや，もう少し直せばよかったと思うところ，また，発表会全体を通して学んだことや感じたことを，班で話し合いましょう。話し合ったことは，ホワイトボードに整理して書きましょう。」

発表の組み立てや話し方で工夫したところを，感想でよかった，伝わってきたと言ってもらえてよかったね。

うなずきながら聞いてくれると，話の伝わり具合が分かったね。

発表するときは，実は聞き手の立場の人の態度も大切なんだと，発表していて感じたよ。

○班の発表では，強調したいところで大きな声でゆっくり強く言っていてよく分かったね。

各班でのホワイトボードは黒板に掲示し，学級全体で交流する。

話し手と聞き手の両方の視点から，発表会を通して学んだことを話し合うことができるようにする。

4 振り返る　学習したことを振り返り，これからの学びについて考えよう。

「今日の学習を振り返り，これからの学びについて考えましょう。」

練習してきたことをいかして，話し方を工夫して伝えられたよ。

資料の数字をゆっくり大きな声で説明したら，分かりやすかったと言われて嬉しかったよ。

友達の発表を，反応を返しながら聞くことができたよ。聞き手も大切だよね。

友達の発表を聞いて，生活にいかしたいと思うことがあったよ。しっかりと話を聞けたよ。

発表会を通して学んだことを整理した各班のホワイトボードは，児童の目に入りやすいところに掲示しておく。次時の単元全体の振り返りに思考がつなげる空間をつくることができる。

調べて話そう，生活調査隊

第 8 時 （8/8）

本時の目標

単元全体での学びを振り返り，他者評価をもとに自他の発表のよさを見つけ，自己の成長を捉えることができる。

授業のポイント

他者評価をもとに，自分の文章のよさや，単元の学びを通した自己の成長といった，プラス面に目を向け，自己肯定感を高められるようにする。

本時の評価

単元全体での学びを振り返り，他者評価をもとに自他の発表のよさを見つけ，自己の成長を捉えている。

板書例

〈振り返り〉単元の学びを通した自己の成長を感じ，自己肯定感を高め，学びを生活にいかせる

〈ふり返ったこと〉

☆大事なことが聞く人に伝わるように

・資料（分かりやすく、見せ方の工夫）

・話す内容（話の組み立て）

・話し方（声の大小・速さ・強調・間の取り方）

・聞き方（しつもん、感想）

・これから調べたことを発表するとき、いかしたい

1班	2班	3班
・資料の見せ方を工夫できてよかった。 ・話し方では，…	・話す速さを工夫して，一番伝えたいことを…	・大切なことを伝えるために，資料の見せ方や話し方の工夫…

4班	5班	6班
・資料を見てもらいたいとき，話し方の強弱や間の取り方で…	・友達の発表のよかったところを，今後の自分の発表に…	・聞き方に気をつけて発表を聞くと，質問や感想をうまく…

※各班で振り返って考えたことを書いたホワイトボードを掲示する。

※

1 つかむ　単元の振り返りの着目点を確かめよう。

「これまで，生活に関する疑問をそれぞれの班で調べて発表しました。今日の学習では，この単元で学んだことや自分の成長について振り返っていきます。」

どんなことに着目して振り返りたいですか。

聞き手としてどんなどのように聞くことができたか振り返りたいな。

自分が成長できたところを中心に振り返りたい。

自分の考えを伝えるために資料や話し方について気をつけたことと，それができたかどうかを振り返りたいな。

これからの学習や生活にどうつなげられそうか考えたい。

発表に向けた準備段階も含めて，話し手と聞き手の両方の視点から，自分の学びや成長について振り返ることができるようにする。

教科書 P116「ふりかえろう」の「知る」「話す･聞く」「つなぐ」の３つを振り返る観点としてもよい。

2 対話する 振り返る　自分の学びや成長について，班で話し合って振り返ろう。

「この単元の学習を通して，学んだことや成長できたことを振り返っていきましょう。班で話し合って，プラスの面に着目できるといいですね。」

私は，アンケートを集計して，資料の見せ方を工夫して発表できたのがよかったと思う。

友達の発表のよいところを見つけられたよ。今後の自分の発表にいかしたい。

高学年の学習で役に立ちそう。ぼくは話し方で強弱をつけて，大事なところを伝えられたと思うよ。

聞き手として，友達の発表に反応を返しながら，話の中心がどこか気をつけて聞けたよ。

「学びを振り返って出し合った意見を，ホワイトボードに整理して書きましょう。」

学んだことや成長できたことなど，プラス面を主に振り返ることができるように意識づけをし，自己の成長を感じ，自己肯定感が高まる振り返りになるようにする。

うな１時間にしましょう。

調べて話そう、生活調査隊

㋱ 生活の様子について調べて
発表したことをふり返ろう

〈ふり返ること〉
・自分たちの発表のよさや工夫
（資料、話し方　など）
・みんなに自分たちの考えが伝えられたか
・聞き手として、どのように
聞くことができたか
・今後の学習や生活にどういかせるか

※
※児童の発言を板書する。

主体的・対話的で深い学び

・前時に学級の友達からもらった他者評価（ステップアップカード）をもとに，単元全体での学びを通して，班での発表のよさや自己の成長といったプラス面に目を向けて振り返っていく。「伝えること」「受容すること」の考えを深めるとともに，文章表現に対する主体的態度へとつなげることができる。
・班で自然と対話できる空間をつくることで，児童が主体的・対話的に活動を続ける中で，「伝えること」「受容すること」や自己の成長について思考を深めることができる。

準備物

・友達からもらったステップアップカード
・班で作成した発表原稿や資料

3 対話する 交流する　自分の学びや成長について，班で振り返ったことを全体交流しよう。

「自分の学びや成長について班で話し合えましたか。では，班で振り返ったことを全体で発表しましょう。」

資料を見やすくしたり，大切なことが伝わるように資料の見せ方を工夫したりできました。

話す速さも，一番伝えたい言葉をゆっくり話して，伝えられました。

話の組み立てを工夫して，話し方の強弱や間の取り方に気をつけて発表できました。

聞き方にも気をつけて，発表者が話しやすいように意識することができました。

・今までに比べて，発表することを意識して，資料を見やすく作ることができてよかった。
・聞き手側としても意識を高められたと思います。友達の発表を自分の生活と比べながら聞けました。しっかり質問や感想も伝えられました。

各班で話し合ったことを全体で交流する。

各班が意見を整理してまとめたホワイトボードは，黒板に掲示していく。

4 振り返る 交流する　学習したことを振り返り，これからの学びについて考えよう。

「この単元全体の学びや今日の学習を振り返り，これからの学びについて考えて，ノートに書きましょう。」

今日の学習を振り返って書いたことを発表しましょう。

自分たちの成長できたところをたくさん見つけられました。

伝える工夫の大切さがあらためて分かりました。これからの発表にいかしたいです。

他の班の意見を聞いて，発表を聞く人の意識や反応も大事だと気づきました。高学年での学習につなげたいと思います。

教科書 P116 下の「たいせつ」「いかそう」を読み，調べたことを発表するときの話し方で大切なことについて確かめ合わせてもよい。

振り返ったことをもとにして，これからの学習や生活につなげられるように意識を向けていけるようにしたい。

まちがえやすい漢字

全授業時間２時間

◉ 指導目標 ◉

・同音異義語や同訓異字の使い分けを通して，漢字や語句の意味の違いに気づき，文や文章の中で使うことができる。
・第４学年までに配当されている漢字を読み，第３学年までに配当されている漢字を書き，文や文章の中で使うとともに，第４学年に配当されている漢字を漸次書くことができる。

◉ 指導にあたって ◉

① 教材について

漢字には，読み方が同じでも意味の異なるものがあります。「早い」と「速い」といった同訓異字や，「以外」と「意外」のような同音異義語とよばれるものです。これらの漢字や熟語の使い分けはけっこう難しく，児童の書いた文章にも，「早く走る」などの書き誤り（正しくは「速く走る」）が見られます。

４年生も終盤になり，使える漢字も増えてきています。しかし，漢字が読み書きできても，文の中で正しく使えないと，「漢字の力」としては十分とは言えません。また，どう読むのか迷う漢字もあります。そこで，このような漢字や熟語を，「まちがえやすい漢字」としてまとめて取りあげ，その使い方や正しい読み方を考えたり調べたりします。ここでは，「まちがえやすい漢字」として，次の２つのパターンを取りあげます。

1 平がなで書くと同じになる言葉 ……「丸い・円い」「機会・機械」など
2 なじみのない読み方 …………………「米作（べいさく）」「戸外（こがい）」など

そして，1では，漢字や熟語の意味を確かめ，読み方が同じでも，使う漢字は，文によって使い分けること，また，2では，漢字は知っていても，読みにくい言葉があることに気づかせ，その読み方を調べます。いずれも，辞典を使い，自分で調べることができるよう指導します。また，読書などを通しての読み慣れも，習得上大切なことです。

② 主体的・対話的で深い学びのために

もちろん，漢字の使い方や読み方は，ここで学ぶだけでは十分とは言えません。出ている漢字も用例も限られています。ですから，ここでの学びをきっかけにして，これからも漢字の使い方や読み方を，自分で確かめていく方法を身につけることが，大切になります。つまり，自主的，主体的な学び方です。その方法の１つが，国語辞典，漢字辞典を活用することです。国語辞典には，言葉の意味だけでなく用例が出ています。漢字の使い分けも，用例を通して「この文なら，この漢字だな」と理解でき，身についていきます。辞典との対話です。また，読み方は，漢字辞典を使うのも一方法です。これらは，自分で調べ，知識を身につけていく発展的で深い学びの基本とも言えるでしょう。

◎ 評価規準 ◎

知識 及び 技能	・同音異義語や同訓異字の使い分けを通して，漢字や語句の意味の違いに気づき，文や文章の中で使っている。 ・第 4 学年までに配当されている漢字を読み，第 3 学年までに配当されている漢字を書き，文や文章の中で使うとともに，第 4 学年に配当されている漢字を漸次書いている。
主体的に学習に取り組む態度	進んで第 4 学年までに配当されている漢字を読むとともに，第 3 学年までに配当されている漢字を書き，これまでの学習をいかして，漢字を正しく使うことに意欲をもとうとしている。

◎ 学習指導計画　全 2 時間 ◎

次	時	学習活動	指導上の留意点
1	1	・「地球は　まるい」の「まるい」の漢字を考え，辞典で意味や用例を確かめる。 ・めあてを聞く。 ・教科書の「速く」と「早く」など，どちらを使うか，文に合う漢字を考える。 ・辞典で意味と使い方を確かめ，それぞれの言葉を使った文を作る。 （・問題を考え，確かめをする）	・「丸い」か「円い」かを考え，辞典の記述から「丸い」が正しいことに気づかせる。 ・めあては「まちがえやすい漢字」について学習すること。 ・「空く」と「開く」，「機会」と「機械」，「意外」と「以外」なども取り上げる。 ・意味とともに，「例」の文から，漢字をどう使い分けているのかに気づかせる。
	2	・「米作」の読み方について話し合い，国語辞典でその読み方と意味を確かめる。 ・「戸外」「木かげ」「半ば」の読み方を知り，国語辞典で読み方と意味とを確かめる。 ・これらの言葉を使って文を作る。 ・練習問題をして，まとめをする。	・「米作」の読みから，「なじみのない読み方」について調べる，というめあてを伝える。 ・まず音読し，読み方に慣れさせる。 ・「戸」の意味など教師からの説明も入れる。 ・発表させ，みんなで聞き合い交流する。 ・「音色」の読み方など，クイズ的に出題する。

DVD **収録（児童用ワークシート見本）**※本書 P268，269 に掲載しています。

まちがえやすい漢字

第1時 (1/2)

〈同訓異字・同音異義語〉「丸い」と「円い」,「関心」と「感心」など，同じ読み方でも意味の異なる漢字を

本時の目標

平がなで書くと同じになる言葉でも，漢字で書くときには，意味の違いによって書き分けることに気づく。

授業のポイント

問題の答えは教えるのではなく，辞典を使うと自分でも調べられることを分からせる。ここでは，そのための助言や補助を行うのが，教師の役目になる。

本時の評価

平がなで書くと同じになる言葉でも，漢字で書くときには，意味の違いによって書き分けることに気づき，正しく書けている。

板書例

はやく
- きずが（早く）治る ……………… 時間
- （速く）走れるよう ……………… 動き

あく
- 倉庫の戸が（開く）。 ……………… ひらく
- 席が（空く）。 ……………… からになる

かえす
- 受付に名札を（返す）。 ……………… もどす
- 妹を先に（帰す）。 ……………… 帰らせる

きかい
- （機械）化に成功する。 ……………… 仕事をする道具
- 習う（機会）をえる。 ……………… チャンス

いがい
- 英語（以外）の言語 ……………… ほか
- 牧場は（意外）に遠かった。 ……………… 予想とちがう

※（　）内は児童に書きに来させる。

◇意味のちがいを考えて、二つの文を作ってみよう
- 〇〇くんは速いボールを投げました。
- 遠足の日、私はいつもより早い時間に起きました。

※児童の発表を板書する。

1 対話する

「地球は　まるい」の「まるい」を漢字で書いてみよう。

教科書は開けさせないで「地球はまるい」と書く。

この『まるい』を漢字で書いてみましょう。どう書けばよいでしょうか。ノートに書き，黒板にも書きに来てください。
地球はまるい
『地球は丸い』です。
私は，『地球は円い』と思います。
どちらを使うのかなあ？

・どちらの漢字も「まるい」と読める。違いは何かな。
・「地球は…」とあるから，それを考えると…。

「どちらの漢字を使うのかどうすれば分かりますか。」
・国語辞典を見ると分かります。（漢字辞典でもよい）

「では，国語辞典で「まるい」を引いてみましょう。」
・『円』『球形』と書いてあり，球は『丸い』の方です。
・『例』にも『地球は丸い』『丸い卵』と出ていました。

「『用例』のところを見ると，分かりやすいですね。」

2 めあて 調べる

めあてを聞き，文と漢字の意味から「早く」と「速く」の使い分けを考えよう。

「このように，仮名で書くと同じ『まるい』でも，物（意味）によって，漢字では書き分けているのです。」

なお，「まるい」は，ふつう一般には『丸い』を使う。円形の場合には『円い』とも書くと考えてよい。

「今日は，『まるい』のように，どちらの漢字を使うのか，『まちがえやすい漢字』について勉強します。」
「教科書（P117 下「平がなで…」）を読みましょう。」

『はやく』という言葉にも，２つの漢字があります。1の問題では，『速く』と『早く』，どちらを使えばいいでしょうか。文から「はやく」の意味の違いを考えてノートに書きましょう。
はやく
『はやく走れる…』は，スピードだから…。
『傷がはやく治る』は，『いつ』だから…。

「考えたことを理由と合わせて発表しましょう。」

黒板にも書きに来させる。

「辞典を使って，用例も見て確かめましょう。」

取り上げ，文の意味，内容に応じて，使い分けることに気づかせます。

まちがえやすい漢字

(め) 平がなで書くと同じになる言葉を調べよう※

地球はまるい

どちら？ 丸い ― 球（ボールは丸い）
円い ― 円形（円いお皿）

◇ 国語辞典を見て調べよう

・意味 … 「丸い」と「円い」のちがいは？
・例 … 使い方は？

◇（　）に入る漢字を考えよう
国語辞典で調べよう

※めあては「まるい」の学習のあとに書く。

主体的・対話的で深い学び

・学校では，知識や概念を学ぶことが中心になる。一方，『学び方を学ぶ』ということもよく言われる。いわゆる「学びの方法」であり，本単元でもこの「方法」（の１つ）を学ぶ。
・それは，辞典（事典）や図鑑などを使うことである。自主的・主体的な「学び方」の基本であり，技術でもある。辞書を引くことの大切さは，よく耳にもする。これからの学習のためにも，ここで，使うことを通してその効用に気づかせる。また，辞典は言葉の意味とともに「用例を読む」ことも指導する。

準備物

・ 国語辞典　漢字辞典（各児童）
※国語辞典は，備え付けの辞典など，児童全員が同じものだと指導もしやすい。また，「使い分け」「類語」などの欄があるものもある。

・練習問題ワークシート（児童数）
（児童用ワークシート見本 DVD 収録【4下_19_01】）

3 考える 調べる　教科書の「あく」「きかい」などの漢字の使い分けを考え，調べよう。

「このような，読み方は同じでも，文によって漢字を使い分ける言葉は他にもあります。」

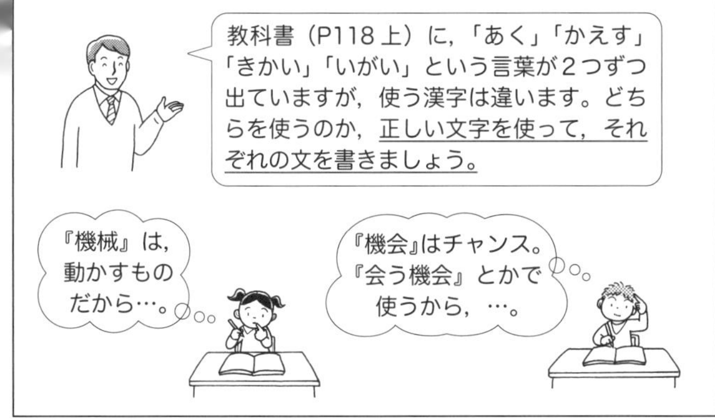
教科書（P118上）に，「あく」「かえす」「きかい」「いがい」という言葉が２つずつ出ていますが，使う漢字は違います。どちらを使うのか，正しい文字を使って，それぞれの文を書きましょう。
『機械』は，動かすものだから…。
『機会』はチャンス。『会う機会』とかで使うから，…。

近くの者どうしで相談させてもよい。また，まず辞典で意味を調べてから，漢字を書かせてもよい。

「４つの言葉の漢字を発表しましょう。黒板にも書きに来てください。」

「正しいかどうかを，辞典で調べましょう。『例』の文も読んで確かめましょう。」（個別に指導）

みんなで，正しい漢字の使い方を確かめ合う。

4 書く 練習する　同訓異字など，漢字の意味を考え漢字を使い分けた文を作ろう。

「読み方が同じ言葉や熟語が，５つ出てきました。」
「このような，読み方が同じ漢字や熟語は，文によって使い分けるのですね。」

今度は，『速い（く）』と「早い（く）」を使い分けて，２つの文を作ってみましょう。（書かせて発表）
『田中投手の投げる球は，とても速い。』です。そして，『朝，起きるのは，私より弟の方が早い。』です。

「他の４つの言葉についても，漢字を使い分けた文を考えて書きましょう。」

書いた後には，答えを確かめ合わせる。

文作りをする数は，残りの４つ全てでなくともよい。時間と児童の様子に照らして，選ばせてもよい。

このあと，練習問題を出すと児童は意欲的に取り組める。または，次時にまとめて出してもよい。

まちがえやすい漢字

第2時 (2/2)

本時の目標

知っている漢字でも，読めない読み方があることに気づき，漢字を正しく読み書きすることができる。

授業のポイント

時間も関係するが，作った文の発表など，できるだけ多くの児童が発言できるよう配慮する。お互いの文をみんなで聞き合い，認め合う機会とする。

本時の評価

知っている漢字でも，読めない読み方があることに気づき，漢字を正しく読み書きすることができている。

〈なじみのない読み方の漢字〉「米作（べいさく）」など，漢字は知っていても言葉になじみがなく，

板書例

戸外（こ）（×と）＝こがい
意 家の外　※戸は家のこと
文 戸外で遊ぶ

木かげ（こ）（×き）＝こかげ
意 木の下の、日の当たらないところ
文 木かげで休む

半ば（なか）（×はん）＝なかば
意 半分　まん中ぐらい
文 一月の半ば（十五日ごろ）に会った

◇他の言葉の読み方も考えてみよう

（音色）（ね）＝ねいろ
意 その音だけがもっているひびき
文 バイオリンのいい音色

1 めあて つかむ　「米作」をどう読むか話し合い，本時のめあてを聞こう。

「（『米』と板書して）この漢字は，何と読むのでしょう。」
- はい，『こめ』です。簡単です。
- 『ベイ』とか『マイ』とも読めます。米国のベイです。

「（『作』と板書して）では，この漢字の読み方は？」
- 『つくる』です。作文の『さく』とも読みます。

ここにこんな言葉があります。『米作』と書いて，何と読むのでしょうか。
米作
『こめづくり』かな。
『こめさく』？
『べいさく』です。教科書に出ていました。

「『米』も『作』も読めるのに，『米作』となるとどう読むのか迷います。あまり見たことのない『なじみのない言葉』だからです。今日はこのような読みにくい言葉の読み方について勉強します。」

2 読む　教科書で「戸外」「木かげ」「半ば」の読み方を調べよう。

「国語辞典で，『米作』の意味と使い方を確かめてみましょう。」
（漢和辞典で『米』を引いてもよい）
- やっぱり，読み方は「べいさく」です。
- 意味は「米を作ること」，例は「米作農家」とかがある。

「『米作』のように，漢字は知っていても読みにくい言葉，まちがえやすい言葉は他にもあります。」

教科書(P118下)に，『米作』の他に３つ出ています。黒板を見て，読んでみましょう。まず，『戸外』は？
戸外
木かげ
半ば
『こがい』です。『とがい』と間違えやすいです。
次は『こかげ』。『きかげ』ではありません。
『半ば』は，『なかば』と読みます。

「正しい読み方で，みんなで読んでみましょう。」
- （みんなで）こがい，こかげ，なかば。

「どんな読みまちがいが，あると思いますか。」
- 『半ば』なら，『はんば』と読んでしまいそうです。

読めない読み方があることに気づかせます。

まちがえやすい漢字

(め) なじみのない、読みにくい漢字の読み方を調べよう※

◇ 読んでみよう

米 こめ ベイ・マイ

作 つくる サク

米作 では？ ← べいさく ← 辞典で調べる

・意味……………米を作ること

・使い方（例）…米作農家　など

〈読みにくい 読みまちがえやすい〉なじみのない言葉の漢字

※めあては「米作」の学習のあとに書く。

主体的・対話的で深い学び

・『木立』を『きだち』と読み誤ったり，『半ば』が読みにくかったりするのは，そのような言葉を目や耳にする機会が少ないからでもある。つまり『なじみのない読み方』だからである。

・ここでは，そのような言葉をいくつか取り上げているが，もちろん他にも多くある。ここでは「こんな読み方をする言葉もあるよ」とまず意識させ，読み方に関心をもたせることが，ねらいでもある。そして，読み方に迷ったら，まずは辞典で調べる，という習慣づけが主体的な学びになっていく。

準備物

・ 国語辞典　漢字辞典（各児童）

・ 練習問題ワークシート（児童数）
（児童用ワークシート見本 DVD 収録【4 下 _19_02】）
※ここで，第 1 時の問題とあわせて取り組ませてもよい。

3 調べる 書く　「戸外」などの言葉の意味を調べ 4 つの言葉を使って文を作ろう。

「では，『戸外』とは，どんな意味なのでしょうか。」

・『戸の外』と書くから，「入り口の外がわ」かな？

では，『戸外』『木かげ』『半ば』の意味を，国語辞典で調べましょう。意味が分かったら，それぞれの言葉を使って文も作ってみましょう。

『戸外』って，家の外の意味だ。例文も載っているね。

『木かげ』は，木の下で，…。

「『戸外』の『戸』の意味に気づきましたか。」

・家のことみたいです。

「はい，『戸』を『こ』と読むときには，家のことを表します。『戸数』というと，家の数のことなのです。」

「『木』を『こ』と読む言葉は，他にも『木立（こだち）』という言葉がありますよ。」

教師が補足説明も入れるとよい。

4 発表する 練習する　調べた意味や，作った文を交流しよう。練習問題をしよう。

「それでは，まず意味を発表しましょう。」

・『戸外』とは，家の外のことです。

・『木かげ』は，木の下の日の当たらないところです。

・『半ば』の意味は 4 つくらいありました。『半分』とか『まん中あたり』という意味です。

作った文も発表しましょう。

日曜日は朝に宿題をして，昼からは戸外で遊びました。

サッカーをして疲れたので，木かげで休みました。

今年は，七月半ばに，つゆが明けました。

文作りは，架空のことよりも，その児童の体験にもとづいた内容の方がよく，文末は「ました」がよい。

「では問題です。『音色』。何と読むのでしょう。」

・『おといろ』？『おんしょく』かな。

「『ねいろ』と読みます。ほかにも，こんな問題を考えて辞典で確かめてみましょう。」（ワークシートなどで，練習する）

ワークシート　第1時

まちがえやすい漢字

名前（　　　　　　　　）

(1) 正しい漢字に○をつけましょう。

① 夜が（ 明ける　開ける ）

② （ 円い　丸い ）テーブル

③ 国語（ 事典　辞典 ）

④ はさみで（ 切る　着る ）

(2) ――の漢字の使い方で、正しいものに○、まちがっているものに×をつけましょう。

（　）わたしは、図書医院になった。

（　）ぼくは、なっとう意外は何でも食べます。

（　）近所の家が火事になって、こわかった。

（　）きのうは、いつもより速くねました。

（　）ぼくは、プログラミングに関心をもっています。

(3) つぎの読み方に合う漢字を、文の（　）に書きましょう。

①【あう】
公園で友だちと（　　）う。
みんなの意見が（　　）う。

②【にかい】
しあいで（　　）シュートのチャンスがあった。
ぼくのへやは、（　　）にあります。

③【じしん】
ぼくは、スポーツには（　　）がある。
これは、あなた（　　）の問題です。

④【かいてん】
くるくると（　　）する。
新しく（　　）したコンビニに行く。

まちがえやすい漢字

ワークシート　第1時

まちがえやすい漢字

解答例

名前（　　　　　　　　）

(1) 正しい漢字に○をつけましょう。

① 夜が（ (明ける)　開ける ）

② （ (円い)　丸い ）テーブル

③ 国語（ 事典　(辞典) ）

④ はさみで（ (切る)　着る ）

(2) ――の漢字の使い方で、正しいものに○、まちがっているものに×をつけましょう。

（×）わたしは、図書医院になった。

（×）ぼくは、なっとう意外は何でも食べます。

（○）近所の家が火事になって、こわかった。

（×）きのうは、いつもより速くねました。

（○）ぼくは、プログラミングに関心をもっています。

(3) つぎの読み方に合う漢字を、文の（　）に書きましょう。

①【あう】
公園で友だちと（ **会** ）う。
みんなの意見が（ **合** ）う。

②【にかい】
しあいで（ **二回** ）シュートのチャンスがあった。
ぼくのへやは、（ **二階** ）にあります。

③【じしん】
ぼくは、スポーツには（ **自信** ）がある。
これは、あなた（ **自身** ）の問題です。

④【かいてん】
くるくると（ **回転** ）する。
新しく（ **開店** ）したコンビニに行く。

まちがえやすい漢字

ワークシート　第2時

まちがえやすい漢字

名前（　　　　）

(1) 使い方のまちがっている漢字の横に――を引き、（　）に正しい漢字を書きましょう。

① 借りた本を帰す。（　　）
② 昔遊びを体験する機械はもうない。（　　）
③ ヒーローの指名は、地球の平和を守ることだ。（　　）
④ ぼくは、主人公の行動に関心した。（　　）
⑤ となりの席が開く。（　　）
⑥ あわてて物のわたしは、よく失敗する。（　　）
⑦ 以外な返事がかえってきた。（　　）
⑧ だれよりも早く走った。（　　）

(2) ――の漢字の正しい読みがなを（　）に書きましょう。

① 天気がよいので屋外で遊ぶ。（　　）
② しめり気のあるタオル（　　）
③ 鳥の羽音におどろく。（　　）
④ 川下にむかって流れる。（　　）
⑤ 暑いので上着をぬいだ。（　　）
⑥ すばらしい田園の風景に感動した。（　　）

まちがえやすい漢字

ワークシート　第2時

解答例

まちがえやすい漢字

名前（　　　　）

(1) 使い方のまちがっている漢字の横に――を引き、（　）に正しい漢字を書きましょう。

① 借りた本を帰す。（返）
② 昔遊びを体験する機械はもうない。（機会）
③ ヒーローの指名は、地球の平和を守ることだ。（使命）
④ ぼくは、主人公の行動に関心した。（感心）
⑤ となりの席が開く。（空）
⑥ あわてて物のわたしは、よく失敗する。（者）
⑦ 以外な返事がかえってきた。（意外）
⑧ だれよりも早く走った。（速）

(2) ――の漢字の正しい読みがなを（　）に書きましょう。

① 天気がよいので屋外で遊ぶ。（おくがい）
② しめり気のあるタオル（け）
③ 鳥の羽音におどろく。（はおと）
④ 川下にむかって流れる。（かわしも）
⑤ 暑いので上着をぬいだ。（うわぎ）
⑥ すばらしい田園の風景に感動した。（でんえん）

まちがえやすい漢字

初雪のふる日

全授業時間７時間

◎ 指導目標 ◎

・文章を読んで理解したことに基づいて，感想や考えをもつことができる。
・文章を読んで感じたことや考えたことを共有し，一人一人の感じ方などに違いがあることに気づく。
・登場人物の気持ちの変化や性格，情景について，場面の移り変わりと結びつけて具体的に想像することができる。
・様子や行動，気持ちや性格を表す語句の量を増やし，文章の中で使い，語彙を豊かにすることができる。

◎ 指導にあたって ◎

①　教材について

「初雪のふる日」という優しそうな題名とは異なり，児童によっては怖さも感じる物語です。ここに登場する白うさぎも，あのかわいいイメージのうさぎではありません。

物語は，ある女の子が「初雪のふりそうな日」に，日常の遊びから異界（雪の世界？）へと連れ去られそうになり，またもどってくる，という筋立てになっています。そして，連れ去ろうとするのが，白うさぎたちです。女の子がどのようにして連れ去られたのか，またもどれたのか，ここで，大事な要素として出てくるのが，言葉です。1つは「片足，両足，とんとんとん」という白うさぎの言葉です。この言葉によって，女の子の足は止まらなくなります。もう1つは，おばあさんから聞いた「よもぎ」という言葉と，「よもぎの葉」です。この呪文とも言える言葉と春のイメージによって，女の子は助かります。なお，最後の「町の食堂で温かいものを…」や「バスで送り返してもらい…」の場面にも，妙に現実感があり，この物語が本当にあった出来事のように思えてきます。

様々なことを感じとれる物語です。「初雪の降る日に，女の子が見た夢ではないか」と，考える児童もいます。そこで「読んで感じたことをまとめ，話し合おう」というめあてで，自分なりの解釈や読みを書きまとめ，それを読み合い多様な感じ方を知り合います。

②　主体的・対話的で深い学びのために

この物語のどの場面やどの言葉，表現に目を向けたのか，また，この「不思議さ」をどう感じ，捉えたのか，それぞれの主体的な読みを書きまとめさせます。着目したところや感じ方には，当然違いが出てきます。それを，対話を通して交流することにより，いろんな考え，感性があることに気づくでしょう。そして，「読んで感じたこと」には，ある意味，児童の内面や深い思いが，反映されているのかも知れません。

◉ 評価規準 ◉

知識 及び 技能	様子や行動, 気持ちや性格を表す語句の量を増し, 文章の中で使い, 語彙を豊かにしている。
思考力, 判断力, 表現力等	・「読むこと」において, 登場人物の気持ちの変化や性格, 情景について, 場面の移り変わりと結びつけて具体的に想像している。 ・「読むこと」において, 文章を読んで理解したことに基づいて, 感想や考えをもっている。 ・「読むこと」において, 文章を読んで感じたことや考えたことを共有し, 一人一人の感じ方などに違いがあることに気づいている。
主体的に学習に取り組む態度	学習の見通しをもって, 進んで読んで感じたことをまとめて伝え合い, 文章を読んで感じたことや考えたことを共有して, 一人一人の感じ方などに違いがあることに気づこうとしている。

◉ 学習指導計画　全 7 時間 ◉

<table>
<tr><th>次</th><th>時</th><th>学習活動</th><th>指導上の留意点</th></tr>
<tr><td rowspan="2">1</td><td>1</td><td>・めあてを捉え, 全文を音読する。
・読んで, まず感じたこと（印象）を書く。</td><td>・めあては「読んで感じたことをまとめ, 伝え合おう」とする。</td></tr>
<tr><td>2</td><td>・初めの感想, 感じたことを交流する。
・人物など, 物語の設定を捉える。
・場面ごとの出来事を話し合い, 物語の大筋をつかむ。</td><td>・人によって受ける印象（感じ）は異なることに気づかせる。
・人物や季節を確かめ, 6つの場面に分け, それぞれの出来事を短い文で表していく。</td></tr>
<tr><td rowspan="3">2</td><td>3</td><td>・物語の前半（①②③場面）を読み, 連れ去られようとする女の子の様子と, そのときの気持ちを読み取る。</td><td rowspan="2">・「不安」や「怖さ」,「不思議さ」などを感じさせる言葉や表現に目を向けさせる。
・女の子の恐怖心, 知恵, 安心感に着目させる。
・白うさぎの歌声や「よもぎ」という言葉についても考えさせたい。</td></tr>
<tr><td>4</td><td>・後半（④⑤⑥⑦場面）を読み, 助かるまでの女の子の様子と気持ちを読み取る。</td></tr>
<tr><td>5</td><td>・最後の場面（⑧）を読み, 全体を振り返る。
・言葉や表現をもとに, この物語を, どんな物語と感じたのかを書きまとめる。</td><td>・助かった女の子や町の人の様子を話し合う。
・「初め」「中」「おわり」の組み立てで書く。</td></tr>
<tr><td rowspan="2">3</td><td>6</td><td>・書いたものを友達と読み合い, 自分の書いたものと比べる。</td><td>・どの言葉から, どういう感じをもったのか着目したところを比べ合う。</td></tr>
<tr><td>7</td><td>・学習を振り返り, まとめをする。
・「空とぶライオン」の読み聞かせを聞く。</td><td>・できたことをみんなで確かめ合う。
・聞いた後, その印象を話し合わせる。</td></tr>
</table>

※長い物語です。言葉や表現にじっくり目を向けさせるなら, 第3, 4時を計3時間扱いにしてもよいでしょう。

DVD **収録（イラスト, 画像, 児童用ワークシート見本）** ※本書 P284, 285 に掲載しています。

初雪のふる日

第 1 時 (1/7)

本時の目標

「初雪のふる日」のめあてを知り，全文を読んで初めの感想を書くことができる。

授業のポイント

全文を読むのに時間がかかる。物語と出会い，その初対面の印象を大切にするためにも，読む時間，書く時間を確保する。石けりは，実際にやってみせる。

本時の評価

「初雪のふる日」のめあてを捉え，全文を読んで初めの感想を書いている。

〈言葉の説明〉「ろう石」「よもぎ」など，できれば実物を見せて説明しましょう。「よもぎ」の

板書例

「初雪のふる日」（作者）安房 直子

＝初めてふる雪（その年の秋か冬に）

⇐ この日に何かが？ 女の子が何を？ どうなる？

◇ 読み通そう
・漢字
・言葉（石けり、ろう石、よもぎ など）

◇ 感じたことをまとめよう
○ この物語「初雪のふる日」は、（ふしぎ こわそう ※）な感じがするお話です。
○ それは、（わけ、どこを読んで）だからです。

※児童の発言を板書する。

1 振り返る これまで読んできた物語と，学習したことを振り返ろう。

「これから読む『初雪のふる日』は4年生で学習する最後の物語（お話）になります。」

これまでにも，物語を読んできました。どの物語が，また，そのどんなところや場面が心に残っていますか。

「ごんぎつね」です。ごんが兵十に撃たれた最後のところで，やっと分かってもらえたなあと思いました。

「プラタナスの木」もよかったです。最後にマーちんたちがプラタナスの木を守ろうとしたところが，心に残っています。

「これらの物語を読んで，考えたことや思ったことを書いたり，話し合ったりしてきましたね。」

- 『ごんぎつね』では，お話を読んで，ごんと兵十の気持ちの変化を考えて，話し合いました。

2 めあてつかむ 『初雪のふる日』の学習のめあてを捉え，お話を想像しよう。

この『初雪のふる日』で，学習することを確かめましょう。教科書119ページを見ましょう。

『読んで感じたことをまとめ，伝え合おう』です。
『感じたこと』ってどんなことなのだろうね。

「この『初雪のふる日』を読むと，何かを感じるということでしょうね。それは何なのでしょうね。」

「作者は，安房直子さんです。まず，119ページの3行の文と絵を見て，お話を想像してみましょう。」

（かなりの児童は，すでに読んでいると思われる）

- 初雪のふる日に，何かが起こりそうなお話です。何が起こるのだろうな？ 楽しいことならいいな。
- 地面の何かを指している女の子に，何かが起こりそう。小学生か幼稚園の子みたい…この子が主人公かな。

ざわりや匂いなども確かめさせたいところです。

初雪のふる日

(め) 物語を読み通し、感じたことをまとめよう

〈これまでに読んだ物語〉
・ごんぎつね
・プラタナスの木
・白いぼうし　ほか

心に残る場面や出来事，人物の気持ちを話し合ってきた

〈学習のめあて〉
読んで感じたことをまとめ、伝え合おう

主体的・対話的で深い学び

・一読して「えっ，何が書いてあるの」と思う児童がいる。それは，この物語の主題，つまり作者は何を言いたいのかがよく分からない，ということだろう。読後も，現実と架空の世界が入り交じったような不思議な感覚が残る。また，そこにこの物語の面白さ，魅力があるとも言える。
・いろいろな思いを抱かせるこの物語。どこに目を向け，どう読むかは人により異なるだろう。そして，まずはそれを語り合うところに，主体的で対話的な学びが生まれる。

準備物

・「ろう石」「よもぎ」※できれば実物，なければ画像や絵で説明。
（「よもぎ」画像　DVD 収録【4下_20_01】）
※「よもぎ」は，3月なら，ふつうにみられる。匂いも嗅がせたい。
「ろう石」はホームセンター（おもちゃ，建築材料売り場）にある。

・「石けり」については説明できるように，調べておく。

3 読む　全文を音読しよう。

「『初雪』って，分かりますね。」（確かめておく）
・その年の秋か冬に，初めて降る雪のことです。

では，この物語『初雪のふる日』を読みましょう。まず，読めるかどうか，自分で音読しましょう。読めない漢字，分からない言葉には印をしておきましょう。

『初雪のふる日，安房直子，秋の終わりの寒い日でした。村の一本道に…』

全文を読むのに 11 ～ 12 分かかる。1回目は1人読みで読ませる。

「分からない言葉は，ありましたか。」
・『石けり』『ろう石』『よもぎ』って何ですか。

この3つは，物語の理解に関わる言葉なので，ここで説明をしておく。実物を見せてもよい。他に「いぶき」なども質問があれば，説明しておく。

4 書く 対話する　音読し，初めの印象や感じたこと，思ったことを書こう。

「今度は，みんなで読んで読み方を確かめましょう。」

この物語には分かりにくさもあるので，2回読む方がよい。2回目は斉読で読む。斉読には教師も入り，全体の速さや間をリードする。

「読んでみて，どんな感じがしましたか。」
・こわい感じ…。うさぎの『片足，両足，とんとんとん』という声が，楽しそうで，でも不気味な感じがします。

この物語を読んで，どのところからどんな感じがしたのか，受けた感じをうまく文にして書いてみましょう。

とっても不思議な感じがするお話でした。遊びの続きで，遠いところへ行ってしまうなんて…。

「どこからそう感じたのか，またそのように感じたわけも，考えて書けるといいですね。次の時間に読み合いましょう。」

初雪のふる日

第 2 時 (2/7)

本時の目標

初めの感想，感じたことを交流し，物語の大筋を捉えることができる。

授業のポイント

場面ごとに，「何があったのか」を中心に短くまとめ，発端から結末までの話の大筋を捉えさせる。「○○の話」「こんな話」などと，1行でまとめさせてもよい。

本時の評価

初めの感想，感じたことを交流し，物語の大筋を捉えている。

〈初発の感想〉物語を読んで初めの感想を述べ合い，人によって受ける印象（感じ）は異なる

板書例

◇場面に分けてあらすじをとらえよう

①「秋の終わりの…」　長い石けりの輪に入る
②「バスのていりゅう所の…」　雪うさぎの中へ
③「初雪のふる日には、…」　おばあさんの話
④「とびながら、女の子は…」「よもぎ」と唱えたい
⑤「こうして、白うさぎの…」「おばあちゃん、助けて！」
⑥「このときです。たった今…」　よもぎの葉を見つける
⑦「気がついたとき、…」「ああ、助かった。」
⑧「女の子は、町の食堂で…」　バスで送り返してもらう

◇確かめておこう

○人物は…　女の子（小学生？）↔ 白（雪）うさぎ　【たたかう】
（おばあさん）
ほか、町の人
○どこ　…　村の一本道から遠くの町へ
○いつ　…「初雪」のころ ＝ 秋の終わり

1 対話する　初めの感想，感じたこと（印象）を話し合おう。

「前の時間，『初雪のふる日』を読んで，どんなことを感じたのか，それを文章にして書きました。今日はまずそれを出し合ってみましょう。」

前時に書いた初発の感想を準備させる。

「何かを見たり人に出会ったりすると，『明るい』とか『こわい』とか，何か心に残る『感じ』というものがありますね。それを『印象（いんしょう）』と言うのです。この物語の印象を話し合いましょう。」

まず，隣どうしで話し合ってみましょう。物語のどこから，どんな感じ（印象）を受けたのでしょう。

私は，なんだかこわい感じがした。遊びがいつの間にか，知らない世界に入っていくところが…。

ぼくは，不思議な感じがしたよ。おばあさんの言った「よもぎ」という言葉にパワーがあるみたいで…。

「人によって，受ける感じ，印象は違うみたいですね。」

2 交流する　物語から受けた印象，心に残ったところを話し合おう。

「『こわい』『ふしぎな』などいろいろな感じ，印象をこの物語から受けたようですね。他にも，感じたことがあれば発表しましょう。」（全体でも交流する）

私は，何だか夢の中の話のような感じがしました。本当にこんなことがあったら，こわいけれど…。

ぼくは，はらはらするお話だと思いました。女の子の足が勝手に動くところは，いったいどうなるのだろうと心配になりました。

おばあさんの言葉や，最後に年寄りの言った雪うさぎの話は，本当みたいに思えました。

・ぼくは『応援したくなる話』と感じたよ。『よもぎ』と言えた女の子，がんばったなと思いました。

「『石けり』『よもぎ』『白うさぎの歌』…いろんな言葉や文から，いろんな感じ（印象）を受けるのですね。」

ことにまず気づかせましょう。

初雪のふる日

(め) 読んで感じたことを話し合ってみよう
物語の場面とあらすじをとらえよう

〈初めの印象(いんしょう)（心に残る感じ）〉

◎この「初雪のふる日」の物語は、

・こわい感じ　…　知らない（雪の）世界へ
・不思議な　…　よもぎのパワー
・はらはらする…　女の子はどうなる？
・ゆうの中のような、本当にあったような

※児童の発言を板書する。

主体的・対話的で深い学び

・ここでの初めの対話は，物語から受けた印象を述べ合うという形になる。だから，「不思議な」「力がわいた」などと，それぞれが感じたことを交流する。だから，部分的ではあっても，全てを「そうか」と，認め合う姿勢で受け止めるようにする。

・一方，これから，女の子の様子や気持ちを詳しく読み深めていくには，全員が物語の骨格と流れを捉えている必要がある。それが対話を豊かにする。この時間には，まず正しく読めることとともに，人物や主な出来事をみんなで確かめ合っておく。

準備物

・前時に書いた，「初めに感じたこと」の文章（各自）

・（黒板掲示用）イラスト　※教科書挿絵の拡大版など（必要に応じて）
DVD 収録【4下_20_02】

3 読む　全文を読み返し，大筋を捉える　場面ごとに番号をつけよう。

「では，もう一度読んで，場面の変化やそこでの出来事を確かめます。お話の流れも考えましょう。そのため，場面ごとに，番号もつけながら読みます。」

・『秋の終わりの…』（みんなで読みすすめる）

「ここが①の場面です。番号をつけましょう。」

【場面分けの一例】

（教科書の頁数）	（冒頭）	（出来事・内容）
① はじめ～	『秋の終わりの…』	不思議な石けりの輪
② P122L8 ～	『バスのていりゅう…』	雪うさぎに出会う
③ P125L1 ～	『初雪のふる日には…』	おばあさんの話
④ P126L6 ～	『とびながら，…』	「よもぎ」を唱えたい
⑤ P128L3 ～	『こうして，…』	「おばあちゃん助けて」
⑥ P129L8 ～	『このときです。…』	「よもぎ」を見つける
⑦ P133L10 ～	『気がついたとき…』	「ああ，助かった」
⑧ P134L12 ～	『女の子は，町の…』	送り返してもらう

場面ごとに，そこでの出来事をひと言で発表させてもよい。各場面の出来事を，簡潔に（1行で）板書にまとめていく。

4 対話する　人物と，場面の設定（いつ・どこ）を話し合おう。

「場面ごとのおおよその出来事が分かってきました。」

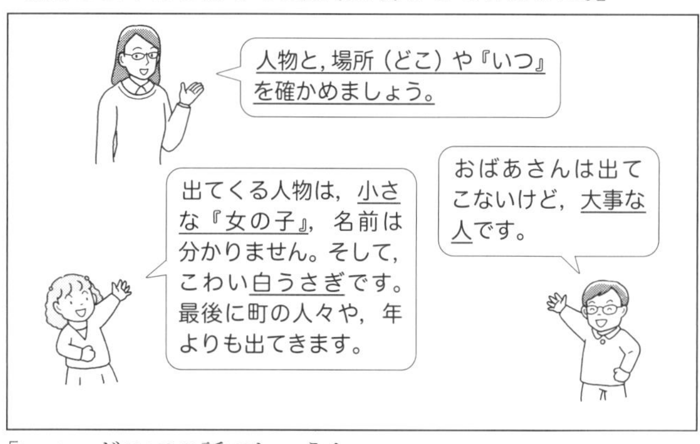

人物と，場所（どこ）や『いつ』を確かめましょう。
出てくる人物は，小さな『女の子』，名前は分かりません。そして，こわい白うさぎです。最後に町の人々や，年よりも出てきます。
おばあさんは出てこないけど，大事な人です。

「いつ，どこでの話でしょうか。」

・『村の一本道』だから，田舎だけどバスもあるところ。
・昔ではないけれど…季節は秋の終わり，雪が降ってきそうな『初雪の』ふりそうな日です。
・『いつか』『あるところに』『ひとりの女の子が』と，何だか昔話みたいだなあと思いました。

「『石けり』から始まって，さらわれそうになり，最後に助かるまでの大体の出来事が分かりました。次から，女の子の様子や気持ちを読んでいきましょう。」

初雪のふる日

第3時 (3/7)

本時の目標

物語の始まりの場面（①②③）を読み，女の子が雪うさぎに連れ去られようとする様子と，そのときの気持ちを読み取ることができる。

授業のポイント

読む範囲が広く，また気づかせたい言葉や表現も多い。音読と話し合いを効率よく進める。そのため，場面の要点をまとめるような教師の援助があってもよい。

本時の評価

物語の始まりの場面を読み，女の子が雪うさぎに連れ去られようとする様子と，そのときの気持ちを読み取っている。

〈時間の配分〉長い物語です。言葉や表現にじっくり目を向けさせるなら，第３，４時を計３時間

板書例

〈女の子の様子と気持ち〉

①「なあんて長い石けり」（変だな）
ぴょんと中へ
「かた足、かた足、両足、かた足」（輪はだれが？）

②ほろほろと雪がふり始め
白うさぎが石けり
目をぱちぱち（おどろいて）
「どこへ行くの。」（ゆめを見ているよう）
どきっと

③おばあさんの話
（おそろしい話）⇒
今、自分はさらわれてゆくところ ⇒ 分かった
⇐「大変だ。」
⇑
でも止まらない ←
「とんとんとん。」

◇この女の子を見て思ったことは？

1 めあて

『女の子の様子と気持ちの変化を読む』というめあてを捉えよう。

「この物語を読んで『こわい』『不思議』など，いろんな感じ（印象）を受けました。今日から，どこからそんな感じを受けるのか，女の子の様子と気持ちを文から読んでいきましょう。」

「136ページの『ふかめよう』を読みましょう。」
・『女の子の様子や気持ちの変化を考えましょう。』

お話の中で，女の子の様子や気持ちは変わっていったのでしょうか。どう思いましたか。
はい，変わっていきました。初めは，石けり遊びのつもりが，白うさぎと出会ってからとうとう「助けて…」と思うようになりました。
でも，最後には「ああ，助かった」と思っています。

「それでは，女の子の様子や気持ちの変化は，どう書かれているのかを考えながら，読み通しましょう。」

場面ごとの指名読み，または斉読でもよい。（約11分）

2 読む 対話する

①の場面の，物語の始まりを読み，女の子の気持ちを考えよう。

「では，女の子の気持ちは，どこでどう変わっていったのか，まず①の場面を読んで，女の子の様子や気持ちの分かるところに線を引きましょう。」（1人読み）

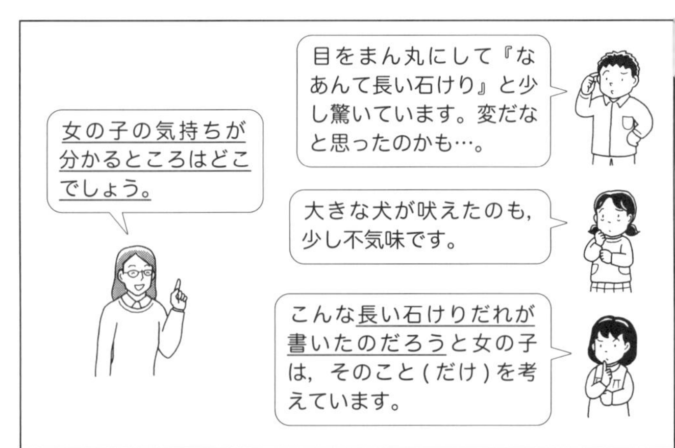
女の子の気持ちが分かるところはどこでしょう。
目をまん丸にして『なあんて長い石けり』と少し驚いています。変だなと思ったのかも…。
大きな犬が吠えたのも，少し不気味です。
こんな長い石けりだれが書いたのだろうと女の子は，そのこと（だけ）を考えています。

「物語の始まりです。女の子は村の中を，どんどん跳んでいったのですね。この場面を見て，どんな感じがしましたか。」
・女の子が，軽い気持ち（好奇心）で不思議な長い石けりの輪の中に入っていくところが，なんとなくこわいな，と思いました。女の子も不安そうです。

扱いにしてもよいでしょう。

初雪のふる日

㋱ 物語の始まりの①②③場面を読み、女の子の様子と気持ちを考えよう

印象（いんしょう） こわい 不思議 はらはら ← 感じのもとは？ ← どの言葉 どの表現 から

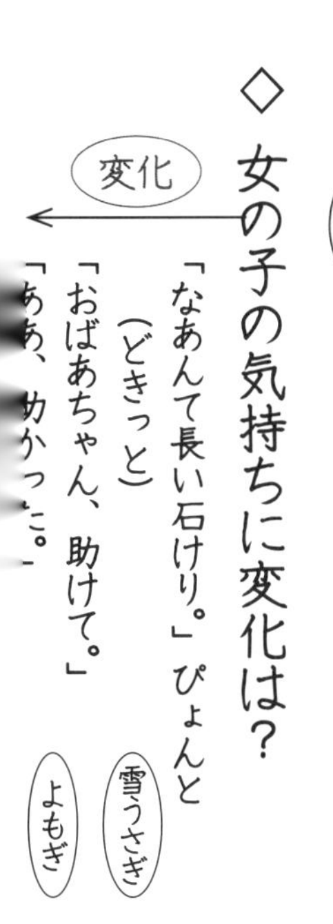

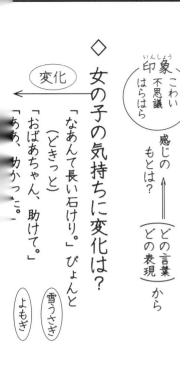

◇女の子の気持ちに変化は？
変化
「なあんて長い石けり。」ぴょんと
雪うさぎ
（どきっと）
「おばあちゃん、助けて。」
「ああ、助かった。」
よもぎ

主体的・対話的で深い学び

・どこか分からないような村。「なあんて長い…」輪，おばあさんに笑い返す女の子，吠える犬，「空は，どんよりと暗く…」雪が降ってきても，跳び続ける女の子。このような前兆，伏線があって，雪うさぎと出会う。読者もなんとなく違和感を覚えながら読み，「不思議な…」「こわいな…」という印象を持つ。

・そこで，どの言葉や表現から「こわい」などという感じ（印象）を受けるのかを捉えることが大切になる。そこに個々それぞれの主体的な読みがあり，対話を通して共有することになる。

準備物

・ワークシート（児童数）
（児童用ワークシート見本 DVD 収録【4 下 _20_03】）

3 読む 対話する ②の場面から『雪うさぎ』と出会い，驚く女の子の様子を読もう。

「では，②の場面を読みましょう。女の子の様子や気持ちの分かるところに線を引きましょう。」（1 人読み）

「場所はどこでしょう。何がありましたか。」
・バスの停留所の辺りです。雪が降り始めました。
・それでも，女の子は跳び続けています。少し変です。
「それから，女の子が見たものは何でしたか。」
・白うさぎです。後ろにも前にも 1 列になっています。

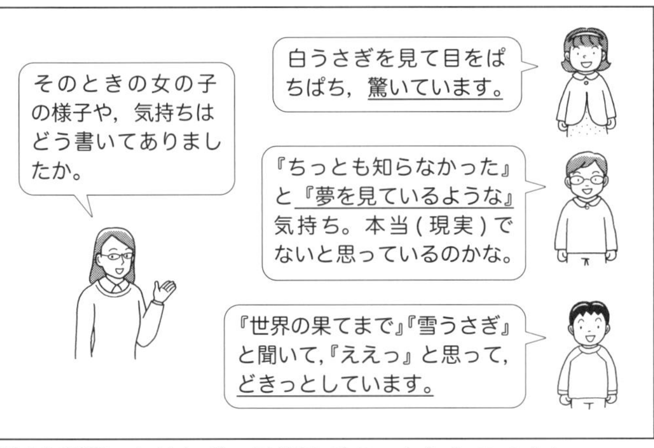

そのときの女の子の様子や，気持ちはどう書いてありましたか。
白うさぎを見て目をぱちぱち，驚いています。
『ちっとも知らなかった』と『夢を見ているような』気持ち。本当（現実）でないと思っているのかな。
『世界の果てまで』『雪うさぎ』と聞いて，『ええっ』と思って，どきっとしています。

「初めは驚いたけれど，最後はどきっとしたのですね。」

4 読む 対話する ③の場面から，『どきっ』とした女の子の様子と気持ちを読もう。

「では，『どきっと』したのは，どうしてなのか，③の場面を読み，線も引きましょう。」（1 人読み）

初雪のふる日には，白うさぎがやってくるというおばあさんから聞いた話を思い出したからです。

そして，今，自分がそのうさぎにさらわれそうになっていることに気づいたからです。

自分がどうなっているのか，ここで分かったのですね。

「そして『大変だ』と，止まろうとします。でも…？」
・うさぎの声で，体が勝手に跳んでしまいます。
「女の子が跳ぶときの，（心の）声は，どうでしたか。」
・『かた足，かた足，両足，かた足―』です。
「うさぎの跳ぶときの声は，どうでしたか。」
・『かた足，両足，とんとんとん―』。少し違います。

「この女の子を見て，思ったことを書きましょう。」

話し合い，最後に①②③場面を音読して振り返る。

初雪のふる日

第4時 (4/7)

本時の目標

言葉と表現に着目して，物語の後半を読み，「よもぎの葉」と「よもぎ」という言葉で助かった女の子の様子や気持ちを読み取ることができる。

授業のポイント

文章量も多い。物語のすじと出来事を捉えるところ，言葉や表現に目を向けさせるところを区別して，効率的に読みを進める。

本時の評価

言葉と表現に着目して，物語の後半を読み，「よもぎの葉」と「よもぎ」という言葉で助かる女の子の様子と気持ちを読み取っている。

〈読取の範囲〉物語の後半を読み取ります。文字量も多いため，効率的に読みを進めましょう。

板書例

冬
「ああ、初雪だ。」⇕女の子とうさぎは見えない
手足は氷のように、青ざめ、ふるえ
「おばあちゃん、助けてー。」
（心の中でさけび）

⑥ このときです。
よもぎの葉が一枚 → そっとむねに
「がんばれ」の声
なぞなぞを思いつく
うさぎがよろけて
（よもぎの野原にいる気持ち）

春
「よもぎ、よもぎ、春のよもぎ。」

⑦ 気がついたとき、
女の子はたった一人で
知らない町に
「ああ、助かった。」

◇ この場面を見て、感じたことは？
・言葉の力はすごい
・「よもぎ」の言葉が気になる

※児童の発言を板書する。

1 めあて 読む

めあてを捉え，④の場面を読み，女の子の様子と気持ちを考えよう。

「今日は物語の後半を読み，言葉や表現から，女の子の様子や気持ちを捉えましょう。」

「④場面から音読しましょう。」

読みを確かめる。出来事を振り返るために，①②③場面を先に音読してもよい。

「④場面をもう一度読み，様子と気持ちが分かるところに線を引きましょう。」

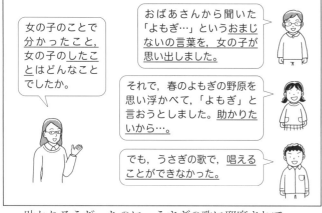

女の子のことで分かったこと，女の子のしたことはどんなことでしたか。

おばあさんから聞いた「よもぎ…」というおまじないの言葉を，女の子が思い出しました。

それで，春のよもぎの野原を思い浮かべて，「よもぎ」と言おうとしました。助かりたいから…。

でも，うさぎの歌で，唱えることができなかった。

・助かりそうだったのに，うさぎの歌に邪魔されて…。
・『耳をふさぎ…』から何とか唱えようとしています。

2 読む 対話する

⑤の場面から，『助けて』と願う女の子の様子や気持ちを読み取ろう。

「女の子はどうなるのか，⑤場面を読みましょう。」（音読）

「女の子が跳んで行ったのは，どんなところですか。」
・もみの森，凍った湖，来たことのない遠い所。
・谷間の村や小さな町，工場の町とどんどん行って…。
・何だか，『世界の果て』まで行きそうな感じです。
・それでも足は止まらず，跳び続けています。

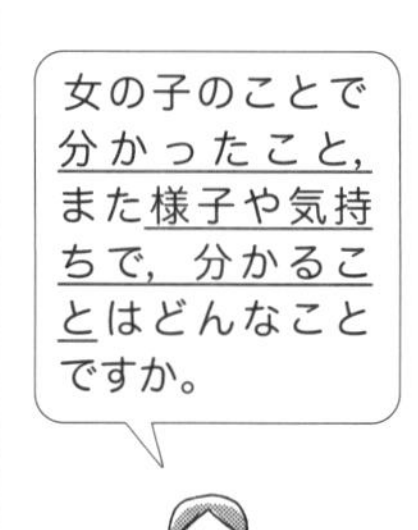

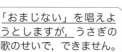

女の子のことで分かったこと，また様子や気持ちで，分かることはどんなことですか。

女の子の姿も雪うさぎも，初雪に見えるのか，町の人には見えないようで，気づかれません。

「おまじない」を唱えようとしますが，うさぎの歌のせいで，できません。

氷のようになって，心の中で「助けて」と，叫んでいます。『もうだめ』というような気持ちかな。

・『雪のかたまり』になる…と思ったのかも知れません。

初雪のふる日

め 物語後半の④⑤⑥⑦場面を読み、女の子の様子と気持ちを想像しよう

〈女の子の様子と気持ち〉

④ おばあさんのおまじないの言葉
「よもぎ、よもぎ、春のよもぎ」
（わたしもやってみよう）
⟷ でも
うさぎのうたで唱えられない
「とんとんとん」

⑤ 森↓湖↓谷間の村↓町…へ

主体的・対話的で深い学び

・女の子が何とか助かる場面。そこで大事な役割を果たしているのが「よもぎ…」という言葉と「よもぎの葉」である。この呪文のような言葉や，ある力を持ったモノによって，危機を脱する話はけっこう多い。昔話や，児童の好きなヒーローものでも，パワーをもつ呪文や剣，玉などがよく登場する。

・「よもぎ」という言葉や「よもぎの葉」は，冬の雪うさぎの力に対抗する，春の力の象徴と言えよう。このような言葉に着目させるのも，この物語では対話の１つの糸口になるだろう。

準備物

・よもぎの葉
※できれば実物。なければ，画像や絵。

3 読む 対話する ⑥の場面から，『よもぎ』を見つけた女の子の様子や気持ちを読もう。

「そして，『このときです。（P129 L8）』と，何があったのか，⑥の場面を読みましょう。」（音読）
・『一枚の』『よもぎの葉』を見つけました。偶然かな？

「では，女の子の様子と気持ちとが分かるところに線を引いて，話し合いましょう。」
・よもぎの葉を拾ったことで，元気になります。

よもぎの葉を，そっと胸に当てました。誰かが（わざと）落としてくれたと思っています。

「がんばれ」と励まされている気になっています。それは草の種の声でした。

なぞなぞが浮かんで，『よもぎの葉っぱの裏側は，どうして…』と，叫びました。

「なぞなぞを出すと，どんなことが起こりましたか。」
・うさぎたちが考えて歌うのをやめ，よろけたり足どりが遅くなったりしました。（その部分を音読）
・そして，その答を言うと，うさぎが喜びました。

4 読む 対話する 春を感じた女の子が，ついに『よもぎ』と叫ぶ姿を読み取ろう。

うさぎが喜んでから，女の子のしたことや様子は？

女の子は歌を歌います。『うさぎの白は…』たぶん，そのときに作った（即興の）歌です。

体が温かくなり，ついに「よもぎ，よもぎ，春のよもぎ。」と叫びます。

「この『よもぎ』で，何がどうなったのか，⑦場面の初め（P133 L10－14）を読みましょう。」（音読）
「消えたものは，何ですか。」
・全部のうさぎ。石けりの輪も，よもぎの葉も…。

「この場面を読んで（見て），どんなことを感じたのか，思ったのか，書いて話し合いましょう。」（書く）
・うさぎも，輪も，『よもぎ…』のひと言で突然消えるなんて，やっぱり言葉の力はすごいと思いました。
・気になったのは『よもぎ』という言葉です。

できれば，④場面からP133まで，音読で流れを振り返るとよい。

初雪のふる日

第 5 時 （5/7）

本時の目標

助かった女の子の様子と気持ちを読み取り，言葉や表現をもとに，物語全体に対する印象を書きまとめることができる。

授業のポイント

⑦⑧場面の「町の人」の場面には多様な考えが出るだろう。「感じたことを書く」時間を十分とり，書いては考え，考えては書くようにさせる。

本時の評価

助かった女の子の様子と気持ちを読み取り，言葉や表現をもとに，物語全体に対する印象を書きまとめている。

〈時間の配分〉 感じたことを文章にまとめる時間を十分取るようにしましょう。書きまとめる文章の

板書例

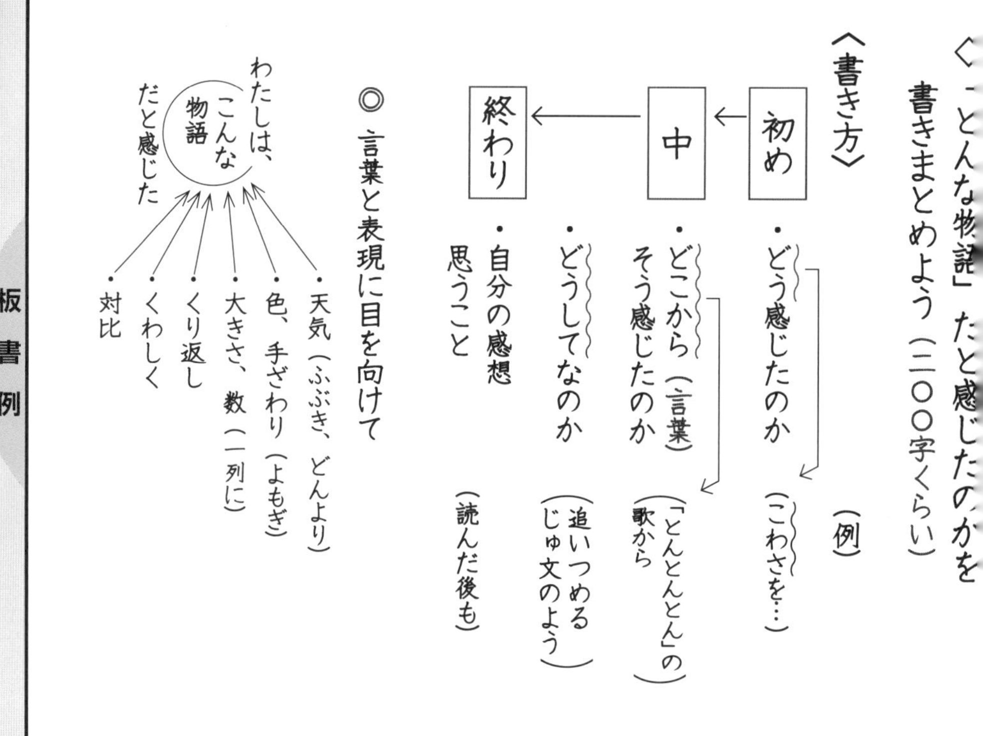

「どんな物語」だと感じたのかを
書きまとめよう（二〇〇字くらい）
〈書き方〉
（例）
初め
・どう感じたのか
（こわさを…）
中
・どこからそう感じたのか（言葉）
（「とんとんとん」の歌から）
・どうしてなのか
（追いつめるじゅ文のよう）
終わり
・自分の感想
思うこと
（読んだ後も）
◎ 言葉と表現に目を向けて
・天気（ふぶき、どんより）
・色、手ざわり（よもぎ）
・大きさ、数（一列に）
・くり返し
・くわしく
・対比
わたしは、
こんな物語
だと感じた

1 読む 対話する

⑦，⑧場面の，女の子が助かったときの様子や気持ちを読もう。

「最後の⑦⑧の場面を読みましょう。」（音読）

「うさぎも消えて，女の子は助かりました。このときの様子や気持ちはどう書かれていますか。線を引いて発表しましょう。」

たった１人で知らない町の知らない道を跳んでいました。
『ああ，助かった』と思って，安心しています。でも，足は棒のようで，動きませんでした。
女の子は，その町の人に取り囲まれました。

「町の人の様子はどうでしたか。思ったことは？」

- 来られるはずがないので，みんな驚いています。
- １人の年寄りだけが，わけを知っているみたいです。
- ここを読むと，女の子が遠くまで来たことは夢ではなく，やっぱり本当のことだったと思えてきます。

2 めあて つかむ

教科書 P137『まとめよう』を読み，めあてを捉えよう。

「女の子はどうなりましたか。⑧を読みましょう。」

- バスで送り返してもらうことになりました。

「さて…女の子は，無事帰れたでしょうか。」

「では，これからの学習です。137 ページ『まとめよう』を読みましょう。（読む）これまでこの物語を読んできて，どんな物語だと感じたでしょうか。今日は，そのことを文章に書きまとめます。」

文章の例が，出ています。（P136 下）読んでみましょう。（音読）組み立ては，いくつに分けて書いてありますか。

３つです。「初め」「中」「終わり」かな。「初め」に『こわさを感じる』って書いています。

「中」で，どこからそう感じたのかを書いています。

「では，『はじめ』『中』『終わり』の３つに何を書くのか，書くことを整理しておきましょう。」（板書参照）

「文字数はおよそ 200 字です。例文くらいの長さです。」

分量は，教科書の例文と同じぐらいの200字程度としています。

初雪のふる日

㋱「どんな物語なのか」言葉や表現をもとに、感じたことをまとめよう

◇助かった女の子の様子と気持ちを考えよう

⑦ 知らない町の人たち

「名前は？」

「どこから？」

女の子

「えっ、信じられない」

一人の年より「この子は、きっと、白うさぎに…」

③ 女の子は、バスでもとの村へ

主体的・対話的で深い学び

・「怖さを感じた」という印象，感想は多いだろう。しかし，印象を述べ合い「いろんな感じ方があるね」で終わるのではなく，4年生には，やはりこの物語の主題も考えさせたい。

・女の子が助かった要因には，おばあさんの言葉がある。とともに，まず自身が助かりたいと強く願い，なぞなぞを考え，ついに「よもぎ」と唱え，うさぎの歌声にうち勝ったことが大きい。「こわい話」だけではなく，主題にも関わって，女の子の主体的で強い意思や知恵にも目を向けるよう，助言するとよい。

準備物

・400字詰原稿用紙など

3 読む 対話する　全文を読み直し，物語の印象をもとに，文章にまとめよう。

「初めに書いた『感じたこと』と比べ，印象が変わってきたという人もいるでしょう。何を感じるか，書く前に，もう一度全文を読み返してみましょう。」

指導書付録CDを聞く，または斉読などで読み返す。

「今考えていることも，少し出し合ってみましょう。」

私も例文のようにこわさを感じました。けれども，うさぎの歌ではなく，「石けりの輪」がいつの間にか雪うさぎの世界に続いているところにこわさを感じました。そして，犬が吠えるのも…。

そうですね。『こわさ』と言ってもいろいろです。どの言葉や文から，どんなこわさを感じたのか，それを書くようにしましょう。

「では，自分はこの物語から何を感じたのか，どんな物語だと思ったのかを，書いてみましょう。」

「初め」の部分を考えさせる。

4 書く　物語の印象を，文章に書きまとめよう。

「教科書の例文のように，どんな言葉や表現からそのように感じたのかを，『中』で書きましょう。そのためのヒントが，① 『着目する言葉や表現』（P136下）として出ています。参考にしましょう。」

・ぼくは，『どんより』とか『ほろほろと』『吹雪』など，天気のことが気になりました。

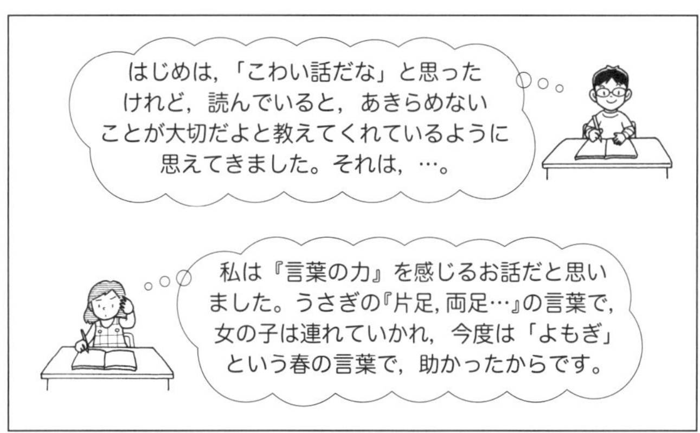
はじめは，「こわい話だな」と思ったけれど，読んでいると，あきらめないことが大切だよと教えてくれているように思えてきました。それは，…。
私は『言葉の力』を感じるお話だと思いました。うさぎの『片足，両足…』の言葉で，女の子は連れていかれ，今度は「よもぎ」という春の言葉で，助かったからです。

個別にも見て回り，書きにくい児童を支援する。

「次の時間は，今日書いた文章を読み合いましょう。」

初雪のふる日

第6,7時（6,7/7）

本時の目標

書いたものを読み合い，友達の感じ方との違いを比べることができる。
学習を振り返り，まとめをすることができる。

授業のポイント

グループで読み合うだけでなく全員で聞き合うという場面を作り，「こんな考え，感じ方もあるよ」という全体での広げと学びを大切にする。

本時の評価

書いた文章を読み合い，友達の感じ方との違いを比べている。
学習を振り返り，まとめができている。

〈対話・交流〉グループやクラス全体で交流し，同じ物語を読んでも，人それぞれの感じ方，

板書例

☆ 友達が感じたことは？
・同じ「こわい」でも ｛〇〇から △△から（いろんな「こわさ」がある）
・同じ言葉でも ＜〇〇な感じ △△な感じ（感じ方のちがいがある）
☆ 同じ気持ちになるところは？
◇ みんなで発表を聞き合おう
◇ くらべて気づいたことを書こう
◇ ふり返ろう
・よかったこと
・できたこと

（第６時）
1 めあて 読み合う　『前時に書いた文章を読み合い，比べる』というめあてを捉えよう。

「『初雪のふる日』はどんな物語なのか，感じたことを書きまとめました。今日はそれを読み合い，比べてみます。」

『ひろげよう』（P137）を読みましょう。読むときに，気をつけることは何ですか。

友達が何に（どの言葉・文に）着目したのか，そこでどう感じたのかを知り合います。
自分と似ているところ，違うところを見つけて比べます。

「③の『友達と自分の感じ方をくらべる』（P137 下）も読んでみましょう。（読む）分かりますか。」
・同じ「こわい」でも，どこがどうこわいのかは，人によって違うことを考えて読む…のかな。
・『自分にはない読み方，感じ方』が面白そうです。みんなはこの物語をどう思っているのか，聞きたい。

2 読み合う 聞き合う　グループで回し読みをして，感想を伝え合い，全体でも聞き合おう。

「では，４人グループで回し読みをしましょう。全員の文章を読み終わったら，自分と同じところ，違うところなど，感想を伝え合いましょう。」

「クラスのみんなの前でも，読んでもらいましょう。」

何人かには，みんなの前でも読ませる。グループで選ばせるなり，教師が指名するなりして，聞かせたい文章は共有したい。

私は，怖さも感じたけれど，女の子の勇気やがんばりに力をもらえる物語だと思いました。それは，たった１枚のよもぎの葉から「がんばれ」という声を聞き取り，何とかなる，助かるという気持ちが伝わってきたからです。そして，女の子が，なぞなぞを考えつき，うさぎたちを喜ばせ，歌を作ってうさぎたちを春の世界に連れて行くところが，すごいなと思いました。

「今日の学習を振り返り，『こんなことに気づいた』などと，新しく思ったことを書いておきましょう。」

け止め方があることに気づかせます。

初雪のふる日

㋱ 書いたものを読み合い、友達の感じ方とくらべてみよう

〈読み合うとき〉

◎ 何に着目して

◎ どんな物語だと感じたのか

いろいろな思い
・にているところ
・ちがうところ

〉グループで読み合おう

主体的・対話的で深い学び

・「どんな物語だと感じたのか」ここで，その交流をする。同じ物語を読んでも，人それぞれの受け止め方があることに気づかせる。「こういう感想でなければ…」ということはない。

・その上で，「こわい感じ」「不思議な話」だけで終わらずに，やはりこの物語の主題（テーマ）に触れる対話も引き出したい。また，それはみんなの共通する思いとして，現れてくるだろう。また，「よもぎ，よもぎ…」などの力強さなど，「言葉の持つ力」も，目を向けさせたいことの1つになる。

準備物

・（読み聞かせ用）教科書P138記載の本「空とぶライオン」など

（第7時）

3 振り返る　この単元で学んだことを振り返ろう。

「この『初雪のふる日』で学んだことを振り返ります。まず，このお話を読んでどう思いましたか。」

・こんな物語は初めてでした。不思議なお話でした。
・こんなこともあるのかと，面白かったです。

『ふりかえろう』(P137) を読みましょう。よかったこと，できたことを話し合いましょう。

同じ「こわい」でも，人によっていろんな「こわさ」があることが分かりました。

物語の『印象』を話し合うと，みんなも，私と同じように「不思議」と感じているところがあると分かりました。

「『知る』『読む』『つなぐ』を振り返ってみましょう。」

・『知る』に関係して，やっぱり，雪うさぎの『かた足，両足，とんとんとん』という言葉は，この物語にこわい感じを出していると思いました。
・反対に『うさぎの白は，春の色』や『よもぎ，よもぎ，春のよもぎ』は，春を呼ぶような言葉でした。

4 まとめ 聞く　学習のまとめをし，「空とぶライオン」の読み聞かせを聞こう。

「この学習で，できたことはどんなことでしたか。」

・物語の印象を，言葉をもとに考えて書きました。それを友達と読み合いました。

「138ページの『たいせつ』『いかそう』も読みましょう。」（読む）

「『いかそう』には，印象に残った言葉や表現に着目して物語を紹介してみよう，とありましたね。」

138ページに『この本，読もう』という，本の紹介コーナーがあります。先生が『空とぶライオン』という本を読みます。どんな印象（感じ）を受けるでしょうか。では，聞きましょう。

本の読み聞かせをする。他の本でもよい。

「聞いて，受けた印象を書いてみましょう。」

（時間に応じて）書いたことをペアやグループで話し合わせ，全体で交流する。

ワークシート 第3・4・5時

初雪のふる日

名前（　　　　）

場面	
出来事・内容	
女の子の様子や気持ち	
感じたこと	
着目する言葉や表現	

初雪のふる日

著者紹介（敬称略）

【著者】
中村 幸成　元奈良教育大学附属小学校主幹教諭
安野 雄一　大阪市立東三国小学校教諭
入澤 佳菜　奈良教育大学附属小学校教諭
鈴木 啓史　奈良教育大学附属小学校教諭
南山 拓也　西宮市立南甲子園小学校教諭

＊所属は 2020 年 10 月現在

【著者・特別映像 寄稿】
菊池 省三　教育実践研究家
菊池道場 道場長
＊所属は 2020 年 10 月現在

【初版 著者】（五十音順）
岡 篤
菊池 省三
中村 幸成
羽田 純一
原田 善造

喜楽研の DVD つき授業シリーズ

新版
全授業の板書例と展開がわかる　DVD からすぐ使える
～菊池省三 授業実践の特別映像つき～

まるごと授業　国語　4年（下）

2015 年 8 月 8 日　初版　第 1 刷発行

2021 年 3 月 10 日　新版　第 1 刷発行

著　　者：中村 幸成　菊池 省三　安野 雄一　入澤 佳菜　鈴木 啓史　南山 拓也
イラスト：山口 亜耶
撮影協力：有限会社オフィスハル（菊池 省三 特別映像）
河野 修三
企画・編集：原田 善造（他 8 名）
編　　集：わかる喜び学ぶ楽しさを創造する教育研究所　編集部

発 行 者：岸本 なおこ
発 行 所：喜楽研（わかる喜び学ぶ楽しさを創造する教育研究所）
〒 604-0827 京都府京都市中京区高倉通二条下ル瓦町 543-1
TEL　075-213-7701　FAX　075-213-7706
HP　https://www.kirakuken.co.jp
印　　刷：創栄図書印刷株式会社

ISBN : 978-4-86277-306-7

Printed in Japan